JN423415

예수교육학^{教育學}의 세계화^{世界化}

신약성경

박아청 저

교육과학사

머/리/말

예수교육학의 세계화 현장보고서 신약성경

신약성경의 주인공은 예수 그리스도시다. 신약성경은 예수의 제자들이 예수의 살아생전에 하신 말씀과 그의 행적行蹟을 기록한 자료들, 그리고 그들이 세계 각 처에 흩어져 있던 신앙의 가족들에게 보낸 편지로 구성되어 있다. 제자들이 쓴 자료가 400년쯤 지나『신약성경』이란 제목의 한 권의 책이 되었다. 그것이 유대교 경전(구약성경)에 덧붙어서『성경』으로 편집되었다.

그들이 기록한 자료가 신약성경이란 이름으로 한 권의 책으로 만들어 질 줄이야 상상이나 했을까? 그리고 자기들이 쓴 글이 세상을 바꾸는 가장 영향력이 있는 책이 될 줄은 꿈에도 생각지 못했으리라.

구약성경이 교육학教育學의 원조元祖라면 신약성경은 예수교육학의 교육실천教育實踐을 기록한 책이라 할 수 있다. 신약성경은 "너희는 가서, 모든 민족을 제자로 삼아서, 아버지와 아들과 성령의 이름으로 세례를 주고, 내가 너희에게 명령한 모든 것을 그들에게 가르쳐 지키게 하여라"는 예수의 마지막 말씀을 그대로 실천에 옮긴 제자들의 예수교육학의 실천현장보고서다.

구약성경이 유대민족을 제사장으로 하는 민족적 종교의 지침서라면 신약성경은 전 세계민을 향한 예수교육학의 세계화를 위한 안내서라 할 수 있을 것이다.

그러므로 구약성경이 이스라엘 민족의 정체성을 확립하기 위한 교과서라면 신약성경은 이방인 즉 세계의 모든 인간들이 가져야 할 인간으로서의 정체성을 확립하기 위한 교육지침서라 볼 수 있다. 그런 면에서 신약성경은 세계 만민의 인간교육을 위한 예수교육학의 교과서이기도 하다.

이러한 생각을 기본으로 필자는 교육학적 관점에서 구약성경을 분석해 본 그 시점에서 신약성경을 들여다보려고 한다. 신약성경에서 말하고 있는 교육의 목적은 무엇이며, 여기에서 사용되었던 방법은 어떠한 교육방식으로 이루어졌으며, 그리고 그 효과는 어떻게 나타났으며 앞으로 어떻게 전개되어 갈 것인가를 살피려 하였다.

말하자면 신약성경이 이루어진 시대적 상황을 살펴보면서 주인공 예수의 등장과 그의 교육활동이를 교회용어로 사역使役이라 한다의 전개, 그리고 그의 사역을 이어 받은 제자, 사도들의 행적을 추적하였다. 아울러 인간교육학적인 요소를 골고루 지니고 있는 신약성경이 시사하고 있는 어느 인간에게나 적용가능한 보편성을 추구하는 동시에 그것이 갖는 현대적 의미를 탐색하였다.

이 책에서 사용하는 한글성경은 『성경전서 - 표준새번역 개정판』(대한성서공회)을 기준으로 했다. 히브리 원서성경은 [CD Bible-Works 6]에 수록되어 있는 『BHS Hebrew Old Testament(4th ed)』를,

헬라어 원서성경은 『Septuaginta Rahltes』와 『Scrinvener 1894 New Testament』를 활용하였다.

이 책 서술에는 데 물론 많은 선학들의 문헌과 논문으로부터 도움을 받았다. 그들의 노고와 땀에 진정으로 경의를 표하며 감사를 드린다. 인터넷 정보는 정말 도움이 컸다. 특별히 Wikipedia로부터 많은 도움을 받았다. 훌륭한 정보를 제공해 주시고 정보공유에 참여하게 해 주심에 그저 고마움을 드릴 뿐이다.

내용에 관련된 사진이나 그림을 제시하는 것이 도리어 독자의 상상력에 한계를 갖게 하는 점이 없지는 않지만 선학들이 고심했던 상상력의 일면을 소개한다는 뜻에서 구체적인 그림이나 사진의 정보를 될 수 있는 대로 많이 제공하려 하였다. 독자들이 내용에 대한 상상력을 한 층 발전시켜 갈 것을 기대해 본다.

직접 책 편집에 필요한 자료를 제공한 참고문헌과 논문들은 익명의 인터넷 자료를 제외하고는 이 책 말미에 밝혀 두었다. 이 책에 오류나 잘못이 있다면 그것은 당연히 필자의 책임이다. 잘못을 지적해주시면 고마운 마음으로 고칠 것이다.

출판해 주신 교육과학사 김동규 사장님과 한정주 대표님께 감사드린다.

부모의 신앙을 이어가기를 바라는 마음에서 이 책을 자식들(딸 祈惠와 사위 聖浩, 그리고 아들 祥隆)에게 바친다.

2017년 8월에

박 아 청

| 차례 |

Chapter 1
기독교에의 태동胎動

신약新約의 발단發端을 어디에서 찾을 수 있을까?
"신약은 알렉산더로스 대왕에서 시작된다"는 말이 있다.
모든 동방東方의 헬레니즘화가 헬라어 『70인역 성경』을 만들어 내었다.
그로부터 헬라어 세계에로의 구약의 진출로 이어져 신약으로의
발걸음을 재촉했다.

1

팔레스틴의 정치적 변화

헬레니즘화化와 유대인의 신앙

신약新約의 발단發端을 어디에서 찾을 수 있을까? 흥미로운 것은 "신약은 알렉산더로스 대왕Alexandros the Great에서 시작된다"는 말이 있다. 확실히 모든 동방의 헬레니즘화가 『70인역 헬라어 성경』을 만들어 내고 이것이 헬라어 세계에 구약의 진출로 이어져 신약으로 발걸음을 재촉했다는 것은 부정할 수 없다. 그러나 이미 그 이전에 구약시대의 에스라와 느헤미야의 시대BC445-425에서부터 신약의 전기轉機가 마련되었다고 보아야 할 것이다.

느헤미야의 개혁BC425에 의해 성전중심의 율법체제가 확립되고 에스라에 의한 민중의 종교의식의 고양高揚과 회당Synagogue에 의한 교육으로 제사장국祭司長國이라고까지 부를 정도로 율법체제가 확립하였다. 그리하여 그 체제가 외국세력에 의한 위협으로 큰 시련을 받은 때가 알렉산드로스 대왕의 후계자의 시대이다.

앞으로 기술할 것이지만 이 시련을 극복한 것이 이스라엘에서의 율법체제의 절대화絶對化를 낳았다.

마케도니아의 알렉산드로스가 페르시아를 침공한 해가 BC334년. 이 때 20만의 페르시아 대군에 대해 알렉산드로스는 겨우 3만 명의 수세守勢였다고 한다. 전승傳承에 의하면 산이 해안으로 들어와 매우 좁은 이소스란 곳에서 단 한 번의 전투로 페르시아군은 파멸되어 그 결과, 마케도니아의 패권覇權이 확립되고 헬레니즘 체제로 되었다. 알렉산드로스 대왕이 그리스를 비롯하여 인더스 강까지 진출하면서, 마케도니아는 짧은 기간 동안 고대 근동에서 초강대국이 되었다. 이때를 기점으로 그리스 역사의 헬레니즘 시대가 시작되었던 것이다.

알렉산드로스 대왕의 큰 특징은 그것이 단순한 정복이 아니라, 헬레니즘을 세계 질서 속으로 넣었다는 사실이다.

그러나 그 나라는 그의 사후死後, 후계자 다툼에서 통일을 상실하고 분열한다. 팔레스틴 부근은 셀레우코스조朝 시리아와 프톨레마이오스조朝 이집트의 두 개의 세력이 병립하여 그 중간에 해당하는 팔레스틴은 때로는 이집트측 때로는 시리아측의 지배하에 놓였다.

[알렉산드로스 대왕의 원정로와 그가 점령한 영역]

모든 동방의 헬레니즘화가 알렉산드로스 대왕의 과제였는데 이것이 셀레우코스조朝 시리아에 의해 팔레스틴에서 특히 강하게 추진되었던 것은 시리아의 안테오쿠스 4세 에피파네스란 왕이 즉위했기 때문이다.

'에피파네스'란 '현현顯現하다'는 뜻으로 안테오쿠스가家의 현현왕顯現王이란 말이 된다. 그런데 그 당시의 사람들은 '에피파네스'를 미치광이라고 불렀다. 그는 젊었을 때 인질人質로 잡혀 로마에 있었는데 거기서 교육을 받고 헬레니즘의 절대적 신봉자가 된 만큼 유대인을 완전히 헬레니즘화하려고 하였다.[1]

안테오쿠스는 어린 소년들에게 할례를 되돌리는 시술을 받도록 명령해, 그들이 그리스 체전에 알몸으로 나오게 했다. 또 늙은 사제가 돼지고기를 안 먹는다고 죽을 때까지 매질했고, 성상聖像에 절하지 않는다는 이유로 어느 어머니와 그녀의 일곱 자녀를 살육했다. 그는 예루살렘 성전을 점령하여 성전의 지성소에 침입해 여기에 제우스의 상像을 세우고 유대인들이 가장 싫어하던 돼지를 제단 위에 올리고 그리스 신 제우스에게 제사를 지냈으며 성소를 온통 돼지 피로 바르는 등, '멸망케 할 가증한 것'으로 알려진 사악한 행위들을 저질렀다.[2]

그러나 이러한 안테오쿠스의 행동은 처참하게 실패했다.

유대인의 상층부는 상당히 헬레니즘화hellenization 되어 있었으며 그 정책에 영합迎合하는 자들도 있었다. 그러나 지방의 사람들은

1) Jacob Neusner(1984). *Toah From our Sages*. Rossell Books. p.175.

2) Donald B. Kraybill(1990). *The Upside-Down Kingdom*. Scottsdale, Pa.: The Herald Press, p.38.

강하게 이에 반발하여 BC167년에 일어난 것이 마카비의 반란이다. 구약성경의 외전外典 마카비기記는 이 반란과 그 성공에 의한 마카비조의 성립에 관해서 기록하고 있다.

마카비기 그 외 구약외전은 이 헬레니즘 시대로부터 로마 시대에 이르기까지 헬라어로 기록된 것으로 역사적으로나 사상적으로 구약과 신약의 사이를 연결하는 내용을 지니고 있다. 헬레니즘과 그것에 대한 저항 속에서 신약으로의 태동胎動이 시작되고 있었다.

BC1-2세기 무렵의 유대인의 생활

마카비 반란과 독립

예루살렘의 30마일 정도 북서쪽에 모데인Modein이라는 장소가 있다. 물론 현재는 마카비조 시대의 유적이 거의 남아 있지 않다. 여기에 제사장이었던 하스몬가家의 마타티아Mattatias라는 사람이 5명의 아들과 함께 궐기한 것이 마카비 반란이다.

마타티아는 우상예배를 강요하는 시리아의 군인과 그 강요에 굴복한 한 농부를 죽이고 다섯 명의 아들과 그 가족과 함께 산지로 피난하였다. 거기에서 그와 함께 탄압에 항거하려는 사람들이 집결하였다. 그 사람들은 하시딤Hasidim이라 불렀는데 신약시대의 바리새파나 엣세네파가 이 하시딤을 모체母體로 하고 있다.

유대교 정통파들은 마카비 가문의 지도로 반란을 일으켜 곳곳에서 승리를 거두고 마침내 예루살렘에서 제우스 신상을 파괴했다. 이것이 역사상 첫 종교전쟁이다.

2년간의 끈질긴 싸움 끝에 BC164년 12월 25일 반란군은 결국 예루살렘을 함락시킨다. 마침내 유대인들은 독립을 쟁취해 예루살렘은 자치령이 되었다.

하스모니안 왕조의 등장

마카비 전투 이후 탄생한 것이 하스모니안 왕조다. 마카비 가문의 조상 하스몬의 이름을 따 이름을 지었다. 그리하여 예루살렘은 이후 1백 년간 하스모니안 왕조에 의해 다스려졌다. 이들은 BC164년 12월에 성전을 정화淨化하고 희생 제사를 부활시켰다.

이 때 성전 반환을 기념해 하루 분량의 올리브기름으로 예루살렘 성전에 불을 켰는데 그 불이 8일 동안 계속되는 기적이 일어났다고 한다. 유대인들은 이를 하나님의 응답으로 여기고 '성전봉헌일'이라는 명절을 만들어 매년 이 기간에 가정에서 8일 밤 동안 촛불을 밝히고 있다. 이 축제는 지금까지도 이어져 내려오고 있는데, 유대인들은 이를 '하누카'라 부른다.

[하누카 촛대]

유대인들이 성스러운 성물로 여기는 일곱 개의 가지를 가진 촛대 메노라menoroh가 바로 '하누카 촛대'다. 하누카는 봉헌奉獻dedication이라는 뜻이다. 황금의 메노라는 고대 예루살렘의 솔로몬 왕이 지은 성전의 예배의식 때 사용된 중요한 도구였다. 그 후 이것은 여러 형태로 유대 유물의 상징이 되었다. 하누카는 12월 하순이어서 기독교인들은 하누카를 유대인들의 크리스머스라고 부른다.

독립전쟁에 승리한 하스모니안 가문은 그만 과욕을 부려 BC152년에 요나단이 왕권과 대제사장직을 독식獨食하고 말았다. 종교 지도자인 대제사장직은 사두개파派의 직분이었다. 일이 이렇게 되자 그때까지 독립군에 가담했던 유대교의 경건자 그룹인 하시딤이 바리새파派와 엣세네파派로 양분兩分되기에 이르렀다.

하스모니안 왕조에 대항한 바리새파는 제사장이나 성전 제의祭儀보다 율법 그 자체에 주목했다. 반면 사두개파는 권력 집단으로 성전 제사를 중시했다. 바리새파보다 현실타협적이었고 보수주의자들로부터 비판을 받았다. 엣세네파는 바리새파에 대립 은둔해 신비적이었다. 엣세네파 수도자들은 정결법淨潔法을 철저히 준수하며 독신생활을 했다. 후에 예수가 올 것을 예언한 세례 요한은 엣세네파였다.

내전의 발생과 잔혹한 탄압

독립운동에 참여한 하시딤이 분파되었지만 하스모니안 왕조는 BC165년부터 BC63년 로마의 폼페이우스 장군에게 패망할 때까지 약 1백 년간 계속되었다.[3)]

BC103년에는 알렉산더 얀네우스가 왕이 되었다. 그의 통치하에 유다 영역은 최고에 달했다. 에돔 왕국이 정복되어 에돔 지역 총독으로 에돔 왕이었던 안티파터 1세가 임명되었다. 그는 훗날 예수를 죽이려 했던 헤롯의 할아버지다.

BC90년 무렵에는 알렉산더 얀네우스 왕이 세력을 북동쪽으로 확산하려 했으나 오히려 실패해 대부분의 병력을 잃었다. 이로 인

---

3) Shaye J. D. Cohen(1988). *From the Maccabees to the Mishnah*. Library of EarlyChristianity, Wayne Meeks, editor. Westminster John Knox Press. pp.224–225.

해 유다 내에서 바리새파에 의한 반란이 일어났다.

알렉산더 얀네우스 왕은 6년에 걸쳐 잔혹하고 야만스럽게 반란을 진압했다. 유대 역사가 요세푸스Flavius Josephus에 의하면, 내전으로 바리새파 유대인 5만 명이 목숨을 잃었다. 내전이 끝나자 알렉산더 얀네우스 왕은 포로들을 이끌고 예루살렘으로 개선해 왕궁 앞에 8백 명의 포로들을 십자가에 매달았다. 그리고 아직 숨이 끊어지지 않은 자들은 그들이 보는 앞에서 자녀들과 아내의 목을 잘라지는 것을 보게 했다.[4)]

BC76년 얀네우스가 죽자 그의 부인 살로메 알렉산드라가 왕위를 계승했다. 그녀는 지적이고 온화한 사람이었다. 이 여왕의 집권기가 하스모니안 왕조의 최고 황금기로 꼽힌다. 통치 기간은 9년으로 비록 짧았지만 폭넓은 사회개혁이 단행되었다.

로마가 그리스와 다투던 시절만 해도, 로마는 유대인의 동맹이었다. 로마인은 약소국가의 존재를 인정하고 어느 정도 독립성을 인정했다. 그러나 유대 왕국이 영토를 넓히려는 야심을 가지고 있어서 이웃 여러 민족을 강제로 유대교로 개종시키는 것을 로마의 원로원이 보고만 있을 수 없었다. 로마는 유다 왕국이 내부 분열을 일으켜 피폐해지고 틈을 드러내기를 조용히 기다렸다.

이런 점을 눈치 챈 살로메 알렉산드라는 내부 단결을 도모했다. 당시 반대파로서 대중적 세력을 넓혀가던 바리새파를 최고 의사결정기구인 산헤드린sanhedrin으로 받아들이고 그들의 구전율법도 나라의 법제 안으로 수용했다. 이를 통해 나라의 안정적 통일을

---

4) 김정우 옮김(2000). **요세푸스: 성경을 비추는 역사서**(Rogers, Clean. L. 지음). 서울: 엠마오. pp.24-27.

시도했다.

특히 여왕은 종교를 중심으로 나라를 통일하려고 했다. 그녀는 유대교를 재건하기 위해서는 모든 국민이 성경을 읽고 율법을 배울 수 있어야 한다고 판단했다. 그러기 위해서는 최소한 가정예배를 이끄는 남자들은 먼저 글을 깨우쳐야 한다고 생각했다. 여왕은 전국에 걸쳐 학교를 짓고 노소老少를 가리지 않고 남자들에 대한 의무교육義務教育을 실시했다.

이후 유대인 사회에서 최소한 가장들 사이에서는 문맹文盲이 사라졌다. 이 후 유대인들은 어느 곳에 가든 뛰어난 경쟁력을 갖출 수 있었다. 글을 읽고 쓰고 계산에 능한 유대인들은 어딜 가도 쉽게 자리를 잡았다.

그 뒤 유대인들은 세 살부터 히브리어를 배웠다. 율법을 암기하고 배우기 위해서다. 특히 열세 살에 성인식을 치르기 위해서는 「모세오경」 중 한 편을 반드시 모두 암기해야 한다. 그리고 성인식成人式에 참석한 사람들을 대상으로 성경을 토대로 자기가 준비한 강론을 해야 한다.

이러한 전통은 유대 민족의 탁월한 지적 능력을 향상시키는 데 크게 도움이 되었다.

1, 2차 유대-로마 전쟁과 2천 년 방황의 시작

AD66년부터 73년 로마에 대한 유대인의 대항쟁 직전 유대인 인구는 대략 8백만 명으로 추정된다. 로마제국 통치 밖에 있었던 파르티아 왕국바빌론에 1백만 명 가량이 살았으며, 나머지는 로마제국 내 유대인이었다. 로마 황제조차도 결코 무시할 수 없는 규모의 민족이었다.

그 무렵 팔레스틴 밖의 상업도시에서도 경쟁 관계에 있었던 유대인과 그리스인들 사이의 갈등이 커져갔다. 복합인종으로 구성된 그리스인에게 유대인은 별종別種으로 보였다. 그리스인은 그들 문명이 지배하는 세계를 보편적이라는 뜻의 '오이쿠메네oecumene, one world'라고 불렀다.

그리스인들은 "세계는 하나다"라는 세계시민주의를 지향하는 헬레니즘 문화인 반면에 유대인들은 선민사상選民思想에 근거한 차별성을 갖는 문화다 보니 곳곳에서 부딪쳤다.[5)]

AD66년 여름 팔레스타인 지역에서 대규모 반란이 일어났다. 반란은 그리스인과 유대인 사이에서 벌어진 소송에서 그리스인이 승소한 직후 카이사리아에서 발발했다. 승소한 그리스인들은 유대인을 학살하며 승리를 자축하는 동안 로마 수비대는 아무 조처도 취하지 않았다.

거기에다 바로 이 시점에 로마 총독 플로루스가 예루살렘에서 유대인들을 십자가에 처형하고, 또 체납된 속주세屬州稅 대신 예루살렘 성전에서 17달란트의 금화를 몰수하는 일이 발생한다. 신성한 성전을 더럽힌 행위에 분노해 유대인들이 들고 일어났다. 전투가 벌어지고 로마군의 약탈이 자행되었다.

유대인 폭동사건은 대규모 반란으로 이어졌다. 로마제국에 대해 1차 유대-로마 전쟁을 일으킨 것이다. 타민족의 지배를 받고는 살지 못하는 유대인 특유의 신앙적 가치와 그리스·로마 문명과 히브리 문명 사이의 문화적 충돌이 원인이었다. 특히 신앙적

---

5) Helmut Koester(1995). *History, Culture, and Religion of the Hellenistic Age*(2nd ed.). New York: Walter de Gruyter, pp.79-83.

가치의 충돌이 더 큰 원인이었다. 로마제국의 입장에서는 그간의 반유대주의가 폭발한 것이었다.

반유대주의의 확산과 유대인 학살

반유대주의는 신학적, 인종적, 정치적 반유대주의라는 세 가지 범주로 분류할 수 있다. 모두가 유대인 말살抹殺이라는 공동의 목표를 지향하고 있다.

사실 이러한 움직임은 이미 유대 민족의 출현과 함께 시작된 것이다. 유대인들이 거주했던 지역의 통치자들은 대부분 반反유대 정책을 펼쳤다. 이집트 파라오 람세스 2세는 자신의 왕국 내에 거주하던 고대 유대인들이 민족을 이루게 되자 그들을 없애려고 노력했다.

페르시아의 크세르 크세스 왕의 장관 하만은 페르시아 유대인들의 영향력이 커지자 모든 유대인들의 뿌리를 뽑고자 온갖 노력을 기울이기도 했다. BC3세기 고대 그리스 시대에도 반유대주의가 존재했다. 그리고 로마제국에서도 반유대주의가 계속되었다.

당시 카이사리아 그리스계 주민들은 유대인들이 예루살렘에서 로마에 항거하는 폭동을 일으켰다는 소식을 듣자, 그 증오를 카이사리아 유대인들에게 폭발시켜 대량 학살이 자행恣行되었다. 한 시간도 채 안 되는 짧은 순간에 무려 2만 명의 유대인이 학살됐다. 이집트의 알렉산드리아에서는 5만 명의 유대인이 죽음을 당했다. 다마스쿠스 시민들도 유대인 1만 5천여 명을 공공경기장에 몰아넣은 후 단 한 시간 만에 몰살해 버렸다.

이와 같은 상황은 시리아에서도 마찬가지였다. 반유대주의가 제국 전역에서 들끓었다.

로마군과 대치하고 있는 상황에서도 예루살렘 성 안에서는 유월절 기간에 여러 당파들 간에 피비린내 나는 충돌이 벌어졌다. 유대인의 자치를 강력히 바라는 정치세력인 열심당Zealots의 당원들과 투쟁적 성향이 덜한 온건파의 싸움에서 처음에는 대중 가운데 지지기반이 넓은 온건파가 우위를 점하고, 강경파인 열심당원은 성전 구역으로 내몰렸다.

그러나 열심당원은 한밤중에 온건파를 덮쳤고 예루살렘 거리는 유대인의 피가 가득 찼다. 열심당원이 주도권을 장악했다. 하지만 이것이 내분의 끝이 아니었다. 애국자임을 자처하는 열심당원들 사이에서도 경쟁이 있었다.

예루살렘의 함락과 디아스포라

베스파시아누스 황제의 맏아들인 29세의 티투스는 예루살렘 탈환 작전을 개시했다. 예루살렘 성전을 지키는 유대 병력 2만 3천여 명에 비해 8만 명에 달하는 로마군의 월등한 군사력에도 불구하고 전쟁은 치열하게 계속되어 70년 4월부터 9월까지 이어진다.

[예루살렘 성전을 파괴하고 탈취물을 운반하는 로마군인들]

티투스는 유대인들의 반란을 무력으로 가혹하게 진압하면서도 부하들에게 예루살렘 성전은 파괴하지 말라고 했다. 그러나 전쟁 중 성전은 완전히 파괴되었다. 함락된 예루살렘 성 안에서는 무차별 살육과 약탈이 자행되었다. 병사들은 금화를 삼키고 탈출하는 예루살렘 인들의 배를 갈라 내장을 뒤질 정도였다.

전쟁이 끝난 뒤 로마제국은 승자의 관용을 베풀어 유대인들이 그들 땅에서 살며 유대교를 믿을 수 있도록 허용했다. 이때 유대인들 일부는 이베리아 반도 등으로 이주해 유대인 공동체를 형성했다.

티투스 장군이 남아 있는 유대인들과 후대 사람들에게 로마제국의 위대한 힘을 보여주려고 교훈삼아 남겨 둔 것이 바로 '통곡痛哭의 벽The wailing Wall'이다. 훗날 로마는 이곳 성전 터에 유대인의 출입을 금지했으나 성전이 파괴되었던 날에 한해 예루살렘 성에 들어올 수 있도록 허락했다.

[통곡의 벽에서 기도하는 유대인들]

바로 이날 유대인들은 모두 파괴당하고 겨우 한쪽 벽만 남아 있는 이 서쪽 벽 근처에 모여들어 슬퍼하며 통곡했다. 그래서 통곡의 벽이라는 이름이 붙었다. 이 통곡의 벽은 지금까지도 유대인들의 최대 성지 중의 하나이다.

AD66년부터 70년까지 계속된 로마 제국과 유다 왕국과의 '유대 전쟁'에서 유대 왕국은 로마 제국과의 치열한 항쟁 끝에 결국 나라를 잃고 유대 민족은 뿔뿔이 흩어진다. 이른바 디아스포라diaspora그리스어διασπορά의 시대로 들어선 것이다.

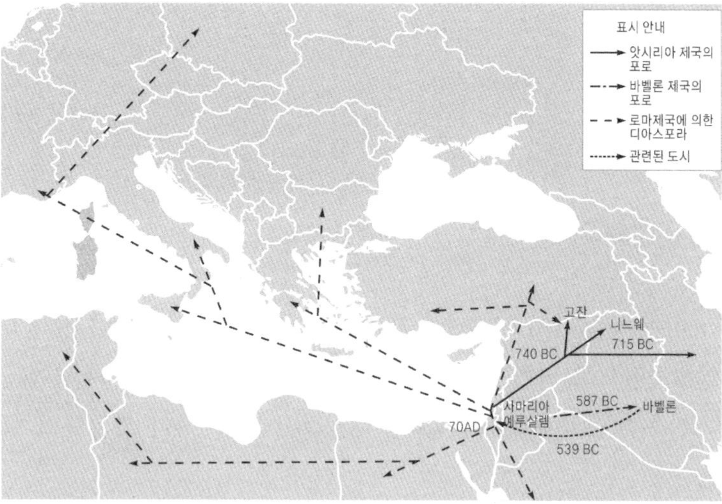

[앗수르와 바벨론제국에 의해 포로로 잡혀 간 시대와 로마제국에 의한 디아스포라 시대]

2

팔레스틴의 종교적 배경

유대교의 분파들

이야기를 그리스도 후까지 왔지만 다시 헬레니즘화化 시대의 팔레스틴으로 되돌아 가보자. 헬레니즘의 영향은 언어의 면에도 나타나 지금까지의 아람어語를 대신하여 헬라어語가 통용하게 되었다.

또 시리아에 의해 헬레니즘화가 강행된 시대, 또 마카비조와 하시딤의 항쟁 시대에 많은 유대인들이 외국으로 흩어졌다. 물론 다른 이유로 이주한 사람들도 많다.

유대인의 국외 이산離散디아스포라은 바빌론 포로나 유대 왕국의 멸망 때에 이집트에로의 피난민, 또는 포로해방 후에도 현지에 남아있던 사람들이 이산을 시작했을 것으로 생각되지만 그 이산의 사람들이 점차 그 수를 증가하여 각 지에 각각 유대인 공동체가 설립되기에 이르렀다.

그 수數로는 아마도 알렉산드리아가 가장 많고 어떤 때는 전 인구의 절반이 유대인이었다고 한다. 이것은 프톨레마이오스조의 이집트가 예상 외로 유대인들에 관용을 베풀어서 마케도니아 사람 다음에 가는 지위를 받았다고 한다. 정치력은 갖지 않았지만 경제는 거의 그들이 잡고 있었다.

마카비왕조가 독립을 회복한 후, 유대교 내의 당파sects로서 성립한 것은 앞서 언급한 바와 같이 바리새, 사두개 및 엣세네, 이 세 파가 있었다. 교파로서의 성립기成立期에 대해서는 여러 학설이 있지만 대체로 BC120년에서 100년 무렵으로 보고 있다.

이 가운데 디아스포라의 유대인에게 세력을 갖고 있었던 것은 바리새파로 이것은 회당과 학교를 가지고 있었기 때문이었다. 그들은 외국에서도 회당을 종교와 일상생활의 중심으로 하고, 외국인의 개종자도 받아들이고 있었다. 후에 이 디아스포라 유대교가 기독교의 모체 중 하나가 되었다.

바리새란 말은 '분리된 자'라는 뜻으로서 율법에 대한 열심으로 인해 헬레니즘의 타락한 영향으로부터 자신들을 분리시킨 사람들을 의미하는 이름이었다. 역사학자 요세푸스는 바리새인들이 "다른 사람들보다 보다 더 종교적이며 율법을 보다 더 세밀하게 해석한 듯하다"고 하였다.

세 분파 가운데 사두개파가 가장 보수적으로 토라 즉 모세오경五經 이외는 인정하려고 하지 않았다. 그들은 성전 귀족으로서 민중으로부터 유리하고 있었으며 그러므로 민중에 대한 영향력은 크지 않았다.

그들은 정치 지도자와의 협조를 통해 부富와 권세의 자리를 획득했다. 성전 관리와 의식의 집행은 그들이 가진 특별한 임무였다. 사두개인들은 대중과 따로 떨어져 거의 사귐이 없었다.

바리새인과 사두개Sadducees인들은 신약성경에서 빈번히 비난받고 있는데, 이들 모두가 예수에 대해 적대감을 갖고 있었다. 사두개란 말은 '의로운 이'란 뜻의 '싸킴'에서 유래한 것으로 보이며, 그 기원은 솔로몬의 제사장 사독 이후라고 한다.

이해하기 힘든 것은 엣세네 분파인데 1947년에 사해死海의 북쪽 쿰란 동굴洞窟에서 아랍인의 목동이 우연히 발견한 '사해 사본寫本' 속의 쿰란 문서文書와 엣세네 분파의 관계가 지적되어 각광脚光을 받게 되었다.

이 문서에는 쿰란에서 집단생활을 하고 있었던 것으로 보이는 교단敎團의 규율規律과 기도문 등의 사본이 포함되어 있었다. 이 문서는 엣세네파의 문서라는 것이 거의 정설화定說化되었는데, 그 이유는 같은 시대의 요세푸스Josephus나 유대인 철학자 필론Philon이 기록한 것을 뒷받침하고 있기 때문이다. 이로 통해 엣세네파의 전모全貌를 매우 정확하게 파악하게 되었다.

[사해 사본 속에서 발견한 「쿰란문서사본」]

이에 따르면 엣세네분파의 사람들은 예루살렘 성전의 권위를 부인否認하고 사해 연안에서 일종의 수도원修道院체제를 가지고 있었다. 유대인 고고학자 야딘Yadin이 발표한 「성전사본The Temple Scroll」도 이를 뒷받침하고 있다.[6)]

그러나 단순히 수도원 내에 있을 뿐 아니라 마을이나 시골에도 산재하고 있었으며, 수도원은 그 본부와 같은 모양을 갖고 있었다. 요세푸스는 그들이 독신주의를 취하고 있었다고 기술하고 있다. 쿰란 수도원 흔적을 가진 묘지에서 여성의 뼈도 발견된 것에서 쿰란 교단이 엣세네파라고 하면 독신주의는 의심스럽다. 본래 요세푸스는 엣세네파에는 두 개의 분파가 있었는데 한 쪽은 독신주의獨身主義를 취하지 않았다고 기록하고 있는 것을 볼 때 그 한 쪽의 분파라고 해석할 수도 있다.

마지막으로 바리새파인데 이들은 회당을 지배하고 있었다. 그들은 구전口傳의 「율법주해律法註解」를 「토라Torah」와 동일한 정도로 중요시하고 권위를 부여하고 있었다. 이 구전을 문서로 정리한 것이 앞서 언급한 바와 같이 「미쉬나」이고 이것이 「탈무드」의 중심이다.

이상과 같이 세 개의 분파가 각기 특징을 갖고 있었지만, 이것은 어디까지나 '파派'였지 별도의 종교는 아니다. 따라서 기독교 발생에서 중요한 것은 이 세 파의 다른 점보다도 오히려 이들 파들에게 공통적으로 나타나는 기본적인 사상, 말을 바꾸면 1세기에 나타난 유대교의 기본적인 생각인 것이다.

1세기의 유대인은 확실히 헬레니즘의 영향을 강하게 받았지만

---

6) Yigael Yadin(1985). *The Temple Scroll: The Hidden Law of the Dead Sea Sect*. New York: Random House.

그리스인들과 같은 세계관을 가지고 있었던 것은 아니었다. 즉 세계와 생활을 하나님으로부터 분리시키려고 하지는 않았다. '살아 계신 하나님'의 존재는 분파에 관계없이 유대교의 대전제大前提로 이 하나님은 인간의 이성적인 탐구가 아닌 하나님의 계시啓示로 알려지는 것이라 여겼던 것이다.

이 점에서는 역사가 요세푸스나 철학자 필론 또는 랍비들의 생각도 기본적으로는 차이가 없었다. 그 하나님은 전능全能, 신성神性, 편재遍在, 초월超越, 창조創造의 하나님인 것과 동시에 가까이 임재臨在하는 하나님이다. 임마누엘Emmanouhl의 하나님이다. 그 임재는 '하나님으로부터의 영靈'이 함께 하시는 것으로 이것은 창세기創世記 이래로 계속 이어져 내려 온 사상이다. 신약성경 뿐 아니라 사해문서에도 이 생각은 극히 뚜렷이 보인다.[7]

또 천사론天使論도 하나님의 편재偏在를 시사하는 것으로 바리새파에서나 엣세네파에서도 받아들이고 있었다. 다만 사두개파는 이것을 부정하고 있었다. 이 천사의 존재는 묵시문학默示文學이나 사해문서死海文書에서 인간에게 친숙한 것으로 기록되어 있다.

말하자면 하나님은 한편에서는 초월적, 절대적인 존재로서 동시에 항상 가까운 곳에 임재하는 존재로서, 또 '우리 아버지'로서 개인적, 나아가서 '우리 왕'으로서 이스라엘에 사랑을 갖고 임재하시는 존재로 받아들이고 있었다.

바리새파는 구전율법을 중시한다. 그런데 이 바리새파에는 두 개의 계통이 있었다. 하나는 할라카Hakakha로 규범規範이고, 다른 하

---

7) Robert H. Eisenman(1997). *James the Brother of Jesus: The Key to Unlocking the Secrets of Early Christianity and the Dead Sea Scrolls*. 1st American ed. New York: Viking. pp. 124–136

나는 학가다Haggadah로 설교, 이야기, 전설, 시, 예화와 같은 것이었다. 그 내용은 역사, 미래의 희망, 신앙의 해설, 도덕적인 계율 등이다. 이른바 할라카는 밖으로부터의 절대적 규범이고, 학가다는 안쪽으로부터 설득력을 갖고 작용하는 것으로 이 양자가 안과 밖에서 영향을 미쳤다.

엣세네파에서도 「종규요람宗規要覽」과 같은 규범과 「하바국서書 주해註解」 등의 주해서註解書와 일종의 학가다라 할 수 있는 「외전 창세기外典 創世記」, 「감사의 시편」의 시詩나 「빛의 자녀와 어둠의 자녀의 투쟁」과 같은 묵시적인 문학을 가지고 있다. 이상과 같은 문학유형文學類型에는 물론 차이는 있지만 이들에게는 실로 커다란 공통점이 있다.

이 공통성이 기독교의 모체母體가 되었다. 1세기의 유대교, 특히 바리새파는 신약성경으로부터 강한 비판을 받았기 때문에 양자는 절대적으로 대립하는 것으로 이해하기 쉬우나 그 모체는 함께 구약성경으로 공통의 기반에 서 있다는 것을 간과해서는 안 될 것이다.

기독교의 모체

이상과 같은 공통성을 인정하지 않을 수 없다. 그러면 사두개, 엣세네, 바리새, 이 세 분파와 기독교의 관계, 분명하게 말하자면 기독교는 이 세 분파 가운데 주로 어떤 분파로부터 온 것인가하는 문제가 등장한다.

이 점, 가장 관계가 얕은 것은 사두개파인데, 예수는 엣세네파와 같이 완전히 성전을 부정하지는 않았지만 엣세네파처럼 성전과는 단절하지도 않았다. 그러나 성전귀족이라 불리우는 사두개파와는 사상적인 관련이 거의 없다고 보아야 할 것이다.

그러면 엣세네파인가? 쿰란문서文書가 발견되고부터 그 문서 속에 있는 메시아 사상이나 세례洗禮, 성찬聖餐 등과 유사한 의식儀式에서 기독교의 모태母胎를 엣세네파에서 찾는 설說도 한 때 강했다.

에드문드 윌슨Wilson 등은 기독교 발생의 땅은 베들레헴이 아니라 쿰란에서 찾아야 할 것이라고 주장하여 센세이션을 일으킨 적이 있었다.[8] 사해사본이 잡지에서 크게 다루었기 때문에 이런 종류의 엣세네파 기독교 기원설起源說은 일시적으로 크게 유행하였다.

그러나 사해사본이 신약성경을 비롯한 미쉬나 또는 요세푸스, 필론의 저작 등과 같은 수많은 시대의 문서 가운데 하나에 지나지 않는다는 사실이 밝혀지자 센세이션은 잠잠해짐과 동시에 그 극단적인 설說은 점차 쇠퇴하여 현재에서는 거의 정당성이 소멸했다고 볼 수 있다.[9]

그러면 기독교의 모태는 세 개 분파 중 어느 것인가? 역시 바리새파를 중심으로 보아야 할 것이다. 기독교의 기본적인 발상發想은 세 개 파 가운데서는 바리새파에 가장 가깝다.

사두개파에서는 미래未來라든가 구세주救世主라는 것을 일체 부정한다. 메시아사상思想이 없다고 한다면 기독교가 성립할 수가 없

---

8) Edmund Wilson(1969). *The Dead Sea Scrolls, 1947-1969*. New York: Oxford University Press, p.121.

9) James VanderKam & Peter Flint(2005). *The Meaning of the Dead Sea Scrolls: Their Significance For Understanding the Bible, Judaism, Jesus, and Christianity*. Continuum International Publishing Group. pp.170－178.

을 것이다.

엣세네파는 이른바 '이스라엘의 남은 자者'라는 구약의 전통에 충실한 입장을 취하고 있다. 종말의 때, 이방인으로부터 떨어져 자기들만 올바른 상태를 유지하면 좋다고 하는 생각이 기본으로 되어 있고, 세속에서의 생활은 기본적으로 부정하고 있기 때문에 기독교처럼 민중 속에 들어간다고 하는 발상은 매우 다르다.

나아가서 앞서 언급한 성전에 대한 철저한 부정적인 태도 등은 예수나 바울과는 기본적으로 다르다. 예수의 제자 야곱을 중심으로 한 최초의 예루살렘 모교회母敎會는 성전聖殿 안에 있고 처음에는 거기가 기독교 교회의 중심이었다.

이러한 몇 가지 점에서 기본적으로는 다르지만 그러나 엣세네파의 영향이 다양한 면에서 있었다는 것을 부정할 수 없다.[10)]

그러나 전체적으로 보면 사두개파는 물론 엣세네파도 기독교, 넓게는 로마세계에로 확산되어 가는 것이 가능했던 기독교의 모태母胎로서는 아무래도 적절하다고는 생각되지 않는다.

---

10) Magen, Broshi(1998). "What Jesus Learned from the Essenes", *Biblical Archaeology Review*, 30:1, pp. 32-37.

Chapter 2
기독교의 등장

기독교란 예수 그리스도를 구주로 믿는 종교다.
이 기독교가 팔레스틴 땅에서 그것도 변두리 마을 작은 시골 마을에서
잉태하여 유대민족을 초월하여 전 세계의 인류를 가슴에 품고
움직이기 시작하였다.

1

묵시문학과 종말론 그리고 구세주

묵시문학에 대한 관점

성경 속에는 묵시문학默示文學으로 분류되는 책이 있다. 이사야서 24-27장이나 스가랴서 9-14장이묵시문학에 속한다. 에스겔서도 묵시적인데 묵시문학으로 완결적인 책은 구약성경에서는 다니엘서, 신약성경에서는 요한계시록이다.

한국인에게 있어서 가장 친숙함을 느끼는 것이 묵시문학일 것이다. 개인이나 국가가 시련에 처해 있을 때 특히 좋아하는 것 같다. 묵시문학은 난해難解하다는 반면에 어떻게 해석을 해도 가능하다고 하는 일면一面을 가지고 있다. 그러기 때문에 다니엘서나 요한계시록의 통속적인 주해서註解書는 매우 많다.

다니엘서는 BC167년 무렵에 쓰여 졌다는 것이 정설定說이다. 이 기록양식記錄樣式은 매우 흥미롭게도 4백년 가까이 옛날 바빌론 포로시대에 집필자의 눈을 되돌려 거기에서 미래를 본다고 하는 식으로 기록하고 있다. 이것은 흔히 동양에서는 볼 수 없는 발상으로 매우 이해하기가 힘들다.

"과거라고 하는 것은 인간에게 있어서 정신에 지나지 않는다"

고 프랑스 시인 폴 발리Paul Balery는 읊었다.[11] 분명히 과거는 인간이 다룰 수 없는 것이기 때문에 그것은 인간의 하나의 정신에 불과한 것이라 할 수 있다. 그렇다면 자기가 그 과거에 돌아가서 거기로부터 역사를 미래로서 본다면 어떻게 보일가하는 발상이 나오더라도 조금도 이상하지 않다.

다니엘서가 쓰여 진 것은 안테오쿠스 4세 에피파네스의 탄압彈壓시대이다. 그 박해 가운데 장래의 전망은 전혀 보이지 않는다. 그 때 과거를 뒤돌아본다고 하는 것이 아니라, 자신의 과거의 어떤 한 곳으로 되돌아와서 그 한 곳으로부터 역사를 보고 있으면 도대체 장래는 무엇이 보일까? 이런 발상인 것이다.

만일 한국에서 그것을 적용해서 생각해 보면 어떨까?

예컨대, 1800년대 후반 조선에 서재필徐載弼1863-1951이 등장하여 '독립신문'을 창간하기 전에 자신을 되돌아본다. 거기로부터 역사를 보면 대원군과 갈등을 빚던 민비閔妃가 일본인에 의해 시해弑害를 당하고, 조선의 왕과 황태자는 러시아 공사관으로 피신하고, 조선의 젊은 서재필이 등장을 한다. 이렇게 확실히 미래로서 볼 수가 있게 된다는 것이다.

그로부터 일본군이 등장하고 고종이 퇴위하고 순종이 즉위하는 것을 보면 그것으로 지금 그 시점時點으로부터 현재로 계속 이어지는 미래에 무엇이 보일 것인가?

이러한 견지에서 바빌론 포로시대에 자신이 미래를 예언한다

11) 박은수 옮김(1987). **발레리 시전집**(Paul Balery 지음). 서울: 믿음사. p.25.

고 하는 모습으로 역사를 보고, 나아가서 그 앞의 미래에 무엇이 보일까? 지금 이 탄압이 언제 끝날 것일까 하는 것을 열심히 추구하고 있는 것이 다니엘서書의 일면一面이다. 일종의 타임 머신time machine적 견해라고 말한다면 현대인에게는 이해하기 쉬울지 모른다.

본래 결과로서 이와 같은 견해가 나온 것은 역사적인 이유가 있다. 당시는 "예언자는 잠들어 버렸다"는 생각이 유대교 가운데에 있었고, 그 때문에 고대의 예언자의 이름을 빌려 기록할 필요가 있었다고 볼 수 있다. 따라서 묵시문학자黙示文學者는 묵시문학이란 형식으로 예언을 전하려 했다고 말할 수 있다.

묵시문학의 완결편이라 볼 수 있는 다니엘서가 기록된 것은 앞서 안테오쿠스 4세 에피파네스의 시대였다. 따라서 이 책을 "구약의 마지막이며 신약의 시작"이라고 부르는 사람도 있다. 이 시대의 묵시문학에는 다니엘서 외에 외전外典의 하나인 에녹서, 12부족장의 유훈遺訓, 제4에스라서, 바룩의 묵시록黙示錄 등이 있다. 사해사본 속에도 이런 경향에 속한 문서가 있다.

묵시문학은 일종의 예언서豫言書라고 말했는데 그것은 예언서와 완전히 동일하다는 것은 아니다. 분명히 공통되는 요소는 있지만 그 관심은 오로지 종말終末의 때에 집중되어 있고 공상적 표현이 풍부하게 사용되어 있다. 그 재료는 전통적이라고 보기보다 오히려 세계적으로 당시의 여러 종교의 신화神話나 천문학天文學 또는 우주론宇宙論 등이 사용되어 있다.

하나의 종말론

묵시문학의 대표적 작품인 다니엘서는 하나의 책으로 보기보다는 제1장에서 제6장까지와 제7장 이하의 두 개로 나누어 보면 이해하기 쉽다.

우선 하나의 종말론終末論이 나온다. 느부갓네살은 BC587년에 예루살렘을 함락시켜 유대인의 왕으로 세운 자를 포로로 잡아 간 바빌론의 왕인데 이 느부갓네살 왕이 꿈을 꾸었다. 그 꿈의 의미를 해석하는 식으로 종말론이 나온다.

꿈속에 머리가 순금, 가슴과 양팔이 은, 배와 넓적다리는 놋쇠, 그 무릎 아래는 쇠이고, 발은 일부는 쇠이고 일부는 진흙인 거대한 신상神像이었다.

이것이 무엇인가 하면 금의 머리는 느부갓네살의 바빌론으로 그것에 이어 금보다 못한 은의 나라는 메디아, 그것으로부터 청동 페르시아, 철은 알렉산드로스 대왕의 그리스, 철과 일부가 흙은 그로부터 분열하여 생겨난 시리아의 셀레우코스조朝라는 역사를 거슬러 올라간다.

거기에 산 위로부터 돌이 날아들어 온다. 그리하여 그 신상은 전부 흔적도 찾아 볼 수 없게 부서진다. 이와 같이 지상의 권력이 모두 상실하여 다른 질서의 새로운 나라가 하나님에 의해 건설되어간다는 것이 다니엘서의 제2장의 주제이다.

이 배후에는 앞서 언급한 안테오쿠스 4세 에피파네스의 대 탄압이 있고 그것의 종말은 가까워오며 하나님에 의해 지배되는 새로운 질서의 도래가 가깝다는 예언을 느부갓네살 속에서 미래를 전망하는 형식으로 기록하여 사람들을 격려하고 있는 것으로 볼 수 있다.

성경 속의 큰 짐승

제7장 이하에는 다니엘이라고 하는 이 책의 주인공이 본 환상이 묘사되어 있는데, 제7장의 4마리의 큰 짐승의 환상이 흥미롭다.

이것을 어린이들에게 읽혀주고 물으면, 성경에도 큰 짐승이 나온다고 즐거워하는 데 그 때문인지 서구에서는 이 그림의 극화화劇畫化라고도 할 수 있을 통속서가 적지 않다.

[다니엘의 꿈에서 보인 거인상과 큰 짐승들]

제1의 큰 짐승은 "사자와 같이 보였으나 독수리의 날개를 가진", 제2의 것은 "곰과 같았는데", 제3의 것은 "표범처럼 생겼으나 등에는 새의 날개가 네 개 있었고", 제4의 것은 "사납고 무섭게 생겼으며 힘이 아주 세었다"와 같은 묘사로 되어 있다.

이 네 마리의 큰 짐승은 바빌론, 메디아, 페르시아, 알렉산드로스 대왕의 그리스라는 4개의 왕국을 상징하고 있다고 말한다. 이 네 마리의 짐승에서 네 개의 뿔이 돋아나 그 가운데 한 개가 차츰 차츰 자라난다. 그 뿔에는 사람의 눈과 같은 눈을 가지고 있었고 거만하게 떠들어대는 입을 가지고 있었다.

이것은 무엇을 의미하고 있는가 하면 알렉산드로스 대왕의 사후, 분열한 네 개의 왕국을 네 개의 뿔로 나타내고, 그 가운데 한 개가 점차 자랐다고 하는 것은 시리아의 셀레티오코스 4세 에피파네스를 말하고 있는 것이다.

안테오쿠스의 탄압이 다니엘서 제7장 이하의 환상幻想의 주제로 최후의 제12장에서는 다음과 같이 탄압의 종말終末의 때가 알리고 있다.

> 날마다 드리는 제사가 없어지고, 혐오감을 주는 흉측한 것이 세워질 때부터, 천이백구십 일이 지나갈 것이다. 천삼백삼십오 일이 지나기까지, 기다리면서 참는 사람은 복이 있을 것이다다니엘서12:11-12.

1,290일이란 것은 대체로 3년 반半, 즉 3년 반으로 이 탄압이 끝난다는 것을 과거의 역사적 경과로부터 증명하고 있는 것으로 끝이 가까이 오기 때문에 모두 힘내라고 격려하고 있는 것이다.

지금의 괴로운 시대는 마침내 끝나고, 구원자救援者가 나타나 새로운 질서가 회복된다, 이것이 다니엘서를 일관되게 보여주는 사상이다. 종말사상이라고 해도 괜찮을 것이다. 그 종말사상이 극히 난해한 묵시적 표현으로 말하고 있는 것이다.

본래 이상의 해석은 아마도 이것이 바른 것이리라는 것뿐으로 묵시의 해석이 어떻게 해도 가능하다.

다만 자기들이 과거의 한 곳에 서서 되돌아가서 역사를 미래로 보고, 그것에 의해 자기들의 미래와 지금의 '때=시대時代'의 종말을 보려고 한 것에 다니엘서의 특징이 있을 것이다.

메시아의 출현과 부활 사상

그러면 왜 이런 발상이 나왔을까?

의인義人이 왜 고생을 하는 가하는 문제는 욥기에 나오지만 박해시대는 의인이기 때문에 탄압을 받는 시대이다. 이것은 하나님에게 순종하면 은총恩寵을 받는다고 하는 발상에서 본다면 실로 모순된 상태라고 말하지 않을 수 없다.

묵시문학은 이것을 이 세상이 일시적으로 악惡에게 지배를 받고 그 때문에 올바른 사람은 탄압받는데 마침내 그 파국破局은 전세계로 미치어 악은 멸망해버리고 하나님의 지배가 실현된다고 생각하였다. 그 시대가 종말이다.

구약성경의 다니엘서는 또 그 종말에 이 세상을 구원하는 구세주메시아가 출현하여 예루살렘을 재건할 것을 기대했다. "예루살렘을 보수하고 재건하라는 말씀이 내린 때로부터 기름을 부어서 세운 왕이 오기까지는 일곱이레가 지나갈 것이다. 그리고 예순두 이레가 있는 것을 알고, 그리고 깨달으라"는 그것을 의미하고 있다.

나아가서 "사람의 아들과 같은 자"가 출현하여, 천상의 하나님의 아래로 올라가 하나님으로부터 영원한 나라를 이어받는다고 하는 생각이 나온다. 이 "사람의 아들과 같은" 자는 나중에 에녹서에 의해 개인화個人化되어 신약시대에는 한 사람의 초자연적 메시아의 의미로 해석되게 된다.

다니엘서의 큰 특징은 개인個人의 부활復活이라고 하는 사상이 나온다는 것이다. 이 생각은 다니엘서밖에 없다. 말하자면 "의인으로의 박해와 그 죽음"은 결코 그대로 지나가지 않고 성인도 악인도 부활하여 함께 심판審判을 받고 전자는 영원한 생명을 받고 후자는 영원한 치욕恥辱을 받는다고 하는 생각이다.

민족의 부흥復興을 부활이라고 하는 모습으로 상징적으로 기록한 예例는 구약성경의 에스겔서에 있는데, 이것은 유명한 '뼈 골짜기의 환상'에스겔서37:1-10이다. 그는 환상 가운데 하나님으로부터 뼈의 골짜기를 보게 되고 그들 뼈에 예언하였다. "너희 마른 뼈들아, 너희는 나 주主의 말을 들어라. 나 주 하나님이 이 뼈들에게 말한다. 내가 너희 속에 생기를 불어넣어 너희가 다시 살아나게 하겠다. 그 때에야 비로소 다시 살아나게 하겠다."

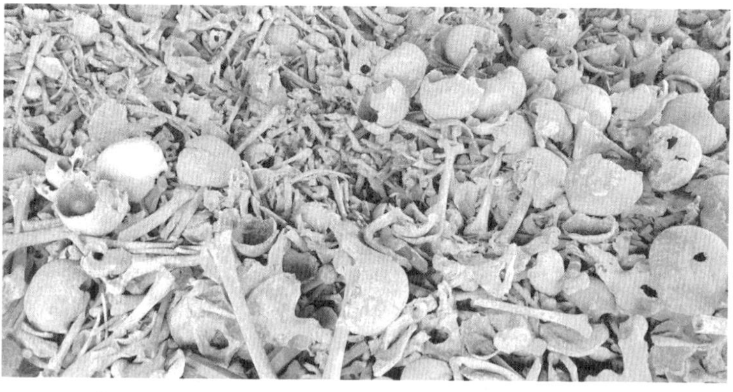

["마른 뼈들아, 너희 속에 생기를 불어넣어 다시 살아나게 하겠다"]

"그래서 나는 명을 받은 대로 대언代言하였다. 내가 대언을 할 때 무슨 소리가 났다. 보니, 그것은 뼈들이 서로 이어지는 요란한 소리였다. 내가 바라보고 있으니, 그 뼈들 위에 힘줄이 '뻗치고, 살이 오르고, 살 위로 살갗이 덮였다."

민족의 부활은 시편이나 이사야서에도 조금이나마 나온다. 그러나 다니엘서와 같은 생각은 그 때까지는 없었다.

히이톤Heaton이라는 다니엘서 전문 성경학자는 이와 같은 생각이 다니엘서 이후는 오히려 긍정적인 것으로 당시의 유대교의 주류였다고 말하고 있다.[12] 부활부정은 전통적인 유대교의 교의였지만 다니엘서 이후는 오히려 긍정이 주류로 되었다.

묵시문학은 정통적인 유대교와는 상당히 다른 위치에 있는데 그 때문에 다니엘서 이외의 묵시문학은 후에 유대교로부터 배제되어 기독교에서 계승하게 되는 결과를 가져왔다. 그 때문에 오늘날까지 남은 유대교의 묵시문학은 모두가 기독교에 의해 현대에 전해지고 있다.

---

12) E. W. Heaton(1956). *The book of Daniel: introduction and Commentary*. Torch Bible Commentaries. London: SCM Press ltd. pp.89-94.

2
세례 운동과 갈릴리의 풍토

기독교와 달력과의 관계

유대교 3개 분파 가운데 가장 진보적이고 유연성을 가진 분파가 바리새파였다. 성령, 천사, 부활, 구원자와 같은 생각을 가지고 회당會堂을 중심으로 하면서도 성전을 부정하지 않고, 민중 속으로 적극적으로 들어가 있어서 해외의 유대인들에게도 전도하고 있었다.

이 점에서 3개 분파 가운데 기독교와 가장 많은 공통성을 지니고, 기독교의 중요한 모체가 된 것은 바리새파라고 보아도 무방할 것이다. 이것은 사용하고 있는 달력calendar을 보면 알 수 있다.

바리새파가 사용하고 있던 달력은 로마의 것과 가깝다. 당시 어떠한 달력을 사용하고 있는가 즉 어떤 일에 어떠한 축제祝祭를 하는 가하는 것으로 그 종교종파宗教宗派의 신조信條나 주장主張을 알 수 있다.[13)]

안니 쟈우버트Annie Jaubert라는 성서학자의 연구에 의하면 바리새파의 달력은 로마달력과 매우 흡사하여 그것을 잘 조화되도록 만

---

13) John P. Pratt(2000). "Mapping Time," American Mathematical Monthly. 106(Jan 2000), pp.92–99.

들어 졌다고 한다. 엣세네파의 쿰란Qumran달력은 그것과 매우 달라 1년을 364일로 하고 있다.[14)]

사두개파도 같았다고 말하는데 이것은 쿰란의 엣세네파가 당시의 상류층 계층의 출신자가 많았기 때문이었을 것이다. 그들은 성전귀족의 사두개파와는 첨예하게 대립하고 있다고 하였다. 그리고 그들은 역시 일종의 지적 귀족이었고 일반 민중으로부터 유리된 위치에 있었다.

그러면 왜 일 년을 364일로 했는가? 1년이 365일이라고 매년 몇 월 몇 일 어느 요일에 제사를 드린다고 하더라도 해에 따라서 그 날의 요일에 혼동이 생긴다. 이것을 혼동하지 않기 위해서는 일 년을 3백 6십 4일로 한 것이라 생각할 수 있다.

[1년 364일 쿰란 카렌다][15)]

월	1	4	7	10		2	5	8	11		3	6	9	12	
수요일	1	8	15	22	29	6	13	20	27		4	11	18	25	
목요일	2	9	16	23	30	7	14	21	28		5	12	19	26	
금요일	3	10	17	24		1	8	15	22	29	6	13	20	27	
토요일	4	11	18	25		2	9	16	23	30	7	14	21	28	
일요일	5	12	19	26		3	10	17	24		1	8	15	22	29
월요일	6	13	20	27		4	11	18	25		2	9	16	23	30
화요일	7	14	21	28		5	12	19	26		3	10	17	24	31

14) David Stacey and Gregory Doudna(2013). Qumran Revisited: A Reassessment of the Archaeology of the Site and its Texts. BAR International Series 2520.

15) B. Z. Wacholder and M. Abegg(1991). *A Preliminary Edition of the Unpublished Dead Sea Scrolls, Fascicle One*. Washington, DC: Biblical Archaeology Society, Chapter 4–Calendrical Texts and Priestly Courses.

그렇다면 1년 52주로 정확하게 정리된다. 나머지 날은 일종의 윤일閏日[16]로 처리하는 현대에서도 일부에서 논의되고 있는 만국력萬國歷은 이것과 같은 발상이다.

신약성경의 마태, 마가, 누가에 의한 복음서와 요한에 의한 복음서를 비교해 보면 같은 사건에 1일의 차이가 있는 것을 알 수 있는데 이것은 달력의 차이에 의해 일어난 것이라 한다.[17]

즉 공관복음서共觀福音書는 바리새파의 달력, 요한복음서는 엣세네파의 달력에 따라서 기록되어 있기 때문이 아닌가 하는 것이 앞서 언급한 안니 쟈우버트의 설說이다.[18]

우리들에게 가까운 예를 생각해 보면 외국을 여행해 보면 날짜변경선變更線 때문에 같은 날에도 하루의 차이가 생길 수 있는데, 우리나라와 저 나라의 기록이 정말 하루가 차이가 있는 것은 아니다.

이것이 지금부터 2천년 정도 지나면 역사가가 한국에서 일어난 일과 저 외국에서 일어난 일의 날짜가 다르다고 논의하는 일이 있을 것인가 하는 것은 이 공관복음서와 요한복음서의 하루 차이는 사실 오랫동안 논의의 씨앗이었기 때문이다.

공관복음서와 요한복음서의 예컨대, 최후의 만찬일의 차이도 이처럼 단지 달력의 차이에서 일어난 것이라 생각된다. 본래 이것도 하나의 가설에 지나지 않을 뿐 아니라 이후에 다른 설이 나올 가능성도 있다.

요한에 의한 복음서의 저자는 그 책의 이름을 제시하지 않고

---

16) 윤년에 드는 날, 곧 2월 29일.

17) Colin Humphreys(2011). *The Mystery of the Last Supper*. Cambridge University Press, pp.63–66.

18) Rogers T. Beckwith(1996). *Calendar and Chronology, Jewish And Christian: biblical, Interestamental and Patristic Studies*. Boston: Brill Academic Publisher, Inc., p.126.

"또 한 사람의 제자"요한복음21:20로 기록되어 있는 사람이라고 보는 이도 있다. 그는 대제사장과 알고 지내는 사람으로 대제사장 집에 자유로이 출입하는 것이 가능했다는 것을 그 기록에서 알 수 있다. 여기에서 그의 저작만이 달력과 달라져 있다는 것도 이상한 일이 아니다.

기독교에서의 세례 요한의 위치

이상에서 보았듯이 신약성경 가운데 가장 대립적인 바리새파의 생각이 오히려 기독교 사상의 모태로 보는 것이 가장 타당하다고 본다. 그것은 바리새파 가운데서도 세례를 중시하는 무리가 있었기 때문이다.

"누구든지 물과 성령으로 나지 아니하면 하나님의 나라에 들어갈 수 없다"고 예수께서 선언하고 있듯이 기독교와 세례는 불가분不可分의 관계에 있다.

그러나 세례는 기독교 독특의 것이 아니다. 쿰란교단敎團에서도 행해졌다는 것은 훌륭한 세례조洗禮槽의 발굴에서도 확인된 바 있다. 앞서 언급한 세례를 중시하는 바리새파가

[쿰란 유적지에서 발견된 세례조]

기독교의 모태母胎라고 생각할 수 있다.

세례라고 하면 4복음서 모두에서 나오는 세례자 요한을 떠 올린다. 이 세례자 요한은 엣세네파 계통의 사람으로 생각된다. 그러나 분명히 엣세네파 사람이라고는 말할 수 없다. 그것은 같은 세례라고 하더라도 쿰란과 요한의 세례와는 매우 다르기 때문이다.

그 주요한 차이를 들면 요한은 ① 일반 사람들에게 외치고, ② 준비기간이 없고, ③ 단 한 번만으로 쿰란처럼 반복하여 행하는 정결의식淨潔儀式이 아니었다. 이것이 매우 특이했기 때문에 '세례자'라고 부르게 되었다는 설說도 있다.[19)]

요세푸스의 「자서전」에 반누스란 사람이 나온다. 요세푸스는 이 세례자 반누스를 추종하여 3년간 광야에서 수업을 했다고 한다. 이것에는 과장이 있어 보이는데 그가 실제로 그의 제자였는지 아닌지는 별도로 하고 "광야에 살고 나무로 만든 옷을 입고, 토지에서 자생하는 것을 먹고…"하는 기술記述은 세례자 요한과 매우 흡사하다.[20)]

반누스든 요한이든 그 당시 광야에는 비슷한 수도자修道者가 존재하고 있었던 것은 사실인 것 같다. 문제는 이들이 엣세네파와 어떤 관계를 맺고 있었는가 하는 것이다. 혹은 엣네네파 사상을 갖고 있었던 독립 수도자와 같은 존재였는지도 모른다.

어찌되었든 세례자 요한이 기독교 발생의 선구자적 존재였다는 것은 모든 복음서가 인정하는 것으로 이것이 기독교의 모태의

---

19) Joan E Taylor(1997). *The Immerser: John the Baptist within Second Temple Judaism*. William B. Eerdmans Publishing Co., p.54.

20) 성서자료연구원 옮김(1991). **요세푸스 7. 자서전 · 아피온반박문 · 논문**(Josephus Flavius 지음). 서울: 달산. pp. pp.68-72.

하나가 되어 있는 것은 틀림없는 사실이다.

그러나 종교사적宗敎史的으로 볼 때 기독교 발생의 큰 모태母胎로 보아야 할 것은 변방지역 갈릴리라는 독특한 풍토이다. 세례자 요한이 활동한 곳도 갈릴리이고, 예수도 생애生涯의 대부분을 갈릴리에서 보냈다. 갈릴리는 기독교의 고향이라고도 부를 수 있을 것이다.

과격파를 낳은 온화한 변두리 마을 갈릴리

갈릴리Galilee란 이름은 예언자 이사야 이래 부르는 지명地名으로 히브리어 '갈릴galil'이란 말에서 왔으며, '순회巡廻', '땅'이란 뜻을 가지고 있다. 기본이 되는히브리어 '갈릴 하고임גליל הגוים'은 '이교도異敎徒의 땅'이고 그 약칭이 '갈릴리의 땅' 즉 헬라어로 갈릴라이아스Γαλιλαίας다.

'갈릴 하고임'이란 말은 예루살렘에서 볼 때 '이교의 땅', 정식으로는 유대교의 권내에는 넣기가 힘들다는 의식에서 '변경邊境변두리지역'을 의미하고 있다. 즉 이교도의 지역이란 말이다. 이 호칭呼稱은 후에 유대교 문서에도 나오듯이 '비정통적', '이단적'이 되는 종류의 편견을 가지고 있었다.

변두리지역이라 기후도 매우 다르다. 이것은 이스라엘을 여행해 보면 누구의 눈에도 분명한 사실이다. 준엄峻嚴한 세례자 요한은 유다의 황량한 광야를 대표하고 온화한 예수는 갈릴리의 풍토를 대표하는 것으로 말하는 사람도 있다.

그런데 이것은 무엇이나 풍토와 곧 연결하고 싶어 하는 동양적인 발상으로 요세푸스 등 유대역사가들의 사료史料를 보면 세례자 요한이나 예수도 주된 활동지는 갈릴리로, 세례자 요한이 유다의 황야를 대표한다고는 말할 수 없다. 또 갈릴리 사람들은 결코 온화하지 않고 온화한 사상을 가지고 있었다고는 말할 수 없다.

기후나 풍토는 확실히 온화하지만 유대교 가운데 최대의 과격파過激派는 이 갈릴리에서 나왔고, "모든 혁명운동으로 로마사람들을 놀라게 한 사람은 전부 갈릴리 출신이다"라는 성경학자 존 길John Gill은 기록하고 있다.[21] 이유는 아마도 변두리라고 보였기 때문으로 변경이 가끔 중앙보다도 철저해 가는 것은 많은 역사에서 볼 수 있는 하나의 경향일 것이다.

유대전쟁에서 가장 강한 과격파는 기스갈 요한인데 기스갈이란 현재의 레바논의 국경과 가깝고 갈릴리에서도 그 변경에 해당한다. 지금은 죠슈로 부르는데 전설에 의하면 이 기스갈은 바울 부모의 출신지로 되어 있다. 그렇다고 한다면 바울도 갈릴리 계통이라고 볼 수 있다. 어쨌든 변두리에서 많은 과격파가 나오는 지역으로 예수는 생애의 대부분을 거기에서 보냈다.

로마를 중심으로 본다면 유대는 주변이지만, 그 지방이 예상외로 갈릴리 지방이 잘 알려진 것은 역사가 요세푸스가 이 땅에 대해서 상세하게 기록한 자료를 남겼기 때문이다.

지금까지 요세푸스를 역사가로서 말했지만 실은 그가 유대전쟁 때 지도자의 한 사람으로 갈릴리의 장관 또는 군사령관의 위치에 있었다. 로마군과 싸워 요다바다에서 패하여 투항投降하여 포로가 되었지만 그는 그 때의 로마 사령관 베스파시아누스가 앞으로

---

21) George Ella(1995). *John Gill and the Cause of God and Truth*. Eggleston, England: Go-Publications. p.45에서 재인용.

로마 황제가 될 것을 예언하였는데 실제로 그가 황제가 되자 요세푸스는 로마 귀족의 한 사람이 되어 그의 보호 하에서 이 후의 생애를 저작著作으로 보냈다.[22]

요세푸스는 기묘한 운명을 지닌 사람이었다. 유대인들로부터는 격한 지탄을 받기도 했으나 당시의 사건을 분명하게 기록하고 있는 점에서 역사가로서의 공적은 부정할 수 없다.

요세푸스에게는 「유대고대사古代史」, 「유대전쟁기戰爭記」, 「아비온에의 반란反亂」, 「자서전自敍傳」, 이 4권의 저작이 있다. 그 가운데에는 AD66년 무렵의 갈릴리의 상황이 세밀하게 묘사되어 있어서 현재에도 당시 어디에서 어디까지 걷는데 어느 정도로 시간이 걸린 것인가 등과 같은 것까지 알 수 있다.[23]

팔레스틴에서 일찍이 정확한 발굴이 이루어졌다. 갈릴리에서 이 요세푸스의 기록은 많은 도움이 되었다. 예수가 근거지로 한 가버나움 등은 1894년에 발굴發掘이 시작되어 오늘날에는 깨끗이 복원復原되어 있다. 본래 그 회당은 예수시대보다도 후대의 것이지만 그 기초와 뒤쪽에 있는 유적 등은 예수시대의 것이다.

[예수 시대의 가버나움 회당]

22) Tessa Rajak(2002). *Josephus: the Historian and His Society*. 2nd ed. London: 2002.

23) 김정우 옮김(2000). **요세푸스: 성경을 비추는 역사서**(Rogers, Clean. L. 지음). 서울: 엠마오. pp.45-52.

지도를 보면 알 수 있듯이 갈릴리는 남쪽 사마리아와 계속 이어지고 있는데 갈릴리 사람들은 예루살렘과 왕래하는데 이 사마리아를 통과하는 것을 매우 싫어하여 요단강의 동쪽으로 우회迂廻해서 갔다.

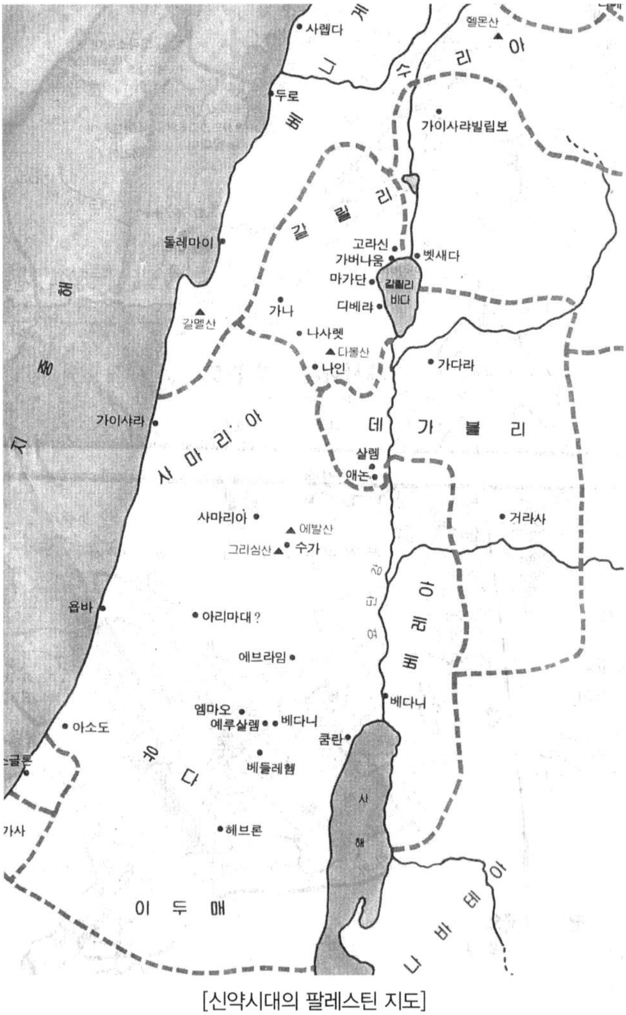

[신약시대의 팔레스틴 지도]

사마리아는 예언자 엘리야, 엘리사의 시대로부터 우상숭배에 빠져 있었기 때문에 이스라엘 종교의 순수성純粹性을 상실하였다고 지탄指彈을 받았다. 에스라, 느헤미야 시대에는 이와 대립하여 예수시대에는 이교도異教徒의 지역으로서 혐오嫌惡의 대상이었다. 요세푸스도 사마리아 사람은 기분이 좋을 때는 예루살렘 쪽에 붙고 기분이 좋지 않을 때는 곧 배반하고 적군에 붙는다고 했다.

그러한 토지에 차단遮斷되어 또 산에 막힌 갈릴리는 지리적으로도 하나의 독립지대를 형성하고 있었다. 과격사상過激思想도 포함해서 독특한 사상을 품기에 적절한 토지였다.

예수시대에는 '갈릴리사람Galilean'이란 말은 특수한 뉘앙스를 품고 있었다. 또 '갈릴리파派의 랍비'란 말도 특별한 의미를 갖고 있었다.

자신이 갈릴리 사람의 후예였던 요세푸스는 이렇게 썼다.

"…갈릴리 사람들은 태어날 때부터 투사이며, 언제나 수가 많았다. 그리고 사람들은 결코 소심하시 않으며 인구가 감소되는 일이 없었다"[24]

세례 요한과 예수께서 천국 복음을 전하신 것은 이 갈릴리 사람들이었으며, 예수의 첫 제자들이 선발되고 그의 가장 가까운 사도들이 선택된 것이 이 사람들이었다. 요셉이 가이사 아구스토의 명령으로 마리아와 함께 베들레헴으로 호적하러 간 것을 보면, 그는 틀림없이 전에 그곳에서 갈릴리로 이주했을 것으로 추정된다누가복음 2:4.

---

24) 박정수, 박찬웅 옮김(2008). **유대전쟁사 II**(Flavius Josephus 지음). 파주: 나남. p.23.

4복음서 전체와 사도행전에서는 갈릴리 사람들이 저들의 말씨로 저들의 동족인 유대인들과 쉽게 구별될 수 있었던 것이 명백하다. 물론 전통적인 구절은 시몬 베드로와 그가 예수를 부인한 일에 대한 구경꾼들의 고발이었다마가복음 14:70; 누가복음 22:59.

예수는 그러한 땅에서 성장하고 그 땅에 등장하여 랍비란 소리를 들으면서 그 곳을 주요한 활동의 무대로 삼았다. 갈릴리의 기후풍토가 온화하기 때문에 예수가 온화하다고 간단히 말할 수 없다. 말하자면 그는 당시의 사람들에게 있어서는 '갈릴리파의 랍비'였던 것이다. 이것은 결코 무시할 수 없는 요소이다.

Chapter 3
예수의 출현과 신약성경

'예수'라는 이름은 그의 역할이 무엇인지를 가르쳐준다.
즉 '예수'는 '구원자' 또는 '여호와께서 구원하신다'는 뜻의
히브리어 '여호수아'를 헬라식으로 이름을 표기한 것이다.
마태복음에는 그의 이름의 뜻을 따라 보다 명확하게 말하고 있다.
"아들을 낳으리니 이름을 예수라 하라 이는 그가 자기 백성을
저희 죄에서 구원할 자이심이라"

1

신약성경의 형성

신약을 기록하게 된 동기

예수를 따르던 목격자들이 세상을 떠나고 특별히 사도들의 증언證言이 더 이상 권위 있는 가르침의 원천으로 이용될 수 없게 되자 예수의 가르침과 그의 행적行蹟에 대한 기록을 남겨 둘 필요가 생겼다. 아마도 이것이 복음서를 기록하게 한 중요한 요인이었을 것이다.

복음서를 기록하는 일은 교회 공동체의 다양한 욕구를 충족시키기 위한 독립적인 작업이었다. 즉 교회가 세상에 퍼져 나감에 따라 특별히 복음서와 같은 권위 있는 문서가 절실히 필요하게 되었던 것이다. 복음서는 예수의 생애를 목격한 증인이 존재하지 않은 지역에서는 복음전파福音傳播의 목적을 위해 긴요한 것이었다.

요한복음 20:31절은 이러한 복음전파의 목적을 분명히 밝혀 놓고 있다.

> 여기에 이것이나마 기록한 목적은, 여러분으로 하여금 예수가 그리스도요 하나님의 아들이심을 믿게 하고, 또 그렇게 믿어서 그의 이름으로 생명을 얻게 하려는 것이다.

모든 기록들을 '복음'이라고 설명하는 것으로 보아 이것은 이러한 기록들의 목적이 좋은 소식을 전파하는 데 있음을 뜻한다고 볼 수 있다. 우리는 이러한 기록들이 곧 권위를 갖게 되었을 것을 손쉽게 이해할 수 있다.

비록 2세기에 이르러서야 이러한 기록들이 정통 교회에 의하여 권위 때문에 배타적으로 사용되었다 하더라도 이레니우스Irenaeus135-202시대 이래 이 기록들은 결코 도전받아 본 적이 없다. 또한 초대 교부敎父들은 이 점을 강력하게 주장한 것으로 보아 이 기록들에 대한 교회의 태도는 훨씬 일찍 확립되었던 것임에 틀림이 없을 것이다.[25)]

4복음서福音書는 예수의 생애와 가르침에 대한 진정한 기록으로서 다른 기록들보다 훌륭한 것이었다. 현존하고 있는 증거에 입각하여 판단해 볼 때 사도행전使徒行傳도 복음서와 같은 시기에 권위를 인정받았던 것 같다. 사도행전은 누가복음과 동일한 근거에서 권위를 인정받았다. 즉 사도행전은 누가복음의 연장延長으로 생각되었던 것이다.

신약의 수집과 정경[26)]의 기준

바울서신書信은 2세기 중엽 이전에 13개 서신으로 신약에 수집

---

25) Stephen T. Davis(1977). *The Debate about the Bible: Inerrancy versus Infallibility*. Westminster Press, p.23.

26) 정경이란 말은 히브리어 '카네qaneh'에서 유래하는데 '갈대' 또는 '막대기'라는 뜻하며, 이것이 발전하여 '규범'이라는 의미를 갖게 된다. 그리스도교에서는 "신앙의 규범이 되는 신적 권위가 있는 책"을 의미한다. 특별한 하나님의 영감을 받아 기록되어, 완전무결하게 하나님의 말씀을 전하고 있다고 판단되는 성경, 또는 성경 가운데 특정 부분을 말한다.

되었고, 이 외에도 다른 서신들은 점차적으로 신약에 포함되기에 이르렀다. 베드로전서前書와 요한1서書에 대해서는 초기의 증거가 남아 있으나 이들보다 부피가 작은 다른 서신들이 언제 수집되었는지에 대해서는 알려진 바가 없다.

이러한 서신들은 보다 부피가 큰 다른 서신들만큼 기꺼이 인용되지는 않았다. 그러므로 초대 교부 작가들이 이것들을 거의 인용하지 않았다고 해서 놀랄 만한 일은 아니다. 대부분의 동방 교회들은 3세기 중엽에 이르기까지 이러한 소규모 서신들을 신약에 편입시켰으나, 다른 지역의 교회들은 이들의 정경적 지위正經的 地位를 인정하는 데 주저하였다.

요한계시록啓示錄도 꼭 같은 처지에 있었다. 즉 일부 지역에서는 일찍부터 그 권위를 인정받아 왔으나 다른 지역에서는 오랜 시일이 흐르고 난 뒤에야 비로소 그 권위를 인정받았던 것이다.

이처럼 신약 각 권은 기록되자마자 곧 정경正經으로 수집된 것이 아니다. 바울의 서신들과 복음서들은 처음에 그 수신자들 및 교회들에 의해 보존되어 오다가 점차 27권 전부가 공식적으로 교회에 의해 공인公認되었다.

이 과정은 대략 370년이 걸렸다. 2세기경에 이단사상異端思想을 고취高趣하는 책들이 유포됨에 따라 성경을 그 밖의 다른 기독교 문헌으로부터 구분해야 할 필요성이 생겼다. 이에 따라 어떤 책을 신약에 포함시켜야 하는가의 기준이 설정되었다.

① 그 책이 사도에 의해 기록되거나 그렇게 인정되었는가?
② 그 내용이 영적 진리를 갖고 있는가?

③ 그 책이 하나님께서 감동感動 감화感化하셨다는 증거가 있는가?

④ 그 책이 교회들에 의해 폭넓게 받아들여졌는가?

신약 27권 모두를 초창기부터 교회가 다 받아들였던 것은 아니다. 그렇다고 해서 즉시 보편적으로 받아들여지지 않았던 책들이 반드시 위서僞書라는 뜻은 아니다. 개인에게 발송된 편지들은 교회에 발송된 편지들만큼 널리 유포되지 못했다. 가장 큰 논란을 빚은 책들은 궁극적으로 AD397년에 칼타고 종교회의에서 정경正經canon으로 확정되었다.[27)]

신약 본문과 사본

다른 고대 문헌에 있어서 특히 신약성경만큼 서방 세계에 큰 영향을 끼친 것은 일찍이 없었다. 어떤 고대 기록이나 문헌의 내용도 헬라어와 그 밖의 고대 번역본으로 현존하는 수많은 신약성경 사본寫本에 양적으로 견줄 만하게 보존된 적이 없었다.

어떤 고대 저자의 기록(예컨대, 타키투스Tacitus의 「연대기年代記Annals」의 일부)은 고대의 유일한 사본寫本에 의존하고 있다. 어떤 기록은 몇 개 혹은 수십 개의 사본으로 보존되어 왔다. 유리피데스Euripides와 키케로Cicero 등의 어떤 저자들의 작품은 수백 개의 사본들이 알려져 있다.

한편 신약성경의 경우 거의 3,000개의 손으로 쓴 헬라어사본들

---

27) F. F. Bruce(1988). *The Canon of Scripture*. Intervarsity Press, pp.167–226.

이 보존되어 있는데 이들은 몇 구절이 적힌 사본 조각에서부터 전全 신약성경이 담겨진 사본에 이르기까지 많이 있다. 여기에 2,000개의 부가적인 헬라어 사본들이 추가되는데, 이 사본에서는 그 본문이 매일 읽을 수 있도록 성구집聖句集형태로 배열되어 있다. 뿐만 아니라 8,000개의 라틴어사본과 2,000 혹은 그 이상의 다른 고대 번역본들이 있다.

다른 면에서도 역시 신약성경 사본의 전승傳承은 다른 고대 문헌과 비교해 볼 때 월등히 뛰어나다. 어떤 고대 저자 작품의 알려진 사본들 중에 최고最古의 사본은 그 저자가 죽은 지 1,000년 이상이 지난 시대의 자료이다. 수백 년의 시간차時間差는 드문 일이 아닌데 로마 시인 베르길리우스Publius Vergilius Maro의 경우에서와 같이 300년이 지난 후의 사본을 볼 수 있다.[28]

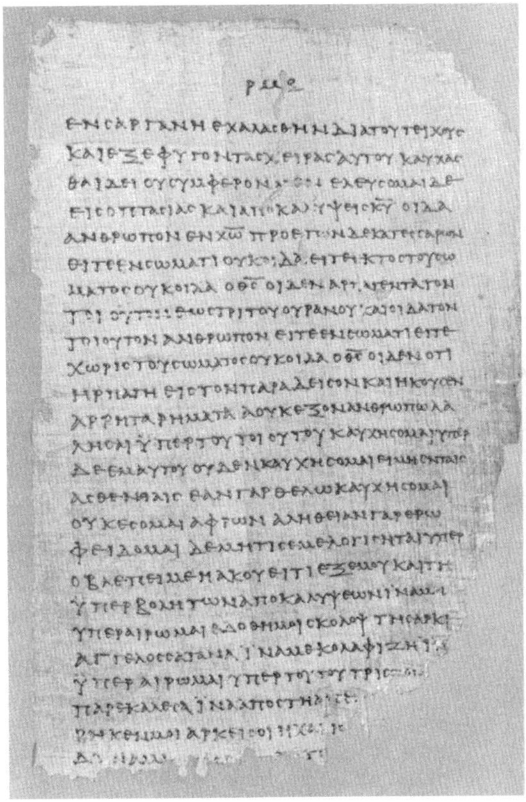
[가장 오래된 신약성경의 파피루스 조각]

이에 반하여 현존하는 가장 중요한 신약성경 사본들 중에 두 사본은 신약성경이 완성된 후 300년이 못되어 기록된 것이며 신약성경 가운데 약간의 부분은 성경 저자가 기록한 지 일, 이백년 후에 기록된 파피루

28) Jan M. Putnam Ziolkowski & C. J. Michael(2008). *The Virgilian Tradition: The First Fifteen Hundred Years*. Yale University Press. pp.104–105.

스사본에 남아 있다. 시간의 간격이 크고 단지 몇 개의 사본이 남아 있는 경우에도 고전 학자들은 이 세속 작품들의 일반적 신뢰도를 받아들이므로 신약 학자가 현재 남아 있는 신약사본을 본래 저자가 기록했던 것으로 확신할 수 있음은 명백한 일이다.

동시에 고대 세계에 있어서 어떤 문학 작품의 사본을 많이 내는 것은 인쇄술이 발명된 이후의 출판과 비교할 때 전혀 다른 문제였다. 오늘날은 한 작품에 대해 수많은 동일한 책을 인쇄할 수 있지만 고대 세계에 있어서 각각의 사본이 따로 따로 필사筆寫되는 경우 어떠한 길이의 책이나 두 사본이 동일하지 않다는 것은 확실하다.

이와 같이 사본을 필사한 시기는 신약의 완성에서 현재까지의 기간 중에 3/4을 포함한다. 처음 몇 세기 중에 만들어진 신약의 일부나 전체에 많은 수많은 사본들은 수천 개의 본문상의 이문異文이 사본에 들어 왔다는 것을 뜻한다. 원저자原著者가 기록한 신약의 원본原本은 틀림없이 아주 초기에 없어졌을 것이다.

전문적으로 말하면 이 사실은 현재 있는 어떤 사본에서 신약 본래의 정확한 어법語法과 표현을 결정할 수 없음을 말한다. 오히려 사본들간의 비교연구가 이루어져야 하고 가능한 한 원래의 본문 형태대로 정확히 가려내기 위해 그 원칙들이 세워져야 한다. 원래의 본문형태를 가려내려는 목적에서 그 원전原典을 알 수 없는 작품의 사본을 연구하는 이 과정이 본문비평本文批評이라는 것이다.

신약성경이 이 연구의 가장 크고 중요한 영역임에 반하여 본문비평은 사실상 고대 문헌의 모든 작품을 위해 필사적인 것인데, 왜냐하면 극히 드문 경우에서나 고대 작품의 원전이 오늘날까지 보존되어 왔기 때문이다. 본문비평은 모든 신약성경 연구 분야를 위한 기본적 훈련이며 필수 조건이다. 왜냐하면 연구하는데 사용할 본문을 가려 결정하는 일의 본문 해석에 선행되어야 하기 때문이다.

신약성경의 사본들의 경우에 있어서 현재 알려진 비교적 많은 수의 사본은 확실히 초기 수 세기 동안 나온 전체 숫자의 일부에 불과한 것이다. 사실상 어떤 경우에서도 현존하는 사본이 다른 사본의 직접적인 원전이라고 밝히는 것은 불가능하고 또한 현재 주어진 어떤 사본과 원본 사이에 얼마나 많은 사본이 있는지를 가려내는 일도 상당히 어렵다.

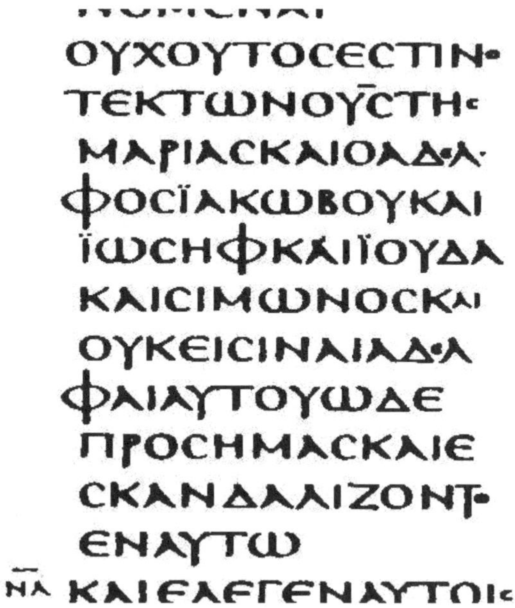
ΟΥΧΟΥΤΟϹΕϹΤΙΝ·
ΤΕΚΤΩΝΟΥ̅ϹΤΗϹ
ΜΑΡΙΑϹΚΑΙΟΑΔΕΛ·
ΦΟϹΪΑΚΩΒΟΥΚΑΙ
ΪΩϹΗΦΚΑΙΪΟΥΔΑ
ΚΑΙϹΙΜΩΝΟϹΚΑΙ
ΟΥΚΕΙϹΙΝΑΙΑΔΕΛ
ΦΑΙΑΥΤΟΥΩΔΕ
ΠΡΟϹΗΜΑϹΚΑΙΕ
ϹΚΑΝΔΑΛΙΖΟΝΤΟ·
ΕΝΑΥΤΩ
ΝΑ ΚΑΙΕΛΕΓΕΝΑΥΤΟΙϹ

[시내사본에 기록된 마가복음 6장3절 말씀]

그러므로 학자들은 일반적으로 후대의 사본에는 초기에 속한 사본보다 많은 사본이 중간에 끼어서 원본에서 더 멀리 옮겨졌다고 생각하지만 그 법칙에는 여러 예외적인 경우가 있다고 인정한다.

그러나 신약의 수많은 사본을 통하여 내려오고 혹은 그 사본들 가운데 많은 이문異文이 나타나기 때문에 신약 본문이 믿을 수 없는 근거에 의존하고 있다고 추측해서는 안 된다. 사실상 신약성경의 대부분에 있어서 전혀 문제시될 만한 점이 없다.

물론 일반적인 고대 문헌에 있어서도 마찬가지이다. 본문비평이 요구되는 부분은 비교적 작은 부분일 뿐이다. 사실상 신약성경의 모든 사본들은 근본적으로 동일한 내용을 전달하고 있다. 신약

의 어휘들 중에 7/8은 전혀 문제점이 없다는 것을 이미 언급하였다.[29)]

만일 중요하지 않은 차이점을 무시하는 경우에는 그 어휘 가운데 1/60정도가 의문의 여지가 있는 문제로 간주될 수 있으며, 그 의미에 대한 본질적인 의문점과 정확한 본문에 대한 심각한 의문이 모두 야기되는 경우는 단지 1/1,000 정도에 불과하다.

신약의 구분

신약의 저자들 9명히브리서를 바울이 썼다면 8명이 50여 년 동안 기록한 27권의 신약은 다음과 같이 네 부분으로 구분할 수 있다. 구분에 대해서는 저자들의 이름에 대한 표기방식이 다를 뿐 가톨릭교회에서나 동방정교 또는 프로테스탄트 등 교파에 관계없이 동일하다.

① 사복음서: 예수 그리스도의 생애와 사역을 묘사한다. 비록 이 4복음서가 신약성경의 일부 책들보다 뒤늦게 기록되었지만 그 배열에 있어서 앞자리를 차지하고 있는 것은 당연하다.

② 사도행전: 교회의 시작과 그리스-로마 세계 전역에 걸친 기독교 전파의 역사

③ 로마서-유다서서신 21편: 초기 기독교의 주요 통신 수단은 서신書信 교환이었다. 따라서 신약의 절반 이상이 서신 형식을

29) Mark A. Powell(2009). *Introducing the New Testament: A Historical, Literary, and Theological Survey*. Grand Rapids, MI, USA: Baker Academic. pp. 431-432.

취하고 있는 것은 자연스러운 일이다. 초대 교회의 위대한 전도자 이며 신학자인 사도 바울은 13편또는 14편의 서신들을 기록하였다. 수신 대상은 개인 및 교회들이며 그 내용은 공식적으로 또는 일상생활에 비추어 기독교 교리教理를 가르치는 것이다.

④ 계시록: 이 마지막 책은 미래에 있게 될 예수 그리스도와 그의 백성의 궁극적인 승리에 관해 기술한다.

신약 각 책들의 순서

초대 교회 때부터 유일한 목록순서는 없었다. 오히려 다양한 목록순서가 존재했다. 그 전체적인 목록의 순서도 10가지 정도에 이른다.[30] 또한 부분적인 장르별 순서의 종류를 따지면 그 경우의 수는 더욱 늘어난다. 다양한 신약목록순서 가운데 두 신앙고백서「벨직 신앙고백서」와 「웨스트민스터 신앙고백서」는 『대영어성경The Great Bible』의 목록순서를 따랐고, 이 목록순서가 보편화되

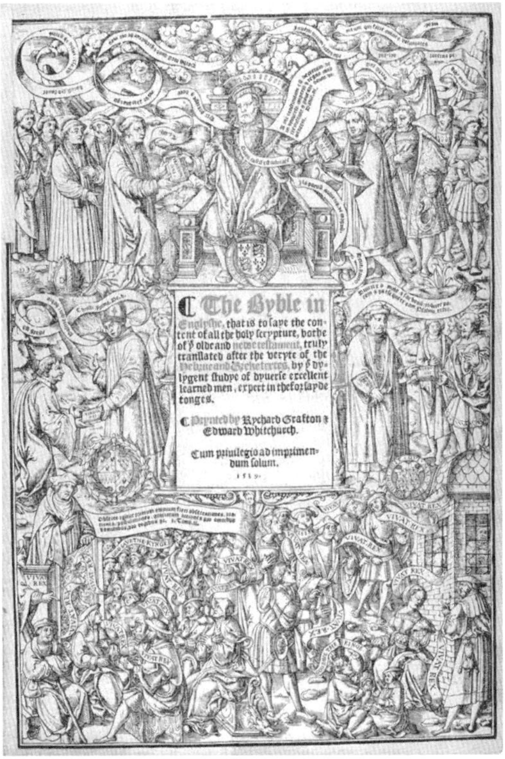

[1539년에 발간된 『The Great Bible』의 표지]

30) Bart D. Ehrman(2000). *The New Testament: A Historical Introduction to Early Christian Writings*. Oxford University Press. p. 49.

었다.[31)]

이 보편화된 배열순서에 따르면, 신약 각 권의 배열은 그 내용의 논리적 순서에 따라 정해졌다. 맨 처음에 4복음서 그리고 사도행전, 그 다음에 서신서들, 맨 나중에 계시록이 나온다.

각 책의 기록 연대에 따른 배열을 대략 다음과 같다.

• 데살로니가전 · 후서(AD50년)	• 디모데전서(AD63년)
• 고린도전 · 후서(AD55년)	• 베드로전서(AD64년 전후)
• 로마서(AD55−56년)	• 베드로후서(AD66년)
• 갈라디아서(AD56년)	• 디모데후서(AD66년)
• 누가복음(AD58년)	• 디도서(AD66년)
• 마태복음(AD60년)	• 마가복음(AD67−70년)
• 히브리서(AD60년대 후반)	• 유다서(AD70−80년)
• 사도행전(AD61−62년)	• 요한복음(AD85−90년)
• 야고보서(AD62년)	• 요한일 · 이 · 삼서(AD90년경)
• 골로새서 · 에베소서(AD62년)	• 요한계시록(AD81−96년)
• 빌립보서 · 빌레몬서(AD62년)	

신약의 내용

신약은 여러 유형의 경전經典을 수집한 것이지만, 각 경전은 전체의 통일성에 이바지하고 있다.

---

31) 배종열(2016). 신약성경 목록순서. **성경과 과학**. 제80권 한국복음주의신학회, pp.207−209.

1. 복음서

4개의 복음서가 제일 먼저 기록되어 있다. 복음서 중 첫 세권은 공관복음서共觀福音書Synoptic Gospels라 하는데 이 세권은 그리스도의 생애에 대해서 보는 견해가 같다는 것을 의미한다. 즉, "함께 본다see together"는 것이다. 그리고 이유는 이 3권의 주요 특징이 서로 유사하고 이런 점에서 요한복음과 구별되기 때문이다.

4복음서 안에는 예수의 전기傳記 자료가 들어 있는 것도 사실이지만 이를 예수의 전기로 볼 수는 없다. 4복음서는 본질적으로 기쁜 소식을 알리는 복음이다. 이들의 문학 형식은 당대 세계의 문학에 있어서도 독특하였다. 왜냐하면 이들의 집필 목적은 독특한 인격을 알리는 데 있었기 때문이다. 이러한 공통적인 목적을 가지고 있었지만 각 복음서는 또한 그 자체의 독특한 관점을 지니고 있었다.

(1) 마태복음

마태복음이 디다케dicache와, 바나바 서신 그리고 이그나티우스Ignatius와 순교자 저스틴Justin Martyr 등의 기록에 광범위하고 빈번하게 인용되고 암시되어 있는 사실은 이 책이 비교적 초기에 완성되어 널리 유포되어 있었음을 말해 준다.

[4복음서 작가들, 마태, 마가, 누가, 요한]

이 책의 문학적 특징은 다른 공관복음서들과 관련시켜 이해해야 한다. 또 "마태는 이 말씀들을 히브리 방언으로 기록하였고, 그 후 사람들이 능력에 따라 이를 번역하였다"라고 유스비우스의 『교회사』의 기록을 근거로 해서 우리가 현재 갖고 있는 헬라어 성경이 아람어 본문의 역본譯本이라고 생각했다.[32] 그러나 현재의 헬라어 원문에서는 번역문의 특징을 찾을 수 없고 더욱이 아람어 원본이 있었다는 증거가 전혀 없기 때문에 이 가설은 인정을 받지 못하고 있다.

또 마가복음이 이 책보다 먼저 기록되어서 마태의 저작에 영향을 주었을 가능성은 있지만 마태가 자신의 책보다 짧은 마가복음을 분별없이 모방한 흔적은 없다. 오히려 이 두 책 사이의 완전한 독립성에 관심이 집중되고 있다.

[천사에게 영감을 받는 마태]

예수살렘 멸망AD70년이 다만 예언의 형태로만 씌어져 있으므로 이 책의 기록 연대는 최소한 AD70년대에 기록되었다고 보고 있다.

마태복음은 예수의 탄생을 기록하고 있는 1, 2장을 보면 즉각 알 수 있듯이 복음서 가운데서 가장 유대적이다. 예수의 족보는 아브라함으로부터 시작하며 14명의 이름을 세 개의 묶음으로 나누고 있는데 이것은 전형적인 유대양식이다. 마태는 그리스도를 아브라함의 진정한 자손으로 묘사하려는 의도를 가지고 있었다.

---

32) 김정우 옮김(2000). **요세푸스: 성경을 비추는 역사서**(Rogers, Clean. L. 지음). 서울: 엠마오. pp.124-123.

[베들레헴에서 탄생하신 예수]

마태복음에는 이러한 견지를 지지하는 다른 특색있는 자료들이 들어 있다. 예수는 산상설교에서 율법의 일점일획一點一劃도 없어지지 않을 것이라고 말했는데, 이것은 율법서를 지극히 존중하고 있는 유대인들에게 매우 큰 호소력을 가지고 있었다.

마태복음의 또 하나의 주요 특징은 하나님의 나라를 강조한다는 점이다. 특히 마태복음에 나오는 비유는 하나님의 나라에 관한 비유이다. 예수는 하나님 나라의 역할 안에서 스스로를 파악하였다. 이러한 사실은 아기 예수가 동방박사로부터 예물을 받는 유아기 설화와 예수가 법에 따라 예루살렘에 입성하는 기사 속에 보존

되어 있다.[33]

예수를 왕으로 묘사하는 마태복음의 보다 중요한 특징은 예수를 메시아로 고지告知한 구약의 성구를 인용한다는 점이다. 예수의 행위를 뒷받침해 주는 구약의 구절들은 대부분 구약의 예언이 성취되었다거나 과거의 예언과 현재의 사건이 꼭 맞아 떨어졌다는 것을 강조하기 위하여 시용된 것이다.

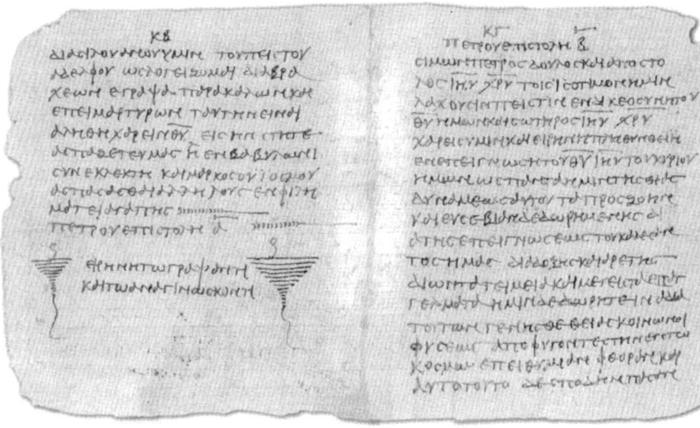

[마태복음 파피루스]

마태복과 다른 복음서의 공통점은 수난사受難史 이야기에 많은 지면이 할애割愛되어 있다고 하는 점이다. 수난사 이야기 앞에 나오는 예수의 행위와 가르침에 대한 기록도 본질적인 것이지만 관심의 진정한 초점은 예수의 수난이다. 왜냐하면 수난이야말로 예수가 지상에 온 목적이기 때문이다.

---

33) R. T. France(2007). *The Gospel of Matthew*. Wm. B. Eerdmans Publishing Co. pp.179–181.

본서의 특징을 다음과 같이 요약할 수 있다.

① 예수를 유대인의 왕으로 묘사함
② 유대주의의 오류를 시정하면서 구약을 빈번하게 인용함
③ 구조와 내용의 조직적 전개와 숫자적 배열을 중시
④ 예수의 설교의 상세한 기록

내용 구성

기독교로 갓 개종한 신자들을 교육하기 위해서 기록된 이 책은 예수의 가르침을 5부로 나누어 배열하고 있다. 이것은 아마도 모세 율법이 다섯 책으로 구성된 사실에 영향을 받은 것 같다.

1부: 제자직을 주제로 한 산상설교 /5-7장
2부: 선포와 치유의 사도직 /10장
3부: 천국 백성의 삶 /18:1-19:2
4부: 세상의 종말에 관한 묵시적 가르침 /24, 25장

(2) 마가복음

마가복음은 주요 사건을 일반적으로 묘사하는 데 있어서는 마태복음과 대동소이하다. 두 복음서는 예수의 갈릴리 선교로부터 시작하여 베드로가 가이사랴 빌립보에서 예수를 그리스도로 고백한 사건에 이르기까지 예수에 관한 사실과 사건들을 다루고 있다.

베드로의 고백 사건 다음에 두 복음서는 예수가 확고부동한 신념을 가지고 예루살렘을 향해 가는 과정을 묘사하고 있다. 그러나 마가복음에는 그 나름의 특색이 담겨 있다. 즉 마가는 예수를 행

[14세기 마가복음 첫 장]

동하는 인물로 묘사하려는 관심을 가지고 있었다. 마가복음에는 이와 상관된 생생한 예화가 많이 들어 있다.

마가는 행동의 민첩성을 인상 깊게 묘사하기 위하여 '곧'이라는 연결어를 사용하였다. 마가는 예수의 가르침을 대부분 생략하였지만 13장과 같이 강화를 확장시켜 사용한 적도 있다. 마가는 말보다 행동에 관심을 집중시킨 점에서 마태와 다르다.

마가는 종종 예수가 자신을 인자人子로 묘사한 예를 기록하였는데, 이것은 예수를 완전한 인간으로 묘사하는 마가복음의 일반적 입장과 잘 맞아 떨어진다. 이제까지 이 칭호의 의미를 둘러싸고 숱한 논쟁이 전개되어 왔지만, 이 칭호가 예수 시대의 민중들에게 무엇을 뜻하였는지를 밝히기란 쉬운 일이 아니다.

마가에 의하면 예수가 이 땅에 오신 까닭은 자신의 목숨을 대속물로 내 놓음으로써 잃은 자를 찾기 위함이라고 했다. 마가복음은 전체 내용의 37%가 예수의 마지막 며칠 동안에 이루어진 일에 대한 기록으로 채워져 있다.[34]

---

34) Wilkinson, Bruce & Kenneth Boa(1983). *Talk Thru The Bible*. Thomas Nelson, Nashville, p.305.

저자와 베드로

마가는 생전에 예수를 직접 뵈었는지는 의문이다. 그러나 마가는 본문에 기록된 자료의 대부분을 베드로를 통하여 들었다. 사도 베드로의 강력한 권위를 배경으로 하고 있는 이 복음서가 정경에 포함되었다는 것은 너무나 당연하다.

기록 연대와 장소

기록 연대에 관한 성경상의 증거는 없으나 많은 성경학자들은 AD65-70년 사이로 보고 있다. 기록 연대의 가장 믿을 만한 근거 자료로는 초대 교부들의 기록을 들 수 있다.

리옹의 장로였던 이레니우스Irenaeus는 "베드로와 바울이 로마에서 설교하고 교회의 기초를 닦고 있을 때 마태는 히브리인들 가운데서 그들의 방언으로 복음서를 기록했다. 베드로와 바울이 죽은 후 베드로의 제자이며 통역가였었던 마가도 베드로의 설교를 기록하여 우리에게 전해 주었다"라고 기록했다.[35)]

이레니우스는 본서의 기록 연대를 베드로와 바울이 죽은 이후로 단정하면서 "마가는 베드로가 죽은 뒤에 이 복음서를 썼다"고 마르시온주의Marcionism을 논박한 그의 저서 『마르시온주의에 대한 반박Anti-Marcionite』의 서문에서 분명히 밝히고 있다.

그러므로 기록 연대는 베드로AD64와 바울AD67이 순교한 이후로 정해진다. 또 예루살렘 멸망AD70의 예언이 아직 성취되지 않은 것으로 볼 때 그 기록 연대는 AD67-70년 사이로 좁혀 진다.

---

35) Delbert Burkett(2002). *An introduction to the New Testament and the origins of Christianity*. Cambridge University Press. p.156.

마가복음서는 로마인을 위하여 기록되었다. 유대인들의 일상 용어나 풍습이 자주 설명되고 있는 것은 이 책의 독자가 이방인들이라는 점을 암시한다. 알렉산드리아의 클레멘트는 "베드로의 설교를 들은 로마 사람들이 마가복음에 기록된 문서를 요청했다"[36]고 전한다.

마가는 독자들이 이미 이 복음서에 기록된 사건이나 그 의미를 알고 있음을 전제로 해서 이야기를 시작하고 있다. 세례 요한은 그에 대한 아무 소개도 없이 등장하고, 그의 투옥 사건은 독자들에게 이미 기정사실既定事實인 것으로 언급하며, '세례'와 '성령'이란 단어가 아무런 설명도 없이 사용된다.

마가복음은 예수의 말씀보다는 그의 행동을 강조한다. "바로", "곧" 등으로 번역되는 헬라어 '유뒤스ευθεως'라는 단어가 41회나 사용된 사실은 단적으로 이 행동의 복음이 갖고 있는 다음과 같은 특징을 말해준다.

① 간결하고 박진감 있는 직설적인 문체
② 목격자인 베드로에 의한 사실적인 묘사. 베드로의 복음이란 별명을 갖고 있음
③ 그리스도의 기적을 강조하여, 교훈을 강조하는 마태복음과 대조가 됨
④ 구약의 인용이 적고(마태복음 128회, 누가복음 90-100회, 마가복음 63회), 유대인의 습관, 지명, 족보 등을 대부분 생략하였다. 이방인

---

36) Delbert Burkett(2002). *An introduction to the New Testament and the origins of Christianity*. Cambridge University Press. p.156.

특히 로마인을 위한 복음

⑤ 예수를 섬기는 자종로 묘사한 종의 복음

본서에서 예수는 '하나님의 아들'로 묘사되고 있다. 후기 사본에 붙여진 본서의 제목으로부터 "이 사람은 진실로 하나님의 아들이었다"고 십자가 앞에서 외친 백부장의 고백에 이르기까지 예수는 하나님의 아들로 선언되고 있다.

변화산 위에서 그리고 세례를 받으실 때 하늘에서 들여온 음성은 이 사실을 확증해 준다. 심지어 귀신들조차도 예수는 하나님의 아들이라고 외쳤다. 예수께서는 비유로 말씀하시기를, 포도원 주인이 그 아들을 보냈다고 말씀하셨다. 또 예수는 그의 재림의 날과 때는 아버지 외에는 아무도 모른다고 하셨다.

(3) 누가복음

마태복음이 유대인을 상대로 하여 기록된 것이라면, 예수에 대한 누가의 설명은 이방인을 위한 것이었다. 다른 공관복음서와는 달리 누가복음은 데오빌로Theophilus에게 헌정獻呈되고 있다. 데오빌로는 상당히 높은 지위에 있었던 이방인이었던 것 같다.

그러나 비록 누가복음의 수신인이 특수한 한 개인이었다 할지라도 누가는 보다 광범위한 청중을 위하여 복음서를 집필하였다고 할 수 있다. 데오빌로는 누가복음을 헌정받은 한 개인이상의 의미를 가지고 있었다.

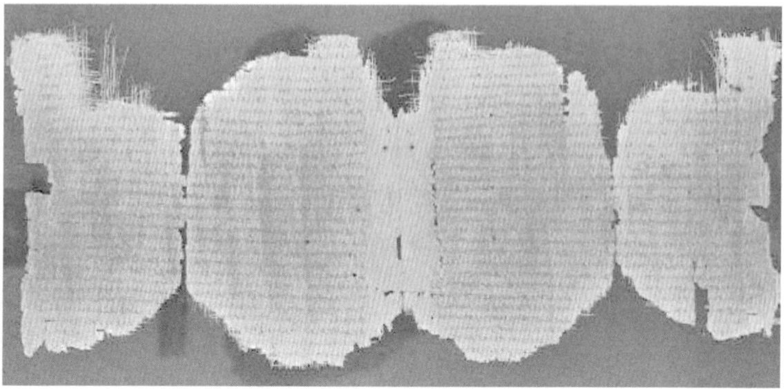

[3세기 누가복음의 파피루스 조각]

더욱이 누가는 서문에서 그가 복음서를 집필한 목적을 분명히 밝혔다. 즉 그는 서문에서 "우리 중에 이루어진 사실"에 대한 내력들을 낱낱이 수집하려 하였다는 취지의 말을 하였던 것이다. 그는 또한 목격자들과 세상에 나가서 주의 일을 보는 사람들로 자료를 얻어 내는 데 많은 힘이 들었다고 주장한다. 이 점으로 미루어 보아 누가는 역사서를 기술할 목적이었던 것 같다.

누가복음은 신학적 목적을 지니고 있었던 역사서였으며, 데오빌로와 다른 사람들이 이미 교육받은 확실함을 알게 하려는 목적을 가지고 있었다. 이러한 명백한 목적은 누가복음이 예수의 생애 및 가르침에 대한 전체적 지식에 특별히 공헌한 바를 평가하는 지도원칙이다.

누가는 예수가 사람들에게 특별히 관심을 가지고 있었음을 밝혔다. 오직 누가에 의해서 기록된 비유를 살펴보면, 이 비유들의 관심사가 사물이 아니라 사람들이었음을 알 수 있다. 누가는 사회적으로 소외된 자들에 대하여 예수가 깊은 동정심을 가지고 있었음을 기록하려는 특별한 관심을 지니고 있었다.

저자

누가복음의 저자로는 헬라인 의사였으며 바울의 동료였던 '누가'가 확실시 되고 있다. 누가복음과 사도행전의 밀접한 관계는 이 두 문서가 동일 저자의 기록임을 증명한다. 따라서 저자에 관한 누가복음의 증거는 사도행전의 저자를 결정하는 데 도움이 된다. 이 두 문서에는 모두 데오빌로에게 바치는 헌사獻詞가 기록되어 있다.

[누가복음의 저자 누가]

동일한 문체, 그리스도의 인성에 대한 가르침, 성령의 사역에 대한 뚜렷한 강조, 이방인에 대한 배려, 당대의 사건에 대한 관심이 이 두 문서에서 함께 발견되는 것은 양편이 갖고 있는 계획된 통일성을 보여 준다.

그러므로 제자에 관한 사도행전의 자료들은 누가복음에도 적용될 수 있다. 저자는 바울의 사역 초기에 바나바와 함께 일했던 안디옥 교회의 헬라인 개종자改宗者였을 것이다. '우리'라는 대명사가 암시하듯이 드로아에서 바울과 합류한 저자는 빌립보까지 동행하여 바울이 예루살렘을 방문하는 동안 계속 그 곳에 머무른 것 같다.

누가는 빌립보로 돌아온 바울을 따라 예루살렘으로 내려갔는데, 이때 바울은 누가를 '사랑을 받는 의원醫員'로 지칭했으며 보다 후기에는 자신이 로마에서 두 번째로 간혔을 때 '마지막까지 함께

[부활하신 예수는 엠마오 도상에서 두 제자 앞에 나타남]

했던 사람'으로 자신의 서신에서 그를 세 번 언급했다.

누가는 예수를 직접 보지는 못하였다. 따라서 그의 기록은 목격자들의 증언을 통한 자료에 의한 것이다. 본문의 서두에서도 이 점을 밝혔고, 본문 중에서도 자료를 들려준 사람들을 곳곳에 언급하고 있다. 누가는 마태와는 다른 관점에서 예수의 행적을 기록하였으며 사건의 배열에도 차이가 있다.

그리고 부활 사건의 기록 중에서도 다른 복음서에는 찾아볼 수 없는 '엠마오 도상途上에서의 이야기'가 언급된 것은 주목할 만한 일이다.

기록 연대

사도행전이 중도에서 갑자기 끝난 것으로 보아, 누가는 2년에 걸친 바울의 로마 옥중 생활이 끝났을 때 자신의 기록 활동을 마무리 지은 것 같다. 사도행전의 첫 서두에서 밝힌 대로 본서가 앞서 기록되었다면, 기록 연대는 바울의 로마 옥중 생활이 끝나는 AD63년 이전 임이 틀림없다.

아마도 누가는 바울과 함께 일하던 10년 동안에 자료를 수집해서, 바울을 따라 로마로 가기 전 가이사랴에서 친구인 데오빌로에게 이 복음서를 보냈을 것이다. 만약 그렇다면 기록 연대를 보다 이른 시기인 AD58년으로 생각할 수 있다.

몇몇 학자들은 예루살렘의 함락에 대한 암시가 있는 점을 들어 이 복음서가 AD70년의 예루살렘 파괴 이후에 기록되었을 것이라고 주장한다. 그러나 21장의 기록은 하나의 예언이고, 누가는 미래에 대한 예수의 말씀을 전달했을 뿐이라는 사실을 기억한다면 이 학설은 별로 신빙성이 없다.

예수의 행적이 생생한 그림처럼 전개된다. 예수의 계보로부터 탄생과 사역의 수난을 거쳐 부활에 이르러서는 그 절정을 이룬다.

① 이방인에 의한 이방인을 위한 복음서
② 가난한 자, 죄인, 약자에게 관심을 둔 사회적 복음
③ 인간의 개성에 대한 강조-선한 사마리아 사람, 방탕한 아들, 감사를 잊지 않은 나병환자, 뉘우치는 세리 삭개오, 뉘우치는 강도
④ 그리스도의 인성에 대한 강조
⑤ 성령과 기도의 강조
⑥ 네 편의 아름다운 찬송시와 풍부한 회화적 표현 즉, 마리아의 찬가, 사가랴의 축복송, 천사들의영광송, 및 시므온의 고별송
⑦ 여성과 어린이의 복음

주요 사상

누가복음의 사상은 삭개오에게 "인자의 온 것은 잃어버린 자를 찾아 구원하러 왔다"는 예수의 말씀으로 요약된다.

인자人子이신 그리스도가 본서의 주제이다. 인간을 죄에서 끌어올려 생명과 희망으로 인도하는 예수의 사역과 교훈에 초점이 모

아진다. 예수의 기적과 비유와 교훈, 그리고 주의 모든 행적은 그리스도의 구원하시는 능력과 의지를 나타낸다.

예수를 인자로 이해하면서 인간을 향한 예수의 연민과 인간미가 강조된다. 예수는 "이방 사람들에게는 계시하시는 빛이요, 주님의 백성 이스라엘에게는 영광입니다". 누가는 이방 출신의 성도로서, 히브리 민족을 통한 하나님의 계시에 대해 깊은 이해와 아울러 따뜻한 애정을 가지고 이 복음을 기록했다. 복된 소식은 진실로 만인을 위한 것이다.

[어리석은 부자와 거지 나사로]

마태가 다윗의 아들에 관한 복음이고, 마가가 하나님의 아들에 관한 복음이라면, 누가는 우주적인 구세주—빈부와 남녀노소, 유대인과 이방인, 종과 자유인을 구별하지 않는 만인의 구주—에 관한 복음이다. 이러한 사상은 본문 전체에 스며들어 있다.

우리에게 잃은 양과 잃어버린 동전 그리고 탕자의 아름다운 비유들을 전해 주는 것은 바로 이 누가복음이다. 우리는 이 복음서에서만 '선한 사마리아 사람'의 감동적이 비유를 읽을 수 있다. 그리고 문간에 앉아 구걸하던 거지를 천대하다가 지옥에 떨어져서, 뒤늦은 회개에도 불구하고 고통에 신음하는 어리석은 부자의 이야기도 오직 누가만이 전해 준다.

(4) 요한복음

저자

본문에 저자의 이름이 직접 나타나 있지는 않지만, '예수의 사랑하시는 그 제자' 또는 베드로의 가까운 동료 등으로 암시되어 있다. 교부 이레니우스는 초대 교회의 전승에 따라 이 책의 저자를 세베대의 아들 요한이라고 전하고 있다.[37]

일부 학자들은 요한과 같이 학문과 식견이 없는 범인凡人이 어떻게 이와 같은 복음서를 쓸 수 있었는가에 대해서 의문을 제기한다. 그러나 기록한 때와 동기, 더욱이 성령의 역사役事를 생각해 볼 때 요한이 이와 같은 훌륭한 복음서를 쓸 수 있었다는 것은 의심할 여지가 없다.

세베대와 살로메의 아들이며 사도 야고보의 동생인 요한은 갈릴리의 부유한 가문 출신이다. 수세기 후에 화가들은 요한을 여성적인 사람으로 묘사했지만, 사실 그는 '우뢰의 아들'이라고 불릴 정도로 강한 성격의 소유자였다. 그는 예루살렘의 초대 교회에서 주요한 역할을 담당했다.

전승에 의하면 요한은 그의 노년에 에베소에서 설교와 가르치는 것과 저작 활동에 전념했다. 그는 거기서 도미시안 황제 때 어떤 이유로 인해 밧모 섬으로 유배되었다. 요한은 이미 완성된 세 권의 공관복음서를 알고 난 후에 이 제4복음서를 기록한 것 같다.

---

37) Stephen L. Harris(2006). *Understanding the Bible*(7th ed.). McGraw-Hill. p.479.

따라서 이 책은 복음서의 마지막에 위치하고 있다.

[요한의 임종시에 구술을 받아 요한복음을 기록함]

이집트에서 발견된 요한복음의 단편[38]이 2세기 전반으로 추정되므로 이 책의 기록 연대는 AD70년 이후와 AD100년 이전으로 좁혀 진다. 한편 당시의 시대적 배경과 사도 요한의 행적을 고려할 때 이 제4복음서는 AD85-90년의 저작으로 결론지을 수 있다.[39]

---

38) Rylands Library Papyrus라고 부르는 신약성경 파피루스 가운데 가장 오래된 단편으로 125년 무렵에 기록된 것으로 본다(사진 참조).

39) Bruce M. Metzger & B. M. & B. D. Ehrman(1985). *The Text of New Testament*. Oxford University Press, Inc. pp.55-56.

이 책은 4복음서 가운데 가장 단순하면서도 가장 심오한 책이다. 헬라어로 기록된 이 책은 단순하면서도 명료한 문제를 갖고 있기 때문에 성경을 원문으로 연구하는 사람은 언제나 요한복음을 먼저 읽게 된다. 그러나 이 책에 담겨 있는 신학적 통찰력은 어떤 대 신학자라고 결코 이해할 수 없는 강력하고도 깊은 메시지를 보여 준다. 초보자들을 위한 입문서인 동시에 신학자들을 위하 고급 교재로서 요한복음을 능가할 책은 없다. 이 사실은 이 놀라운 책이 갖고 있는 신성한 영감의 증거이다.

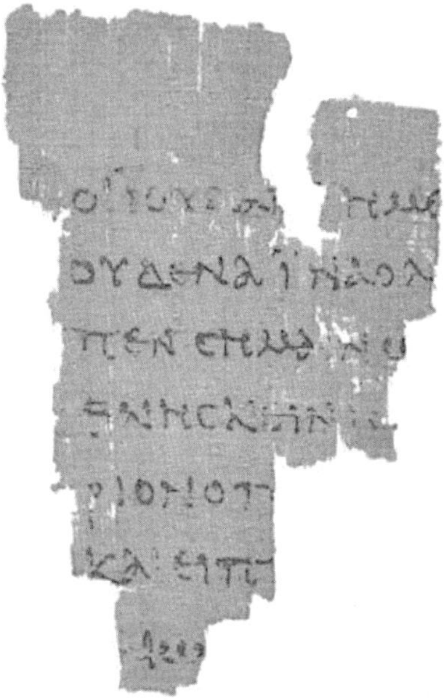

[요한복음 18:31-33절이 적혀 있는 파피루스 단편]

요한복음은 공관복음서와 두드러지게 다르며 이 때문에 학자들은 과연 요한복음이 예수에 대한 인간의 지식에 이바지하고 있느냐 하는 문제를 제기하여 왔다. 그러나 중요한 것은 요한복음의 역사성이 인정되어 왔다는 사실이다.

일찍이 알렉산드리아의 클레멘트Clement는 이 문제에 관하여 집중적으로 언급한 적이 있다. 왜냐하면 공관복음서는 육적인 사실을 기록하고 있는 데 반해 요한복음은 영적인 사실을 기록하고 있기 때문이다. 클레멘트는 요한복음에는 사실성이 거의 없다고 생각하지는 않았지만 요한복음의 목적이 사실의 역사적 의의를 밝히는 데 있다고 파악한다는 것은 사실이다.[40]

---

40) De Santos Otero(1993). *Los Evangelios Apocrifos[The Apochryphal Gospels]. Biblioteca de Autores Cristianos*. 148(9th ed.). Madrid, p.97.

몇 가지 사실을 고찰함으로써 이러한 결론을 뒷받침할 수 있다. 요한은 기적奇蹟을 기록할 때마다 이를 표징表徵sign이라고 일컬었다. 이것은 표징이 예수를 증거하는 데 그 목적을 가지고 있었다는 요한의 이해理解를 말해 주는 것이다. 요한복음에 있어서 이러한 기적들은 대부분 이에 입각하여 강화講話를 기록하기 위한 기회로 사용되고 있다.

그러므로 오병이어五餠二魚의 사건은 떡에 대한 강화講話로 이어지며, 맹인의 치유는 예수가 주장하는 것이 진실되다는 것을 밝혀 주는 강화講話로 연결되며, 나사로의 회생回生은 부활에 대한 강화講話로 이어진다. 이 부분에 나오는 강화講話는 공관복음서의 그것과 다른 것이다.

여기서는 예수가 유대인들과 자주 대화를 나누는 것으로 되어 있다. 유대인들은 예수에 대하여 적대감을 가질 때도 있었으며, 니고데모의 경우에 있어서와 같이 예수에게 간절히 묻고자 하는 태도를 지닐 때도 있었다. 사마리아 여인에 대한 예화例話를 통해 예수의 영적인 호소가 얼마나 폭이 넓었는가를 잘 알 수 있다.

요한복음에 나오는 예수의 메시지는 공관복음서의 그것보다 훨씬 추상적인 형식으로 제시된다. 그리고 요한복음에는 비유의 형태를 지니고 있는 자료가 나오지만 정작 비유는 하나도 나오지 않는다. 예수의 가르침은 비유와 흡사한 은유隱喩로 되어 있으며 아울러 목자와 양, 포도원에 관한 기사처럼 알레고리도 두 개 나온다. 그러나 일반적으로 말하자면 요한복음의 가르침은 공관복음서와 판이한 관점에서 제시된 것이라 할 수 있다.

요한복음의 특색이 가장 잘 나타나는 부분은 요한복음 14-17

장의 강화講話이다. 여기서 요한은 성령의 역사役事에 대하여 특별히 주목하고 있다. 성령에 관한 구절들을 읽어 보면, 성령은 믿는 자에게 도움을 주고 이끌어 주며 가르치고 견책하는 보혜사[41]로 언급되고 있다.

하나님의 말씀, 영원한 로고스λογος에 대한 복음은 또한 성령의 복음이기도 하다.

공관복음서와의 관계

이 책과 공관복음서 간의 유사성은 쉽게 알 수 있다. 양편이 모두 예수를 중심인물로 하여 이야기를 전개해 나간다. 한편, 이 요한복음은 네 권의 복음서 중에서 가장 신학적이다. 이 책은 예수 그리스도의 신성과 인격, 그리고 주를 믿는 신앙의 의미를 다룬다.

이 책에는 예수를 가리키는 가장 다양한 이름들말씀, 하나님의 아들, 인자, 이스라엘의 왕, 세상의 구주, 메시아 등이 사용되었다.

그러나 본서와 공관복음서와의 차이점 또한 뚜렷하다.

① 공관복음은 단 한 번의 유월절 사건만 기록하면서 예수의 공생애에 관한 이야기를 1년으로 제한하고 있는 반면, 요한은 3회에 걸친 유월절 기사를 전하면서 주의 공생애 기간이 3년 이상이었음을 암시해 주고 있다.

② 공관복음서에서는 주의 공생애의 무대가 거의 갈릴리로 한정되어 있지만, 이 책은 반대로 유대지방에서의 사역을 강

---

41) 보혜사Counselor: 성령을 지칭하는 어휘로, 이것은 성령의 사역을 단적으로 드러내는 말이다. 보혜사로 번역된 헬라어 '파라클레토스para,klhtovj'는 '다른 사람에게 도움을 베풀도록 곁에 부름을 받은 자'로 '변호사, 조력자, 위로자, 상담자, 친구'를 뜻한다.

조하고 갈릴리 지방에서의 활동에 대해서는 대부분 침묵을 지키고 있다.

③ 공관복음서에 기록된 예수의 설교는 대부분 '하나님의 나라'를 강조하고 있는 반면, 이 책의 설교는 대부분 예수 그리스도 자신, 하나님과 예수의 관계, 그리고 영적으로 교통하는 자들을 위한 예수 등을 강조하고 있다.

④ 요한이 공생애 초기로 기록하고 있는 예수의 성전 정화淨化 사건을 공관복음서는 사역 말기의일로 기록하고 있으므로 주의 성전 정화가 아마도 2회에 걸쳐 일어난 사건이라는 암시를 받게된다. 또 공관복음서에는 주께서 제자들을 갈릴리에서 부르셨다고 단순히 기록되었으나 요한은제자 중 일부는 유대 땅으로부터 부르셨다고 기록하고 있다.

⑤ 이 책에는 비유가 없고 여덟 가지 표적그 중 여섯 가지는 공관복음에 기록없음과 개인적인 대화를 많이 기록하고 있다.

⑥ 요한은 예수의 참된 인성을 부인하는 영지주의靈知主義the Gnostic에 대한 변호로서 예수의 굶주리심, 목마름, 연약함, 고통 그리고 죽음 등의 육체적 사실을 강조하였다.

⑦ 다른 복음서들은 후반부에 가서야 메시아 사상이 도입되지만, 이 책은 처음부터 예수를 '메시아'로 부각시킨다.

특징과 주요 사상

공관복음서를 읽으면 소란한 장터나 큰 길가에서 바쁘게 움직이는 사람들 사이에 서 있는 듯한 기분이 든다. 그러나 이 요한복음은 우리를 고요한 대성전 안으로 인도하며 거기서 말씀이 육신이 되신 하나님의 영원한 아들에 관하여 깊이 명상하게 해 준다.

마태복음은 다윗을 그 주제로 하고, 마가는 하나님의 아들을, 누가는 구세주를 강조한다면 요한복음의 주제는 말씀이다. 이 말씀은 세상이 있기 전에 아버지와 함께 있었고 세상이 그로 말미암아 창조되었다.

본문 전체를 통해서 "나는 …이다I am"라는 선언이 반복된다. "나는 세상의 빛이다", "나는 생명의 떡이다", "나는 선한 목자다", "나는 …이다I am"라는 선언은 구약성경에서 중요한 의미를 갖는다. 하나님께서 불붙은 가시나무로부터 모세에게 계시해 주신 이름인 '야웨'가 "나는 …이다I am"라는 동사에서 나온 말이기 때문이다.

그러므로 "나는 …이다I am"라는 표현은 분명히 예수를 언약의 하나님, 아브라함과 이삭과 야곱의 하나님, 이스라엘을 애굽에서 이끌어 내신 하나님과 같은 분으로 고백하는 표현이다. 초대 교회의 유대인들은 예수를 창조 하나님으로 믿었다. 주께서는 "나와 아버지는 하나이다", "나를 본 자는 아버지를 보았다"고 말씀하셨다.

4복음서 중에서 오직 이 책만이 예수의 기적을 표적sign으로 부각시킨다. 표적은 헬라어 '세메이아σημείων'로 요한이 표적이라는 말로 표현한 예수의 기적은 어떤 놀랍고 위대한 행동이나 곤경에 처한 개인들을 치유 또는 돕는 것 이상의 의미를 갖고 있음을 나타낸다. 물론 예수는 모든 사람을 사랑하시고 각 사람의 인간적인 요청을 들어 주신다. 그러나 요한은 예수가 행하신 기적의 일부만을 간추려서 기록했다.

[세상의 빛, 예수

예컨대, 예수께서는 자신이 세상의 빛이라고 가르치셨다. 예수께서 이미 태어날 때부터 소경 된 자의 눈을 뜨게 하셨을 때 그는 자신이 빛이심을 더욱 강하게 선포하셨다. 문자 그대로 눈 먼 자에게 빛을 주신 것이다.

주께서 물고기 두 마리와 보리떡 다섯 개로 오천 명을 먹이신 기적을 다만 그 사실로 끝나는 것이 아니다. 예수는 이 기적을 통하여 나는 하늘로부터 온 생명의 떡이다. 네 영혼이 기름지기 위하여 이 떡을 먹어야 하리라고 말씀하시는 것이다.

이 표적과 "나는 …이다I am"의 선포가 이루고 있는 완벽한 조화가 요한복음의 특징이다. 또한 사도 요한만이 보혜사 즉 위로하시는 성령의 강림에 대하여 다락방에서 말하고 있다. 최후의 만찬을 드시면서, 예수는 보혜사 성령에 대한 성경의 가장 중요한 가르침을 주셨다. 주께서는 자신이 떠나신 후에 비로소 성령의 사역이 시작되며 자신에 대하여 증거할 것이라고 가르치셨다.

그러므로 예수께서는 아버지께서 보혜사를 보내실 수 있도록 자신이 떠나는 것이 더 좋은 일이라고 말씀하셨다. 세상은 능히 저를 받지 못할 것이나 성령은 영원히 저들과 함께 일을 것이다.

하나님의 말씀, 영원한 로고스에 대한 복음은 또한 성령의 복음이기도 하다.

2. 사도행전

제목

누가복음과 사도행전은 본래 두 권으로 된 한 책이었다. 따라서 이 후반부의 사도행전은 처음에 별다른 이름이 없었고, 단지 '누가복음'이라고 하면 이 두 권을 모두 가리켰다. 그 후 AD2세기에 이 두 권이 분리되어 책은 그 내용을 따라 사도행전使徒行傳이라고 불리어지게 되었다.

이처럼 누가복음서와 사도행전은 밀접한 관계를 이루고 있다. 사도행전은 누가복음의 계속일 뿐만 아니라 4복음서는 모두 이러한 연속성을 암시해 주기 때문이다.

[베드로와 로마 군대의 백부장 고넬료]

그런데 사도행전이라고 하지만 등장하는 사도는 베드로, 야고보, 요한 그리고 바울이다. 그것도 야고보와 요한은 이름만이 나올 뿐이다. 베드로도 고넬료 사건 이후에는 나오지 않는다. 그런 면에서 사도행전은 사도들의 전기傳記는 아니다.

정확하게 말하자면 베드로와 바울의 행적行績이다.

저자와 기록 연대

초대 교회의 전승들은 바울의 동료였던 누가가 자신의 여행기를 기초로 해서 이 책을 기록했다고 전한다. 사도행전의 저자가 바울의 동료였다는 사실은 '우리'라는 말을 사용한 여러 구절을 보아 명백히 알 수 있다.

이 바울의 동료가 '누가'임을 곧 알 수 있고 바울의 서신들에서 그가 의사 누가였음을 말해 주고 있다. 또 의학 용어를 자주 사용한 점도 이 결론을 뒷받침한다.

이 책이 완성된 시기는 아마 이 책에 기록된 사건들이 끝난 직후인 것이 분명하다. 그렇다면 AD61–62년 사이로 추정되는데 만일 이보다 기록 연대를 늦게 잡는다면 로마의 화재, 바울의 순교, 예루살렘의 멸망과 같은 엄청난 사건들이 기록되지 않은 이유를 설명할 수 없을 것이다.

더구나 사도행전 1–3장에는 예수가 그 백성 가운데 여전히 활동하고 있다는 신앙이 강력하게 나타나 있다. 베드로와 요한의 치유 활동은 예수의 이름으로 이루어졌으며, 이렇게 예수의 이름에 호소하는 일은 사도행전에 여러 차례 나온다.

사도행전의 또 다른 특색은 성령의 역사役事가 전편全篇에 흐르고 있다는 사실이다. 그러므로 사도행전을 '성령의 행적the Acts of Holy Spirit'이라고 말하는 사람들도 있다.

교회가 복음을 전파하는 일은 오순절의 성령 강림에서 시작되었다. 누가는 주도면밀하게 교회가 발전하여 가는 각 국면에 있어서 성령이 필요불가결한 역할을 하고 있음을 밝혔다. 이것은 유대인에 대한 선교에 있어서나 이방인에 대한 선교에 있어서도 마찬가지였다. 성령은 이러한 일을 맡기기 위하여 바나바와 바울을 선택하였으며, 사도 바울을 끊임없이 이방인들에게 이끌어 갔다.

사도행전의 기록 순서는 부활하신 예수가 제자들에게 예루살렘과 유대와 사마리아 및 땅 끝에 이르기까지 그의 증인이 되라고 분부한 사도행전 1:8절의 말씀에 상응相應하고 있다. 즉 사도행전의 전반부는 예루살렘과 유대 및 사마리아에서 교회가 발전한 것을 보도하고 있으며, 후반부는 로마 제국의 수도인 로마까지 교회가 발전해 간 경과經過를 말해 주고 있다.

사도행전은 복음서와 서신들을 연결시켜 주는 고리다. 그러므로 바울이 자신의 입장을 밝힌 것으로부터 바울에 관한 많은 자료들도 사도행전이 제공하는 배경에 입각하여 서신들을 연구해야 한다.

사도행전은 오순절 성령 강림으로부터 바울이 로마에 도착하여 이 세계적인 수도에서 복음을 전파하기까지의 기록이다.

① 공생애와 부활 후, 교회의 머리이시며 성령의 보내시는 자로서 계속되는 예수의 사역에 대한 기록이다.

② 이 책의 시간적 배경이 되는 30년간은 중요한 변천기變遷期였다. 처음에는 복음이 유대인들에게만 전파 되었으며 초대 교회는 주로 유대인으로 구성되었다. 그러나 이방인들이 점차 교회로 들어옴에 따라 교회는 유대교로부터 분리되었다. 이 시기는 구약에서 신약으로, 복음서에서 서신으로의 전환기이기도 하다.

③ 후에 서신서에서 발전된 교리들은 사도행전에서 그 원시적 형태가 발견된다. 그러나 이 책은 교리의 원형을 보여 준다.

④ 선교 사역의 원천과 교회의 원형原型을 보여 준다.

⑤ 성령의 강림으로부터 시작되는 성령행전이다.

⑥ 로마 정권, 유대 율법주의, 헬라의 신비주의에 대한 변증의 책이다.

바울과 여러 서신서 연구의 비교 자료이다.

[에게해 주변–사도들의 행동영역]

사도행전의 주제

사도행전의 주제는 성령 활동이다. 어떤 사람들은 이 책의 이름을 성령행전로 제안하기도 한다. 실제로 누가가 이 두 권의 책-예수의 지상의 삶을 다루는 누가복음과, 성령을 통한 사역으로 계속되는 사도행전-을 동시에 기록했다는 것은 중요한 의미를 갖는다.

누가는 이 책 첫머리에서 "데오빌로여 내가 먼저 쓴 글에는 무릇 예수의 행하시며 가르치시기를 시작하심부터"라고 밝힘으로써 그 후 계속되는 예수의 사역을 추적하겠다는 의도를 분명히 드러낸다.

[오순절에 성령강림을 받은 사도들과 신자들]

성령의 사역은 그저 놀라울 뿐이다. 제사들은 예수께로부터 너희가 오래지 않아 성령으로 세례를 받게 될 것이라는 말씀을 들었다. 또 위로부터 오는 이의 능력을 받을 때까지 기다리라는 말씀도 들었다. 제2장은 성령이 마치 강하고 급한 바람처럼 제자들 위에 강림하여 제자들이 지중해 연안의 모든 방언으로 주의 복음을 전했던 기적을 보고하고 있다.

또 성령은 베드로의 설교를

들은 이방인에게도 임하셨으며 빌립을 사막으로 인도하여 이티오피아의 내시에게 복음을 증거하도록 하셨다. 성령의 인도를 받은 안디옥 교회는 사울=바울과 바나바를 선교사로 세웠다.

이 책은 교회의 본질과 사명에 관한 심오한 통찰을 주고 있다. 예수는 교회의 기초를 놓으셨으며, 제자들은 교회를 세웠다. 또한 그들은 그리스도의 증인이 될 수 있는 능력을 받을 때까지 예루살렘에서 기다리며 기도하라는 예수의 명령을 받았다.

따라서 오순절이 비록 교회의 창립일은 아니라 할지라도 교회가 선교의 능력으로 기름부음을 받은 날이다. 이 사실은 예수의 체험을 연상시킨다. 예수께서는 태어나신지 30년이 지난 뒤 세례를 받으실 때 성령의 기름부음을 받으셨던 것이다.

3. 바울서신

각 서신의 주요 강조점을 설명하기 위해서는 바울서신에 속하는 것이 무엇인지를 먼저 설명할 필요가 있다.

(1) 로마서

로마 교회

바울과 베드로가 로마에서 순교한 것은 분명하지만 그 중에 어느 한 사람이 로마 교회를 창건하였을 가능성은 희박하다. 아마 오순절 성령 강림 때 회심한 예루살렘 순례자들이 이 제국의 수도에 복음을 가지고 돌아갔든지 아니면 바울이나 다른 사도들의 전도로 회심한 자들이 그곳에 교회를 세웠을 가능성이 많다.

대부분 이방인으로 구성된 이 교회는 세계의 중심지에 위치한 교회로서 그 비중이 급속히 커져갔다.

저자

이 위대한 서신을 바울이 직접 썼다는 사실은 의심할 여지가 없다. 본문의 문체와 사상, 특히 1장과 15장의 인사말을 볼 때 저자를 확증하는 성경 자체의 증거는 충분하다. 초대 교회의 문헌도 이 서신을 인용하면서 바울을 그 저자로 전하고 있다.

기록 연대

이 서신은 바울의 제3차 전도여행 중에 기록되었다. 사도 바울이 그리스에서 3개월 동안 머무른 사실, 또한 이 편지를 로마로 전할 당사자였을 뵈뵈겐그레아의 여신도를 소개하고 있는 것을 고려할 때 이 편지는 고린도에서 기록된 것 같다. 그러나 빌립보 같은 그리스 도시에서 기록되었을 가능성도 배제할 수는 없다. 기록 연대는 AD53−58년 사이로 추정되는데, AD55−56년 사이가 가장 타당한 것 같다.

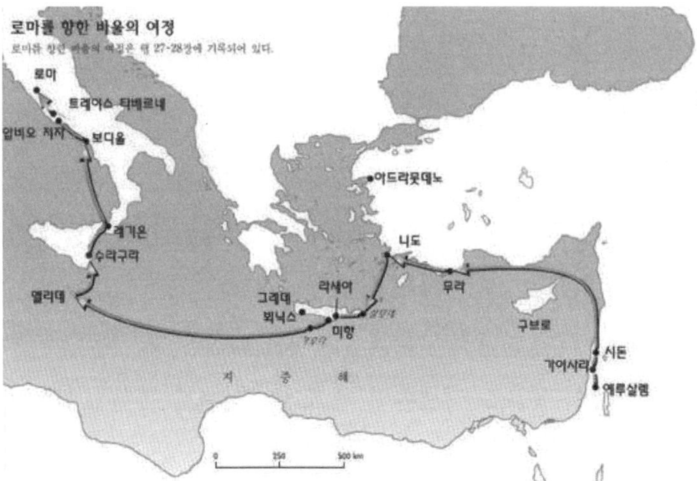

[바울의 로마에로의 길]

주요 사상의 전개

로마서는 바울서신 가운데 가장 신학적이다. 로마서의 으뜸가는 주제主題는 의義와 의를 얻는 방법=의인義認이다.

사도 바울은 이방인이건 유대인이건 모든 사람들은 의롭다 인정받으려는 기본적인 욕구가 있으며 이러한 욕구가 없는 사람은 하나도 없다고 밝혔다. 인간은 오직 그리스도를 믿음으로써만 의롭다 인정받을 수 있다. 왜냐하면 하나님은 그리스도를 인간의 죄에 대한 화해 제물로 주셨기 때문이다.

이것은 복음서에 나오는 그리스도의 죽음과 직접 연관된다. 또한 로마서는 아브라함이 믿음의 원리를 예증例證하였다고 말했다. 그리고 아브라함은 율법에 선행하였으므로 의롭다 인정받는 이치도 율법을 행하는 것과 무관하다고 한다. 또한 로마서는 믿음에 따라 사는 원칙을 여러 가지로 밝혔다.

바울은 다른 여러 서신들보다 특히 훌륭한 짜임새를 갖춘 로마서는 믿음으로 얻는 의의 교리를 조직적으로 밝히고 있다. 이 서신의 주제는 하나님의 의이다.

(2) 고린도전 · 후서

고린도 교회

고린도 교회가 처음으로 복음을 대하게 된 것은 바울의 제2차 전도여행 때이다. 바울은 브리스길라, 아굴라와 함께 일하고 있는 동안 회당에서 복음을 전했는데 반대에 부딪혔기 때문에 이웃에 있는 디도 유스도의 집으로 옮겨가야만 했다.

유대인들은 바울을 로마의 총독 갈리오 앞으로 소송을 했지만 기각되었다. 그러나 바울은 "약하며 두려워하며 심히 떨면서도" 계속 복음을 전파했다. 그러나 주님께서 환상 중에 나타나셔서 바울이 고린도에서 많은 백성을 얻을 것이라고 말씀하셨으며 그것은 그대로 이루어졌다.

바울은 이 도시에서 18개월을 지냈다. 바울은 고린도를 떠난 후에 지금도 유실되고 없는 한 편지를 그곳으로 보냈으나, 그들이 그에게 보낸 서신을 통해 신자들 간에 불만이 커간다는 소식을 듣고서 고린도전서를 쓰지 않으면 안 되었다.

그들의 문제는 교회 내의 파당派黨 문제와, 도덕적인 타락 그리고 결혼, 음식, 예배, 부활 등에 관한 것들이었다. 놀랄만한 다양한 탈선적인 신앙과 풍습들이 바로 고린도 교회의 특징을 이룬다.

바울은 고린도 교인들과 어느 정도 깊은 관련을 맺고 있었다. 그리하여 고린도전 · 후서는 고린도 교회에서 야기된 여러 가지 실제 문제들을 다루었다. 고린도전 · 후서는 바울이 이러한 문제를 다룬 방법에 대하여 귀중한 자료를 제공하여 주며, 이후의 교회사에서 없어서는 안 될 문제 해결 양식을 제시해 주고 있다.

물론 고린도 교회가 바울 시대의 전형적인 기독교 교회였다는 것은 아니다. 그러나 바울이 이 교회의 문제에 대하여 원칙적인 해결 방안을 밝힌 것은 시공간時空間에 구애받지 않는 귀감龜鑑이 되었다고 할 것이다.

주제와 주제를 정확히 구분하여 조직적으로 배열한 바울의 문체가 뚜렷하다. 고린도전서는 영적, 도덕적인 문제들과 아울러 여러 가지 질문들을 다루는 등 주로 그 강조점이 실천적인 데 있다. 이 서신은 목회 신학의 한 좋은 본보기이다.

(3) 갈라디아서

갈라디아 교회들은 바울이 직접 선교하여 세웠다. 그러나 바울이 떠난 후 유대주의 교사들이 들어와 바울의 사도권使徒權을 부정하고 구원의 조건으로 할례와 율법을 주장하여 교회를 혼란에 빠뜨렸다. 바울은 급히 붓을 들어 유대주의의 모순에 대한 그리스도 입장을 강력하게 밝혔다.

갈라디아서는 원시 교회 내에서 제기된 할례 문제에 빛을 던져 준다고 하는 점에서 역사적으로 중요하다. 유대인 크리스천들은 할례를 구원에 본질적으로 필요한 것으로 강조하는 경향이 있었다.

그러나 바울은 갈라디아서를 통하여 두 가지 입장을 개진開陣함으로써 이러한 견해와 맞싸웠다. 첫째 바울은 사도직의 유효성을 확립하였다. 유대인 당파는 바로 이 사도직을 부인하고 있었기 때문이다. 그러나 이보다 더욱 중요한 것은 율법을 행하는 일이 의롭다 인정받는 것과 아무런 상관도 없다는 것을 강조한 교리 부분이다.

바울은 믿음으로 의롭게 된다는 교리에 아무 것도 더할 것이 없으며 거룩하게 되는 것은 성령으로 되는 것이지 모세의 율법으로 되는 것이 아니라고 단호히 주장하고 있다. 그는 그리스도에게서 받은 확실한 사도의 권위로 말했다. 이 위대한 편지로 말미암아 믿음으로 구원을 얻는다는 사실에 인간의 노력을 더 해야 한다고 가르치는 모든 신학들의 허구성이 밝혀진다.

(4) 에베소서

에베소는 BC11세기에 건설된 소아시아의 정치, 상업, 문화가 통합된 교통의 중심지였으며 다이아나아데미 여신의 대신전大神殿이 있어서 우상숭배가 성행하였다. 바울은 제2차 전도여행 때 에베소를 잠시 방문했으나 본격적인 전도는 제3차 여행 때였다.

또한 3년간의 심혈을 기울여 에베소는 물론 인근 지방까지 간접적으로 전도를 하였으며 실로 바울의 선교의 절정기를 이곳에서 보냈다. 따라서 에베소는 예루살렘 안디옥에 이어 제3의 기독교 중심지가 되었다. 바울 후에 디모데가 이 교회를 잠시 관할했고, 후에는 사도 요한이 이 교회를 중심으로 활동하였다.

에베소서는 골로새서와 빌립보서 및 빌레몬서와 함께 옥중서신獄中書信으로 알려져 있다. 이 서신들에서 바울은 자신이 옥중에 있음을 밝히고 있기 때문이다. 에베소서의 첫 부분1-3장에서 바울은 하나님이 인간을 신비스럽게 다루는 일에 대하여 명상하며 그리스도에 대한 높은 견해를 제시하였다

[옥중에서 서신을 기록하는 바울]

① 하나님의 선택: 논쟁의 초점이 되는 이 교리가 1:4에 확증적으로-창세전에 그리스도 안에서 우리를 택하사-밝혀져 있다. 하나님은 믿음으로 그리스도께 나아올 모든 사람을 택하셨다.

② 화해: 에베소서가 갖고 있는 주제의 하나는 장벽이-하나님과 인간 사이 그리고 인간과 인간 사이-제거되었다. 바울은 그리스도께서 이 장벽을 무너뜨리신 것을 깨달았다.

③ 교회: 이 편지의 강력한 주제 중 하나는 교회가 그리스도의 몸이라는 사상이다. 우리의 인격이육체를 통하여 행동하는 것처럼 그리스도는 교회를 통하여 이 세상에서 역사하신다.

(5) 빌립보서

빌립보 교회

유럽으로 통하는 관문인 빌립보는 알렉산더 대제의 부왕父王인 마게도냐의 빌립 왕에 의해 창건되었다. 비록 작은 도시였지만 로마의 축도縮圖라고 부를 만큼 번영을 누렸다. BC42년 그 근처에서 브루투스Brutus, 카시우스Cassius의 연합군과 안토니Anthony, 옥타비안Octavian 훗날 가이사 아우구스트 연합군의 격전지로 유명하게 되었다.

[바울과 실라가 감금된 빌립보 감옥에서 변화된 간수]

더욱이 자주紫紬 장사

루디아와 한 간수사도행전16장의 집안이 믿고 세례를 받음으로써 유럽 교회의 발상지가 되었다.

빌립보 교회는 바울이 제2차 전도여행 중에 설립하였다. 빌립보 교회와 바울의 관계는 항상 따뜻하고 친밀했다. 이 편지가 기록되기 전에도 적어도 두 차례 이상 재정적으로 바울을 도왔는데 그가 로마에 감금되었다는 소식을 듣고 빌립보 교회는 에바브로디도를 통해 다시 헌금을 보냈다.

빌립보서에는 이 헌금에 대한 감사가 표시되어 있으며, 바울이 교회에 보낸 편지 중 가장 개인적인 성격의 편지이다. 에바브로디도는 바울과 함께 있는 동안 병들어 거의 죽게 되었다. 따라서 바울은 그가 회복되자 본 서신과 함께 그를 돌려보냈다.

기록 장소

바울은 본 서신이 기록될 당시 투옥되어 있었으나 그 장소에 대해서는 의견이 일치되어 있지 않다. 혹자는 가이사랴, 혹자는 에베소라고 생각하나 의심할 바 없이 로마에 있었음이 틀림없다. 1:13절에서 그는 시위대, 즉 로마의 황제에게 할당된 로마 군대를 언급하고 있다.

또한 바울이 심문을 당해 목숨이 위태로웠던 것이 아주 분명한 것으로 보아 그는 로마에서 가이사에게 심문을 받았다는 것을 알 수 있다. 바울이 가이사랴에서 2년간 감금된 것은 사실이지만 그곳에서는 그 사건의 최종적인 판결을 예상조차 할 수 없었다.

빌립보서는 특별히 기독교인이 누리는 기쁨을 강조하고 있다. 물론 빌립보에서 가장 중요한 부분은 그리스도 찬가이다. 여기서 바울은 그리스도의 겸손을 말하고 있다. 그리고 그리스도의 겸손에 대한 신학은 기독교인이란 모름지기 그리스도와 같은 꼭 같은 마음을 지녀야 한다는 권면의 근거로서 사용되고 있다.

이 편지는 사랑과 신뢰가 담겨 있는 가장 개인적인 편지이다. 이 편지 안에는 형식적이고 공식적인 교리가 없다. 이 편지는 바울의 내면적 신앙의 간증, 사랑의 편지, 기쁨의 편지이다. 이 편지는 사도 바울이 그 고난과 폭풍우 속에서도 잔잔한 기쁨을 간직하고 있었음을 보여 준다.

(6) 골로새서

골로새 교회

에베소 동쪽 약160km 지점의 라오디게아와 히에라볼라 부근에 위치한 골로새는 쇠퇴 과정에 있던 고대 상업의 중심지였다. 일찍이 갈라디아 교회 등에 의해서 복음이 전해졌을 가능성도 있지만 최초의 선교는 바울이 에베소에서 사역하던 무렵에 이루어졌을 것이다.

[감옥에 있는 바울과 에바브로디도]

그 후에는 에바브로디도가 이 교회에서 전도와 교육을 담당하였다. 바울은 이 교회의 성도들을 개인적으로는 알지 못했지만 에바브로디도가 감옥에 갇힌 바울을 방문했든지 아니면 그와 함께 투옥되어 있을 때 이 교회의 성장과 성도들을 미혹시키는 거짓 교사들에 관하여 이야기했을 것이다.

골로새서는 에베소서와 상당히 비슷하나 전자는 특수한 상황과 관련되어 있다. 바울은 골로새서에서 이단의 문제를 다루고 있다. 즉 그는 이단의 문제를 다루면서 그리스도의 탁월성을 적극적으로 강조하였다. 골로새서의 윤리적 권면은 에베소서와 대단히 흡사하다.

이 편지에서도 이론적 교리 부분이 실천적 윤리와 연결되는 바울 특유의 문체와 구성이 눈에 띈다. 창조의 주로서 그리스도는 성육하셨고 교회의 머리와 화해자가 되시며 하나님과 인간과의 새 로운 관계를 위한 중보자가 되신다.

에베소서와 동시에 기록되었으므로 이 편지는 본문과 내용에서 에베소서와 유사한 점이 많다. 중요한 차이점은 에베소서가 교회론을 중심으로 한 데 비해 본서의 주제는 그리스도론이라고 할 수 있다.

바울은 이원론에 입각한 신비주의적 구원관을 가진 영지주의자들을 반박하고 예수를 유일한 주이시며 구속자로 증거하기 위하여 그리스도의 양성신성과 인성을 강조한다.

기록 장소와 연대

이 골로새 교회에 보내는 편지는 에베소서, 빌립보서 그리고 골로새서와 함께 바울이 옥중 생활 중에 썼으며, 그 중 이 골로새서, 에베소 그리고 빌레몬서는 두기고와 오네시모에 의하여 함께 전달되었던 것 같다. 초대 교회의 풍부한 자료들은 이 서신들의 기록 연대와 장소를 바울이 로마 제1차 감금 생활 중인 AD62년 무렵으로 전하고 있다.

그러나 최근에 일부 학자들은 바울이 AD61년 로마에서 갇히기 이전, 초기 가이사랴 감금설AD58-60년 또는 에베소 감금설AD55-56년 등을 주장하며 이곳들을 기록 장소로 보는 학설을 전개하기도 한다.

(7) 데살로니가전 · 후서

바울과 실라 그리고 디모데는 제2차 전도여행 중에 빌립보에서 풀려난 직후 처음 마게도냐의 수도이며 항구 도시인 데살로니가로 갔다. 유럽에 복음이 처음 전파된 지역이 빌립보였고 이곳은 두 번째로 교회가 세워진 지역이다.

[가는 곳마다 핍박을 받는 사도 바울]

바울 일행의 복음을 듣고 많은 헬라인들이 회심하자 회당에 속한 상류층 인사들이 유대인을 선동하여 바울 일행을 잡으려고 하였다. 그러나 바울 일행을 발견하지 못하자 바울을 집에 들였던 야손을 가이사의 반역자들을 숨겨 주었다는 이유로 고소했다.

시 당국자들을 야손에게서 질서를 지키겠다는 보증금을 받고 놓아 주었고, 바울 일행을 그곳에서 추방했다.

비열한 방해를 무릅쓰고 데살로니가에 교회를 세운 후 그들은 베뢰아를 거쳐 아덴까지 갔다. 아덴에서 바울은 연약한 교회를 격려하기 위하여 디모데를 데살로니가로 보내고 그곳 교회의 소식을 가져오도록 했다. 디모데는 고린도에서 바울과 합류하여 데살로니가의 꿋꿋한 모습을 전했다.

바울은 그곳에서 이 데살로니가전 · 후서를 썼다. 일부 학자들은 바울이 데살로니가에 머문 것이 한 달도 채 안된다고 한다. 그러나 그는 회당이나 유대인 공동체 밖으로 그의 사역을 확장시켰었음에 틀림없다. 왜냐하면 그 교회는 넓은 의미로 볼 때 이방인들의 교회였기 때문이다.

데살로니가전 · 후서는 바울의 초기 저작이다. 여기서 바울은 종말론終末論에 관심을 집중시켰다. 또한 이미 죽은 신자들에 대한 문제도 다루고 있다. 데살로니가전서에 보면, 기독교인들이 그리스도가 재림할 때 그들의 분깃이 어떤 것일까 하고 생각하였다는 것을 알 수 있다. 또한 어떤 크리스천들은 주님의 재림이 임박했으므로 일할 필요가 없다고 생각하였던 것 같다. 데살로니가전서는 특별히 첫 번째 문제를 다루고 있으며 후서는 두 번째와 같은 상황에 대해 강력히 경고하고 있다.

이 서신의 중요 내용은 종말론에 관한 것이다. 즉 교회가 들림을 받는 것, 주님의 날과 같은 마지막 때에 일어날 사건과 관련된 것이다.

누가의 상세한 역사 기록에 의해서 이 서신의 연대를 비교적 확실하게 알 수 있다. 고린도 체류 기간 중 바울과 갈리오가 만났다고 말하고 있는 누가의 기록은 갈리오가 글라우디오 황제의 재위 기간 중에 총독직을 맡고 있었음을 입증하는 비문碑文이 델피에서 발견됨으로써 그 사실성이 고증되었다.

(8) 목회 서신

목회牧會서신은 디모데전 · 후서와 디도서로 이루어져 있다. 목회서신을 읽어보면 바울이 교회 내의 서열에 관심을 두고 있었음을 알 수 있다. 바울은 교회의 직책을 맡은 사람들에게 필요한 자격에 대하여 말했으며, 에베소와 그레데에서 활약하고 있는 거짓교사를 처리하는 문제에 대해 조언하였다.

디모데전서의 주제는 디모데 개인과 관련하여서는 "선한 싸움을 싸우라". 교회전체와 관련하여서는 "하나님의 집에서 행하여야 할 것"이라 할 수 있다.

디모데후서의 주제는 "예수 그리스도의 좋은 군사"이다. 주요 내용으로는 말세의 배교 및 의의 면류관 등을 들 수 있다. 바울은 여기서 복음을 무엇보다 성도들에게 맡겨진, 지키고 가꾸어야 할 위탁물로 나타내고 있다.

목회 서신의 기록과 관련된 주요 사건들의 순서는 대략 다음과 같다.

① 바울은 자기 셋집에서 체포 상태에서 풀려났다. 그러므로 소송은 무효가 되었고 바울은 자유이 몸이 되었다.

② 그 후 바울은 에베소를 방문했고 그 교회들을 감독하기 위하여 디모데를 그 곳에 남겨 두었다.그리고 마게도냐로 향해 갔다.

③ 거기서 그는 디모데전서를 썼다.

④ 또한 그는 그레데를 방문하였고 그 교회들을 감독하기 위하여 거기에 디도를 남겨 두었다. 그리고 그는 아가야의 니고볼리로 향해 갔다.

⑤ 마게도냐와 혹은 니고볼리에서 그는 디도서를 썼다.

⑥ 그는 드로아를 방문했고 거기서 갑자기 체포되어 로마로 이송되어 구금되었다가 순교했다.

⑦ 로마에서 이 두 번째 구금기간 중에 그는 디모데후서를 기록했다.

디모데에게 보낸 이 첫 번째 편지와 디도서는 바울이 로마의 감금 생활에서 잠시 풀려나 전도 여행을 하던 기간 중에 기록된 것이다.

바울이 AD61년 로마에 도착했으므로 디모데전서는 AD63년 무렵 그리고 바울이 순교 직전에 남긴 그의 최후의 기록을 담고 있는 디모데후서는 AD65-68년 사이인 66년 무렵에 기록되었을 것이다.

[믿음의 아들 디모데와 바울]

(9) 빌레몬서

빌레몬서는 1장으로 된 짧은 서신이긴 하지만 기독교적인 특징들을 선명하게 보여 준다. 즉 빌레몬서를 읽어보면 바울이 도망 노예인 오네시모를 위해 변호해 주는 것을 알 수 있다.

초대 교회의 전승에 의하면 오네시모는 후일 에베소 교회의 감독이 되었다고 한다. 바울의 서신을 공적인 서신과 사적인 서신으로 나눌 수 있는데 빌레몬서는 후자의 대표적인 서신이다.

4. 비非바울서신

(1) 히브리서

히브리서의 배경을 이루는 것은 구약의 제사장 제도이다. 히브리서의 저자는 이러한 배경에 입각하여 그리스도를 묘사하고 있다. 아론의 서열은 중단되었다. 왜냐하면 제사장과 희생 제물은 인간의 죄를 속죄하는 데 있어서 불충분하였기 때문이다. 오직 그리스도만이 그의 인격과 희생에 있어서 완전하였기 때문에 과거의 질서는 이제 그 효능을 상실하고 말았다.

이 책의 주제는 그리스도와 그리스도교의 우위성이다. '더 나은', '온전한', '하늘의'라는 말이 빈번히 나온다. 그리스도가 그의 본성과 제사장직에 있어 우월하심을 증명함으로 그 주제가 어떻게 발전되었는지 보여 준다.

본서에서 가장 깊게 전개된 주제는 그리스도의 제사장직이다. 이 편지에서 이러한 고유의 개념을 놓쳐서는 안 될 것이다. ① 구약에서 제정된 레위 지파의 제사 제도, ② 유대교, ③ 사도적 그리스도교.

히브리서가 보여 주는 기독론은 풍부하지만 주로 예수의 제사장으로서의 직무와 그 기능이 강조되었다. 그리스도가 처음으로 하나님을 제시하시는 분이며 창조의 대행자로 묘사되었다.

(2) 야고보서

이 서신의 정경正經으로서의 지위는 저자가 예수의 젖동생 야고보인 것이 거의 확실하다는 것이 밝혀지기까지는 여전히 의문시되어 왔다. 루터는 야고보서의 진실성을 의심하지는 않았지만 바울의 서신과 비교하여 볼 때 그것의 유용성에 의문을 제기하였다. 왜냐하면 이 서신은 행함을 강조하는 반면 이신득의에 관하여는 거의 언급이 없기 때문이다.

야고보서는 거의 전부 유혹, 기도, 혀와 재산의 통제 등 실제문제를 다루고 있다. 야고보서에는 교리적인 내용이 대체로 결여되어 있다. 야고보서에서 가장 잘 알려진 구절은 믿음과 행위에 관한 말씀으로 이 구절은 바울의 사상과 배치된다고 종종 오해되어 왔다. 그러나 야고보의 관심은 신앙을 행해야 한다는 데 있었던 것이고 바울의 관심은 신앙이 율법을 행하는 것과 무관하다는 데 있었던 것이다.

야고보서의 108절 가운데는 구약성경 22권으로부터의 참고나 언급이 있으며, 산상설교에서 구체적으로 표현된 그리스도의 가르침에 대해서는 최소한 15회의 언급이 있다. 논의된 주요 주제는 믿음과 행함, 혀의 사용, 병자를 위한 기도 등이다.

(3) 베드로전 · 후서

이 서신은 소아시아의 다섯 개 주에 있는 유대인과 이방인 모두를 위한 서신이다. 그러므로 그는 이 편지에서 이방인 성도들을 위한 배려를 아끼지 않는다. 베드로는 그들이 전에는 하나님의 백성이 아니었지만, 지금은 하나님의 백성인 것을 상기시킨다.

베드로전서는 기독교인이 박해를 받을 때 전해졌으며 따라서 집필 목적은 수신자의 용기를 북돋아 주려는 것이었다. 즉 저자는 그리스도의 고난을 예로 들어 수신자의 신앙을 북돋아 주고 있다.

[사도 베드로]

베드로전서는 십자가의 신학적 의미와 실제적 의미를 서로 결합시켰다. 베드로전서는 시공간을 초월하여 고난받는 기독교 공동체에게 귀중한 교훈을 주고 있다.

한편 베드로후서의 주요 과제는 도덕적 타락을 조장하는 거짓 교사들의 활동을 폭로하는 것이었다. 베드로는 거짓 교사의 가르침의 본성을 요약한 다음, 참 예언을 하는 데에는 성령의 감동하심이 필요하다는 것을 역설하였다.

(4) 요한1서 · 2서 · 3서

요한의 생애

요한의 생애는 주께서 승천하신 후 그가 예루살렘을 떠난 사실을 전후로 크게 두 시기로 나눌 수 있다. 세베대와 살로매의 아들인 요한은 하인을 거느릴 정도의 부유한 집안에서 성장했다.

그의 어머니는 예수를 재정적으로 지원했고, 요한은 상류층 출신의 대제사장을 알고 있었다. 그의 형은 야고보였으며, 요한은 비록 정규 랍비 학교에 다니지는 않았지만 가정에서 충분한 교육을 받았을 것이다.

오순절 후에 요한이 얼마 동안 예루살렘에 머물러 있었는지는 정확히 알 수 없다. 바울이 예루살렘을 처음 방문했을 때 야고보가 예루살렘에 없었던 것은 확실하지만, 그 후 예루살렘 총회에 참석했을 가능성도 있다.

그러나 요한이 생의 후반을 소아시아, 특히 에베소에서 보냈다는 사실만은 확실하다. 순교자 저스틴Marty Justin, 이레니우스, 폴리크라테스 등 고대 교부들의 여러 문헌, 특히 요한계시록이 소아시아 지방에서 기록되었다는 강력한 증거로 볼 때, 이 사실에서 이견異見의 여지가 없는 것 같다.

[노년의 사도 요한]

요한은 '사랑의 사도'로 가장 잘 알려져 있다. 그러나 그는 노년임에도 불구하고 교회의 이단들을 통렬히 공박할 정도로 강직한 일면을 갖고 있었다. 그의 따뜻한 사랑과 강직한 성격의 양면성이 본서에 잘 나타나 있다. 아마도 '정열'이라는 말이 그의 인간성을 잘 나타내는 말일 것이다. 요한은 형제를 향한 사랑이나 이단자들을 향한 저주에 있어서 정열적인 사도였다.

저자

요한복음과 이 서신書信들을 기록한 요한이 사실 '세베대의 아들 요한'이었는지 아니면 '장로 요한'이었는지에 대하여는 종종 의문이 제기되었다. 문자 그대로라면 에베소의 장로 요한이 이 책들을 기록한 것이 된다. 일부 학자들은 세베대의 아들 요한과 장로 요한은 서로 다른 인물이며 후자가 이 책들의 저자라는 결론을 내리곤 했다.

사도 요한을 이 책들의 저자로 보는 견해는 성경 자체의 내적 증거에 기초하고 있다. 이 결론은 여러 자료들을 동심원同心圓의 원리를 사용하며 그 범위를 좁혀가며 얻은 결론이다.

① 저자가 팔레스틴 출신의 유대인이라는 것은 분명하다.
② 저자는 예수를 친히 목격한 사람임에 틀림없다. 이것은 요한복음에 나타난 시간과 장소 그리고사소한 사건들의 상세한 기록과 이 복음서만이 갖고 있는 독특한 인물 묘사로 보아 잘 알 수있다.
③ 결국 예수의 제자들 중 이 책들의 증거와 일치하는 인물이 사도 요한 이외에는 없다는 결론에이른다.

모든 증거를 종합해 볼 때 요한복음과 이 서신들은 모두 사도 요한 한 사람, 즉 세베대의 아들이며 또한 장로 요한이라 불리었고 말년을 에베소에서 지낸 사도 요한에 의해 기록된 것임을 알 수 있다.

기록 연대와 장소

요한 서신서들의 기록 연대는 요한복음의 기록 시기와 밀접한 관계가 있다. 요한복음의 저자가 사도 요한이 아니며 그 기록 시기는 AD110−165년 사이라고 주장하는 사람들은 궁지에 몰리게 된다.

만일 이 요한복음이 그와 같이 늦게 기록되었다면 요한의 노년 시절을 직접 알고 있었던 당시의 생존한 많은 성도들이 왜 이것을 위작僞作으로 배척하지 않았을까? 또 사도 요한이 직접 쓰지 않았다는 사실에 관하여 한마디 언급도 없었을까?

더욱이 이집트에서 발견된 라이랜즈Rylands 사본의 요한복음 단편斷片들은 AD140년 이전의 것으로 판명되었다.[42] 그렇다면 요한복음의 기록은 AD100년 또는 그 이전으로 거슬러 올라가는 것이 분명하다.[43]

또 본문 중에서 회고체回顧體로 기록된 부분, 요한이 저자라는 사실을 입증하고 있다. 그리고 이 책은 이미 그 이전에 기록되었지만 AD85−90년 사이에 비로소 널리 퍼지기 시작했다. 교회의

---

42) 각주 28)참조.

43) Kurt Aland & Barbara Aland(1995). *The Text of the New Testament: An Introduction to the Critical Editions and to the Theory and Practice of Modern Textual Criticism*. Erroll F. Rhodes(trans.). Grand Rapids: William B. Eerdmans Publishing Company. p.99.

장로들은 요한이 자신들에게 말로 가르친 것을 그가 죽기 전에 문자로 기록하기 원했다.

요한이 보낸 첫째 편지는 앞서 기록된 요한복음에 대해 알고 있음을 전제로 하고 있으며, 한편 95년에 일어난 도미시안 황제의 대박해大迫害에 관한 언급이 없는 점으로 미루어 보아 AD90년 무렵에 기록되었을 것이다.

또한 둘째, 셋째 편지도 거의 같은 시기에 씌어졌다. 이 첫째 편지는 특정 소수인들이 아니라 소아시아의 모든 교회들에게 보내진 회람서신回覽書信이었다. 기록 장소는 물론 사도 요한이 노년을 보낸 에베소이다.

이 편지는 요한이 얼마나 그의 '어린 자녀들을' 사랑했으며 또한 그들의 영적인 충만을 위해 관심을 갖고 있었는가 하는 점을 잘 보여 준다. 이 편지는 대조對照로 가득 차 있다. 예컨대, 빛과 어둠, 사랑하는 것과 하나님을 사랑하는 것, 하나님의 영과 적敵그리스도의 영, 사랑과 미움 등이다.

(5) 유다서

공동 서신의 맨 뒷부분을 차지하고 있는 이 편지의 저자인 유다는 자신을 예루살렘 교회의 지도자요, 주 예수의 형제인 야고보의 동생으로 소개하고 있다. 마태복음 13:55과, 마가복음 6:3에 보면 유다는 주의 형제half-brothers의 이름 속에 들어 있다.

3절에서 유다는 본래 구원에 관한 글을 쓰려고 했었지만 교회의 절박한 상황으로 인하여 거짓 교사들의 문제를 다루게 되었음을 전한다.

유다서는 빌레몬서와 같이 1장으로 이루어져 있으며 베드로후서에서 언급된 것과 유사한 거짓 교사들에 대하여 경고하고 있다.

기록 연대

정확한 기록 연대는 확정할 수 없지만 1세기 후반인 70–80년 사이로 보는 것이 타당하다. 이 서신은 2세기에 집성된 무라토리안 정경Muratorian Canon 속에 포함되었고, 또 3세기 무렵에 활동한 터둘리안, 클레멘트, 오리겐 등의 교부들에 의해 인용되고 있다.

공동 서신의 하나인 유다서는 물질악과 영혼선의 이원론에 입각한 영지주의靈知主義 이단설異端說에 대하여 경고하기 위해 기록되었다.

이 이원론 사상은 성경의 근본 교리인 유일신 야웨에 의한 창조 교리와 모순된다. 이 사상은 인간의 육체란 악한 것이므로 그리스도의 성육신 사건은 실재적인 것이 아니라 가현假現이었을 것이라는 낭설浪說을 유포시켰다.

이 영지주의가 기독교의 윤리에 끼친 영향은 두 가지 모순된 결과로 나타났다. 하나는 인간에게는 도덕이 필요없다는 도덕 폐기론廢棄論이고, 또 다른 하나는 영적 성장을 위해서 육체를 학대하는 극단적인 금욕주의禁慾主義였다.

5. 요한계시록

요한계시록은 허다한 백성을 불러 일으켰으며 이제까지 수많은 논쟁을 불러 일으켰다. 그러나 요한계시록의 일관된 주제가 악의 권세에 대한 그리스도의 궁극적 승리라는 것에는 모든 학자들의 의견이 일치하고 있다.

요한계시록에 나오는 상징을 역사적인 관점에서 해석하든 예언적인 것으로 해석하든 요한계시록이 핍박받는 신자들을 격려하기 위한 메시지를 담고 있다는 데에는 이론異論의 여지가 없을 것이다.

도미티아누스 황제96년 사망의 박해 때에 나온 문서로 보는 것이 통설이다. 이 문서의 큰 특징을 든다면 구약성경으로부터 인용이 하나도 없다는 것이다. 또 여기에서 신도信徒, 비非신도라고 하는 대립적인 2원론이 결정적인데 비신도가 '회개했다'고 하는 기사는 유일한 예외를 제외하고는 없다. 그리고 신도는 반드시 구원을 받는다고 하는 생각이 지배적이다. 이것도 박해 아래라고 하는 상태를 고려한다면 당연한 것인지 모른다.

이 책은 초대교회에 큰 영향을 주었는데 그 후는 잊어버릴 정도로 되었다가 '천년왕국'이라고 하는 생각을 유럽에 가져다주었다는 점에서는 큰 영향을 미쳤다. 또 묘사가 매우 회화적繪畵的이어서 미술을 통해서도 큰 영향을 끼쳤다.

구성은 ① 서문, ② 7편의 편지, ③ 계시라고 하는 모양으로 되어 있으며, 묵시의 모두에서 그리스도 등장 전의 천상계天上界가 묘사되어 마침내 "죽임을 당하신 어린 양"의 천상계에로의 등장이 된다. 이 어린양이 누구도 풀 수 없는 책의 봉인封印을 뗀다.

다음에 7개의 봉인된 환상이 시작된다. 첫째에서 네 번 째 사이는 극히 짧게 기록되어 있고 하나가 해석될 때마다 말을 탄 기사가 나타나 재앙을 뿌린다. 다섯 번째로 죽은 신도가 나타나 종말까지 잠시 동안 시간이 있다고 알린다.

여섯 번째는 세계적인 천재지변으로 사람들의 반응이 적혀있고, 여섯 번째와 일곱 번째 사이에 성도가 출현하고 일곱 번째에 반시간의 조용함이 나타난다. 종말의 예표이다. 마침내 일곱 번째에 나팔의 환상이 나타나고 그 전체적인 구성은 봉인된 환상과 거의 같은데 다음에 일곱 개의 대접의 환상이 보이고 그 때에 '막간'이라고도 할 수 있는 환상이 나온다.

[환상 중에 말씀을 기록하는 사도 요한]

그것은 종말전체와 관련된 환상으로 그리스도의 천상의 즉위를 의미하는 것으로 생각되는 '남자의 아들'의 탄생, 천상에서의 용龍에 대한 대천사大天使 미카엘의 승리가 있고, 최후에 신도들의 용에 대한 박해를 예고한다. 드디어 박해의 극심하고 그것과는 대립적인 구원을 받는 자에 대한 기술이 있는데 세 천사가 말을 한 후 심판이 온다.

다음에 7개의 대접에 대한 환상인데 앞의 7개 환상과는 비슷하지 않다. 어느 것이든 재앙의 환상으로 여섯 번째 환상에서 최후의 싸움을 준비하는 것을 기록하고 있다.

이에 계속해서 바빌론의 멸망과 천상의 노래가 있고 환상의 최후의 집단은 그리스도의 내림과 구원의 실현을 전한다. 즉 흰말을 탄 "그 이름은 하나님의 말씀이라 한다"는 사람이 등장하여 적대세력에 대하여 승리를 거둔다. 계속해서 천년왕국, 그 후의 사탄의 심판, 이 세상에의 심판, 새로운 예루살렘의 출현으로 된다. 마침내 말미에 글이 있는데, 그 내용의 신적 권위가 반복되고 재림의 가까운 것이 강조되고 끝이 난다.

이상과 같은 내용인데 묵시적인 표현을 제외한다면 바울에서 보이는 것 같은 특별한 사상은 없는 것 같이 보인다. 그러나 이 책은 광신적인 사람을 더욱 광신적으로 만드는 요소가 있음을 부정할 수 없다. 그 때문인지 가톨릭교회에서는 중요시하지 않는다. 이 점에서는 루터나 칼빈도 생각이 비슷한 것 같다.[44] 그래서 그런지 칼빈의 『신약성경주석』에서는 본 요한계시록이 빠져 있다.[45]

그럼에도 불구하고 이 책이 박해 때나 기독교가 위기적인 사태에서는 커다란 희망을 주었고 또 그 후에도 일반신도들에게 널리 읽혀지고 있으며 오늘날의 기독교 신앙에 다양한 영향을 준 것만은 부정할 수 없다.

---

44) 김동주(2006). 신약 목록순서의 역사와 마르틴 루터의 개혁. **한국교회사학회지**. 제19집, pp.37-61.

45) Wulfert De Greef(2004). "Calvin's writings", in McKim, Donald K., *The Cambridge Companion to John Calvin*. Cambridge: Cambridge University Press, pp.134-136.

2

신약성경의 권위

신약의 역사와 권위

신약의 역사를 연구하는 데 있어서 가장 중요한 것은 신약과 구약의 관계를 고찰하는 것이다. 이러한 고찰에는 ① 신약에 나오는 구약에 대한 평가 및 ② 양자의 본질적인 신학적 및 역사적 관계에 대한 고찰 등 두 가지가 있다.

예수 그리스도가 구약을 높이 평가했다는 것과 유대인들도 그러했다는 데 대해서는 의문의 여지가 없다. 예수와 유대인들은 구약의 권위와 영감을 인정하였던 것이다. 유대교적 환경에 익숙한 회원들이 많았던 예루살렘의 기독교 교회도 이를 인정하였던 것 같다.

구약에 대한 이러한 높은 평가는 신약의 성장에 깊은 영향을 끼쳤다. 왜냐하면 초대 교회는 즉각 구약을 그들의 유일한 성경으로 공언하여 그 중요성을 인정했기 때문이다. 이것은 신약의 여러 기자들이 구약의 증언을 자주 인용한 점에서 구체적으로 나타난다. 이러한 인용문 가운데는 인용공식문引用公式文과 함께 나오는 경우도 있는데, 이것은 구약의 권위를 초대 교회가 매우 높이 평가했다는 것을 분명히 말해 준다.

"성경에 말씀하시기를"이나 "이 일이 이룬 것은 …한 성경을 응하게 하려 함이라"는 신약의 공식인용문은 구약성경과 기독교 메시지와의 본질적인 관계를 잘 말해 준다. 이러한 배경을 잘 살펴보아야 신약 수집물의 성장과정을 제대로 추적할 수 있다.

초대 교회의 예배 의식에서 구약을 읽는 일은 유대교에 있어서와 마찬가지로 일차적인 의의를 가지고 있었다. 또한 구약에 대한 평가評價 및 주석註釋은 기독교적 해석에로의 길을 마련하였다. 그리고 초대 교회의 기독교인은 예수의 생애에서 직접 성취된 구절을 특별히 주목하였다. 이러한 발전과정과 함께 초대 교회는 예수의 가르침에 깊은 관심을 표명表明하였다.

[초대 교회에서 애용했던 히브리어 구약성경]

예수의 가르침은 기독교인에게 구약의 선포와 동일한 권위를 가지고 있었다. 또한 예수의 가르침은 예수 자신과 동일한 권위를 가졌었다. 예수 자신이 그의 제자들을 권면하여 다른 사람들을 가르치도록 한 것은 바로 이러한 가르침이었다. 만약 예수의 가르침이 제자들의 마음속에 잘 간직되어 있지 않았더라면 그들은 결코 이러한 일을 할 수 없었을 것이다.

이러한 사태의 추이推移와 함께 초대 교인들은 집회에서 사도들의 서신을 읽었다. 바울이 그의 서신들을 서로 다른 여러 교회에서 읽힐 수 있도록 하라고 말하는 것으로 보아 이러한 일은 통상적인 일이었던 것 같다.

바울의 서신이 과연 얼마 만에 교회끼리 서로 교환되어 읽혔는지에 대해서는 알 수 없으나, 이 서신들이 바울 사후 직후에 수집되었다는 것은 분명한 것 같다. 이러한 서신들이 일찍부터 사용되어 왔다는 사실은 이 서신들을 반영하고 있는 속사도시대續使徒時代[46]의 저술을 통해 알 수 있다. 물론 이 저술들이 바울의 서신을 모두 인용한 것은 아니라 할지라도 이미 AD2세기 초 이전에 권위 있는 수집물이 존재하였다는 것을 충분히 시사해 준다.

신약이 교회의 생활과 사역에 권위를 갖게 된 연고緣故

우선 한 가지 인정해야 할 것은 신약이 기독교의 역사적 기초를 설명할 수 있는 권위의 유일한 원천源泉이라는 사실이다. 물론 각 책의 권위에 대해서는 비평하는 학자에 따라 서로 다른 의견이 있다. 그리하여 어떤 책의 진정성眞正性이 도전받게 되면 역사적 원

46) 사도 요한이 죽은 후부터 콘스탄티누스 대제가 밀라노 칙령으로 기독교를 공인하기까지의 시기를 續사도시대Post-Apostolic Age 또는 전前니케아회의시대Ante-Nicene Age라고 부른다. 이 시기는 그리스도교의 신앙과 교회가 보다 구체적으로 형성된 시기이며 발전된 시기였다. 협의적으로 보면 속사도란, 사도들의 가르침을 받은 사람들이다.

천으로서의 가치가 즉각 의심받게 마련이다. 그러나 정통 기독교는 신약이 기독교 교회의 역사적 발전에 대해 신뢰할 만한 지침을 제공하고 있다는 것을 추호도 의심해 본 적이 없다.[47]

신약의 권위는 주로 교리 및 교리에 대한 지도 분야에 존재한다. 사도 바울은 수신자들을 지도하기 위하여 서신을 썼으며, 기독교 교회에서는 바울의 이러한 입장을 권위있는 것으로 인정하였다. 사도 바울의 가르침은 권위의 옷을 입게 되었다. 사도 바울도 그 자신이 성령의 인도를 받아 이렇게 권위 있게 글을 쓸 수 있었다고 생각하였다.

비非사도바울서신들도 바울서신과 마찬가지로 수신자를 지도하려는 논조論調를 취하고 있었다. 그러나 복음서에 있어서는 기자記者들의 권위 의식이 뚜렷하지 않다. 그것은 복음서가 서신과 다른 성격을 갖고 있는 문서였기 때문이다.

서신의 저자들은 성령의 인도에 따라 권위 있게 말했지만, 복음서에 있어서 권위는 예수 자신의 권위 위에 직접 세워져 있었다. 예수가 말하고 행동한 것은 그 자체의 권위를 지니고 있었으며, 이러한 권위는 하나님 자신의 권위와 동일한 것이었다. 예수는 아버지의 뜻과 일치되게끔 말하고 행동하였다.

그러면 초대 교회의 갖가지 문서들 가운데 오직 신약에 포함된 책들만이 어떻게 권위가 부여되었는가를 언급할 필요가 있다. 이미 앞서 언급한 바와 마찬가지로 예수와 사도들은 구약의 권위를 인정하였다. 구약의 증언이 그리스도나 사도들의 말을 뒷받침

---

47) Delbert Burkett(2002). *An introduction to the New Testament and the origins of Christianity*. Cambridge University Press. pp.180-181.

하거나 예수의 탄생과 같은 사건을 설명할 때에는 결코 간과될 수 없는 또 하나의 차원을 덧붙여 준 것이다.

그러므로 구약성경의 권위가 파괴되어서는 안 된다는 것이 예수와 사도들의 확신이었던 것이다. 구약성경은 하나님의 말씀이었으며, 하나님의 음성이었다. 구약의 저자들은 성령의 감동을 받아 이를 기록하였던 것이며, 그 때문에 구약은 의문의 여지없이 하나님의 계명誡命으로 받아 들여졌다. 그렇다면 이러한 원리를 신약에 적용할 수는 없는 것일까?

예수와 사도들의 가르침이 구약의 가르침과 논리적으로 연속된다는 것을 인정한다면 구약의 권위가 신약에 이전된다고 생각하여도 무방할 것이다. 이것은 옛 질서의 권위를 이러한 연속성을 유지시키고 있는 책에 연장시키려는 태도이다.

이 점을 염두에 둔다면 예수의 사역使役과 가르침을 기록하고 있는 기사가 어떻게 즉각 권위를 가지게 되었는가를 어렵지 않게 이해할 수 있다. 그렇다면 어찌하여 사복음서만이 선택되었을까?

여기서 반드시 짚고 넘어가야 할 것은 사복음서의 권위는 결코 무無로부터 발생한 것이 아니라는 사실이다. 각 복음서는 최초 독자들에 의하여 인정받을 만한 권위를 본래 소유하고 있었다. 더구나 사도들은 예수의 기름부음을 받았을 뿐만 아니라 예수는 이들에게 성령의 특별한 인도를 약속하였다[48]고 초대 교인들은 생각하였다.

그러므로 이들의 말은 특별한 권위의 옷을 입게 되었던 것이

48) 그러나 보혜사, 곧 아버지께서 내 이름으로 보내실 성령께서, 너희에게 모든 것을 가르쳐 주실 것이며, 또 내가 너희에게 말한 모든 것을 생각나게 하실 것이다.

다. 사도 바울은 자신의 사도직使徒職을 되풀이 주장함으로써 예루살렘의 사도들과 자신이 동등한 지위를 갖고 있다고 주장하였으며, 이 때문에 기독교 교회는 전반적으로 사도 바울의 권위를 인정하게 되었다고 할 수 있다. 그리하여 베드로후서 3:15, 16절이 기록이 되었을 때, 바울서신은 이미 그 권위를 인정받았다고 할 수 있다.

그러므로 이제 문제는 복음서와 바울서신을 제외한 나머지 책들에 있다고 할 수 있다. 베드로전서와 요한1서를 제외한 나머지 책들은 오랜 시간이 흐른 뒤에야 비로소 교회에 의해 보편적으로 공인되었다.[49)]

초대 교회 교인들이 이러한 소小서신들에 대하여 어떠한 태도를 취했는지를 말해 주는 증거자료는 거의 없다. 이러한 서신들은 교부들에 의하여 많이 인용되지 않았다. 그리고 초기의 증거자료는 교부들의 인용문으로 이루어져 있으므로 이들이 인용하지 않은 책들에 대하여 어떤 생각을 가졌는지는 알기 어렵다.

어떤 경우에는 이 책들에 대한 의혹이 표명된 자료도 나오는데, 이러한 의혹이 본질적으로 어떠한 것이었는지 알 수는 없다.

동방 교회는 서방 교회보다 요한계시록을 높이 평가하였지만 해석상의 난점 때문에 이 책을 공인하는 데 망설였던 것 같다. 여하튼 신약에 속해 있는 모든 책이 공인된 것은 교회의 공식 천명에 의해서 이룩된 것이 아니라 기독교 교회의 장구한 평가와 사용에 의하여 이룩된 것이다.

49) F. F. Bruce(1988). *The Canon of Scripture*. IL: InterVarsity Press, p.225.

3

신약성경의 주인공 예수

신약사상의 특징

신약성경은 이상과 같은 흐름 위에 성립한 것으로 구약성경을 무시해서는 신약성경은 이해할 수 없다. 말하자면 신약성경에 나타나 있는 여러 가지 개념概念은 이미 언급한 바와 같이 구약성경으로부터 유래하고 있기 때문이다.

신약성경은 전체로서는 AD1세기의 중엽부터 2세기 중엽의 약 5백 년 동안에 기록되었으며 장소는 대체로 지중해 동부 연안지대沿岸地帶, 바울의 편지는 에게해海 주변이라 생각된다.

이와 같이 신약은 구약에 비하면 그 성립기간이 짧고, 구성도 단순하다고 볼 수 있다. 그러나 지역적으로 훨씬 넓고, 예루살렘으로부터 로마에 이르기까지 넓은 국제성을 가지고 있으며, 당시의 다양한 사상思想과의 접촉接觸, 대응對應이 있기 때문에 이런 면에서는 신약사상은 복잡하다고 말하지 않을 수 없다.

신약사상의 특징을 말한다면 보편주의普遍主義 또는 세계주의世界主義라 할 수 있다. 다만 민족民族이라고 하는 의식意識을 뺀 모양의 세계적이라는 발상發想의 씨앗은 이미 구약성경에서도 보였다. 그것도 매우 오랜 시대에서부터 있었다고 말하지 않을 수 없다.

예컨대, 앗시리아의 시대조차 야웨는 단순한 민족종교民族宗敎의 신神이 아니다. 하나님이 자기한테 반역하는 이스라엘을 징계懲戒하기 위하여 앗시리아를 일으켜 징벌懲罰한다고 하는 발상은 예언자 이사야에게 있었으며, 그것은 이미 민족주의적인 테두리를 훨씬 벗어난 발상으로 되어 있다.

우리나라의 경우를 비교해서 생각해 보면, 단군왕검의 할아버지인 하늘의 주재자인 환인桓因은 민족주의적인 테두리를 절대로 벗어날 수가 없고 환인桓因이 한국을 징계하기 위해서 중국을 일으켜 이것을 쳐부순다고 하는 발상은 본래 있을 수 없다.

그러나 이사야 선지자는 이미 그것을 초월하여 세계적인 시야에서 하나님과 백성과의 관계를 보는 상태에 도달하고 있었다. 하나님이 유일唯一의 절대자絕對者라고 하는 발상에서 출발한다면 선택된 백성 이스라엘이 왜 고난을 겪지 않으면 안 되는가 하는 문제의 해결은 세계주의적으로 보는 수밖에 없다.

구약성경의 맨 마지막의 말라기서書는 매우 민족주의적인 것으로 보이지만 그것조차 이러한 생각을 강하게 품고 있다. 이 '말라기'는 '말라기야'의 약칭略稱으로 고유명사固有名詞가 아니라 '사자使者'라고 하는 의미이다. 이 말라기서가 기록된 시기는 에스라 이전以前으로 보고 있다.

말라기서에는 "해가 뜨는 곳으로부터 해가 지는 곳까지, 내 이름이 이방민족異邦民族들 가운데서 높임을 받을 것이다"라는 의미의 말이 있다. 이 경우, 하나님이란 개념은 이미 이스라엘만의 것이 아니라 세계적인 것으로 되어 있으며, 그것으로 야웨는 이스라엘

보다도 타국他國에서 높임을 받을 것이라는 말이 된다.

이것은 이미 보편주의적 발상이다. 나아가서 묵시문학黙示文學의 다니엘서書 등은 그 무대는 세계사世界史이고, 이 사고방식思考方式은 신약과 연결되어 있다. 구약의 사상은 단순히 민족주의적인 것으로 단정을 내릴 수 없는 것이어서 거기에는 세계에 있는 하나님이란 발상이 씨앗을 품고 있었던 것이다. 이것은 포로시대 이후의 유대인이 넓은 국제성을 가지고 그 거주하는 장소도 국제적으로 넓어져 간 것에도 이유가 있을 것이다.

신약이 되면 이 의식은 한층 강하게 된다. 그러나 당시의 세계라는 개념은 지금과 같은 정도가 아니다. 막연하게나마 이티오피아에서부터 페르시아까지는 구체적으로 때로는 상징적인 의미에서 들어가 있지만 확실하게 세계로서 의식되어 있는 것은 신약시대에는 오히려 로마권圈에서 일 것이다. 그래도 세계라는 의식은 결코 그것에 한정限定되지 않고 지역적인 시야視野가 넓어져감에 따라 의식도 넓어져 가고 있었던 것이다.

구약의 사상을 민족주의적으로 좁게 한 것은 오히려 비非유대교일 것이다. 신약 이전의 마카비기期 무렵, 언어言語는 히브리어語든 아람어語든 헬라어語든간 무엇을 사용해도 좋다는 시대도 있었지만 AD66년의 유대전쟁 이후, 민족적인 위기감에서 유대인이 국가주의적, 민족주의적으로 되어 가고 있었다. 여기에는 기독교와의 대립도 크게 작용하고 있었는데 그 곳에서 구약성경을 민족주의적으로 이해하려고 하는 경향傾向이 일어났다.

비문碑文 등을 보더라도 예수 시대는 그리스어語의 것이 많은 데 비해 이후가 되어서는 아람어語가 많이 보이는 현상이 나타났다.

예컨대, 가버나움 회당에서 아람어語의 비문이 오래된 것인가 생각하면 AD400년 무렵의 것으로 확인되었던 것이다. 한편, 헬라어 비문 쪽이 그보다 200년 정도 오래된 것과 같은 현상이 나타났다. 이것도 유대전쟁 이후의 민족주의民族主義에로 기우는 사실에 그 원인이 있을 것이다.[50)]

유대인처럼 로마와 대립하지 않고 거꾸로 이에 침투하고 있었던 신약성경은 구약의 보편성을 한층 진전시켰다. 마가복음서에 기록되어 있듯이 "그리스도를 통하여 인류의 모든 이에게 주어진 구원의 계약契約=신약"이라고 하는 발상發想이 나왔다고 해서 조금도 이상할 것이 없다.[51)]

신약성경의 주인공 예수 그리스도

그러나 보편주의적인만큼 그 사상도 표현도 복잡한데, 거기에 세 사람의 중요한 등장인물登場人物을 통해서 이것을 조망할 필요가 있다고 생각된다. 말하자면, 구약과는 달리 신약에는 예수, 바울, 그리고 요한이라고 하는 3인의 주역主役이 있는데, 모든 기술記述은 이 주역을 중심으로 하고 있다고 해도 과언이 아니기 때문이다.

그 3인 가운데의 주역主役은 누구인가 하면 그는 두말 할 나위가 없이 예수시다.

---

50) Jack Finegan(1992). *The Archaeology of the New Testament, The Life of Jesus and the Beginning of the Early Church*. Revised Edition, New Jersey: Princeton University Press. pp.254-273.

51) Helmut Koester(1995). *History, Culture, and Religion of the Hellenistic Age*(2nd ed.). New York: Walter de Gruyter, pp.137-143.

예수의 이력서履歷書와 사망진단서死亡診斷書

흔히들 취직할 때 이력서를 제출하고, 사후에는 사망진단서가 기록된다. 예수에 대해서 이것을 적어보면 다음과 같을 것이다.

〈이력서〉

- 이 름: 예수
- 아버지 이름: 요셉
- 어머니 이름: 마리아
- 출생지: 베들레헴
- 생년월일: 기록 없음
- 거주지: 갈릴리 나사렛
- 혼인가족: 기록 없음
- 직 업: 목수? 순회 설교자
- 학 력: 기록 없음
- 직 력: 기록 없음

〈사망진단서〉

- 사망장소: 예루살렘
- 사망월일: 본디오 빌라도의 치하에서 즉 26년과 36년 사이
- 사망원인: 로마 총독의 명령에 의한 십자가형刑
- 매장지: 예루살렘

예수의 생년월일은?

예수의 생년월일은 AD원년의 12월 25일 크리스머스로 생각하

는 사람이 예상외로 많다.

서양달력을 만든 것은 스쿠데아 사람 수도사 디오니시우스 에쿠시구스Dioysius Exiguus이다. 그가 533년에 그리스도 기원紀元의 시작을 확정하려고 했을 때 큰 오류誤謬를 범했다. BC1년과 AD1년간에 제로0년年을 좁히는 것을 잊어버려 로마황제 아우구스투스와 다음의 디벨리우스 황제와의 공동통치기간의 4년간을 놓치고 말았던 것이다.

때문에 예수 탄생의 해에 대해서 복음서가 명확하게 기술記述하고 있는 것도 놓쳤다. 즉 "헤롯 왕 때에, 예수께서 유대 베들레헴에서 나셨다…"고 한 말씀을 깜박해버렸다.

헤롯의 통치기간은 앞서 언급한 바와 같이 BC37년에서 4년으로 이 해에 죽었으니 예수가 태어난 것은 BC4년 이전이 되지 않으면 안 된다. 현재에는 BC6년이라는 것이 거의 정설定說이다.[52)]

그러면 에쿠시구스는 무엇을 기준으로 한 것일까? 그는 누가에 의한 복음서의 "황제 디벨리우스 황제 재위在位의 15년 ……에 하나님의 말씀이 광야에서 사가랴의 아들 요한세례자에게 임하였다". 거기에서 예수가 세례를 받고 "활동을 시작하실 때에, 그는 서른 살쯤이었다"를 "바로 30세"로 보고 디벨리우스 황제의 '재위의 15년'을 아우구스투스의 사후 15년으로 보았다. 이렇게 볼 때 아우구스투스 황제의 15년 전에 예수는 제로0세歲였던 것이 된다.

그러나 당시의 '재위在位'란 아우구스투스의 칭호를 부여받은 때

---

52) Paul L. Maier(1989). "The Date of the Nativity and Chronology of Jesus" in Chronos, kairos, *Christos: nativity and chronological studies* by Jerry Vardaman, Edwin M. Yamauchi. Winona Lake: Eisenbruans, pp. 113－129.

부터 계산하면 디벨리우스 황제는 아우구스투스 황제가 죽기 4년 전에 아우구스투스의 칭호를 받은 것으로 되기 때문에 이것을 수정하면 BC4년이 된다. 그리하여 "아마도 30세"를 32, 3세로 하면 BC6, 7년이 되는데 여러 가지 점에서 6년이 가장 합리적이라고 생각된다.

나아가서 12월 25일인데, 고대 로마에서는 농업신農業神을 축하하는 축제 사도우나리아제祭가 12월 17일에서 일주간 계속하여 기독교와 패권을 다투던 미토라스교敎에서는 태양신太陽神을 축하하는 제일祭日이 12월 25일이었다.

이 축제의 날을 기독교화基督敎化하여 '의義의 태양' 예수 그리스도의 탄생을 축하하는 날로 한 것이 크리스머스의 기원起源이라고 말한다.

누가복음서福音書에는 예수의 탄생 밤, "그 지역에서 목자들이 밤에 들에서 지내며 그들의 양 떼를 지키고 있었다"고 기록되어 있다.

오늘날 이에 대해서는 12월부터 2월까지의 3개월, 서리가 내리고 눈이 오는 매우 추운 날씨가 계속되는데, 기상학자氣象學者에 의하면 이 기후는 과거 2천년간, 변화가 없다고 한다. 이 계절에 서리가 내린 베들레헴에서 가축을 들판에 내는 일은 없다. 이것은 탈무드를 보면 알 수 있듯이 이 지방에서는 가축을 3월에 들에 내고 11월 초에 다시 들이는 것이 보통이다. 현재에도 12월에는 들판에 양을 내놓지 않는다.

[12월에는 베들레헴에 눈이 오는 날이 많다]

이것에서 "목자들이 밤에 들에서 지내며 양 떼를 지켰다"고 하는 예수 탄생의 밤은 11월 이전이지 않으면 안 된다.

AD150년 무렵, 알렉산드리아의 클레멘트Clement는 예수의 탄생誕生을 6월쯤이라고 추정推定하고 있다. 이 추정이 아마도 정확할 것이리라.

예수가 AD1년의 12월 25일에 태어났다고 명기明記되어 있는 문서로 가장 오래된 것은 AD354년의 문서이다. 거기에는 "그리스도 후의 제1년, 가이사르와 바울로스의 집정관執政官 임기任期 중, 주 예수 그리스도가 12월 25일 금요일, 새해의 제15일에 태어났다"고 되어 있다. 문서적으로는 크리스머스의 확립은 이 무렵으로, 예수의 생년월일과는 실제로 무관無關하다.

나아가 앞서 기록한 '별'과 '인구조사人口調査'인데, 이 인구조사가 베들레헴에서 행해졌다는 이유로 되어 있다. 또 '별'에서는 BC7년의 토성土星과 목성木星의 만남이 3회 일어난 것은 분명한 사실로 이것은 794년에 1회만 일어 난 진기珍奇한 현상이기 때문에 사람들의 기억에 이 현상과 예수가 관련짓는 것은 하등 이상한 일이 아니다.

더욱이 구약성경 민수기民數記에는 “야곱으로부터 한 개의 별이 나와…”라는 문장文章이 있어서 이것이 이스라엘의 구원자로 되어 있기 때문에 “예수—메시아—별”이라는 연상이 가능한 것으로 이상한 것이 아니다. 이것은 직접 증명이 되지는 않지만 AD6, 7년을 부정否定하는 자료는 아니다.

[베들레헴의 별]

또 출생지도 명확하지 않다. 많은 학자들은 ‘베들레헴’에서 태어났다고 하는 기술에 의문을 품고 있다. 말하자면 구약의 미가서書의 “그러나 너 베들레헴 에브라다야, 너는 유다의 여러 족속 가운데서 작은 족속이지만, 이스라엘을 다스릴 자가 네게서 내게로 나올 것이다”라는 말을 예수 탄생誕生의 예언으로서 받아들였기 때문이라고 말한다.[53)]

그러나 베들레헴이 아니라고 부정할 수 있는 자료가 있는 것도 아니다.

신약성경에서 제시된 예수상像

카리스마적 존재로서의 예수

예수는 카리스마적 존재였다. 그에게는 설명하기 어려운 영향

---

53)정기문(2014). 예수의 출생에 대한 고찰. **동국사학**. 제56집. 동국역사문화연구소. pp.207-236.

력이 발휘되어 추종자들을 매료시키고, 적대자들을 당황하게 했다. 그의 가족들조차 예수의 행동을 이해하기 힘들었다. 예수 때문에 가장 당황한 것은 그의 가족이었고, 그들은 예수가 "미쳤다"고 생각했다.

예수는 재치 있는 경구警句를 통해 사람들에게 깊은 인상을 남겼다. 예를 들어 바리새파 사람들과 헤롯 당원들은 당시 하나님이라 섬기고 있던 로마 황제에게 세금을 내는 것이, 야웨를 유일신으로 믿는 유대인으로서 적절한 행동인지를 시비하여 예수를 곤란한 지경으로 몰아넣으려 했다.

이에 임기응변적臨機應變的으로 상대방의 저의를 알아채고 그야말로 적절한 말씀으로 대하는 예수는 데나리온 한 닢을 보여 달라고 하면서, "데나리온 한 닢을 가져다 보여 다오." 그들이 돈을 가져오자 "이 초상肖像과 글자가 누구의 것이냐?"라고 물었다. "카이사의 것입니다."라고 대적자들이 대답하자 "그러면 카이사의 것은 카이사에게 돌리고 하나님의 것은 하나님께 돌려라"고 대답한다.

이런 식의 경구는 짧고 독특한 표현으로 말미암아 민중의 기억에 오래도록 남았다. 최근의 역사적 예수에 대한 연구를 하는 성경학자들은 예수의 아포리즘aphorism, 즉 짧은 경구에 주목하여 역사적 예수의 본래의 발언을 찾으려고 한다.

예수의 아포리즘은 전통적인 속담과 격언이 담아낼 수 없는 놀라운 재치와 참신한 감각을 담고 있다. 전통 사회의 격언이 통속적인 지혜로서 문화 자체의 집단적이고 관습적인 세계관을 반영한다면, 예수의 아포리즘은 특정 개인의 색다른 관점이나 개념을 나타낸다.

왕으로서의 예수

하나님의 아들이신 예수는 우주宇宙를 다스리시는 주권적인 권위權威를 가지고 있다. 이것은 그리스도께서 우주를 다스리시고 만유萬有를 교회의 유익을 위해 통치하신다는 의미이다. 기름부음을 받은 자로서 하나님의 나라를 세우고 통치하며, 모든 적대 세력들로부터 그의 자녀들을 보호하는 것이 예수의 사역使役이다.

[왕으로서의 예수]

특별히 그의 백성과 교회에 대한 그의 다스림을 말할 때 신약의 기자들은 먼저 그 관계가 '몸과 머리'와 같이 서로 유기적임을 상기시킨다. 그리스도의 머리되심과 그와 그의 몸된 교회 사이의 신비적 연합을 나타내는 동시에 그의 왕직王職을 설명하는 말이기도 하다.

선지자로서의 예수

예수의 사역은 일반적으로 선지자직先知者職, 제사장직祭司長職, 왕직王職의 세 직분으로 나뉜다. 선지자의 임무는 하나님의 뜻을 백성들에게 드러내고 전달하는 것이었다. 이것은 가르침, 권면, 훈

[선지자로서의 예수]

계, 영광스러운 약속, 엄한 책망의 형태로 이루어졌다.

성경은 여러 모양으로 예수의 이와 같은 선지자직에 대해 증거하고 있다. 그는 그의 선지자직을 구약 시대에는 주의 천사나 계시의 영靈으로서, 그리고 성육신하신 후에는 그의 교훈과 모범으로서 수행하셨다. 그는 한 사람의 선지자로 예언되었으며, 이것을 신약은 예수님에게 적용하고 있다.

선지자先知者 예수가 갈릴리에서 하나님의 말씀을 전하면서 제일 중요하게 생각한 것은 '하나님의 나라' 헬라어로 '바실레이아 투 테우βασιλεία του θεου'와 '하나님의 정의正義'였다.

복음서에 따르면, 예수가 말한 하나님의 나라는 예수가 세상에 옴으로써 시작된 현재적 나라이고, 앞으로 세상에 오게 될 미래적 나라이다. 다르게 표현하면, 복음서에 언급된 하나님 나라는 미래에 그 완전한 모습이 드러나지만 바로 그러한 미래의 나라에 대한 소식이 지금 이 땅에 살고 있는 사람을 회개悔改하게 한다. 여기에서 말하는 '회개'는 단순한 유감 표명이 아니라 삶 전체의 진로변경進路變更을 뜻하는 것으로 복음서에서 묘사하는 예수는 구약의 선지자 요나처럼 사람들에게 회개하라고 외친다.[54)]

마가복음서에는 누가복음서, 마태복음서와 더불어 예수의 성전정화聖殿淨化사건이 나온다. 예루살렘 성전은 제사장, 환전상, 가축 상인들이 결탁하여 민중들을 착취하는 구조적인 악이 행해지고 있었던 강도强盜의 소굴이었는데, 예수는 선지자적인 분노로 상인들을 쫓아낸다.

예수는 구약성경에 나오는 선지자들의 전통에 따라 민중을 착취하는 구조적인 악에 분노하고 투쟁한 선지자였던 것이다. 따라서 그의 하나님 나라는 억압 받으며 사회에서 소외된 사람들에게 해당되는 것으로, 그런 연약하고 보잘 것 없는 사람들이 하나님께서 시작하시는 새로운 역사에 참여하게 된다는 것이며 그들을 향한 하나님의 사랑과 은혜를 뜻한다.[55)]

제사장으로서의 예수

구약은 장차 오실 구속주救贖主의 제사장직을 예언하고 있다. 이에 대한 명백한 언급이 시편 110:4의 "너는 멜기세덱의 반차班次를 좇아 영원한 제사장이라"는 말씀과 스가랴 6:13의 "그가 여호와의 전을 건축하고 영광도 얻고 그 위에 앉아서 다스릴 것이요 또 제사장이 자기 위에 있으리니 이 두 사이의 평화의 의논이 있으리

---

54) Casey Maurice(2010). *Jesus of Nazareth: An Independent Historian's Account of His Life and Teaching*. New York: T&T. Clark, pp.78–81.

55) Bruce M. Metzger & Bart D. Ehrman(1985). *The Text of New Testament*. Oxford University Press, Inc. pp.57–69.

라"는 말씀에 나타난다.

더구나 구약의 제사장직, 특히 대제사장 직분은 명백하게 제사장인 메시아의 예표豫表인 것이다. 신약에서는 오직 한 책 히브리서만이 그를 제사장으로 칭하고 있는데 그 호칭은 히브리서의 핵심 단어이다.

성경에서 예수의 제사장직 사역의 표현들 가운데 가장 두드러진 것은 예수가 '제사장'인 동시에 '희생 제물'로서 나타나고 있다는 사실이다. 그는 '하나님의 어린 양'이며 '흠 없고 점 없는 어린 양'으로 심지어 우리를 위해 희생되신 '우리의 유월절 양'으로 불렀다. 이와 같은 생각들은 바울 서신들과 요한의 기록에서도 나타난다.

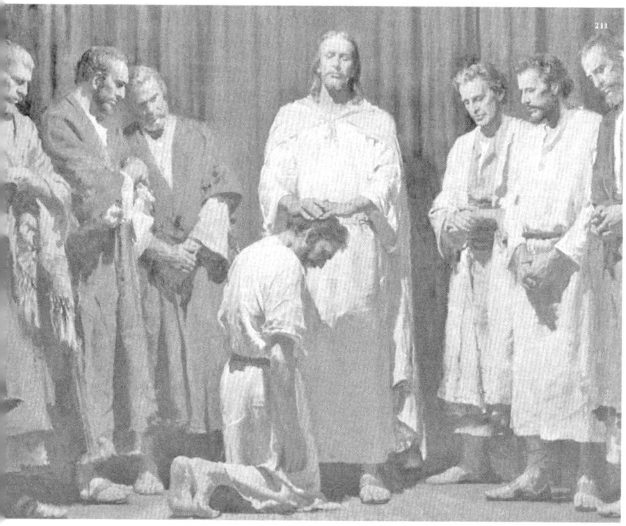

[제사장으로서의 예수]

이른 바 '최후의 만찬'[56] 이라고 불리는, 제자들과의 마지막 식사에서 예수는 새로운 제의祭儀가 제정制定되는 계기를 마련하였다. 유월절 축제가 시작되기 전날에 나누었던 조촐한 식사에서 예수는 빵과 포도주를 나누며 이를 '새 언약'의 축제로 해석하였으며, 사도들에게 이를 행하라고 하였다.

56) 기독교 교파에 따라 '최후의 만찬'을 '주님의 만찬, '성만찬, '주의 성체 제정', '성찬', '성체성사聖體聖事', '성체성혈성사' 등으로 부른다.

치유자로서의 예수

하나님 나라가 예수의 설교의 중심이라면, 치유治癒와 귀신 축출逐出은 예수 활동의 중심이다. 예수는 병자를 고치고, 귀신을 쫓아내는 기이한 일을 일으켰다. 그 당시 유대인과 마찬가지로 역사적 예수를 연구했던 근대의 역사 연구가들은 예수의 기적에 대해 곤혹스러워 했다. 예수의 기적을 다룬 전승은 수없이 많은 옛 전승傳承에서 확인되고 있기 때문에 쉽게 무시할 수 없다.

복음서 저자들은 예수의 치유기적을 강조하면서 이러한 치유는 예수가 하나님께서 주신 치유능력으로 귀신들린 사람, 병든 사람들을 치유함으로써 하나님 나라의 도래到來를 선언한 사건임을 보여주려고 하였다.[57] 예수의 기적은 하나님나라의 도래를 알리는 소식이라는 의미를 가진 사건이다.

[치유자로서의 예수]

57) 김창선(2005). **한국교회를 위한 21세기 신약성서 해설**. 서울: 시유시. p.322.

교육자로서의 예수

예수가 가르친 윤리적 교훈은 하나님의 뜻에 완전하게 순종하는 사람을 위한 것이었다. 그의 모든 가르침은 유대 율법인 토라의 기반 위에 있었고, 그는 하나님을 사랑하고 이웃을 사랑하라는 두 계명을 토라의 핵심이라고 보았다. 예수는 그 계명을 적敵들과 이방 사람들과 종교적으로 소외된 자들에게까지 적용되는 것으로 발전시켰다.

안식일의 준수에 있어서는 아무것도 하지 말라는 규범에 대한 예외조항의 확대를 주장하였다. 즉 사람의 생명을 구하는 경우에는 안식일에 일하는 것을 허용하자는 것이다. 또한 예수는 거룩한 것과 더러운 것에 대한 구별에 회의적이었다. 예수는 자신을 따르는 제자들에게 가족이나 소유, 고향, 안정으로부터의 자유라는 급진적인 윤리를 요구하였다.

[교육자로서의 예수]

신약성경으로 '예수전傳'을 만들 수 있을까?

그러면 앞서 예수의 이력서에서 '기록 없음'은 별도로 하고, 신약성경 가운데서 예수상像을 묘사하면 '예수전傳'이 만들어 질까? 이것은 될 것 같게 보이지만 실은 불가능하다고 생각될 정도로 어려운 작업이다.

그것은 예수 자신은 아무것도 기록을 남기고 있지 않고—바울은 남기기도 했는데—예수로부터 직접 가르침을 받은 제자弟子로 그 말씀이나 행동을 기록한 사람도 없기 때문이다. 다만 그것들에 관해서 말한 것들이 기록이 되어 어록語錄으로 남아 있을 뿐이다. 학자는 이것을 Q자료source라고 부른다. 더욱이 회상回想을 직접적으로 필기筆記하게 한 것으로 생각되는 것이 마가에 의한 복음서이다. 이것은 베드로의 구술口述을 마가가 필기한 것으로 생각된다.[58)]

150년 무렵의 히에라포리스의 감독監督 파피아스Papias는 "장로는 다음과 같이 말하는 것을 항상 지켰다. 마가는 베드로의 통역자가 되어 그리고 주主에 의해서 말하게 되고 또 이루어진 일을 순서에 따르지는 않지만 그가 기억하는 한 정확하게 기술하였다"고 기록하고 있다.

그리하여 마태와 누가의 복음서는 이 마가에 의한 복음서와 Q자료와 또 거기로부터 독립적인 별도의 자료에 근거하여 각각 복음서를 기록한 것이라고 보고 있다.

---

58) Terence C. Mournet(2005). *Oral Tradition and Literary Dependency: Variability and Stability in the Synoptic Tradition and Q*. Hemsback: Mohr Siebeck Tubingen, pp.54–99.

저작에는 저작의 목적이 있다. 그리고 복음서의 저자들은 '예수전傳'을 쓴 것이 아니라 예수가 그리스도이신 것을 논증論證하고 또 선교宣教하는 것이 목적이었다.

이것이 '역사적 예수'의 상像을 재구성再構成하는 것을 매우 어렵게 하고 있다.

더욱이 독자대상讀者對象이 다르다고 하는 문제가 있다. 누가는 그 복음서의 첫 머리에서 기록하고 있듯이 데오빌로라고 하는 로마인人에게 이해시키려 하고 있음을 적었다. 한편, 마태는 교회에클레시아라는 공동체共同體를 염두念頭에 두고 있으며, 그 기본은 5가지 설교說教로 그 사이를 마가의 자료 순에 따라 이야기 자료를 연결시키는 식으로 되어 있다.

또 뒤에 기술하듯이 '그리스도'라는 개념은 그들이 창작한 것이 아니라 구약 이래의 전통에 근거하여 형성된 복잡한 총합적인 개념으로 그 개념의 하나하나가 예수에게 위탁되어 있기 때문에 그것이 '역사적 예수상像'의 묘출描出을 더 한층 어렵게 한다. 학자들 가운데는 불가능하다고 보는 사람들도 있다.[59)]

수백 개나 되는 예수전傳을 분석한 신학자들은 역사적 예수 연구가 사실상 불가능하다는 주장을 제기하였다. 예수전 연구의 첫 시작자는 알베르트 슈바이처박사로 루돌프 불트만에 이르기까지 역사적 예수 연구는 방법론적 회의와 신앙적 불필요성으로 말미암아 사실상 붕괴되었다. 특히 루돌프 불트만은 역사적 예수 연구가 방법론적으로 불가능하며 신학적으로 필요가 없음을 강력히 주장하여, 그의 신학이 신약성서 신학계를 지배한 시기 동안 어떠

---

59) 井上洋治(1982). **新約聖書のイエス像**. 女子パウロ会. pp.38–39.

한 역사적 예수 연구서도 출판되지 않았다.

방법론적으로 불가능한 이유는 우리에게 주어진 복음서 본문이 역사적 예수의 생애를 재구성하려는 목적에서 기록되지 않았기 때문이고, 신학적으로 필요 없는 이유는 역사적 예수는 신약신학의 대상에 포함되지 않기 때문이다.[60)]

그러나 베르메스Vermes는 이에 대해 매우 흥미로운 방법을 제시하였다. 그것은 신약성경 이외의 문서로부터 그의 묘사가 예수와 비슷한 거의 동시대의 갈릴리 사람의 랍비를 찾아내어 이것과 예수를 대비함으로써 그 기본적인 상像을 묘출하려는 방법이다. 그는 사해사본을 집중적으로 연구하면서 유대인의 예수상을 추구하였다.

히브리와 유대연구 옥스퍼드 센터Oxford Center for Hebrew and Jewish Studies의 회장이었던 베르메스 박사는 2,000년 전의 예수상을 추적한 위대한 학자로 인정을 받고 있다.[61)]

예수를 닮은 인물의 동시대의 기록

"보아라, 나는 오늘과 내일은 내가 귀신을 내쫓고 병을 고칠 것이요, 사흘째 되는 날에는 내 일을 끝낸다"하여라. "건강한 사람에게는 의사가 필요하지 않으나, 병든 사람에게는 필요하다. 나는 의인을 부르러 온 것이 아니라 죄인을 부르러 왔다."

---

60) 서중석(2007). **복음서의 예수와 공동체의 형태**. 서울: 이레서원, p.269.

61) William Yardley가 기고한 '성경학자 베르메스에 대한 추도기념원고'가 2013년 5월 16일자의 **The New York Times**지紙에 '*Geza Vermes, Scholar of [Historical Jesus] Dies at 88*'란 제목으로 게재되었다.

이 말씀에서 나타나 있는 예수의 기본적 성격은 복음서에 공통적이다. 이 예수의 사역은 ① 육체의 병을 고치는 것, ② 악령에 사로잡혀 있는 사람의 영혼을 구원하는 것, ③ 죄에 매여 있는 사람의 죄를 용서容恕하는 것이 된다.

그리하여 당시의 생각에서는 이 3가지는 관련을 가지고 있는 것으로 보았다. 말하자면 예수시대에는 악령은 죄의 근원일 뿐만 아니라 병의 근원이라고도 믿고 있었기 때문이었다.

그리고 예수시대의 유대교에는 2부류의 랍비가 있었다. 하나는 율법적 랍비로 그 성격은 지금의 말로 하자면 율법학자에 가깝다. 또 하나는 카리스마적 랍비로 예수에 대해 기록되어 있는 것은 기본적으로 카리스마적 랍비였다. 당시는 카리스마적 유대교와 율법적 유대교가 함께 공존共存하고 있었는데, 후에 이것은 유대교의 전통에서 사라져 버렸다.

카리스마적 유대교는 결코 주류가 아니고 동시에 갈릴리파派도 주류이지 않았다. 탈무드에는 갈릴리 사람에 대한 차별적인 말이 기록되어 있는데, 또 카리스마적 랍비는 율법적 랍비보다 한층 낮은 사람으로 취급하였다.

이것이 아마도 예수가 처한 사회적 위치로, 그가 몸을 둔 곳은 분명히 갈릴리사람의 카리스마적 랍비였다. 이 예수와 같은 입장에 있는 '신약성경에 등장하지 않는' 인물을 찾으면 그것은 탈무드에 기록되어 있는 랍비 하니나 벤 도자Hanina ben Dosa다.[62)]

---

62) 소기천, 윤달원, 이달 옮김(2004). **현대적인 방법을 적용한 새로운 신약성서개론**(Achtemeier, Paul J., Green, Joel B., Thompson, Maroanne M 지음). 서울: 대한기독교서회, pp.275-276.

앞서 언급한 베르메스는 하니나는 AD70년 이전에 활약했다고 추정하고 있다. 그것은 그의 기술記述에서는 유대전쟁을 생각하게 할 만한 것이 없기 때문이다. 이렇게 보면 예수와 하니나는 같은 세기世紀, 같은 갈릴리 사람으로 같은 카리스마적 유대교의 계통으로 같은 악령을 내쫓고 병을 고치는 사역을 하고 있으며, 양자에 대한 기술은 분명히 유사類似한 점이 많다.[63]

앞의 베르메스는 그 많은 예를 열거하고 있는데 다음의 한 가지만 소개한다.

예수가 백부장百部長의 하인을 멀리서 고친 이야기는 마태, 마가, 누가, 요한에 의한 복음서에 나오는데 하니나에게도 이와 같은 이야기가 등장한다.

유대교단教團의 장長 요하난 벤 쟈카이Yohanan ben Zakai의 아들이 병들었을 때 그는 젊은 하니나에게 다음과 같은 말을 하였다. "내 아들 하니나야, 나의 아들이 살도록 기도해 주게나." 하니나는 자신의 머리를 자신의 다리 사이에 넣고 기도했다. 이 자세는 구약의 전통에 근거한 것이다. 그러자 아들이 살아났다. 그런데 요하난이 같은 기도를 해도 "아무런 응답도 주어지지 않았다."

때문에 요하난은 일시적이지만 권위를 잃어버렸기 때문에 그 아내는 하니나를 질투하여 그에게 말하였다. "하니나는 당신다 위대합니까?" 요하난은 대답했다. "그렇지 않다. 하니나는 주님 앞의 종과 같지만 나는 왕의 앞의 왕자와 같소." 말하자면 주류는 어디까지나 율법적 랍비였다는 것이다.

---

63) Emil Schürer(1987). *The History of the Jewish People in the Age of Jesus Christ*(2nd Revised edition). Bloomsbury pp.79-84.

같은 종류의 이야기들이 많지만 어쨌든 이 점에서 하니나에 대해서 기록되어 있는 것은 영적능력의 모습의 유형을 보이는데 예수 역시 같은 유형인 것을 부정할 수 없다.

또 예수도 하니나도 율법이나 제의祭儀의 문제에는 관심을 보이지 않는다. 두 사람이 같이 때로는 율법위반을 자연스럽게 하고 있다. 부富나 금력金力에 전혀 흥미를 갖지 않으며 이욕利慾이 전혀 없고 오히려 적극적으로 가난을 즐기는 것 같은 점도 공통된다. 그리고 양자함께 그 관심은 정신적, 도덕적인 것에 철저하게 집중하고 있다.

이상의 것은 동시대同時代의 사람에게 있어서는 예수가 카리스마적 유대교의 계통에 속하고, 갈릴리 출신의 카리스마적 랍비였다는 것을 보여준다. 물론 이것은 예수와 하니나가 전혀 같은 종류의 사람이라는 것은 아니다.

분명히 "예수의 윤리적 규정 속에는 다른 어떤 히브리의 윤리규정에 대해서도 비교한 형태를 가진 장중莊重함, 명확성明確性, 그리고 독창성獨創性이 있다. 그의 비유의 훌륭한 기교技巧에 대해서는 이것에 비교할 수 있는 것은 어디에도 없다"고 크라우스나는 말한다.[64)]

그러나 동시에 예수는 당시의 유대교라는 테두리 속에서는 이해할 수 없다고 하는 존재는 아니다. 그의 모습은 어디까지나 AD1세기의 갈릴리의 카리스마적 유대교라는 종교적 배경 속에서 볼 때 비로소 정확하게 파악할 수 있다는 것이다.

---

64) Emil Schürer(1994). *A History of the Jewish People in the Age of Jesus Christ*(.2nd Revised edition). Bloomsbury Peabody, Mass.: Hendrickson. pp.120-122.

Chapter 4
신약성경에서 보이는 예수의 생애

성경의 중심인물이며, 기독교 신앙의 핵심인
예수 그리스도의 생애를 신약성경에서는 어떻게 그리고 있는가?
신약성경의 서신서들은 예수의 삶과 죽음을 어떻게 해석해야
할 것인지를 보여 주고 있는 반면에 복음서들은 예수의 지상 사역에
대한 직접적인 내용들을 보여 주고 있다.

1

공관복음서에 보이는 예수

공관복음서의 문제

마태복음과 마가복음 및 누가복음을 공관복음이라고 하는 것은 이들 세 복음서가 모두 예수의 사역을 기술記述하는데 있어서 공통적인 패턴을 따르고 있기 때문이다. 그리고 공관복음서의 문제라는 것은 이들 세 복음서를 각자 비교 대조하여 볼 때에 일어난다.[65)]

서로 비교 대조함으로써 나타나는 그 유사점과 차이점이 모두 중요한 의미를 가진다. 동일한 사건에 대하여 세 가지 증거나 또는 두 가지 증거가 나타나기도 하며 때로는 단 하나만의 증거가 나타나기도 한다. 많은 경우에는 언어상으로 그 증거들이 일치하나 어떤 다른 경우에서는 일치하지 않는다. 그 결과 다음과 같은 두 가지 주요한 질문이 제기된다. 곧 "공관복음서가 비롯된 그 목적이 무엇인가?"와 "세 복음서가 밀접하게 관계하는 일치부분이 무엇인가?"이다.[66)]

---

65) David L. Dungan(1999). *A history of the synoptic problem: the canon, the text, the composition and the interpretation of the Gospels*. Yale University Press, pp.112 - 144.

66) 성종현(1992). **공간복음서 대조연구**. 장로회신학대학출판부. pp.452−474.

이 문제에 대한 여러 해결책을 여기서 상세히 기술한다는 것은 불필요한 것이겠으나 어떤 해결의 지시만은 제시되어야 하는데 이는 문학적 여러 자료들에 대한 연구방법이 역사적 예수에 대한 연구방법에 필연적으로 영향을 끼치기 때문이다.[67)]

복음서의 기원起源에 대한 전통적인 견해로는 마태복음이 기록상 가장 앞서는 복음서이고 마가복음은 이 마태복음을 발췌拔萃한 것 이상은 아무 것도 아니라는 견해였다. 이러한 견해는 어거스틴Augustine이 주장하였는데, 그 후 19세기 때까지 아무런 이의 없이 받아 들여졌다. 세 복음서 중에서 마태복음이 가장 많이 사용되었다. 이러한 견해는 역사적 예수에 대한 자료의 근원으로서 마가복음을 소홀이 취급하는 경향을 띠게 되었다.[68)]

지금도 몇몇 로마 가톨릭 성경학자들은 마태복음의 우선순위優先順位를 주장하고 있으나 그들 주장은 그보다 오래전의 옛 전통적인 이론형태를 상당부분 완화緩和 가감加減하는 것으로 나타난다.

세 공관복음서들간의 관계

마가복음의 대부분 내용은 마태복음에서 발견되고, 마가복음의 많은 부분은 누가복음에서 볼 수 있다. 그리고 마태복음과 누가복음이 공통적으로 갖고 있는 내용의 많은 양이 마가복음에서는 찾을 수 없다.

오노레Honoré는 공관복음서들간의 중복되는 내용을 통계치로

---

67) 이형의(2002). **신약성서개론**. 한국장로교출판부. p.105.

68) Williamson Lamar(1983). *Mark*. Westminster John Knox Press, p.17.

제시하고 있는데, 공관복음서들간의 중복된 내용에 대한 연구역사를 보면 발표 년도에 따라 그 통계치가 조금씩 달리하고 있다. 여기서는 오노레가 1986년에 그의 논문 “A Statistical Study of the Problem”에서 발표한 자료를 1999년에 오르톤Orton의 책 *The Synoptic Problem and Q.*에 소개한 것을 제시한다.[69]

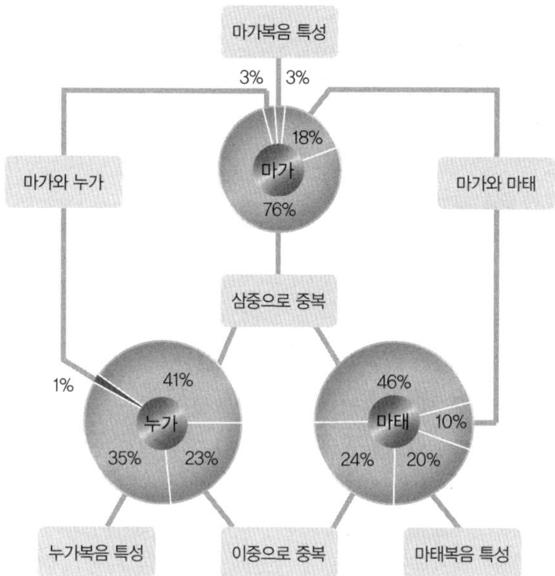

[공관복음서들간의 관계]

---

69) David E. Orton(1999). *The Synoptic Problem and Q.*(A. M. Honoré. “A statistical study of the synoptic problem”. Boston: Brill, 70-122). Honoré, A. M.(1986). “A statistical study of the synoptic problem”. *Novum Testamentum* 10(2/3), pp.95-147.

마가복음의 우선권

많은 성경학자들은 다른 두 공관복음서를 그 순서기록상 우선적인 것으로 간주하여 왔다. 누가복음의 기록상의 우선권優先權을 지지하는 학자는 극히 드물어 거의 없는 반면 현대의 대부분의 학자들은 이 어려운 문제에 대한 최상의 해결책으로서 마가복음의 우선권으로 원原마가복음설을 제기하였다.[70)]

그러나 이것은 이론異論이 제기될 수 없는 하나의 가설假說이라고 생각해서는 안 되며 이것이 어디까지나 그 특성상 가설적이라는 것을 망각해서는 안 될 것이다. 마가복음을 그 기록상의 우선권의 위치에 놓게 됨으로써 역사적 자료에 대한 한 가지 중요한 면을 주의하여 보게 되었다.

곧 마가가 사도 베드로의 해석자였다는 것이 고대古代의 구전口傳으로 강력하게 입증되었는데 이 구전의 전해 오는 바가 사실이라고 한다면 마가복음이 그 기록된 사건들과 관계가 있었다고 하는 분명한 증거를 제시해 주게 된다.

만일 목격자가 복음서 저작의 배후에 있다고 한다면 그것은 역사적 자료歷史的 資料로서 보다 지대한 중요성을 부여받게 된다. 이것은 마가가 기술한 사건에 대부분 사도 베드로가 나타나기 때문에 마가복음의 경우에 있어서는 특별히 들어맞는 사실일 것이다.

이와 같이 전통적인 귀속歸屬의 견해는 양식 비평Form criticism [71)] 학

---

70) Helmut Koester(2000). *Introduction to the New Testament: History and Literature of Early Christianity*. Vol. 2. New York: Walter de Gruyter, pp.44-46.

71) 양식 비평: 예수의 말씀을 목적별, 용도별, 내용별 등으로 정리된 것으로 추론하고 성경을 연구하는 것. 각 양식이 어떻게 보존, 어떻게 사용되었는지 등을 추론 및

파의 신학자들로부터 거센 도전을 받았는데 이들은 복음서와 관련있는 증인들이 구전 전승상의 자료를 관리하였으리라는 것을 부인否認하였다. 이러한 구전에 대한 외적 증거의 강력한 힘은 부인될 수 없으며 따라서 그런 외적 증거에 보다 완전한 중요성이 주어져야만 한다고 본다.

가장 중요한 증인으로는 소아시아의 히에라폴리스 감독인 파피아스Papias가 있다. 파피아스는 마가가 베드로의 설교를 통해서 알게 된 사실들을 기록하였고 또한 그 정확성을 기하려고는 하였으나 그 기사상의 순서에 대해서는 관심치 않았다고 하였다.

이와 같은 말은 파피아스가 마가복음의 연대기에 그리 대단한 중요성을 부여할 만한 상태를 취하지 않았으며 그 기사상의 역사적 사실서에 대하여 논박하지 않았다는 것을 나타내 준다.

그 후의 초기 기독교 교부敎父작가들은 베드로에 대한 마가의 이와 같은 관계를 파피아스가 말하는 그대로 받아들이고 있기 때문에 파피아스의 저서상에 나타나는 여러 구전은 신빙성이 있는 구전으로서 받아들여져야만 할 것이다.

예수의 어록語錄

마가복음의 우선권에 대한 이러한 이론이 예수의 생애에 대한 여러 자료들을 탐색 조사하는 데 하나의 시점始點으로서 받아들여진다면, 그에 따라 마태복음과 누가복음에 나타나 있는 마가복음 이외의 자료의 출처가 어떻게 되는가 하는 문제가 생겨난다.

연구하는 것

마가복음의 기사는 그 범위가 제한적이어서 주로 사건들에 일관되어 나오며, 그 외에 교훈적인 자료의 기사는 거의 포함되어 있지 않다. 그렇다면 마태복음과 누가복음에 나타나는 가르침의 자료의 기사는 그 주요 출처가 무엇이란 말인가? 이에 대해 일반적으로 제기되는 답이란 두 복음서의 교훈적 자료가 'Q' 즉 독일어 'Quelle크벨레', 즉 'source자료'라는 뜻에서 따온 말로 공통자료에서 나왔다고 보는 것이다.[72)]

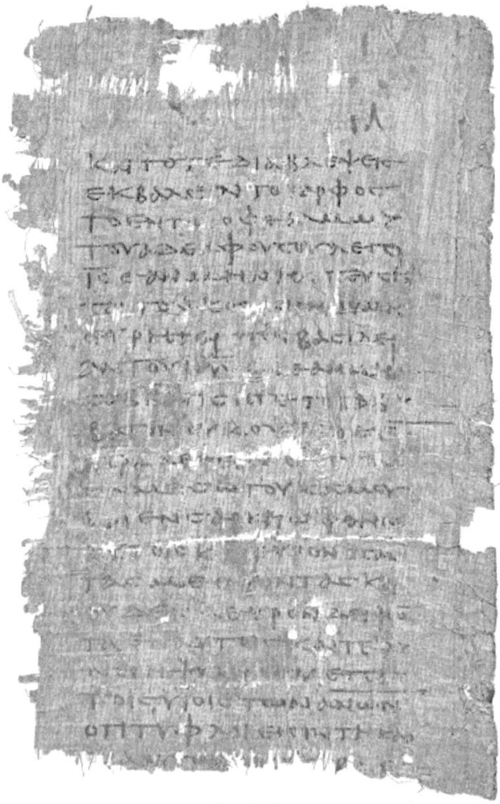

[Q자료]

Q자료가 기록된 자료로서나 아니면 공통적인 가르침 자료의 상징으로서 취급되든 되지않든 본 목적상 Q자료는 마태복음과 누가복음에 나와 있으나 마가복음서에는 없는 공통되는 자료에만 국한시켜 보려한다.

이 Q자료는 거의가 예수의 교훈적인 말씀을 수록한 하나의 말씀집, 곧 어록집語錄集이기 때문에 역사적 예수에 대한 추가적인 정보자료로서 그 가치가 아주 많다. 마가복음이 그 유일한 정보자료였다면 예수를 선생으로 개념화하여 가르치는

72) Terence C. Mournet(2005). *Oral Tradition and Literary Dependency: Variability and Stability in the Synoptic Tradition and Q*. Hemsback: Mohr Siebeck Tubingen, p.56.

것과 함께 예수의 가르침에 대한 광범위하면서도 다양한 여러 측면의 개념화가 거의 이루어지지 않았을 것이다.[73]

그 결과 많은 자료 비평학자들이 예수 생애에 대한 중요한 증거물로서 예수의 어록집을 마가복음과 동격으로 취급하였는데 거기에도 중대한 차이점이 있다. 곧 마가복음의 자료로서의 존재는 의심할 바 없으나 Q자료의 자료로서의 존재는 반드시 그렇지가 않다는 것이다.

Q자료를 만든 자에 관한 한 어떤 외적인 증거가 전혀 없을뿐더러 또한 그 안에 포함된 자료의 출처에 대한 어떠한 지시도 나타나 있지가 않다. Q자료가 사도들의 공식적인 허락을 받았느냐와 Q자료가 증인들의 증거에 기초하여 있었느냐가 문제가 된다. 또한 원문의 개조改造가 전혀 없이 예수의 어록집을 보존하기 위한 주의가 취하여졌었다고 생각할 수 있겠는가?

Q자료가 일반적으로 이 가르침의 자료에 대한 주요 출처로서 생각되고 있으므로 이들 여러 문제에 대한 몇 가지 해답은 분명히 기본적으로 중요한 것이다.

어떤 이들은 예수의 '신탁神託Oracles'을 기록한 마태에 대하여 말한 파피아스를 믿고서 마태가 Q자료의 저자일 것이라고 보았다. 이것이 만일 파피아스에게서 나온 연역적 추론이라 한다면 이는 예수의 어록집인 Q자료에 사도적인 권위를 부여하게 될 것이다.

마태가 예수의 가르치시는 말씀을 여러 번 들었다는 것은 분명

---

73) Burton L. Mack(1993). *The Lost Gospel: The Book of Q & Christian Origins*(1st ed.). New York: Harper Collins. p.264.

한 사실이라 할 것이다. 따라서 예수가 그 출처와 관련된다고 보이는 여러 이야기 및 교훈적인 말씀들이 나오는 대부분의 경우에 마태가 참석하였으리라는 것도 당연시된다 하겠다.

그러나 파피아스의 말들에 대하여 이와 같이 해석하는 것은 그것들에 대한 이레니우스Irenaeus의 이해와는 전혀 다른 것이었던 같다. 이것은 이레니우스가 유사한 기록의 말들을 반복하기는 하였지만 마태를 아람어 복음서의 저자로 규정하고 있기 때문이다. 이것은 고대인들이 공통으로 품었던 확신이었다.

마태가 Q자료의 저자가 아니었다면 누가 저자였을까? 이에 대한 만족할 만한 해답은 전혀 없다. 그러한 자료가 있었다면 그에 대해 확증적으로 말할 수 있는 것은 단지 마태와 누가가 이 자료를 그들의 복음서를 기록할 때 사용하였기 때문에 그들이 이 자료를 높이 평가하였으리라는 사실뿐이다.

Q자료의 예수어록집에 대한 가능성을 아주 부인할 수 없는 반면에 그 자료의 가설적인 특성에 기인하여 몇몇 학자들은 어떤 해결책으로서 그 밖의 다른 곳을 조사해 보기에 이르렀다. 마태복음이 누가복음을 그 자료로서 사용하였으리라는 견해가 전혀 이의異意적인 어려움이 없는 것은 아니지만 한 때 Q자료로의 필요성을 무산霧散시켰었다.

이것은 마태복음의 자료로서의 가치를 제고시켜 주는 것으로서 그것은 만일 사도적 권위가 주장될 수 있다면 마태가 삽입적으로 사용했던 예수어록의 자료가 마태 자신의 수집적인 전집의 결과였음을 의미한다 할 것이다. 마태복음의 저자가 누구였든 초대기독교 교부들이 마태의 이름으로 마태복음을 강하게 관련시켜 나타낸 사실은 예수의 교훈적인 말씀을 포함한 모든 자료가 그 안에 있었다는 놀라운 사실을 나타내 주는 것이다.

그러므로 마태복음과 Q자료의 예수어록집語錄集과의 사이에 밀접한 관련이 있다고 주장하는 것은 외적 증거와도 더욱 더 일치될 뿐만 아니라 또한 이 Q자료를 어떤 익명匿名의 저자에게서 비롯된 것으로 보는 것보다 더욱 만족스러운 것이라 할 것이다.

마태복음과 누가복음에만 있는 자료

Q자료의 가설을 끝까지 따른다면 마땅히 마태복음과 누가복음에만 있는 자료에도 주의를 기울여야 할 것이다. 이들 두 기자들은 마가에 의해서만 기록된 것보다 훨씬 더 많은 별개의 독립적인 자료를 그 복음서들에 기록하고 있다.

그러나 이와 같은 마크와 같은 가설에 비판도 있다는 사실을 염두에 두어야 할 것이다.[74)]

학자들 중에는 두 세 사람의 증거를 단 한 사람만의 증거보다 더 나은 것으로 간주하여 취급하는 경향을 띠어 온 자들이 많았다. 그러나 그러한 이유만으로는 한 사람의 증거를 의심한다는 것은 있을 수 없는 일이다. 한 때는 그와 같은 성경 비평의 원칙 때문에 마태복음과 누가복음의 특별한 자료를 평가절하平價切下해 버리는 일도 있었으나 이러한 평가는 역사적으로 볼 때도 온당穩當치 못하다.

어떤 증인의 증거상의 신빙성은 그 증인의 인격의 신빙성에 달

---

74) 예컨대, Evans와 같은 사람은 Bruce Chilton과 A. Craig가 쓴 *The Missing Jesus: Rabbinic Judaism and the New Testament*(2003)에서 랍비적인 유대주의와 신약성경과의 관계를 연구하는 가운데 예수의 위치를 잘못 두고 있다고 비판한다.

려 있는 것이지 그가 말한 것을 확인하기 위해 다른 어떤 이들의 존재가 새삼스럽게 필요한 것은 아니다. 그럼에도 불구하고 이제까지 마태복음의 몇몇 특수한 자료가 몇 가지 난해한 변증론적인 문제를 제기한다는 이유로 보다 덜 권위적인 것으로 취급되어져 왔었다.

세례 요한이 예수께 세례 주길 사양하는 부분과 물고기 입에서 발견된 한 세겔 동전에 관한 기사 부분 및 예수께서 십자가상에 달려 운명하실 때 무덤들이 열린 놀라운 사실에 관한 기사 부분등과 같은 상세한 자료는 그것들이 제기하는 여러 가지 난점들 때문에 부수적인 구전으로 여겨져 왔었다.

설명할 필요가 있다는 것은 부인할 수 없는 명백한 사실이지만 이 자료가 틀림없이 교회의 그 구전에 대한 영향을 통하여 제2의 부수적인 것으로 간주되었으리라고 보는 것은 합당한 견해가 아니다. 만일 그 자료가 완전히 전체적으로 허구적인 것이었다고 한다면 그것이 교회의 거부반응을 전혀 받지 않고 남아 있었으리라고는 도저히 생각할 수 없기 때문이다.

어찌 되었든 이 범주에서의 그 자료 부분은 마태복음의 특별한 전체 자료의 극히 적은 일부에 지나지 않기 때문에 그것이 만약에 전체의 자료 평가에 어떤 지배적인 역할을 기한다는 것이 허용된다면 그것은 이치에 맞지 아니하는 것일 것이다.

마태복음과 누가복음 두 곳에는 모두 예수의 어록에 다른 특별한 기록들이 포함되어 있다. 마태복음에는 일반적으로 그 자료가 Q자료적인 것과 결합되어 함께 나타나 있는 데 반하여 누가복음의 자료는 더욱 더 독자적인 경향을 띠고 있다.

마태복음과 누가복음 모두 예수의 비유들이 포함되어 있으나 그 차이점들은 중요하다. 곧 마태복음의 그것은 일반적으로 천국의 비유들인 데 반하여 누가복음의 그것은 그렇게 상세하지가 않다. 더구나 누가복음상의 비유들은 마태복음의 것보다 더욱 개인적인 관심에 초점이 집중되는 경향을 띠고 있다.

이러한 예수의 비유들에 대한 두 복음서간의 차이는 마태와 누가 두 전도자들의 개인적인 취급 태도를 나타내 주는 것으로 이것은 또한 예수의 가르침과 말씀 자료가 그렇게도 다양하게 나타나는 이유를 설명해 준다. 마태복음과 누가복음에 각기 고유하게 나타나는 자료를 그 두 복음서에 공통으로 나타나는 자료와 비교하면 예수의 어록에 대한 마태와 누가의 기자적인 취급 선택에 의한 추가적인 통찰洞察이 뚜렷하게 드러난다.

예를 들어 마태복음에 나타난 산상설교에는 누가복음에 비해 예수의 말씀 부분이 상당 부분 더 많이 포함되어 있는데 특별히 율법에 대한 예수의 태도의 부분이 그러하다. 이와 유사한 것으로는 예수의 공생애 사역 후반 부분 때의 그의 많은 말씀들과 사건들은 전적으로 누가복음에서만 알아 볼 수밖에 없는 경우를 들 수가 있는데, 그러한 경우에 속하는 예로는 세리장 삭개오의 이야기 및 잃은 동전의 비유 등등이 있다.

[나무에 올라간 삭개오를 부르신 예수]

마태와 누가 두 전도자가 역사적 예수의 재건에 대해 힘을 쓴 공헌도 있다. 그리고 본 논의의 목적이 그들이 기록한 두 복음서에 각기 독특하게 나타나는 정보적인 자료들의 가치평가에 주목할 필요가 있다. 그러한 자료들을 열등시할 만한 어떤 충분한 근거가 없다고 한다면 그 자료들을 역사적 사실들의 재건에 필요한 것으로 받아들이는 것이 당연하기 때문이다.

탄생기사

마태복음과 누가복음의 한 가지 특수한 면은 두 복음서사에 나타나는 예수의 탄생기사誕生記事의 자료가 온전히 다른 자료들로부터 나온 것이라는 사실이다.

마태복음의 탄생기사에는 요셉에 대한 취급이 더 많이 나타나 있는데 반하여 누가복음의 탄생기사에는 마리아에 대한 취급이 더 많이 나와 있다. 몇몇 학자들은 이 두 복음서상의 탄생기사가 구약 주제의 동기에 의한 영향을 받았던 것이라고 강력히 주장하였으나, 구약에서 비롯되어 만들어진 기사와 구약사상의 영향을 받은 기사 사이에는 하나의 뚜렷한 차이가 있다.

마태복음의 예수 탄생 부분에는 그에 관한 구약 예언의 성취 경향을 띤 기사가 많이 포함되어 있다. 그러나 그렇다고 해서 마태가 예수 탄생기사를 기록할 때 구약 예언과의 조화를 목적으로 그렇게 기록했을 것이라는 식의 가정은 이들 탄생기사가 전체적으로 고도의 탁월한 영적 기품氣品을 띠고 있는 점에 비추어 도저히 받아들일 수 없는 부적합한 것이다.

그런데 예수의 탄생지에 대해서 살펴보면 신약성경에서는 예수 탄생의 후보지로 베들레헴, 나사렛, 사마리아가 나온다. 일반적으로 가장 선호되는 출생지는 베들레헴이지만, 이는 마태복음과 누가복음의 저자가 만들어낸 허구로 보는 학자들이 있다.

예수가 베들레헴에 출생했다는 이야기는 신학적인 이유에서 창작된 것으로 판단되는데, 베들레헴이 메시아 출생지로 구약에 예언되어 있기 때문이다. 마태복음과 누가복음이 전하는 베들레헴 출생설에 대한 설명이 상이할 뿐만 아니라 두 복음서보다 먼저 쓰인 마가복음에 베들레헴 출생에 대한 암시가 전혀 없다는 사실이 이를 입증한다.

예수의 출생지는 나사렛으로 보는 견해가 많은데 이것은 4복음서에서 모두 예수가 나사렛 사람으로 불렀는데, 나사렛이 작고 신학적으로 무의미한 도시였기 때문에 의도적으로 예수의 출생지를 조작한 필요가 없었기 때문이다.[75)]

어떤 이들은 누가복음의 예수 탄생기사에 역사적인 것으로 간주될 성질이 아닌 다만 목가적牧歌的인 시적詩的 성격만을 띤 어떤 것이 있다고 보는데, 이러한 견해는 그것이 사실이라고 할 때 다음과 같은 어려움에 부딪친다.

곧 누가가 누가복음 1:1–4절에서 자기의 기록하는 복음서가 주도면밀한 역사적 실재성을 띤 조사 위에 기초되어 있다는 사실을 강조하기 위해 그와 같은 심려의 말을 한 것이 이상하게 보이

---

75) 정기문(2014). 예수의 출생에 대한 고찰. **동국사학**. 제56집. 동국역사문화연구소. pp.210–220.

는 어려움에 부딪치게 되는 것이다 .

그러므로 누가복음상의 예수 탄생기사 자료는 누가가 다른 어떤 신빙할 만한 자료에서 취한 것일 것으로 보는 것이 합당하다. 이것이 비록 증명 불가능한 것이기는 하지만 그가 왜 마리아와 서신왕래를 하지 말았어야 하는지의 이유도 실제로는 없는 것이다. 어떤 이들은 누가가 누가복음서에 예수의 탄생기사를 다룬 초기 때의 자료를 섞어 혼합했을 것으로 주장하기도 하였다.

마태가 구약의 어떤 책을 예수께 대한 증거들로서 사용하여 복음서 기사들에서 구약 예언의 성취개념을 주도적으로 중요하게 나타내려 하였다는 이론에 대한 언급도 주의해 두어야겠다.

마태복음에는 70인역이 아니라 히브리어 성경에서 비롯된 것이 분명한 어떤 특별한 신앙문구formular에 의해 도입된 열 두 개의 인용문들이 포함되어 있다. 그리고 이것은 마태가 메시아이신 예수의 생애에 일어난 사건들의 발생과 관계되는 구약 인용문들을 포함한 증거로써 성경책을 탄생기사와 관련하여 사용했으리라는 이론의 원인이 되었다.

이 이론의 변형變形으로는 초대 교회가 메시아 생애에 관해 증거하는 고립적인 구약 본문들보다는 메시아적인 여러 예언들을 포함한 구절들에 더 많은 관심을 가지고 있었다는 것이다. 이들 여러 이론들과 또한 예수의 탄생기사 전집이 전도자 마태의 저서라는 제의가 사실이든 아니든 그 여부에 관계없이 그것들은 각자 본 논의의 목적에 중요한 것은 아니다.

중요한 것은 공관복음서나 요한복음서에서 예수의 가르침과 여러 가지 사건들이 구약과 격리된 채 취급된 것이라고는 하나도 없다는 사실이다. 예수의 성육신成肉身과 그의 공생애 사역共生涯 使役

과 죽으심 및 부활하심은 모두가 다 초기 그리스도인들에 의해 구약 예언들의 성취로서 목격되었던 것들이었다. 이러한 구약의 배경에 그 중요한 비중을 두지 않은 예수 생애에 대한 연구라면 그 어느 것 하나라도 정당함을 인정받기 힘들다.

2

요한복음서에 보이는 예수

역사의 문제

요한복음을 예수 생애에 대한 원 자료로 사용하는 문제는 신약 비평의 시대를 통하여 이제까지 다양하게 고려되어 왔었다. 예수 생애에 대한 연구 자료로 때로는 공관복음이 요한복음보다 더 나은 것으로 간주되기도 했었고 때로는 요한복음이 더 나은 것으로 간주되기도 했었다.

AD 20세기 전반기를 통하여 요한복음이 역사적 자료로서의 평가 면에서는 완전히 도외시되었었으나 그 후반기에 들어 와서는 다시 그 가치평가에 대한 회복의 커다란 준비가 있었다. 이러한 회복의 경향은 사해사본의 발견에 그 힘을 주로 입었기 때문이었다.

요한복음과 이들 사해사본들과의 관계가 밀접하였다고 주장하는 것은 잘못이나 거기에 있는 어떤 공통점들은 이들 사본들과 요한복음이 하나의 유사한 사상적 환경에 속해 있었다는 견해를 지지해 준다. 이것은 초기의 학자들이 자주 주장하는 바와 같이 요한복음이 예수에 대한 어떤 헬레니즘적인 표현을 나타내려 시도했던 완전한 헬라적 산물이 아니라 도리어 유대적인 제설통합주

의적諸說統合主義的 환경에 반대하는 성격의 것임을 의미하는 것이다.[76]

만약 쿰란Qumran공동체의 사람들이 '빛과 그림자' 등과 같은 상징적인 용어들을 사용하여 대화하지 않았다고 하더라도 예수께서 이와 동일한 용어들을 전혀 사용치 아니했다고 주장할 수는 없는 것이다. 요한복음에 나타나는 문제는 요한복음이 역사적 예수를 증거하는 데 생각하여야 하며 로빈슨Robinson감독의 말과 같은 식으로 요한복음에 대해 새로운 견해를 취하는 것은 잘못이다.[77]

제일 먼저 고려해야 할 것은 요한복음이 그 기술 사건들과 어떤 관계를 갖고 있느냐를 결정하는 것이다. 곧 요한복음의 기자는 여러 사건의 사실들을 기록만 하려 했는가 아니면 해석하려고 했는가? 또는 이들 두 가지를 모두 의도하였던가? 어떤 의미에서 요한복음상의 상세한 여러 기사들이 역사적 사실성事實性을 띤 신빙할 만한 것으로 받아들여질 수가 있는가?

이러한 여러 문제들에 대한 대답은 기자 자신이 요한복음 20:30, 31절에서 스스로 밝히고 있는 그 목적에 따르지 않고서는 그 정당성을 제대로 인정받기가 어려울 것이다. 요한복음의 기자가 자기의 전도의 기록 목적—예수를 그리스도로서와 하나님의 아들로서 믿는 믿음에로 이르게 하기 위한—을 분명히 밝히고 있지만 그 믿음은 예수의 제자들이 보는 데서 이루어졌던 여러 가지 이적들에 바탕을 둔 것이다.

그러므로 요한복음에 나타나 있는 여러 가지 기본적인 사실들

---

76) Terence C Mournet(2005). *Oral Tradition and Literary Dependency: Variability and Stability in the Synoptic Tradition and Q*. Hemsback: Mohr Siebeck Tubingen. pp.97-102.

77) John A. T. Robinson(1962). *Twelve New Testament Studies*. London: SCM Press Ltd., pp.107-125.

은 책임있는 증인들에 의해 일일이 증명될 수 있었던 것들이다. 요한의 기록 목적이 비록 신앙의 그리스도에 관계된 것이기는 하지만 그 기록상의 목적하는 바가 이미 발생했던 여러 사건들과 밀접한 관계를 갖는다는 것은 부인할 수가 없다.

요한의 이와 같은 기술 목적에 비추어서 요한복음의 신학적인 측면은 마땅히 전반적인 고려를 받아야 한다. 요한복음을 기록할 때 그 기록자인 요한은 순전한 역사만을 기록하려 하지 아니하였고 다만 어떤 특수한 목적론적 견해를 띤 실제의 역사를 그대로 기록하려 했었던 것이다.

역사의 타당성은 자연히 그 저자의 신실성에 의존적으로 관계하며 이것은 다시 그 저자에 관한 전반적인 문제를 제기하게 된다. 여기서 이 문제를 논의하지는 않지만 다만 역사적 사실성의 문제에 제기되는 여러 가지의 결과적 취지의 견해들을 고찰해 보고자 한다.

만약에 사도 요한이 전통적인 견해대로 요한복음의 저자라 한다면 그것에 대한 자료상의 정당성은 분명히 높은 평가를 받게 될 것이다. 그 이유는 요한복음 모든 기자가 기본적으로는 한 사람의 증인목격자에 의한 기사이기 때문이다. 요한복음 13-17장의 고별기사告別記事 부분은 그 저자가 직접 개인적으로 참여하였다고 할 때 더더욱 중요한 증거가 되는 것이다.

외적 증거 및 한 목격자에 의해 기록되었다고 나타내는 암시적인 내적 증거로 확증을 받았음에도 불구하고 많은 사람들이 이와 같은 전통적인 견해에 대해 이의異意가 있는 곤란을 발견하여 사도 요한 이외의 다른 감독인 요한이나 완전히 익명인 다른 사람을 그 저자의 후보선상에 올려놓았었다.

그러나 사도의 저작자임을 논의하는 대부분의 학자들은 실제로 본 요한복음의 저자가 어떤 사도적인 관계를 가지고 있다는 점을 그대로 시인하고 있다. 어떤 이들은 사도 요한이 요한복음의 저자가 아닌 경우에는 그 복음서의 배후 증인목격자일 것으로 간주하기도 한다.

요한복음의 저작자에 대한 문제는 본서의 역사 문제에 비하면 덜 비평적이다. 몇몇 실례들에는 이와 같은 문제점들이 강하게 나타난다. 먼저 연대기적年代記的인 면에서 살펴보면 예루살렘 성전의 청결에 대한 언급이 요한복음에는 예수의 공생애 사역 초기때로 나와 있으나 공관복음에는 그것이 말기에 나와 있다.

만일에 요한복음의 기사가 예수의 유대교에 대한 청결을 상징적으로 나타내기 위한 것이라 한다면 연대기적인 문제는 완전히 해결될 것이다. 그러나 요한복음의 그 기록 부분은 그와 같은 상징적인 기사로 해석해서는 안 된다. 이 외의 또 다른 문제는 가르침의 형태문제이다. 요한복음에 공간복음상의 비유들이 없고 랍비적인 유형의 문답을 포함한 이야기 자료가 많이 나와 있는 점에서 요한복음이 공관복음서들과 차이가 난다.[78]

이 문제에 대한 이해의 해결이 전혀 불가능한 것은 아니다. 이것은 몇몇 비유적인 형태들이 요한복음에서 포도나무와 목자의 비유들에 추가로 포함되어 있기 때문이며 또한 몇몇 크게 확대된 이야기책의 자료는 다른 복음서들, 특히 마태복음에서 발견되기 때문이다.

---

78) Terence C. Mournet(2005). *Oral Tradition and Literary Dependency: Variability and Stability in the Synoptic Tradition and Q*. Hemsback: Mohr Siebeck Tubingen. p.78.

공관복음서와의 관계

요한복음을 공관복음서와 비교하게 됨에 따라 그 기자인 요한이 공관복음서에 나타나는 자료를 어느 정도 빼버렸는지 그리고 그가 공관복음서에는 없는 전혀 새로운 자료를 어느 정도 포함시켰는지가 나타나게 된다.

이에 따라 제기되는 문제는 요한복음서의 자료가 공관복음서와 전혀 무관한 것인지 아니면 그 저자에 의해 공관복음서가 하나의 자료로서 사용되었는지의 여부문제이다. 이들 모든 복음서들에 나타나는 공통적인 자료가 소수에 불과한 사실에 비추어 보아 사도 요한이 다른 복음서들을 그 문학적 자료들로서는 사용치 않았다고 하는 이론상 견해가 크게 대두된다.

공통적인 자료 중 크게 다루어진 기사로는 예수의 고난에 관한 기사이다. 사도 요한이 공관복음적인 구전을 요한복음의 원자료原資料로 사용치 않았다고 할지라도 그가 그것들을 당연시했었으리라는 것은 명백하다.

또한 주의 만찬에 대한 설명을 삭제하고 기록치 아니한 것은 그가 이미 이에 대한 상세한 사실이 널리 알려져 있었던 것을 생각하지 아니하였다면 달리 어떻게 풀 수 없는 난해한 문제일 수밖에 없다. 사도 요한이 요한복음을 공관복음서와 같은 시대 때의 것이 되게 하려 하였다는 견해는 하나의 합리적인 가설이라 할 수 있다.

사도 요한은 자기가 기록한 요한복음이 다른 책들과 함께 사용되리라는 것을 확실히 알았었다. 이에 대한 사실이 초기시대 때에 있었다는 것은 기독교 교부들의 증거에 의해 분명하게 드러난다.

곧 요한복음과 공관복음서들은 유일한 복음서들로서 받아 들여졌었던 것이다.

예수의 생애문제에 대해 역사가가 부딪치는 주요한 문제는 별개의 독립적인 기사들을 꼭 일치되도록 해 주는 어떤 만족할 만한 방법을 찾는 것이다. 앞에서 언급한 바 있는 성전청결聖殿淸潔이 그 한 예이다. 이에 대한 어떤 결정적인 해결책은 분명히 이루어져야 하는데 청결에 대해 이중적인 의미를 가하거나 아니면 그 밖에 요한복음과 공관복음서의 연대 기간에 하나의 선택을 취해 버리거나 하여야 한다.

대부분이 공관복음서의 연대기를 그대로 따르는데 그러나 전자의 제의가 전혀 불가능한 것은 아니다. 최후의 만찬 시기가 또 다르게 널리 알려진 중요한 점인데 이것은 요한복음에는 그 시기가 니산Nisan월 13일을 뜻하는 것으로 나타나 있는 것 같기 때문이다.

이와 또 다른 문제의 기사로는 요한복음에 예루살렘에서 일어난 것으로 기록된 사건들이 공관복음서에는 예수의 갈릴리 지역의 사역 중에 일어난 것으로 기록에 나타난다는 것이다. 문제는 이것만이 아니다. 예수의 공생애 사역 기간에 대해서도 요한복음에서는 3년이 아니라면 적어도 2년인 것으로 분명히 나타나는 데 비하면 공관복음서에서는 불과 1년인 것 같은 인상을 주고 있다.

그러나 이러한 문제가 해결 불가능한 것은 아니다. 이것은 비록 그 사건들이 표면적으로는 두 유월절 내에 모두 일어났던 것으로 나타나기는 하지만 공관복음서상의 예수 공생애 사역 중의 추수秋收에 대한 언급이 분명히 1년 이상이 포함되어 있음을 보여 주기 때문이다.

분명한 것은 공관복음서의 기자들이 요한복음의 기자인 사도 요한의 경우와 같이 유대의 명절인 절기 일자日字들에 대해서 그리 관심을 갖지 아니하였다는 점이며, 바로 그러한 이유 때문에 사도 요한은 그와 같은 연대기 문제에 대하여는 보다 좋은 길잡이로서 간주되어져야만 할 것이다.

상호 조화를 꾀하고자 하는 시도試圖들은 기껏해야 가설적인 임시적 시도에 불과할 뿐인데 몇몇 경우들에서는 순전히 독단적인 것으로 간주될 것들이다. 그러한 여러 자료들을 취급하는 데 있어서 한 가지 분명한 결론을 내린다면 복음서들의 연대기적 자료들은 극히 빈약하여 어떤 확실성을 가진 사건들의 순서를 재건한다는 것은 사실상 불가능하다는 것이다.

그 목적이 예수의 사고思考상의 어떤 심리학적인 진전을 추적하는 것이 아니라면 여러 사건들 가운데에는 어떠한 큰 문제도 일어나지 않는다. 복음서들에 연대기적 자료들이 거의 없어서 예수에 대한 전기적인 기록구성이 불가능하기는 하지만 복음서의 자료 자체는 역사적 예수의 실제성을 보여주는 데에는 극히 충분하다.

전체적인 개요에서는 어떤 순서를 따르고 있는데 이는 분명히 의도적으로 선택하여 취급한 것이었다. 또한 많은 요점적인 상세한 부분의 기사에 선택되어 취급된 순서는 명백하게 독단적이다.

3

4복음서에 보이는 예수

4복음서들의 일치 조화를 꾀한 초기 때의 시도에도 불구하고 그것이 언제나 그 복음서들을 별개로 분리 유지시켰을 뿐이었다는 것은 아주 중요한 사실이다. 각 복음서에는 자체적인 예수에 대한 묘사가 나타나 있으나 완전한 전체적인 묘사로서는 부족하다.

복음서를 쓴 네명의 저자들도 오늘날 독자들이 매우 관심 있어 할 부분들은 별로 기록하지 않았다. "예수 생애의 10분의 9는 기록에서 빠져 있다. 아무도 예수의 신체에 대해 언급하지 않았기 때문에 예수의 체격이나 키, 눈 색깔 등에 관해서는 전혀 알려진 바가 없다."[79)]

예수의 가족사에 대해서도 세부적인 설명이 전혀 없기 때문에 학자들은 지금까지도 예수께 형제 자매가 있느냐 없느냐를 두고 논쟁한다. 이 시대 독자들이 중요하다고 생각하는 전기적인 정보가 복음서 저자들에게는 전혀 관심사가 아니었다.

그러므로 각 복음서의 기자들이 묘사하고 있는 예수에 대한 특징적 성격을 몇 가지 밝혀 보는 것은 유익할 것이다. 이러한 시도

---

79) 김성녀 옮김(2012). 내가 알지 못했던 예수(Philip Yancey 지음). 서울: 한국기독학생회출판부, p.22.

는 모든 4복음서상의 자료로부터 하나의 일관된 계속적인 기사를 재구성하려는 어떠한 시도보다도 더욱 정당한 것이 될 것이다.

마태복음의 예수

마태복음에 표현되어 나오는 예수상像에는 많은 특징들이 있다. 여기서의 예수상은 마치 어떤 왕적王的 특징을 띤 초상화와 같이 나와 있다. 예수의 족보상의 계통은 다윗 후손의 계통인데 이 다윗이 마태복음 1장의 족보상의 목록 중 제2의 주요항목 첫머리에 언급되고 있다.

마태복음에서는 '다윗의 후손'이라는 표현이 여러 가지 경우에서 나타나는데 다른 공관복음서들에서 보다 더 범위가 넓다. 예수에 대한 마태복음의 탄생기사는 왕의 신분에 적합한 경의敬意에 그 초점을 맞추어 표현되고 있는 데 비해, 누가복음의 탄생기사는 지극히 비천한 목자들이 경배에 초점을 맞추어 표현하고 있어서 대조가 된다.

[예수의 예루살렘 입성]

예수께서 예루살렘에 승리의 입성을 하신 기사의 표현에서는 마태복음과 누가복음이 모두 왕적 모습의 표현을 하고 있으나 이에 걸맞게 "보라 네 임금이 너희에게로 오신다"라는 구약의 말씀을 인용한 성경은 마태복음뿐이다. 공관복음서들 모두가 하나님의 나라에 대한 예수의 가르침을 언급하고 있으나 거기에 대해 중점적으로 강조하여 언급한 곳은 특별히 마태복음에서이다.

예수의 비유들은 천국 곧 하나님 나라에 대한 비유들이다. 예수께서 전파하신 메시지는 하나님 나라를 선포하는 것과 관련이 있다.

마태복음의 또 다른 특징은 예수를 권위 있는 선생으로 표현한 점이다. 마태는 예수의 공생애 사역기사使役記事 사이사이에 많은 이야기 부분을 끼워 넣고 있는데, 그 안에서 특별히 예수의 가르침과 사역을 강조하고 있다.

그러나 여기서의 예수는 단순히 유대적인 랍비의 모습만으로 끝나 버리는 형태의 표현이 아니다. 도리어 실제로는 유대의 랍비들이 끝까지 붙들고 고수하는 것이 자기들의 최고의 사명으로 여겼던 율법을 폐기하고 새 것으로 교체할 수 있는 권위가 있다고 주장하는 예수로 표현했다. 이러한 근본적인 사이의 견해에서 볼 때 예수께서 당시의 종교 지도자들과 여러 면에서 자주 충돌하신 사실의 표현은 조금도 이상한 것이 아닌 것이다.

마태는 마태복음 7:29절에서 예수의 가르침을 듣고 놀라는 무리들을 보고 평하기를 "무리가 그의 가르침에 놀랐다. 예수께서는 그들의 율법학자들과는 달리 권위있게 가르치셨기 때문이다"라고 했다. 마태복음은 크게 다섯 개의 항목으로 분류될 수가 있는데 이들 분류된 부분들은 천국에 대한 예수의 가르침의 다양한 면들을 설명해 준다.

예수께서 구조적이자 종말론적으로 사용하신 명칭인 '인자'라는 표현은 마태복음과 다른 복음서들에서 예수를 묘사하는 데에 공통으로 사용되어 나온다. 마태복음에는 또한 다른 복음서들과 같이 예수의 메시아되신 사실을 믿는 신앙이 표현되어 있다.

장차 다가올 교회에 대한 예수의 말씀들 및 그 교회 성격에 대한 어떤 시사적 언급은 마태복음에만 나와 있는데, 곧 16:18절 이하의 "나도 너에게 말한다. 너는 베드로다. 나는 이 반석盤石 위에다가 내 교회를 세우겠다. 죽음의 문들이 그것을 이기지 못할 것이다"와 18:15절 "네 형제가 죄를 짓거든, 가서, 단 둘이 있는 자리에서 그에게 충고하여라. 그가 너의 말을 들으면, 너는 그 형제를 얻은 것이다. 그러나 듣지 않거든 한두 사람을 더 데리고 가거라. 그가 하는 모든 말을 두세 증인의 입을 빌어서 확정지으려는 것이다. 그러나 그 형제가 그들의 말도 듣지 않거든, 교회에 말하여라. 교회의 말조차 듣지 않거든, 그를 이방사람이나 세리稅吏와 같이 여겨라"는 말씀을 참고할 수가 있다.

이러한 면에서 마태복음은 초기 기독교 시대로 진입하는데 이것은 예수께서 승천昇天하시기 전에 자기 제자들에게 복음에 관한 지상명령至上命令을 하달下達하시고 또한 예수께서 언제나 그들교회과 함께 하시리라는 확신으로 그 복음서의 끝을 맺는 성경이 바로 마태복음이기 때문이다.

마태복음에는 예수 그리스도의 부활 기사가 다른 복음서들보다 상세히 언급되어 있다.

마가복음의 예수

마가복음에 나타나는 분명한 공헌적인 특징은 마가복음의 독특한 자료로서의 면에 있지 않고 예수 사역활동 등에 대한 강조성에 있다.

제일 첫 번째의 특징은 예수의 지속적인 활동에 대한 것이다. 가르침의 자료가 상대적으로 거의 없다는 점이 이러한 인상을 강조하고 있다. 마가복음은 예수의 행동들이 순간적으로 이루어진 것으로 종종 나타내고 있다.

예수에 대한 마가복음의 묘사를 간결하게 나타내 보여 주는 한 가지로는 마가복음 10:45절의 "인자는 섬김을 받으러 온 것이 아니라 섬기러 왔으며, 많은 사람을 구원하기 위하여 치를 몸값으로 자기 목숨을 내주러왔다"는 말씀을 들 수가 있다.

[하누카 촛대]

마가복음은 본질적으로 종이신 그리스도의 복음으로서 행동적인 사람들에게 커다란 격려激勵를 주는 분주한 활동으로 충만한 복음이다. 예수께서는 속세를 떠나 은둔隱遁하는 종교적인 운둔과는 전혀 무관하시고 자기 주위에 있는 사람들의 필요한 것들을 익히 잘 알고 계셨던 분이었다.

마가복음이 특기할 만한 것은 예수의 고난과 부활 기사에 상당량의 분량을 제공하고 있다는 점이다. 마가복음 10:45절을 제외하고는 그리스도의 죽으심의 의미에 대해서 특별한 가르침이 거의 없으나 마가복음 전체 기사의 배열이 주는 인상은 마가복음의 실제적인 초점이 마지막 결론의 사건들에 집중되어 있고 또한 마가복음의 기사 2/3가 이 사건들에 대한 하나의 준비성을 띄고 있다는 인상을 준다.[80)]

마가가 마가복음을 기록할 때에 어떤 전기傳記를 쓰려고 시도하지 않았던 것은 분명하다. 실제로 복음서의 모든 기자들 중에서 그 복음서를 '예수 그리스도의 복음'이라고 기술한 자는 이 마가뿐이다. 마가가 마가복음을 기록할 때에 그 주요 부분으로 삼았던 것은 십자가상에서 예수께서 성취하신 구속사역이였던 것이 분명하다.

한 가지 명심해야 될 사실은 마가가 마가복음 기사의 기록과정에서 다른 복음서들에 비해서 예수를 '인자'라는 표현으로 월등히 많이 나타내고 있기는 하지만 그 기록 첫 부분에서는 예수를 '하나님의 아들'로 확증하여 시작하고 있다는 사실이다.

마가복음의 말언어보다는 행동적인 표현의 글이기 때문에 이들 두 명칭들이 예수의 말씀에서 보다는 그의 여러 행동 가운데에서 나타나 있음은 아주 자연스러운 것이다. 예수의 자비하심은 그의 여러 가지 동정적인 행위가 이적들로 묘사되는 사실에 그대로 나타난다.

---

80) Delbert Burkett(2002). *An introduction to the New Testament and the origins of Christianity*. Cambridge University Press. p.155.

마가가 자신의 메시아 비밀에 관한 이론을 그의 복음기사 자료에 부과했으리라 주장하는 자들에 대한 언급은 이미 했었으나 그 이론이 증거상의 요구를 받지 않으므로 예수에 대한 마가의 묘사는 예수 자신의 메시아적 사명에 대한 인식을 나타내 주는 것이라 말할 수가 있을 것이다. 예수의 지상생활은 장차 알려지게 될 이것을 위한 정해진 때는 아니었던 것이다. 메시아는 제일 먼저 부활하신 그리스도로 인식되어져야만 할 것이다.

누가복음의 예수

누가복음에 나타나는 예수상은 따뜻한 인간미人間美가 넘치는 표현의 것이다. 예수의 탄생에 관한 여러 기사들은 더더욱 친근감이 든다. 누가복음에는 예수께서 당시의 사람들과 접촉하신 사실들이 다양하게 표현되어 나타나 있는데 특별히 예수의 여인들과 아이들에 대한 관심이 강조되어 나와 있다.

[어린이들과 함께 하신 예수]

누가복음 15:8절 이하에 나오는 비유들에 나타나듯이 그들에 대한 따뜻한 인간미가 어린이를 다룬 여러 비유 가운데 자주 나타난다. 전도자 누가는 누가복음을 기록할 때 다른 복음서들의 기자들보다 예수의 가르침 중에 나타나는 기쁨의 주제를 더욱 많이 기록했다.

예수의 사역이 사람들에게 우울한 인상으로 비치지 않도록 했던 것이다. 심지어는 예수의 고난기사 부분에서까지 비극적인 측면을 약하게 취급하여 기록했다. 변화산상에서의 기사에서 예수의 죽으심에 대한 것보다는 그의 사명적인 출발에 대화의 관심이 쏠려 있다. 십자가상의 광경의 기사에서 예수의 버림받음에 대한 울부짖음인 "어찌하여 나를 버리셨습니까?"란 말이 포함되어 있지 않다. 마태복음과 마가복음에는 모두 나와 있는데도 말이다.

누가복음에 나오는 십자가상의 예수의 마지막 말씀들로는 그가 자기 영혼을 천부께 부탁하는 기도였다. 그럼에도 불구하고 누가복음상의 십자가에 대한 묘사가 약간 유화적이지만 그 구심점求心點만은 다른 복음서들에서와 같이 분명하다.

부활하신 그리스도께서 자기의 당하신 고난의 필요성을 성경으로 풀어 해석해 주시는 것으로 표현된 곳은 바로 이 누가복음에서이다. 누가복음의 말미末尾는 이제는 더 이상 예수의 지상 임재가 없이도 성도들이 즐거워하게 되는 상태의 기쁨에 관한 짤막한 구절의 말씀으로 끝나고 있다.

전도자 누가는 역사적 예수를 신앙의 그리스도와 밀접한 연속적 관계하에 나타내는 데 있어 이보다 더 명확한 방법으로는 할 수가 없었을 것이다.

요한복음의 예수

비록 다른 공관복음서들의 예수상과 동일 인물인 것으로 확인 가능한 많은 공통적인 특징들이 있기는 하지만 요한복음의 예수상은 다른 데가 있다. 사도요한은 예수 그리스도에 대한 묘사를 할 때 공관복음서들의 경우와는 다른 방법으로 신적 중재자仲裁者의 개념을 도입하여 신神, 곧 하나님이신 말씀이 육신이 되셨다고 표현했다.

이와 비교할 만한 표현이 공관복음서들에는 전혀 없다. 만약에 요한복음 전편에 이와 동일한 성질이 전개되었다면 그로 인한 연구의 난점은 극복될 수 있었을 것이다. 사도 요한은 예수 그리스도의 성육신成肉身에 대해 말할 때 인간적인 용어를 사용하여 "말씀이 육신이 되셨다"로 의미 있게 표현하였다.

요한복음에 나타나는 예수상에 대한 가장 특기할 만한 특징은 예수와 천부 사이의 아들관계이다. 이것은 본질적으로 하나님의 독생자이신 아들 예수의 복음이다. 요한복음의 목적하는 바는 예수가 바로 하나님의 아들이심을 사람들로 하여금 믿도록 하는 것이었다.

기자記者 요한은 요한복음을 기록할 때에 상당부분을 이 목적에 관한 사실증거에 할애割愛하여 기록했다. 요한복음 전편에는 예수의 자아 인식신적神的과 자신의 아버지와의 의존관계를 보여 주는 기록들이 산재하여 있다. 예수는 하나님께로부터 보내심을 받은 분이시며 그가 행한 것은 바로 하나님의 뜻이라 하였다. 예수는 또한 사람들을 불러 그들에 대한 아버지의 목적에로 가게 하신다

[하늘을 우러러 보시고 기도하시는 예수]

하였다.

이러한 측면의 예수에 대한 표현의 절정이 요한복음 17장에 나타나 있다. 본장章의 예수의 기도가 대제사장격인 기도라고 생각할 수도 있는데 실제로는 자기 제자들을 위해 천부께 간구하는 아들로서의 기도인 것이다.

신비한 이적들이 예수에 대한 증거물로 나타나 있다는 점은 예수에 대한 요한복음의 묘사의 또 다른 특징이다. 이들 이적들은 확증하기 위해 행해진 것이자 또한 하나님의 영광을 드러내기 위한 것이라 했다. 이 이적들 자체가 하나님의 아들에 대한 묘사와 일치하는데, 곧 그것들은 마땅히 그 아들이 수행해야 될 것으로 기대되는 행위들이란 것이다.

이들 이적들은 또한 사람들로 하여금 예수가 하나님의 아들되심을 믿게 해 주는 도움을 주기 위한 목적도 있는데 예수께서도 친히 사람들에게 자신을 믿지 못하겠거든 자기의 행하는 이적들을 보고 믿으라고 말씀하셨다.

요한복음에 나타나는 예수의 완전한 인간성에 대한 증거가 다른 복음서들보다 더욱 많다는 놀라운 사실은 바로 이와 같은 여러 가지 특성들과 관계되어 있다. 예수께서 우리와 똑같이 목마름과 피곤함을 겪으신 것으로 표현되어 있다.

예수께서 나사로의 무덤을 보시고 불쌍히 여겨 눈물을 흘리셨다. 예수께서는 실제로 가장 천한 일도 하셨다. 이것은 모두 말씀이 육신이 되셨던 사실을 나타내기 위함인 것이 분명하다. 이와 같은 요한복음의 예수에 대한 표현은 예수에 대한 가현실적인 표현과 완전히 다른데 후자의 경우에는 예수의 인간성이 실제보다 더더욱 분명하다.

["예수께서는 (나사로의 죽음에) 눈물을 흘리셨다" 요한복음 11:35]

요한복음은 마가복음의 그것과는 완전히 대조적으로 그 표현상의 특징에는 어떤 느긋함이 있다. 요한복음에 나오는 예수는 사람들과 대화도 하시고 또한 논의도 하실 만한 시간이 있으신 것으로 나온다. 그 행동은 느릿느릿한 동작으로 나타나거나 때로는 전혀 없는 경우조차 있다.

요한복음에는 다른 것들에 대한 것보다 이런 표현의 불가피한 의미가 더 많이 있다. 요한복음 전면에는 운명의 '시간때'라는 것의 개념이 도도히 흐르고 있다. 이 '시간'이 처음에는 아직 오지 않은 것으로 언급되다가 나중에는 고난 기사에 이르러 그 절정에 도달하게 되는데 그 중간에서 독자들은 이러한 절정적인 운명의 때를 미리 예기하게 된다.

예수께서 지신 십자가는 요한복음에서 하나님의 목적의 부분으로서 나타나며 그것에 대해 우발적인 어떤 것으로 취급치 아니했다.

앞서 언급한 바와 같이 4복음서상에 나타난 예수상像을 서로 비교해 본 결과 각기 예수의 다른 측면들을 나타내고 있는데, 따라서 이것들 중 어느 하나라도 폐기해 버린다면 그만한 손실을 각오해야 할 것이다. 역사적 예수에 대한 인식의 시도에 있어서도 4복음서에 나타난 예수의 인격에 대한 다면적인 특성을 제대로 인식치 않고서는 소기의 성과를 절대로 거두지 못할 것이다.

4

다른 신약성경에 보이는 예수

바울서신서에서 보이는 예수상像

역사적 예수에 관한 복음서의 증거와 사도행전 및 서신서書信書의 관계에 대한 중요한 문제가 제기된다. 사도 바울의 편지는 특별히 관심을 끈다. 이들 서신서가 예수의 가르침과 사건에 대한 사도 바울의 지식을 어떻게 나타내고 있는가를 알아보아야 한다.

이들 편지에서 받는 첫 인상은 바울이 역사적 예수에 대해서 전혀 몰랐거나 아니면 무관심했으라는 인상이다. 그러나 이러한 인상은 전부가 정당한 것이 아니다. 그 이유는 서신서들 안에 바울이 어떤 예수께 대한 역사적 사실을 알고 있었다는 증거상의 과거의 언급이 나와 있기 때문이다.

사도 바울은 갈라디아에서 율법주의자들과 변론할 때에 갈라디아서 4:4절에 나와 있는 바와 같이 "기한이 찼을 때에 하나님께서는 자기 아들을 보내셔서, 여자에게서 나게 하시고, 또한 율법 아래에 있는 사람들을 속량하시고, 우리로 하여금 자녀의 자격을 얻게 하시려는 것이었다"라고 주장했는데 이 말로 미루어 그가 예수를 유대 율법 환경에서 사신 진실한 사람으로 간주했었다는 것이 분명히 나타난다.

로마서 1:3절에 나오는 바와 같이 사람의 생각대로라면 예수는 다윗의 혈통에서 나셨다고 했다. 여기서 분명하게 나타나는 사실은 사도 바울이 예수가 다윗 혈통의 가계家系에서 태어나신 것을 알고 있었다는 사실이다.

예수의 성품에 대한 바울의 지식은 그의 서신서에서 찾아 볼 수 있는데, 곧 고린도후서 10:1절에서는 예수 그리스도의 온유와 관용으로, 빌립보서 1:8절에서는 그의 자비로, 로마서 15:3절에서는 그리스도가 자기에게 오는 비방誹謗을 즐거이 참으셨다는 것 등으로 나와 있다.

이들 설명적인 언급이 바울과 그의 독자에게 알기 쉽게 이해된 의미의 것이라면 역사적 예수에 대한 배경의 지식을 필시 가지고 있었을 것이다. 실제로 사도 바울은 예수의 생애에 대한 외적 환경을 확실히 알고 있었다.

이것은 그의 기록한 고린도후서 8:9절에 예수 그리스도의 가난에 대한 언급이 나와 있기 때문이다. 그뿐만 아니라 예수 그리스도에 대한 어떤 상세한 지식을 그 필수 조건으로 하고 있음이 분명한 것이다.

예수의 고난과 부활에 관한 부분에서 바울의 증거 중 가장 명료한 증거가 나타난다. 바울은 예수께서 유대인의 손에 잡히신 사실을 알고 있었다. 사도 바울은 비록 유대인이 예수께 고난을 끼친 데 동참한 것으로 말하기도 했으나, 예수를 십자가에 못을 박은 자들은 "이 세대의 관원들"이라고 하였다.

고린도전서 15장의 부활에 대한 언급은 세세한 주의를 기울여 나타내고 있는데, 이것은 그 언급들이 그것에 관한 복음서 기사에 추가적인 정보를 제공해 주는 것이기 때문이다. 예수의 죽으심과 장사葬事에 대한 언급은 이것들의 역사적 사건과의 관계를 보여 주기 위해 부활에 대한 언급 이전에 기록했다.

사도 바울 자신이 이러한 지식을 받은 사실을 정확하게 진술하고 있으므로 처음 시기에 예수의 매장埋葬 사실에 커다란 중요성이 부가되었다는 것은 분명하다. 예수의 부활과 관련하여 나타난 몇 가지 사항에 대한 언급이 있다는 것은 특별한 관심을 끈다. 무엇보다도 먼저 바울서신서에서는 복음서에 나타나는 몇 가지 사실이 빠져 있는데 예수의 무덤을 찾아 간 여인들과 엠마오 도상道上에서 부활한 예수를 만난 두 제자에 대한 언급 등이 빠져 있다.

고린도전서 15:5절의 500여 형제가 누가복음 24:50절에 언급된 예수께서 승천하신 것을 본 사람들의 가리키는지의 여부는 분명하지 않으나 그 숫자를 밝힌 것은 바울뿐이다. 더욱이 그들 중에 야고보가 참여했었다고 언급한 것도 바울뿐이다. 바울 서신에 나타나는 여러 자료를 복음서에 언급된 그것과 조화 있게 맞추어 보려는 시도는 쉬운 일이 아니다.

그러나 그러한 이유 때문에 바울서신의 증거가 분명히 독립적으로 간주되는 것이다. 근본적인 케뤼그마κερυγμα[81]는 분명히 기독교 신앙의 중심 요소에 대한 역사적 증명의 필요성을 강조해 준다. 부활은 확실히 하나의 개인적 주관의 체험 이상의 것이었다.[82]

고린도전서 11:23절 이하에 나와 있는 바와 같이 사도 바울은 주님의 최후의 만찬 설립에 대한 자세한 언급을 하고 있는데, 그

---

81) 케리그마: 그리스어 케루세인이라는 동사에서 파생된 명사로, 전령관으로서 임무를 행하는 것을 말한다. 영어로 'preach'라고 번역되지만, 일반적인 설교와는 의미가 다르다.

82) 이한수(1992). 바울의 교회론. **신학지남**. 제59권 1호. pp.35-70.

언급은 복음서들의 병행 기사에 보충적인 주님의 말씀, 곧 "이것을 행하여 마실 때마다 나를 기념하라"는 말씀을 포함하고 있다.

이 구절의 말씀은 특히 관심을 끄는데 이는 바울 자신이 그 말씀을 주께로부터 직접 받은 것이라고 주장하기 때문이며 이로써 그는 분명히 그러한 성만찬의 전통이 하나님의 재가裁可를 받은 사실임을 뜻하고 있다.

["이것을 행하여 마실 때마다 나를 기억하라"고린도전서 11:24]

바울서신서에는 예수의 가르침에 대한 그의 지식을 보여 주는 언급인 것으로 보이는 여러 경우들이 나타나 있다. 로마서 13:10절과 갈라디아서 5:14절에 나오는 율법성취로서의 사랑을 그가 언급한 사실은 곧 예수의 가르침을 그대로 되풀이한 것일 것이다.

비록 바울이 결혼문제에 대한 자신의 견해가 예수의 가르침과 조화된다고 믿기는 했지만 자신의 견해와 예수님의 가르침 사이를 뚜렷이 구별해서 말한 사실은 더욱 특수한 경우라 할 수 있다. 목회서신서牧會書信書들의 경우로는 이와 같은 예수의 가르침에 대한 언급이 두 번 정도 나타난다.

곧 디모데전서 6:3절에는 바울이 디모데에게, 참 선생이라면 마땅히 우리 주 예수 그리스도의 풍성한 바른 말씀을 그대로 따를 것이라고 조언한 것으로 나오는데 여기서의 주의 말씀은 곧 예수께서 직접 가르치신 말씀에 대한 언급일 것이다.

다른 언급으로는 어떤 성경구절의 인용말씀과 함께 나온 디모데전서 5:18절의 "'타작마당에서 낟알을 밟아 떠는 소의 입에 망을 씌우지 말라' 하였고 '일꾼이 자기 삯을 받는 것은 마땅하다' 하였다"는 언급인데 본 구절의 후반 부분의 말씀은 분명히 예수의 말씀이거나 또는 누가복음 1:7절의 인용일 가능성도 있다.

어떤 이들은 사도 바울이 예수의 생애에 대한 역사적 여러 사실의 언급을 더 많이 나타내지 아니한 사실에서 난색難色을 표명해 왔다. 이것이 전혀 예기되지 않았던 것은 아니다. 사도 바울의 기록한 모든 편지는 교회에서 일어난 관습과 신학적인 여러 문제를 다루는 흔히 있을 수 있는 서신이라 할 수 있다.

실제로는 그 서신 안에는 거기에 걸 맞는 예수의 말씀과 사건이 적당하게 기록되어 있는 경우들이 많이 있다. 그러나 보통은 역사적 예수에 대한 기본적인 지식이 없고서는 교회가 그 서신서를 이해할 수 없었기 때문에 그러한 기본적인 지식들을 빼고서 그와 같이 기록했던 것이라고 말할 수 있을 것이다.

사도행전에서의 증거는 예수의 죽으심과 부활을 그 초기 때의 설교의 주요 내용으로 강조하고 있다. 사도행전에 예수의 생애에 대해 어떻게 나타내고 있는가? 이에 대한 가장 명확하고도 간결한 개요기사는 사도 베드로가 고넬료와 그의 가족들에게 행한 설교에 나타나 있다.

베드로는 말하기를 나사렛 예수는 하나님에 의해 성령으로 기름부음을 받은 자라고 했다. 또한 예수는 선행과 치유와 특히 귀신을 쫓아내시는 일을 하셨다고 했다. 예수께서 나무에 매달려 죽으신 사실도 언급했다. 이것은 예수께 대한 이런 상세한 역사적 사실들이 이미 초기 기독교 시대에 퍼져 있었다는 것을 증거해 준다.

사도행전 2장 등에 나오는 베드로의 초기 때의 설교 등에는 예수를 십자가에 못 박게 한 책임은 유대인에 있다는 것과, 예수 대신에 살인한 자를 택하여 석방하고 예수를 살해한 책임이 유대인에게 있다는 것이 강조되어 있다. 사도 베드로와 일곱 집사 중 한 사람인 스데반은 예수를 의로우신 분으로 말하고 있는데 이로써 그들이 예수의 거룩한 성품을 알고 있었다는 사실을 증거하고 있다.

비非 바울서신서들에 보이는 예수상

다른 편지들에서의 자료는 극히 빈약하다. 히브리서에는 예수의 당하신 시험에 대한 인식이 나와 있다. 히브리서 5:7절에는 예수께서 이 세상에 계실 때에 심한 통곡과 눈물로 하나님께 간구하며 소원을 올린 사실이 언급되어 있는데 이것은 아마도 예수께서 겟세마네 동산에서 고통당하신 사실에 대한 특별한 언급인 것으로 보인다.

[겟세마네 동산에서 고통 속에서 기도하시는 예수]

또한 히브리서 12:3절에는 예수께서 당하신 인간들의 적대 행위에 대한 과거의 일에 대한 언급이 있는데, 그 적대 행위를 그가 참으신 것 같이 그를 믿고 신실히 따르는 모든 자들도 피곤치 않기 위해 그를 본받아야 된다고 했다. 이러한 몇 가지 구절들의 언급을 보아 본서의 기자가 역사적 예수에 대한 배경 지식을 많이 알고 있었다는 사실이 분명히 드러난다.

야고보서에 나타나는 주된 특징은 야고보가 예수의 말씀들, 특히 산상설교에서 따 온 말씀들을 자주 지식적으로 나타내는 데 있어서의 그 취급 방법에 있다 할 수 있다. 이것은 야고보가 다른 어떤 신약의 기자들보다도 더욱 예수의 말씀들을 많이 반영하고 있기 때문에 특히 중요한 것이다.

그러나 야고보서는 신약성경 중 가장 관습적인 것으로 그 때문에 예수의 가르치신 윤리적인 가르침이 야고보서의 가장 중요 부분을 많이 차지하고 있다.

베드로후서의 역사적 예수에 대한 언급은 불과 몇 군데 안 된다. 베드로전서 2:21절 이하에는 그리스도의 당하신 고난이 그를 믿는 자들의 본으로서 언급되어 있으며, 동시에 그가 당하신 고난들이 구체적으로 나와 있다.

곧 "그는 죄를 지으신 일이 없고 그의 입에서는 아무런 거짓도 찾아 볼 수 없었습니다. 그는 모욕을 당하셨으나 모욕으로 갚지 않으시고, 고난을 당하셨으나 위협하지 않으시고, 정의롭게 심판하시는 이에게 다 맡기셨습니다. 그는 우리 죄를 자기의 몸에 몸소 지시고서, 나무에 달리셨습니다. 그것은, 우리가 죄에서 죽고 의에는 살게 하시려는 것이었습니다. 그가 매를 맞아 상함으로 여러분이 나음을 입었습니다. 전에는 여러분은 길 잃은 양과 같았으나, 이제는 여러분의 영혼의 목자이며 감독이신 그에게로 돌아왔습니다"와 같다.

믿는 자가 이방인 중에서 선행을 베풀어 그들로 그 행위를 보고 하나님께 영광을 돌리게 하라는 베드로전서 2:12절 말씀은 마태복음 5:16절에 나오는 예수의 말씀을 그대로 되풀이한 것이다. 또한 본서신서의 3:19절에는 도저히 그 정확한 의미를 알 수 없는 말씀이 기록되어 있는데 복음서들에서조차 그것에 대한 암시를 전혀 얻어 볼 수가 없으며 그 말씀은 "그는 영으로, 옥에 있는 영들에게도 가셔서 선포하셨습니다"와 같이 나와 있다.

베드로후서 1:17절 이하에는 예수의 변화산상에서의 변화하심과 그 사건을 직접 목격한 사실에의 기록이 나와 있다. 요한1서는 그 1:1절에 사도 요한이 눈으로 본 것이요, 우리가 손으로 만져 본 것에 대해 말하고 있으나 그 밖의 예수에 대한 역사적 상술의 기록은 전혀 나와 있지 않다.

요한계시록의 예수 그리스도께 대한 언급은 주로 하늘에 있는 분으로 강조하여 언급하고 있을 뿐 예수의 지상 생애 중에 일어난 사건에 대한 언급은 없다. 다만 후자에 관계될 만한 것으로는 땅위에서 죽임을 당하신 어린 양에 대한 것 정도 등이다. 이 외에 "귀 있는 자는 들을 지어다"는 반복적인 말씀도 복음서에 나오는 예수의 말씀을 되풀이한 것이라 할 수 있다.

요약한다면 역사적 예수에 관한 복음서 이외의 신약상의 특수한 자료란 사실상 빈약한 것으로 나타나지만 한편으로는 도처에 그것들이 암시적으로 나타난다고도 할 수 있을 것이다. 초대 기독교 교회가 여러 복음 자료에 그와 같은 축적된 지식을 기록해 놓았었다는 것은 전혀 이상한 일이 아니다.[83]

83) 高橋三郎(1994). **新約聖書の世界**. 東京: 教文館. pp.125-129.

Chapter 5
예수의 생애와 사역(1)

예수의 전기적인 일대기에 대하여 현재 이해되고 있는 것과 같이
기술한다는 것은 사실상 거의 불가능하다.
기독교는 역사적 종교이므로 최소한 예수의 지상 생애중
몇 가지 주요한 사건들을
그 개요만이라도 기술하려고 한다.

1

나사렛에서의 30년

예수 생애에 관한 그의 서론적인 부분에서 가장 중요한 부분은 그가 인간생활 속으로 직접 강림降臨한 사건이다. 비로 이러한 이유 때문에 마태와 누가는 그 복음서를 기록할 때 예수의 탄생기사誕生記事로 시작하고 있다. 이와 반면에 요한은 요한복음을 기록할 때 그 서두序頭에 탄생 이전의 예수의 영원하신 상태를 그대로 반영하여 기록하고 있다.

예수의 지상 생애의 시작을 요한복음의 서두에 나오는 그 기록으로 시작할 수는 없다. 이것은 사도 요한이 기록한 요한복음 서두의 예수께 대한 기사설정記事設定의 무대가 이 지상의 역사 영역을 초월한 것이기 때문이다. 모든 복음서의 저자들이 예수의 본래의 신적神的 영광을 믿었기 때문에 예수에 대한 그러한 기록은 가장 논리적인 출발이라 생각한다.

요한복음의 서론부분

처음에 얼핏 보면 사도 요한이 서두에 '말씀'에 대한 기술을 유입시켜 놓은 것이 이상하게 보이는데 이것은 그가 본 요한복음의 서론말미序論末尾부분 때까지는 '말씀'을 '예수 그리스도'와 동일시하여 표현하지 않고 있기 때문에 더욱 그러하다.

요한복음의 서두 부분은 명확한 설명적인 것이라기보다는 더욱 어리둥절한 것이었을 것이다. 이 부분의 요한복음의 자료가 어떤 것이었는지는 확실히 모른다.

알렉산드리아의 줄리우스 필로Philo는 로고스λογος에 대해 많은 말을 했는데 그의 사상적 체제에 의하면 이 로고스는 하나님과 인간 사이의 '중개 원칙'이나 이 로고스가 육신으로 될 수가 없다고 하였다. 그런데 사도 요한은 요한복음에서 말씀이 육신이 되셨다고 말함으로써 필로와 다른 유형의 로고스를 나타내고 있다.

필로는 그 자신의 박학다식에도 불구하고 요한의 경우와 같이 로고스가 사람들 가운데서 거할 수 있다는 것은 도저히 생각해 내지를 못했는데 그의 로고스는 사람들로 행동하게 하거나 또는 그들에게 능력을 주어 하나님의 아들들이 되게 해 주는 로고스였을 뿐이었던 것이다.

이것은 분명 당시의 헬라 세계에 하나의 새로운 사상적 요소였다. 유대인人인 이 요한의 사상에는 메시아적 소망과 함께 예수의 오심에 대한 준비사상이 있을 뿐만 아니라 예수의 중재적인 메므라[84]의 개념에 의한 피조被造 세계에서의 하나님의 대리인이라는

---

84) 유대인들은 포로 시대 이후 하나님의 초월성을 보존하려고 했다. 그들은 BC3세기부터 성경을 낭독할 때에 '야웨'라는 이름을 읽지 못하게 하고 '아도나이주님'이란 말로 대신하게 했다. 구약을 헬라어로 번역할 때에는 '야웨'를 '큐리오스주님'로 번역했고, 아람어로 번역할 때에는 '야웨'를 '메므라말씀'로 번역했다. 그들에게 하나님의 이름을 부르는 것은 하나님께서 다른 신들 중에 하나로 전락시키는 것으로 이해되었으며, 따라서 대제사장은 제사를 드릴 때에도 하나님의 이름을 얼버무려 아무도 알아듣지 못하게 했다. 유대인들은 자신들은 하나님의 '네펠레νεφελη구름'나, 그의 '독사δόξα영광'를 통해서 하나님을 경험할 수 있으며, 하나님께서는 하나님의 신이나 음성을 통해서 자신의 택한 사람들에게 '메브라μειμα말씀'하신다고 한다.

사상도 내포되어 있었던 것이다.

'말씀'의 사상적 개념의 기원보다 더더욱 중요한 것은 사도 요한이 요한복음 서론 부분에서 나타내고 있는 말씀, 곧 예수께 관한 기술들이다. 사도 요한은 이 서론 부분에서 예수 그리스도의 성육신하시기 이전의 영원하신 존재성 및 그의 신적 성품을 다 같이 강조하고 있다.

곧 예수 그리스도의 능력은 그의 창조적인 힘energy의 증거이자 그의 재창조 활동의 증거이다. 말씀이 어두움에 비취는 빛으로 동일시되고 있는데 이것은 도덕적 흑암黑暗의 환경 속으로 예수 그리스도가 들어오심을 가리킨다. 육신이 되신 말씀은 요한복음 서론 부분에서 가장 핵심적인 부분을 차지하고 있다. 기사 전체는 기본적으로 하나의 인간적이자 역사적인 이야기인데 이것은 육신이 되신 성육신의 일 자체가 사람들 가운데 일어났을 뿐 아니라 그 성육신하신 '말씀'의 영광이 그들 가운데서 나타나 비취었기 때문이다.

이 요한복음의 서론 부분과 그 이후의 모든 사건들 사이에는 하나의 의심할 수 없는 뚜렷한 관계가 있다. 예수 그리스도의 모든 행동들과 그 말씀들은 사람들에게 은혜와 진리를 가져 오는 수단인 것이며 또한 하나님께서는 그를 통하여 자기의 계시를 사람들에게 알리신 것으로 되어 있다.

모든 복음서들의 기록이 이러한 사명의 빛으로 나타나지 아니한다면 예수의 생애에 대한 진정한 평가란 절대로 있을 수가 없다.

요한복음 서론 부분에 대한 한 가지 중요한 특징은 빛의 정체에 대한 언급이 나오기 전에 그 빛의 증거자료로서의 세례 요한에 대한 언급이 나와 있다는 점이다. 이러한 사실은 세례 요한의 사역의 중요성을 그대로 보여 주는데 역시 다른 공관복음서들의 경우와 이 점에서는 일치한다.

탄생기사

말씀이 육신이 되셨다는 요한복음의 기록은 그 당시의 어떤 상황에서는 그와 동시에 어떤 문제를 야기하게 되는데, 마태복음과 누가복음은 이에 대한 대답을 하고 있다. 비록 간결한 것이기는 하지만 예수의 탄생기사들은 그의 성육신에 대한 역사적 실재성實在性을 입증해 주기에 충분하다. 직접적인 인상을 주는 기사들은 억제되어 있다.

마태복음의 탄생기사는 누가복음과는 다른 관점에서 취급되어 있으나, 두 복음서들의 탄생기사들은 상호 보완적이다. 두 복음서들 모두가 예수의 초자연적인 강림의 특성을 강조하고 있다. 마태복음에서는 이것이 여러 가지의 꿈 이야기로 강조되어 나타나는데 여기서 다양한 단계의 변화가 전개되어 나타난다.

요셉이 그 정혼定婚한 마리아의 임신한 사실을 알았을 때의 반응이라든가 그 때로부터 헤롯의 학살을 피하여 이집트로 갔다가 다시 돌아 올 때까지의 여러 사실들이 적나라하게 기술되어 있다. 이와 비슷한 누가복음의 기사에서 천사가 마리아에게 수태고지受胎告知한 사실로 나타난다. 이것은 분명 예수의 탄생이 보통의 남녀관계의 결과가 아님을 보여 준다.

["그대가 잉태하여 아들을 낳을 것이니…"마태복음 1:23]

그러므로 마태복음 1:23절에 처녀에게서 예수가 태어나리라는 천사의 말을 마태가 기록했다고 하는 것은 전혀 놀라운 일이 아니다. 사실 이사야서書의 이에 관한 언급이 반드시 '처녀'가 아닌 '젊은 여인'에 대한 것이기는 하지만 똑같이 신빙성 있는 정확한 사실은 마태가 마태복음에 예수 탄생기사를 기록할 때 그 독자들더러 예수의 강림降臨이 처녀에 의한 잉태와 같은 이적적인 방법의 결과였음을 알리려고 했다는 사실이다.

누가복음의 기사도 성령께서 마리아에게 임하시리라는 약속의 말씀으로 이것을 뒷받침하고 있다.

당시의 사람들이 일반적으로 예수를 목수 아들 이외의 다른 사람으로 여겼었다는 사실은 이들 기사들이나 또는 복음서의 그 밖의 다른 곳에서 전혀 나타나 있지가 않다. 그러나 성경에 나타난 일반 사람들의 여론은 올바른 진리에의 어떠한 안내도 되지 못한다.

마태와 누가 두 사람은 각기 예수 그리스도의 생애와 사역에 관한 하나의 서론적인 필요에서 예수탄생의 특이성特異性을 그와 같이 자세하게 언급한 것이다. 따라서 순전히 인간적인 관점에서 예수 생애에 대한 연구를 시도하는 현대의 지도가 어떤 것이든 마태와 누가 두 저자가 그와 같은 시도를 전혀 하지 않았다는 사실은 논의 밖의 것이다.

마태복음에는 마리아의 수태고지受胎告知가 요셉에게 알려진 것으로 기록되어 있는데 요셉에게 천사에 의해 나타난 이와 같은 수태고지 계시의 가장 독특한 특징은 예수의 탄생 강림의 목적을 분명히 밝힌 점이다. 곧 예수는 자기 백성을 저희 죄에서 구원하시기 위하여 성육신으로 오신 것이라는 것이다.

이로써 마태복음은 그 서론 부분 초기에 신학적인 짧은 기록을 이미 포함하고 있다. 이 후의 모든 예수의 행동들은 모두 이 목적으로 이루어지는데, 곧 이 구속적인 목적이 예수의 모든 행동들의 동기적 힘을 이루고 있는 것이다.

[사가랴의 예언과 찬송]

누가복음에는 수태고지受胎告知가 마리아 자신에게 바로 전달되어 나오는데 세례 요한의 출생의 약속과 그 약속의 성취 기사가 나와 있다. 본 누가복음의 기사 중 가장 중요한 특징은 마리아의 찬가讚歌Magnificat와 사가랴의 찬송讚頌Benedictus이 실려 있다는 점이다.

이들 두 노래는 모두 그 형태가 구약의 시편을 딴 것들이다. 이들 두 노래에는 그 이후의 기사에 자주 반영되어 나타나는 예수의 오심을 기뻐하는 분위기가 감돌고 있는데 이것은 누가복음의 기사가 다른 복음서들보다 더욱 더 기쁨에 대한 언급을 많이 하고 있기 때문이다.

천사가 들에서 양을 치는 목자들에게 예수의 나심을 알려 준 사실의 기사도 똑같은 특징을 보이고 있는데, 곧 예수의 강림일은 큰 기쁨의 좋은 소식의 날이었다고 했다. 이와 함께 땅 위의 모든 기뻐하심을 입은 선의善意의 사람들에게는 예수의 강림이 평화를 뜻한다고 나오는데 이것은 예수가 성육신하여 세상에 오신 목적의 분명한 우주적인 면을 보여 준다.

[목자들이 예수 탄생의 소식을 … "높은 곳에서는 하나님께 영광이요, 땅에서는 사람들에게 평화"]

예수의 사명은 하나의 협소한 민족주의자적인 야망野望의 배경을 가지고는 결코 이해가 되지 못할 것이다. 거기에는 좀 더 넓은 배경이 필요하였다. 비천한 목자들이 아기 예수께 경배한 사실은 이후의 예수의 공생애 사역 중에서 풍부히 나타나는 특징인 일반 백성들의 어떤 수용성受容性있는 면을 보여 주는 것이다.

마태복음에 나오는 동방박사들의 경배에 관한 기사는 오히려 어려운 측면을 제시해 준다. 그들은 그리스도의 오심을 찾는 이방인들로서 자신들이 하나님의 신적인 인도하심을 받은 것을 믿고 있었다. 실제로 그들은 아기 예수를 해하려 하는 헤롯의 악한 꾀를 초자연적인 하나님의 계시로 알게 됨으로써 헤롯의 의도적인 간사한 행동을 좌절시켜 버릴 수가 있었다.

이러한 이방인들의 예수께 대한 경배 기사가 유대인들을 염두에 두고 기록한 마태복음의 서론 부분에 있다는 점이 특별히 주목할 만하다. 메시아는 이방인들이 그에게 경배할 소망도 없는 그와 같은 순전한 유대인의 것만은 아니었던 것이다. 이러한 마태복음의 취지는 그 마지막 결론 부분에서도 똑같이 조화를 이루어 나타나 있는데, 곧 예수 그리스도께서 그의 제자들에게 온 세상에 가서 복음을 전파하라는 지상명령을 주신 것이다.[85)]

[요셉과 마리아와 아기예수의 이집트로의 피난]

동방박사들이 아기 예수가 계신 곳에 언제 도착했는지를 확인한다는 것은 불가능하다. 어떤 이들은 생각하기를 그 때가 예수의 탄생으로부터 상당한 시간이 지난 때였을 것이라고 하는데 이러한 생각은

85) R. T. France(2007). *The Gospel of Matthew*. Wm. B. Eerdmans Publishing Co. pp.179–181.

헤롯왕이 두 살 이하의 모든 아기를 죽이려 했던 성경상의 증거에 주로 기초된 것이다. 헤롯은 아기 예수가 얼마나 오래 전에 탄생했는지는 몰랐었다. 헤롯이 알고 있는 것은 다만 별이 나타났던 때였을 뿐이다.

마태복음 2:13, 14절에만 언급되어 있는 아기 예수의 이집트로의 탈출은 하나의 직접적인 예언의 성취로서 나타난다. 본 구절들의 사건은 마태복음의 의도하는 목적에 있어서 중요한 역할을 하는데, 곧 예수 생애의 전술과정이 우연히 일어나는 과정이 아니고 하나님께서 구약에서 미리 예언하신 것을 하나하나씩 의도적인 계획아래에서 성취하는 것임을 보여 주는 역할을 한다.

아기 예수는 나신 지 제 팔 일에 유대인의 받은 모세의 법대로 할례 의식을 받고자 부모와 함께 예루살렘으로 올라갔다. 이때에 경건하고 의로운 시므온과 아셀 지파 바누엘의 딸 안나가 하나님의 성령에 감동되어 아기 예수를 증거했다. 시므온의 찬송에는 거듭 우주적인 구속의 관점이 나타나 있는데 누가복음 2:32절에는 예수가 이방을 비추는 빛이요 주의 백성 이스라엘의 영관인 것으로 나타난다.

[시므온의 아기 예수에 대한 찬송]

시므온은 또한 예수가 이스라엘 중 많은 사람의 패하고 흥함을 위하여 비방을 받는 표적이 되리라고 예언했다. 시므온과 안나 두 사람은 오랫동안 유대인들이 사모하고 기다리던 메시아의 소망이 아기 예수에게서 완전 성취된 사실을 몸소 체험한 전형典型이라 할 수 있다. 복음서들의 예수 사역에 관한 기사는 그러한 배경이 분명히 이해되도록 의도된 것이다.

마태복음과 누가복음서에는 예수의 가계家系가 모두 실려 있다. 마태는 마태복음을 시작할 때 그 서두에서부터 예수의 족보목록族譜目錄을 아브라함으로부터 예수 때까지 기록하고 있는 데 반하여 누가는 누가복음을 기록할 때 먼저 세례 요한의 사역을 기록한 후에 예수의 족보 목록을 인류의 조상 아담까지 거슬러 올라 가 기록하고 있다.

비록 이들 두 복음서의 족보 목록에 나오는 몇몇 이름들이 같기는 하지만 그 대부분은 다르다. 이에 대한 부분적인 설명은 마태가 채택 배열한 1장의 족보 체계에 나타나는데 열 네 조상의 이름을 세 부분으로 무리지어 배열해 놓고 있다. 이것은 여러 가지의 생략에 의해서만 가능한 것이다.

마태복음은 요셉의 가계를 따른 것이고 누가복음은 마리아의 가계를 따른 것이라는 견해가 제시되어 왔었으나 이러한 가정假定은 오히려 누가복음 자체가 기술하고 있는 바와 역행되는 것 같다. 이는 누가복음을 기록한 누가는 마리아에 대해 일체 언급도 하지 않았기 때문이다.

이들 족보들의 여러 자료나 또는 그 기자가 자체 조사에 따라 어느 정도로 족보 자료를 의존했는가의 그 범위를 말한다는 것은 불가능하다. 예수의 생애에 대해 끼치는 이들 두 족보 목록의 주요 공로는 너무도 분명한데, 곧 예수가 다윗과 아브라함 계통의 자손이라는 사실이다. 예수는 왕가王家의 혈통으로 태어나셨으므로 그에게 '다윗의 자손'이란 명칭이 생겼으며, 이 명칭은 예수 생애 기사 중 여러 사람들의 입에서 사용되어 나온 말이었다.

복음서의 기자들 중 예수를 세속 역사의 무대에서 기록해보고자 시도한 자는 누가밖에 없다. 비록 예수의 출현과 세례 요한의 출현사건을 뗄 수 없는 관계의 것으로 나타내고는 있지만 누가는 예수의 출현사건을 세례 요한이 출현한 때에다 그 초점을 집중시켜 놓았다

누가복음 3:1, 2절에는 시기에 대한 언급이 여섯 명의 역사적 인물의 통치 때와 관련하여 나와 있는데, 이들은 모두 유대 세계에서 주요한 정치적 인물들이다. 누가복음의 이 기록은 기독교의 역사적 배경을 설정設定하는 데 있어서 대단히 중요하다.

세속 역사를 취급한 누가복음의 또 다른 기록은 수리아 총독 구레뇨가 실시한 인구조사에 관한 것인데, 이때는 요셉과 마리아가 아기 예수의 탄생 얼마 전에 베들레헴으로 여행했던 때로 나와 있다. AD6년 무렵에 이 총독아래에서 인구조사가 한 번 실시되었던 사실이 알려지고 있으나 이때는 예수의 탄생시기와는 너무 시기가 멀다.

이보다 먼저 수리아에서 실시된 어떤 인구조사가 누가복음에서 나오는 그 인구조사의 연대年代와 더욱 가깝다고 생각할 만한 어떤 근거도 있으나 이 구레뇨가 누가복음의 연대와 같은 때에 바루스Varus의 총독권한으로서 비상명령을 실시한 것이 아니라고 한다면 구레뇨의 인구조사 연대의 어려움은 여전히 남는다.

나사렛에서의 가정생활

현대의 전기傳記는 보통 어떤 인물의 성품에 끼친 여러 영향의 요소를 그 인물의 어린 시절에서 찾는데 이러한 어릴 때의 환경적 여러 요소에 최소한의 관심을 기울인 복음서의 기자는 단 한 사람도 없다. 다만 누가만이 예수의 나사렛에서의 30년 동안의 생애에 일어났던 사건 하나를 기록하고 있을 뿐이다.

예수가 열두 살 때 예루살렘 성전을 방문했다는 것을 기록한 것은 틀림없이 보통의 유대적 종교 관습이 예수의 가정에서도 그대로 지켜졌었다는 것을 보여 주기 위함이었을 것이다. 열 두 살이라면 모든 유대 소년들이 유월절 절기 행사에 참여했던 나이였다. 누가복음의 경우에는 본 사건이 이 보다 훨씬 중요한 의미를 갖고 있는데, 이는 그것이 예수가 성전의 선생들과 처음으로 접촉한 사실을 보여 주고 있기 때문이다.

[성전에서 율법학자들과 토론하고 있는 소년 예수]

성전에서의 그 사건은 성전의 선생들이 예수의 지혜에 경악을 금치 못한 것과 또한 그 가족들이 깨닫지 못했던 예수의 신적神的 사명에 대한 자의식을 그대로 보여준다. 그들은 확실히 소년 예수가 충만한 지혜와 특수한 신적 은혜를 소유한 사실을 인식하지 못했다.

모친 마리아는 대부분 이해한 것으로 나타나나 그녀도 그 모든 사실을 자기 마음속에만 간직했었다. 마리아는 때때로 자기를 순종하여 받드는 예수의 은혜를 보고 놀라워했을 것이다. 예수의 소년 시절에 관한 기사가 정경복음서들에는 극히 제한되어 있는데, 이와는 전혀 반대로 이후의 외경外經 복음서들에는 어린 시절의 예수에 관한 기사가 많아 좋은 대조를 이룬다.

복음서들의 주요 부분에는 나사렛 마을 사람들이 예수에 대해 가졌던 태도에 관한 어떤 암시가 있다. 곧 그들은 예수를 목수나 또는 목수 요셉의 아들로 알고 있었다. 또한 가족 중에는 예수 외에도 야고보와 요셉과 시몬과 유다 및 몇몇 누이들이 요셉과 마리아의 자녀들인 것으로 알려져 있었다.

나사렛 사람들은 예수가 많은 이적을 행하거나 또는 어떤 지혜의 말을 나타내 보이는 것을 바라지 않았다. 이는 예수의 사역이 진행되어 가는 것을 보고 그들이 너무나 충격을 받아 그를 불신했기 때문이었다. 예수의 나사렛에서의 생활은 그를 가장 좋은 선한 자로 알았던 자들이 그에 대해 도리어 믿지 않고 강팍한 마음으로 대하므로 그의 여러 해 동안의 신비한 행적들은 깊이 침잠沈潛되어 있게 되었다.

30세 이전의 예수의 직업?

30세가 지나서 공적 생애에 들어가기 전 예수에 대해서는 신뢰할 수 있는 정확한 기록은 거의 없다고 해도 무방하다. 그의 이력서는 "생년월일 기록없음, 학력 기록없음, 경력 기록없음"이다.

그러나 예수가 말한 비유에서 그가 어떠한 생활을 체험해 왔는지를 추정推定할 수 있다. 즉 "나의 멍에는 편하고, 내 짐은 가볍다", "남의 눈 속에 있는 티는 보면서, 네 눈 속에 있는 들보는 깨닫지 못하느냐?", 또 "집의 토대가 중요한 것", "멍에의 기술을 경험을 통해서 배우는 것", "건축에는 자금의 계산이 필요한 것", "동량棟梁과 제자와의 관계", 이것들은 예수가 '목수'였다는 것을 보여준다고 할 수 있다.

[집에서 목수 일을 돕는 예수]

또 "한 개의 은화를 온통 난리를 치르며 집안을 뒤집어서 찾는 것", "밤늦게 찾아 온 친구에게 줄 떡이 없어 이웃에게 빌리러 가는 것", "낡은 옷에 생베 조각을 대고 깁는 것"은 아마도 스스로의 생활경험에서 나온 것으로 이것은 집이 극빈極貧이지는 않지만 결코 부유하지는 않았다는 것을 말해 준다.

그 예수는 30세를 조금 지나 세례자 요한에게서 세례를 받고 하나님으로부터 사랑받는 자로서 소명을 받아 하나님의 종으로서 살아야 하는 사람으로서의 자각自覺을 하고, 가업家業에 돌아가지 아니하고 선교宣敎에 나서게 되었다.[86] 이것은 AD28년 무렵으로 추정된다.

마가복음서는 예수가 세례받은 후 즉시 유다의 황야에서 사탄의 유혹誘惑을 받은 것을 기록하고 있다. Q자료(마태와 누가의 4장)는 황야와 높은 산山과 성전聖殿에서의 유혹을 말하고 있다. 이것은 예수의 생애에서 3개의 위기적 시기에서의 내적 체험內的 體驗을 보여주는 것으로 한꺼번에 일어난 일은 아니다.

40일의 금식禁食 후의 유혹의 주제는 빵의 문제이고 민중구원民衆救援을 위해 해야 할 일은 먹을 것을 주는 것이 아닌가 하는 문제제기이다. 이에 대한 예수의 대답은 유명한 "사람은 빵만으로는 살 수가 없다"는 것으로 이것은 신명기申命記 8:3절의 인용이다.

이에 계속해서 "하나님의 입을 통해서 나오는 하나하나의 말씀으로 살아간다"는 것은 예수의 활동의 기본방침基本方針을 확정짓는 것이라 할 수 있다.

그 초기의 활동은 요한의 세례 운동의 일익一翼으로서 이루어지는데 요한의 주위에 사람들이 모이는 것의 위험危險을 감지感知한 갈릴리 영주領主 헤롯은 그를 체포하여 투옥시켰다. 거기에 예수는

86) Alister E. McGrath(2006). *Christianity: an introduction*. Black Publishing Ltd., pp.16-22.

갈릴리로 돌아와 독자獨自의 선교활동에 들어간 것으로 생각된다.

준비기간

예수께서 실제적인 공생애 사역에 들어가시기 이전에는 몇 가지 중요한 사건들이 있었는데 여기에는 세례 요한의 전도와 예수의 세례 받으심과 시험받으심 등이 있었다. 비록 마가복음에는 예수의 시험받으심에 대한 기록이 간단하게 언급되어 나타나 있으나 이들 세 가지 사건들은 공관복음서들의 예수의 공생애 사역에 대한 기록에서 기본적으로 중요한 것들이다.

세례요한

세례 요한의 사역에 대한 생각은 반드시 당시의 유대교적인 견지에서 해야 한다. 당시에는 확실히 새로운 시대의 도래到來와 메시아 소망에 대한 기대가 있었다. 비록 일반 백성들의 하나님 나라에 대한 개념이 대부분 유형주의적인 것이기는 했지만 하나님의 나라가 올 것을 믿는 신앙이 있었다.

그러나 세례 요한은 전형적인 형태를 따르지 않았다. 그가 취한 여러 방법들과 가르침은 옛날의 예언자들과 같은 것이었다. 여러 면에서 세례 요한은 한 시대의 마지막 인물이었다. 이것은 그가 또 다른 시대의 개시를 알리고 새로운 나라의 여명을 지적하여 나타냈기 때문이다.

세 공관복음서의 기자들은 모두 다 구약의 예언자 이사야의 예언한 말씀을 인용, 언급함으로써 세례 요한이 나타난 사실을 밝히고 있다. 여기서 과거와의 연결이 이루어지는데 예수의 오심을 앞서 알리는 사자使者로서의 세례 요한의 활동에는 신적 권위가 부여된다.

[천국이 가까이 왔다고 외치는 세례 요한]

복음서의 기자를 모두가 다 세례 요한의 예비적인 사역을 기록하고 있으나 모든 육체가 하나님의 구원을 보게 되리라는 구약의 약속을 기록하기 위해 이사야의 말씀을 인용한 자는 특히 누가다. 모두 세례 요한의 회개하라고 외치는 소리를 기록하고 있는데 그는 말하기를 장차 메시아로 오실 자는 자기보다 더 위대한 자로서, 성령으로 세례를 주실 것이라고 하였다.

마태복음과 누가복음에는 특히 장차 오실 메시아가 이르면 심판이 따르게 되리라고 하여 심판에 대해 주의를 환기시키고 있다.

세례 요한이 회개의 세례를 전파하자 이에 바리새인들과 사두개인들이 직접적으로 비평하고 나섰다. 세례 요한은 그들을 회개하기 하기 위하여 역설적인 강한 독설毒舌로 그들을 표현하여 이르기를 '독사의 자식들아'라고 했다. 요한의 메시지에는 그의 예비 사역의 진지한 특성을 보여주는 직설성直說性과 준엄성峻嚴性이 있다.

예비 사자로서의 세례 요한의 옷이 약대 털옷으로 된 사실은 그의 강직한 성품을 주도적으로 보여 주는데 예수의 오심은 도덕적으로 도전받는 상태에 이루어졌던 것이다. 사람들은 세례 요한의 심각한 회개의 가르침으로 사전에 메시아를 맞이할 준비를 하고 있었다.

특히 세례 요한은 도덕적인 일대 개혁을 단행할 것을 사람들에게 촉구했는데 누가복음에는 이것의 대표적인 표본들이 세리와 군인들에게 그가 준 권고 등으로 확실하게 나타나 있다.

세례 요한이 행한 세례 의식은 전혀 새로운 것이 아니었다. 유대인들은 새로운 개종자들에게 세례를 베풀곤 했었는데 특히 엣세네 종파 집단에서는 거의 입교 세례라 할 수 있는 정결 의식을 행했던 것으로 나타난다.

쿰란Qumran 공동체에서는 세례 의식에 중요성을 두었었는데, 세례 요한이 이 공동체 사회와 개인적인 접촉을 가졌었는지의 여부를 추정해 보는 것은 아주 흥미 있는 일이다. 만일 그가 이전에 이 의식을 했었다면 그는 분명히 그들의 의식儀式 형태를 포기했었을 것으로 그들 공동체가 내관주의적內觀主義的이었던 데 반해 세례 요한은 군중들에게 직접적으로 회개를 촉구한 외관주의적外觀主義的 입장을 취했기 때문이다.

마태복음의 기사에 따르면 세례 요한은 예수께서 전도를 시작하셨을 때 사용한 것과 똑같은 말로 하나님 나라의 도래가 긴박한 것을 선포한 것으로 나타난다. 이것은 분명히 세례 요한과 예수의 전도 사이의 밀접한 연속적 관계를 보여주기 위함인 것이다.

예수의 세례받으심

예수의 세례받으심은 세례 요한 사역의 절정을 이루었다. 왕이 직접 나타나게 될 때에 그의 예비 사자의 일은 끝나 버렸다. 세례 요한은 예수를 고지告知하기를 기대했으나 예수께서 직접 자신이 세례를 받으시려고 나타내실 줄은 생각지 못했다.

[세례 요한으로부터 세례를 받으시는 예수]

그가 기대하고 있었던 하나님의 보내신 자는 분명히 회개를 필요로 하지 않는 자였다. 이 하나님의 보내신 자의 위대함은 세례 요한 자신이 그의 신들메의 끈이라도 풀기에도 감당치 못하고 도리어 무익함을 느낄 만한 위대함이었을 것이다. 그런데 무엇 때문에 예수께서 친히 세례 요한에게 회개의 세례를 받으셨는가?

마태복음만이 이때의 세례 요한이 주저한 사실을 기록하고 있다. 이러한 이유로 몇몇 학자들은 이 부분의 기록을 후대에 삽입해서 추가한 것으로 간주했다.[87] 그러나 예수가 자기보다 무한히 위대하다고 생각하는 세례 요한의 넘치는 확신에 비추어 볼 때 아

87) Maurice Casey(2010). *Jesus of Nazareth: An Independent Historian's Account of His Life and Teaching*. london; New York: T&T. Clark, p.79.

무릎지도 않게 주저하지도 않는 모습의 기록이 없다면 그게 도리어 이상하고도 놀라울 것이다.

이와 함께 예수의 그러한 행동의 이유가 복음서에는 분명하게 나타나 있다. 마태복음에 의하면 그것이 모든 의를 성취하기 위한 것이라고 했는데 이에 의해 예수는 세례 요한에게 자기가 세례 받는 것이 곧 권리이자 합당한 일인 것을 분명히 하셨다.

예수께서 세례를 받으시는 장면을 마태복음은 이렇게 기록하고 있다.

> 예수께서 세례를 받으시고, 곧 물에서 올라오셨다. 그 때에 하늘이 열렸다. 그는 하나님의 영이 비둘기 같이 내려와 자기 위에 오는 것을 보셨다. 그리고 하늘에서 소리가 나기를 "이는 내가 사랑하는 아들이다. 내가 그를 좋아한다"마태복음 3:17하였다.

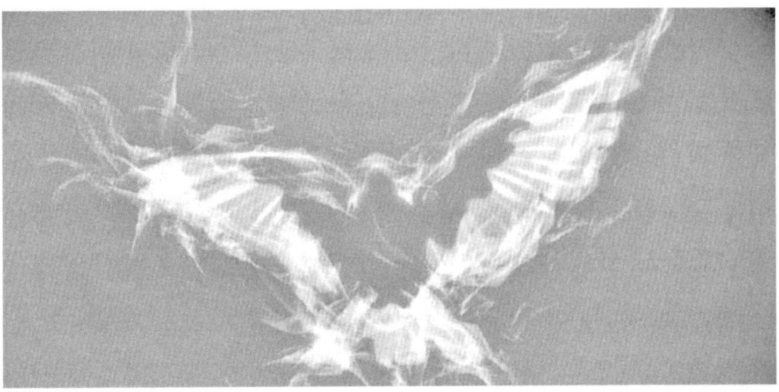

["하나님의 영이 비둘기 같이 내려와 …"]

따라서 예수를 회개가 필요한 자들과 동등하게 취급한 것은 분명 하나님의 섭리적 구속 계획의 일부였다. 무리들에게 있어서의 세례 의식은 그들의 죄를 버리겠다는 소망을 상징했으나 예수에게 있어서는 세례 의식이 자기를 죄 있는 자들과 동등시한다는 의미가 있었다. 세례 요한이나 다른 어떤 증인들도 이러한 상징적 행위의 신학적 함축 의미를 깨닫지 못했었다.

이러한 사실을 깨달은 사도 바울은 그의 고린도후서 5:21절에서 말하기를 "하나님께서는 죄를 모르시는 분에게 우리 대신으로 죄를 씌우셨습니다. 그것은 우리가 그리스도 안에서 하나님의 의가 되게 하시려는 것입니다"라고 했다.

복음서의 모든 기자들이 예수의 세례 받으심을 그의 공생애 사역의 시작으로 보는 데에는 의심할 나위가 없다. 여기에는 특별히 비둘기 형태로 성령이 그의 위에 임하시고 또한 하늘로서 증거하는 소리가 들림으로 뚜렷하게 나타난다. 이러한 증거들은 예수가 세례 요한의 세례 의식에 참여했던 다른 모든 사람들과 다른 자임을 보여 준다. 이들 초자연적인 이적들이 세례 요한과 예수로부터 어느 정도 떨어져서 나타났었으리란 것이 있을 성싶지는 않으나 복음서 기자들은 그 이적들의 중요성을 예수 사역의 성격 계시에 두었던 것이다.

요한복음은 예수께 대한 세례 요한의 가장 놀랄 만한 선포 말씀을 특이하게 기록하고 있는데, 요한복음 1:29절에서 "보시오, 세상 죄를 지고 가는 하나님의 어린양입니다"라고 했다. 비록 세례 요한의 사역과 예수의 그것을 뚜렷이 구별을 짓는 것의 중요성을 나타내고는 있으나 사도 요한은 요한복음에서 세례 요한이 자기의 한 말을 어느 정도까지 이해하고 있었는지에 대해서는 어떠한 언질도주지 않고 있다.

나중에 세례 요한이 예수의 메시아적 선포에 관하여 여러 가지 의심에 사로잡힌 사실이 있었기는 했지만 그러한 사실이 세례 요한 자신의 예수의 사역 시작 때 행한 확신에 찬 선언을 무효화시키는 것은 아니다.

예수의 시험받으심

이 경우는 아마도 예수의 사역 준비 기간 가운데서 가장 뚜렷이 드러나는 사건이었을 것이다. 예수의 시험받으심이 그의 세례받으심의 기록 바로 다음에 나타난다는 사실은 모든 공관복음 전도 기자들이 그것을 매우 중요시했다는 의미가 있다.

자신을 세례 요한의 세례 의식에서 다른 죄인들과 동등시하셨으므로 그와 같이 이번에도 예수께서 자신을 마귀의 시험에 그대로 드러내 놓으셨다는 것이다. 여기서는 '시험'이란 용어사용상 예수께서 마귀에게 시험을 받은 것으로 표현하는 것이 그냥 마귀의 '시험temtpations'을 받은 것으로 표현하는 것보다 나을 것이다.

그 이유는 이 'temptaton'이란 용어 자체는 예수의 경우에서 전혀 나타나지 아니하는 어떤 굴복적인 태도와 너무도 자주 관계가 있는 말이기 때문이다. 예수께서 받으셨던 '시험'의 특징들이 마태복음과 누가복음에만 비교적 상세하게 나와 있을 뿐이고 그 외의 마가복음에는 천사들이 수종隨從듬과 들짐승들의 출현과 같은 몇 가지 중요한 특징들이 그의 '시험' 또는 시험받으심과 관련하여 간략하게 나와 있다.

예수 생애에 대한 모든 복음서의 기사들에는 어떤 초자연적인 충돌의 싸움의 개념이 불가피한 것으로 따라 나오는데 나중의 고난 기사에 대하여는 이러한 개념이 분명히 하나의 기본적인 서곡이 되고 있으며 또한 그의 고난 기사에서는 마귀와의 초자연적 충돌의 싸움이 그 절정에 이르고 있는 것으로 나타난다.

마태복음과 누가복음에 언급된 세 가지 시험들은 철저한 것이 아닌 전형적인 것으로 간주될 것이다. 그것들은 계속적으로 다가오는 시험들의 접근수단격인 유형들이다. 예수의 그러한 시험은 비단 사십 일 동안에만 국한되지 아니하였다는 사실이 누가복음의 분명한 기록으로 나타나는데, 곧 누가복음에는 "악마는 모든 시험을 끝마치고 물러가서, 어느 때가 되기까지 예수에게서 떠나 있었다"로 나와 있다.

예수께서 받으신 시험들을 올바로 이해하려면 예수의 메시아의 자의식에 대해 생각해 보아야만 할 것이다. 예수께서 자신의 사명 및 그것을 이루기 위한 자신의 능력을 깊이 깨닫고 있었다. 마귀가 시험한 것들은 바로 이와 같은 예수가 자기의 사명을 성취하기 위해 사용하신 여러 방법들에 관한 것이었다.

⇧ • 떡으로 만들라 ⇧ • 뛰어 내려라 ⇧ • 나에게 절하라 ⇧ • 천사의 수종

[악마에게 시험을 받으시는 예수]

신비한 능력을 사용하여 자신의 굶주림을 면하도록 돌을 떡덩어리로 만들라는 시험은 그의 사명에 완전히 무가치한 것으로서 거절되었다. 참 선취권先取權priorities을 주장하는 것은 결국 실패에 이르게 될 것이었다. 또한 동일한 신비한 능력들을 사용하여 천하만국天下萬國 위에 자기의 메시아적 권리를 선포하라고 시험한 마귀의 충동도 똑같이 예수의 목적과는 성질을 달리한 것이었다. 그것은 눈으로 보기에는 찬란한 것이었겠으나 도리어 하나님의 방법들에는 배치되는 것이었다.

또 다른 세 번째 시험은 예수가 그 개시자開始者가 되었던 하나님 나라의 특성에 관한 것이었다. 그것은 이 세상 나라와 비교될 수 있는 것이었을까? 하나님 나라가 세상 나라와 그 영광을 함께 할 수가 있었겠는가? 그러한 가능성은 생각도 할 수 없는 것이었으며 만약 가능하다 했다면 마귀에게 굴복하고 마는 결과에 이르는 것이다. 예수의 인식대로 현세의 제국적 야망은 마귀의 수중에 있었던 것이다. 예수의 나라는 전혀 다른 이질적인 나라였다.

복음서들에 기록되어 있는 마귀의 세 가지 시험들을 예수는 성경을 사용하여 모두 다 이기셨다. 그가 사용하신 성경은 신적 행동의 원칙들을 세우는 데 있어서 가장 적절한 수단이었던 것이다.

마태복음과 누가복음에는 예수가 받으신 시험의 순서가 다른데 이러한 차이는 예수 자신의 자의식에 대한 것보다 각 기자의 상대적인 목적상 더욱 중요한 의미를 갖는다. 마태복음에 온 천하만국 소유에 대한 시험을 제일 마지막에 기록했는데, 이것은 그 기자인 마태가 예수의 참 왕의 신분된 상태를 보여 주기 위한 의도에서 비롯된 것이다.

누가복음에 성전 꼭대기에서 뛰어내려 자기의 메시아적 권리를 과시하라고 충동질한 시험이 제일 끝에 기록되어 있는데 이것은 누가가 예수가 본질상 일반 사람 중의 한 사람인 것을 보여 주기 위한 의도에서 비롯된 것이다. 이들 시험들의 원래의 정확한 순서가 어떠한 것인지와 거기에 어떤 특별한 중요성이 있는지의 여부는 말하기가 불가능하다.

이들 기록된 시험들은 일반적으로 예수도 모든 면에서 사람들과 같이 시험받으셨다는 사실의 증거가 된다. 그러나 이것도 어느 제한적인 측면에서만 사실일 뿐이다. 예수만이 메시아적인 자의식과 능력을 소유했기 때문에 그에게 다가왔던 시험들이 독특한 것들이었다. 하지만 그 시험들이 모든 사람들을 괴롭히는 시험들과 동류라는 것을 부인할 수가 없다.

한 가지 꼭 알아야만 될 것은 예수가 당하신 시험들은 하나의 대표적인 것으로 간주된 것이 분명히 성경에 기록된 시험들보다 더더욱 많았었다는 사실이다.

예수의 공생애 사역은 이와 같이 마귀와의 무시무시한 투쟁의 배경과 그가 성육신하여 이 세상에 오신 참 목적에 위반되는 그의 사명 성취에 관한 모든 여러 방법들을 단호히 배격해야 하는 등의 일에 부딪침으로 시작되었던 것이다.

2

예수의 유대 사역

제자를 부르신 예수

예수의 초기 유대 사역에 대한 성경상의 언급은 요한복음에만 나오는데 이러한 사실은 몇 가지 문제점들을 제기하기는 하지만 반드시 이 기간에 관한 역사적 실재성을 의심하게 하지는 않는다. 실제로 다른 복음서들의 기사들은 예수가 제자들을 처음으로 접촉한 것에 대한 요한복음의 기사를 떠나서는 제대로 이해하기가 어렵다. 요한복음은 처음부터 그들에게 끼쳐진 세례 요한의 그리스도에 대한 설교의 영향을 계속 언급했다.

그들이 어떤 통찰력을 조금이나마 가졌더라면 하나님의 어린 양에 대한 세례 요한의 선포의 완전한 중요성을 다소간 이해하였을지도 모른다. 그들은 마치 어떤 자석에 의해 끌리듯이 세례 요한이 많이 말한 '그 사람'에게도 끌렸던 것이다.

사도 요한이 요한복음을 기록할 때 따르는 군중들을 기록하기보다는 오히려 개개인들의 그리스도에 대한 반응을 기록한 사실은 대단히 중요한 의미가 있다. 예수의 초기 유대 사역 단계에서는 제자직弟子職이 아직 확실치 않았으며 또한 공관복음서들에 나오는 바와 같이 나중에 있게 될 더욱 특별한 소명에 의한 견신례堅

信禮를 필요로 했다.

예수가 그들에게 깊은 인상을 주었으리라는 것은 의심할 나위가 없다. 예수의 최초의 두 제자들은 그를 메시아라고 열렬히 환호했었다. 특히 나다나엘은 예수를 하나님의 아들이자 이스라엘의 왕이시라고 고백했었다. 예수는 이와 같이 사탄이 광야에서 시험했을 때 제시했던 방법들과는 완전히 배치되는 방법으로 사람들을 택하시고 자신을 드러내셨던 것이다.

[세리장 마태를 부르시는 예수]

예수가 장래의 사도들이 될 자기의 제자들과 이렇게 개인적으로 접촉하신 기간에 그는 갈릴리를 방문하셨는데, 그 곳에서 잠시 가나의 혼인 잔치 자리에 참석하셨다. 사도 요한은 이곳에서 예수가 그의 최초의 이적을 행하신 것으로 기록하고 있는데 그 이적의 목적은 예수 그리스도의 영광을 나타내 보이는 것이었다.

그런데 이와 같이 최초의 표본적인 이적이 순전히 가정적家庭的인 배경에서 이루어졌었던 데에는 아무런 의미가 없을 것이다. 그것은 곧 예수의 인간주의에 대한 빛을 던져 주는 것이다.

성전 청결과 사적인 대화

예수의 갈릴리에서의 공생애 사역 시작 전에 예루살렘에서 그에 의한 두 가지 다른 사건들이 있었던 것으로 나와 있는데 하나는 성전 청결에 관한 공적 행동이고 다른 하나는 사적인 대화였다. 성전 안에서 소와 양과 비둘기를 파는 사람들과 돈 바꾸는 사람들을 다 내어 쫓으신 성전 청결의 행동은 예수의 날카로운 공적 행동에 대한 시작을 뜻한다.

바로 이러한 이유 때문에 많은 사람들은 이 사건을 사도 요한이 잘못 기록한 것으로 간주하려 한다. 이는 특별히 이와 유사한 사건이 공관복음서들에서 예수의 공생애 사역 끝 부분에 포함된 것으로 기록되어 있기 때문에 더욱 그러하다는 것이다. 비록 많은 사람들이 불가능한 것으로 간주해 버리고 있지만 그렇다고 동일한 두 가지의 청결 행위가 전혀 일어나지 않으리라고 보는 것도 절대로 불리한 것이다.

어떤 이들은 생각하기를 그 사건이 유대교의 본거지인 예루살렘을 예수가 정결케 한다는 목적을 상징하는 것이라고도 한다. 그러나 사도 요한은 본 사건을 기록할 때 상세한 역사적 사실들을 중요하게 간주했음이 분명하다. 이것은 그가 유월절 절기를 동시에 언급하고 있기 때문이다.

그 사건 자체는 예수의 출현이 분명히 커다란 권위가 있었음을 나타낸다. 그것은 또한 예수의 사명의 한 면을 보여 주고 있는데 이는 요한복음 2:18절 이하에 나타나 있듯이 예수 자신이 자기의 다가올 부활에 대하여 암시적으로 말씀하셨기 때문이다.

비록 니고데모 자신이 공적 유대교와 관계하고 있었던 한에 있어서는 유사하긴 했지만 예수의 니고데모와의 대화는 전혀 다른 차원의 것이었다. 니고데모의 요청은 자신들의 종교에 만족치 못하고 그러면서도 아직 예수의 영적인 강조의 말씀으로 어리둥절해 하였던 자들의 전형적인 것이다.

요한복음 3장에 나오는 예수와 니고데모와의 대화 내용은 중생重生에 대한 예수의 사상에서의 위치를 보여 주고 또한 그것의 참 의미를 니고데모가 전혀 온전히 파악, 이해하지 못했다는 사실이 보여 주는 것으로서 대단히 중요하다. 이것은 예수 그리스도의 영적 메시지에 대해 일반적으로 사람들이 취하게 되는 반응의 상징적인 것이었을 것이다.

요한복음의 기사에는 예수의 공생애 사역의 활동과 세례 요한의 활동 사이의 뚜렷한 관계가 나타나 있다. 예수나 세례 요한 모두가 다 요단강에서 사람들에게 세례 의식을 베풀었다. 이러한 유사점 때문에 세례 요한의 예비 사역의 특성을 전혀 이해할 수 없었던 세례 요한은 자신이 메시아가 아니라는 사실을 반복해서 말하지 않을 수가 없게 되었다.

세례 요한은 다만 하나의 증인, 곧 증거하는 자에 불과했었고 그의 증거는 예수 그리스도 자신의 자기증거自己證據self-testimony와도 일치하였다.

[가버나움 회당에서 이사야서를 읽으시는 예수]

예수가 갈릴리에서의 사역을 시작하기 위하여 유대 지방을 떠나셨을 때 도중에 그는 사마리아 지방을 통과하여 지나가셨으며 또한 이 곳 사마리아 지방에서 여러 가지 일들을 겪으셨는데 요한복음에만 기록되어 나오는 이 부분의 예수의 체험들은 공관복음상의 갈릴리 사역 기사에 대한 하나의 주요한 서막序幕이기도 하다.

사마리아 지방은 그 자체의 중앙 예배 처소가 있고 또한 어떤 유형의 메시아적 소망을 가지고 있었기 때문에 이를 빼고는 예루살렘과의 공통점을 거의 갖고 있지 못했다. 요한복음에 분명히 나타나 있듯이 유대인들과 사마리아인들은 서로 간에 개인적인 접촉을 전혀 하지 않았다.

그렇기 때문에 사마리아의 수가란 동네의 우물가에서 예수 그리스도가 한 사마리아 여인과 개인적인 대화를 가졌다는 것은 무었보다도 더욱 놀라운 일이었다. 이것은 예수가 제한된 유대인의 민족주의에 의해 제한을 받는 어떠한 의사도 갖지 않았다는 사실을 의심할 나위 없이 분명하게 증거한다.

또한 이것은 사마리아 여인을 만나신 예수의 그러한 행동이 당시 유대인들의 그것과는 판이하게 달랐다는 것을 보여준다. 예수의 사마리아 여인과의 대화는 그의 인간 본성에 대한 비상한 통찰력을 나타내 보여 주며 또한 그 때문에 예수의 행위는 지금까지 기독교의 개인 전도의 하나의 유형pattern이 되어 왔었다.[88]

[예수와 우물에 물 길러 온 사마리아 여인과의 대화]

예수의 여성에 대한 입장과 접근방식을 미국의 크리스천 베스트셀러 작가인 필립 얀시Yancey는 그의 책 『내가 알지 못했던 예수』에서 "예수가 실천하신 혁명적인 변화"[89]로 보았다. 그 당시 모든

88) J. Samkutty(2006). *The Samaritan Mission in Acts*. Library of New Testament Studies 328; A&C Black, p.81.

89) 김성녀 옮김(2012). **내가 알지 못했던 예수**(Philip Yancey 지음). 서울: 한국기독학생회출판부, p.206.

회당에서 예배시간에 유대인 남자들은 "오, 주님, 저를 여자로 만들지 않으신 것을 감사드립니다"하고 기도했다.[90)]

여성들은 따로 분리된 방에 앉았고, 정족수에도 포함되지 않았으며, 토라도 거의 배우지 못했다. 실제로 오늘날까지 여성은 토라를 만지는 것이 금지되어 있다. 집 밖에서 남자에게 말을 거는 경우가 거의 없었고, 본인의 배우자 외에는 남자를 만질 수 없었다. 하지만 예수는 여성들과 자유롭게 어울리셨고, 몇몇은 제자로 삼아 가르치셨다. 다섯 명의 남편을 거친 사마리아 여인에게도 먼저 다가가셔서 영적 부흥을 일으키셨다.

창녀가 기름을 부어 줄 때도 고맙게 받으셨다. 여성들은 예수의 제자들과 함께 여행을 다녔고, 당연히 많은 험담 거리가 되었다. 예수의 비유나 묘사에는 여성들이 흔히 등장했고, 예수는 여성들을 위해 기적을 베풀기도 하셨다. 성경학자인 월터 윙크에 따르면, 사복음서에서 예수는 여성들과 만나실 때 매번 당시의 도덕 관습을 어기셨다.[91)]

사마리아 여인과의 대화를 중심으로 해서 발생한 전체적인 사건의 가장 놀랄 만한 특징은 예수가 자신을 있는 그대로 올바로 제시했다는 점이다. 비록 예수가 나중에 자기 제자들이 자신의 메시아되심을 사람들에게 알리려 하는 것을 계속 허락하지는 아니하였음에도 이 여인과의 대화에서는 자기 자신을 이스라엘의 바라는 하나님의 기름부음을 받으신 메시아이신 것을 그대로 시인했다.

여기에서 사마리아인들의 메시아적 소망이 유대인들의 그것과

---

90) Marcus J. Borg(1987). *Jesus, A New Vision*. San Fransisco, Harper & Row, 133−134.

91) Walter Wink(1992). *Engaging the Powers*. Minneapolis, Fortress Press, p.129.

완전히 달랐기 때문에 예수가 사마리아인들에게는 그와 같이 다른 태도를 취하였던 것으로 나타나는 것 같다. 사마리아인들의 메시아적 소망은 유대인들의 민족주의적 열망과 같은 것에 그렇게 가깝게 관계되어 있지 않았으며, 그 때문에 그들의 메시아적 소망은 심각한 오해에 덜 개방적이어서 보다 순수했었던 것이다.

더욱이 요한복음 4장의 본문에 나오는 대화의 결과는 예수가 사람들이 자기를 메시아로 믿는 것을 보시고 즐거워하심으로써 예수의 사역의 영적 특성을 그대로 보여 주고 있다. 사마리아 여인과의 대화 자체가 이러한 견해를 뒷받침하여 주고 있는데, 이는 예수가 물질적인 관심에서 곧바로 영적인 관심에로 대화의 방향을 바꾸셨기 때문인데, 특히 하나님의 영적 본성에 관해 관심을 가지시고 화제를 바꾸셨기 때문이다.

[음행하다가 잡힌 여인 앞에서 예수는 손가락으로 땅에 무엇인가를 쓰셨다. 돌로 치려고 하는 그들에게 말씀하셨다. "죄없는 자가 먼저 이 여자에게 돌을 던져라"요한복음 8:7]

3

예수의 갈릴리 사역

갈릴리 사역의 세 부분의 기간

예수는 사마리아에서의 전도 사역을 마치신 후에 이전에 물로 포도주를 만들었던 갈릴리 가나에 다시 가셨으며 거기서 또 다른 이적을 행하셨다. 비록 이와 유사한 사건이 다른 공관복음서들에서 이후의 갈릴리 사역에 관한 것으로 기록되어 있기는 하지만, 요한복음에 나오는 본문의 이적 기사는 그와는 전혀 다른 또 다른 별개의 것으로 간주되어져야만 한다.

[왕 신하의 아들의 병을 고치심]

그 이유는 상세하게 기술된 여러 가지의 차이점들이 이것을 뒷받침해 주고 있기 때문이다. 거기다가 사도 요한은 그가 마치 이 이적에 어떤 중요성을 부여하고 있었던 것처럼 본문에 기록된 이 이적이 예수의 갈릴리에서의 두 번째의 이적이었던 것으로 특별히 지적해 기록한 것이다.

가버나움에서 왕 신하의 아들의 병을 고쳐주신 이적은 예수의 갈릴리 사역 전체에 대한 하나의 전조前兆로서의 구실을 하는데 이것은 예수가 아직은 자기의 이적 활동들로 갈릴리에서 널리 알려져 있지 않았기 때문이다. 또한 이러한 사실은 그 아들의 병을 고치는 데 있어서 무엇보다도 중요한 것은 아버지의 믿음이었다.

예수의 갈릴리 사역이 세 부분의 기간으로 분류될 수 있다는 사실은 이미 언급한 바와 같은데 이것들에 대한 언급은 다음과 같이 별도로 하나씩 다루면 좋을 것이다. 그러나 여기서 꼭 알아야만 되는 것은 비록 전반적인 표제가 갈릴리에 관한 것이기는 하지만 이에 대한 요한복음의 기록이 그 기사에 들어간다고 할 때는 거기에는 예루살렘에서의 어떤 활동도 분명히 포함되어 있다는 것이다. 그러나 예수는 그 대부분의 사역 시간을 갈릴리에서 보내시고 또한 그 곳에서 사람들에게 천국복음의 메시지에 관하여 가르치셨던 것이다.

열 두 제자를 택하실 때까지의 기간

(1) 제자들을 최초로 부르심

열 두 사도를 택하신 일은 어부漁夫인 베드로와 안드레 및 요한과 야고보 네 사람을 특별히 먼저 부르심으로 시작되었다. 요한복음의 기사에는 이들 네 사람이 최초로 주 예수를 접촉했었던 것으로 나오는데 이제 이들은 주의 특별한 부르심을 받아 자기들의 직업을 버리고 전심으로 주의 사업에 헌신하게 된다.

시간이 지남에 따라 이들 외에 다른 이들이 추가되었으나 그들 사도들의 수가 비로소 열두 명에 이르러서야 예수는 그들을 공식적으로 사도와 무리들로 지정하셨으며 이러한 일은 또한 이 기간의 말기에서야 비로소 이루어졌었다.

예수께서 최초로 제자들을 부른 사건과 많은 물고기를 잡은 이적이 깊게 관계되어 있다. 이것은 사람들을 사로잡는 일을 하는 것이 고기를 잡는 일보다 더욱 낫다는 것을 강조하기 위한 의도적인 것으로서 영적인 것이 물질적인 것보다 더더욱 뛰어나다는 것이다.

[열두 명의 제자들을 부르심]

이 기간의 사역 때에 일어난 사건들의 정확한 순서를 확인한다는 것은 실제로 불가능하다. 그러므로 그 주요 사건들을 유사한 여러 범주들 안에 무리지어 포함시키는 것이 더욱 낫다. 이렇게 생각할 때 레위에 대하 예수의 부르심은 비록 그것이 그 기간에서, 보다 이후 때까지는 나타나지 않지만 이 범주들에 포함시켜 언급될 수가 있을 것이다.

마태로 알려진 레위는 당시 유대사회에서 일반적으로 멸시를 받은 계층의 사람들을 대표하는 자라고도 할 수 있다. 레위는 그 직업이 세리였다. 당시 유대인들은 세금 때문에 몹시 마음의 압박과 상처를 입고 있었는데 이 때문에 세금을 징수하는 자들은 사회적으로 멸시와 경멸의 표적이었다.

복음서들에는 예수께서 그 사도들을 택하신 근본적인 이유에 대한 언급이 전혀 나와 있지가 않으나 그들 중 많은 사람들이 사회적으로 명성이 있는 자들 같지는 않다. 예수가 그러한 사람들을 자신의 목적에 맞게 어떻게 쓰시고 훈련시키셨는지를 고찰해 본다는 것은 가장 계몽적인 연구 중의 하나라 하겠다.

⑵ 산상설교

예수의 사역 초기 때의 또 다른 중요한 면은 그의 설교였는데, 이 설교의 표본들이 산상설교[92]에 잘 나타나 있다. 예수 가르침의 핵심인 이 설교는 공관복음서들 중 주로 마태복음에 나와 있다. 흔히 산상설교 또는 산상수훈이라고 하면 마태복음 5-7장, 이 세 장을 말한다.

누가복음의 별도의 떨어진 여러 페이지에 이러한 설교 자료의 상당수가 기록되어 있는 사실에 비추어 많은 학자들은 마태복음의 산상보훈의 설교 자료가 일찍이 한 때 교부되어 사용되었는지의 여부를 논의했다.

마태가 예수 사역 초기 때의 설교자료를 산상보훈 가운데에 함께 모아 수집해서 사용했을 것이 분명하다는 가능성도 있으나 어떤 신빙성 있는 확신이 있는 것은 아니다. 마태는 마태복음의 이러한 설교자료를 수집 할 때에 틀림없이 자기의 독자들로 하여금 어느 특별한 한 때를 기억하도록 유의하였을 것이다. 그것에 주님

---

92) 마태복음 5-7장의 산상설교를 특별히 산상보훈[山上寶訓] 또는 산상수훈[山上垂訓]이라고 부른다.

께서는 유대 랍비들 가운데서의 관습과 같이 똑같은 가르침을 자주 반복해서 가르쳤을 것으로 보는 것이 더욱 합리적이다.

["예수께서 무리를 보시고, 산에 올라가 앉으시니…마태복음5:1]

그리고 이 경우에서 산상보훈 설교의 통일성을 논박할 어떠한 근거도 없다. 그러나 그 내용이 이러한 역사적 관계의 질문보다 더욱 중요한 것이다. 예수의 가르침에 대한 전반적인 개요에 관해서는 별도의 항목에서 자세히 논의할 것이므로 여기서는 이 중요한 설교의 특별한 특성을 나타내 보이는 것으로 끝내려 한다.

예수의 산상설교의 주요 강조점은 그 윤리적인 데 있다. 예수는 자기의 나라설립을 염두에 두시고 그에 필요한 새로운 행동양식을 또한 생각하셨다. 예수 자신의 가르침은 모세의 말한 율법적인 가르침을 일보 전진시키신 형태의 것이다.

다양한 범위의 주제들이 깔려 있으나 그 대부분은 살인과 이혼과 보복 및 자기 원수에 대한 태도와 같은 사회적 성격을 띤 것들이다. 그러나 개인의 종교적 동기에 관해 취급한 많은 말씀과 기도나 금식이나 자기기만自己欺瞞 및 말씀을 듣는 것에 대한 다양한 반응들이 나타나 있다. 예수의 말씀하신 산상보훈 처음에 나오는 팔복八福Beatitudes에는 이와 유사하게 영적 및 도덕적 가치들에 대한 고무적인 말씀이 나와 있다.

마태복음에는 이러한 설교 말씀을 듣는 자들의 태도가 기록되어 있는데, 그들은 그 설교 말씀을 듣고는 크게 놀랐다고 했으며 이러한 청중들의 반응은 예수의 사역 초기 때에 보통으로 있었던 전형적인 것으로 간주될 수 있을 것이다. 그들이 그렇게 경악한 이유는 그 가르침의 말씀 자체가 그들에게 깊은 감동을 준 권위적인 성격의 것이었기 때문이다.

(3) 신유神癒와 다른 이적들

이 기간 동안에는 신유의 많은 활동이 있었는데 복음서들에는 그 다양한 예들이 대표적인 것들로 기록되어 있다. 마태복음에는 특별히 그 신유의 이적들이 무리지어 언급되어 있다. 마태는 다음과 같은 사건들을 그 순서대로 기록하고 있다.

곧 마태복음 8:1–4절에 문둥병자의 치유 이적을, 8:5–13절에서는 백부장의 종의 병의 치유 이적을, 8:14, 15절에는 베드로의 장모의 열병 치유 이적을, 8:14, 15절에서는 날이 저물 때에 귀신들린 자와 병든 자를 고치신 이적을, 8:28–34절에 가다라 지방의 귀신들린 자를 고치신 이적을, 9:1–8절에 중풍병자를 고치신 이적을, 9:18–26절에 야이로의 딸과 혈루증血漏症의 여인을 각각 고치신 이적을, 9:27–31절에는 두 사람의 소경을 고치신 치유 이적을 기록하고 있으며, 또한 9:32–34절에 귀신들려 벙어리 된 자를 고치신 치유 이적을 기록하고 있다.

이들 치유 이적들 중의 대부분이 마가복음과 누가복음에서도 나타나나 그 순서에는 차이가 있다. 마태복음에 순서대로 기록되어 나오는 그 기사들은 예수의 신유 사역의 성격을 생생하게 강조해 준다. 비록 일일이 다 언급된 것은 아니지만 신유의 은혜를 받은 사람들의 믿음에 대한 언급이 자주 나타난다.

마태복음에 나오는 중풍병자의 경우에 죄를 사하는 예수의 권세가 병을 낫게 하는 그의 능력과 관계되어 있다. 이것은 영적 사역이 신유의 활동보다 더욱 더 예수의 관심의 초점이 되었다는 것을 생각나게 해 준다. 예수를 이적 행하는 자로만 부각시켜 나타낸 복음서는 하나도 없다.

[중풍병자를 고치시는 예수]

복음서들에는 이들 예수에 의한 신유의 이적들은 모두 다 예수의 사람들에 대한 동정심을 분명하게 나타내는 것으로 관계를 지어 기록하고 있다. 그 초점은 치유의 비상한 성격에 쏠려 있지 아니하고 도리어 인간의 다양한 측면들에 쏠려 있다. 마술魔術이나 주문呪文이나 또는 어떤 상투적인 판에 박힌 문구들에 대한 암시적 언급이 전혀 나타나 있지 않다.

예수는 언제나 모든 상황의 주인이신 것이다. 악령들을 제어하는 예수의 권세에 대한 언급은 특별히 중요하다. 이것은 예수 사역의 모든 단계에 나타나는 하나의 뚜렷한 특성이기 때문이다. 당시에 예수의 사역활동은 이와 같은 영적 충돌의 분위기에 놓여 있었다. 귀신들을 제어하는 예수의 권세에 대한 인용적인 실례實例들은 그의 영적 승리의 예증으로서 간주될 것이다.

예수의 이러한 초기 사역 때에는 자연 세계에 영향을 끼친 그의 이적 하나가 기록되어 있는데, 곧 바다의 폭풍을 잔잔케 하시는 이적이다. 이 이적에 관한 기록의 위치는 마태복음이 다른 공관복음서의 그것보다 더 이르다. 여기서도 이 기사의 초점은 예수의 이적적인 능력에 있지 아니하고 그보다는 제자들의 믿음 없음을 신랄히 지적하는 면에 쏠려 있다.

[바람과 파도를 잠재우시는 예수와 그의 제자들]

그러나 제자들이 놀란 모양이 전혀 언급되어 있지 않은 것은 아닌데 이는 그 제자들이 예수가 바다의 폭풍을 잔잔케 하시는 것을 보고 이 어떠한 사람이기에 그가 바다와 바람이라도 잔잔케 하시는지 의아해 하였기 때문이다. 복음서의 신유와 다른 이적들에 관한 기사 전편에는 예수의 인격에 관해 의아하게 여기는 사람들의 신비적 반응의 요소가 나타나 있다.

(4) 인기와 비난

복음서들을 기록한 전도자들은 예수가 다양한 유형의 사람들에게 끼쳤던 영향에 깊은 관심을 기울여 기록하고 있다. 이 점이 일반 군중들의 예수에 대한 초기 때의 인기에 관한 그들의 논평에 두드러지게 나타난다. 전도자 마태는 마태복음 4:23-25절에서 이를 분명하게 나타내고 있는데, 곧 예수의 명성이 온 수리아에 골고루 퍼진 사실을 기록했다. 예수의 신유 사역활동에 대한 이러한 군중들의 열정은 틀림없이 피상적인 것이었을 것이다.

예수가 전하는 그의 메시지의 실제적 의미와 또한 자기 은폐적인 그의 사역의 영적 특성은 아직도 군중들에게 침투하지 못하였었고 그들 군중들은 그것을 전혀 이해하지 못했었다. 군중들의 이러한 피상적인 예수에 대한 인기와는 대조적으로 예수에 대한 바리새인들의 비난은 분명한 형태를 띠고 똑같이 나타났다.

마가복음에는 서기관들과 바리새인들의 점증하는 적대감을 그대로 보여 주기 위한 의도적인 순서하의 여러 사건들이 기록되어 있다. 이러한 연속적인 사건들의 극치에 와서는 이전에는 좀처럼 일어나지 않았던 바리새파와 헤롯당원간의 연합세력이 태동하여 예수에 대한 그들의 적의敵意의 강도强度가 얼마나 컸는가를 보여 주고 있다.

이후의 사역 단계에 와서는 예수는 바리새인들에 대한 몇몇 신랄한 비난의 말씀을 하셨는데 주로 그들의 외식外飾에 대한 것이었다. 그러나 이러한 초기 단계에서는 예수는 합리적인 방법으로 그들에게 반응할 기회를 주기 위해 비난을 하신 것이다. 바리새인들에게 있어서 못마땅한 점은 예수의 비정통성이었는데 이점이 그들에게 거치는 돌이 되었었다. 그들의 눈에는 예수가 그의 안식일에 대한 태도에 나타내듯이 율법을 파괴하는 자로 보였다.

세리들 및 죄인들과 교제하는 예수의 행위는 바리새인들은 틀림없이 예수가 서기관들과는 달리 권위를 가르치고 행동한다고 하는 여론에 반동했을 것이다. 그들은 일반 민중들에 대한 자기들의 지금까지의 지배에 중대한 위협이 임한 사실을 눈으로 목도하지 않을 수가 없었을 것이다.

(5) 열 두 제자를 부르심

사도로 특별히 선택된 열 두 제자의 이름과 그들의 최초의 사명에 대한 기술은 모든 공관복음서들이 언급하고 있듯이 아주 중요하다. 마태복음 10:1절과 마가복음 3:13-19절에는 모두 이들의 사명에 대한 언급이 악령들을 제어하는 권세의 부여와 관계되어 있다. 이에 덧붙여 마태복음에는 병든 자를 치유하는 능력에 대한 언급이 또한 관계되어 나와 있고 마가복음에는 복음의 메시지를 전파하라는 명령의 언급이 나와 있다.

누가복음에는 열 두 제자를 택하신 부분의 기사가 그들의 사도 직분상의 특별한 목적의 기사와 따로 분리되어 있다. 예수가 택하신 그 사람들은 하나의 대표적인 무리였다. 그들 모두가 다 더욱 가난한 계층의 사람들인 것은 아니었다. 이것을 야고보와 요한의 아버지가 저들의 배를 소유하고 있었을 뿐만 아니라 여러 명의 일군들도 부렸었기 때문이다.

비록 세리장 마태가 자기의 동족 유대인들에게 미움을 받기는 했지만 그는 유복하고 여유있는 생활을 했었다. 시몬은 이전에 혁명당원革命黨員이었을지 모른다.

예수는 열 두 제자들의 사명을 아주 중요시하여 그들에게 최초의 전도 여행 때 직접적으로 취하여야 할 유익에 대한 특별한 지시의 말씀을 주셨는데, 이것은 그 이후의 기독교 교회의 전도 사명의 패턴이기도 하였다. 열 두 제자의 임무에 대한 보다 더 완전한 언급은 다른 복음서들보다는 마태복음에 나타난다.

물질의 소유에 대한 태도가 특별하게 나타나고 있는데 이것을 불필요한 것은 아무 것도 취하지 말라는 예수의 권고의 말씀 때문인 것이다. 예수는 어느 마을이나 동리가 그들을 환영하는 경우에 취할 행동과 또한 그렇지 않을 때에 해야 될 일들에 대한 지시의 말씀을 제자들에게 주셨다. 그러한 예수의 권고의 말씀은 본질적으로 실천적인 것이다.

제자들은 오로지 하나님 나라가 가까이 도래했다는 메시지만을 전파해야 하는 사명을 받았다. 그들은 모든 사람이 자기들이 전하는 이 메시지를 환영하리라곤 생각지 아니하였을 것이다. 이것은 많은 핍박과 적대 행위가 그들을 기다리고 있었을 것이기 때문이었다.

예수의 권고의 말씀은 분명히 그의 제자들을 직접적인 현재의 반대보다는 미래를 준비하게 하였을 것이며, 이러한 사실은 초대교회에 대한 성경 기사에서 잘 나타난다. 그들을 강하게 무장시키려면 그들이 자기들을 돌보아 주시는 하늘 아버지의 사랑을 확실히 기억하는 것이 필요했다.

열 두 제자에게 행하신 예수의 가장 놀라운 예언의 말씀은 예수의 메시지가 그들 안에서 심각한 분열을 일으키는 결과를 나타내리라는 것이다. 바리새인들의 적대행위를 몸소 겪으셨던 예수는 자기의 제자들이 이와 같은 자기의 초기 사역 때의 어려움을 겪게 되리라는 것을 염려하셨던 것이 분명하다. 그러므로 예수 그리스도를 위하여 많이 참고 견디지 아니하면 승리는 결코 오지 아니할 것임을 그는 아셨던 것이다.

예수와 세례 요한 사이의 관계에 대해서는 이미 어떤 비평을 논의한 바 있으나 마태복음과 누가복음에는 주목할 만한 주제에 관한 예수의 말씀들이 자세하게 나타나 있다. 지금까지 예수가 세례 요한이 전파했던 것을 전파함으로써 자기의 사역을 시작하신 것을 보아 왔으나 예수는 얼마 안 가서 계속 자기의 독특한 메시지를 전하였다.

세례 요한이 이미 예수가 자기보다 더욱 더 위대한 것을 깨닫고 그 사실을 공개적으로 선포하기는 하였지만 그 이후의 발전되어 가는 여러 가지 상황을 듣고 세례 요한은 당혹해 했다는 것이 그렇게 놀랄 일은 아니다. 의심이 생겼을 때 세례 요한은 헤롯에 의해 투옥된 감옥 속에서 예수에게 사자들을 보내어 예수가 진정 메시아의 확신 가운데 있는지의 여부를 알아보려고 하였다.

이에 예수는 고무적인 말씀을 세례 요한에게 보냈을 뿐만 아니라 많은 무리들이 듣는 데서 세례 요한의 위대성을 칭찬했다. 세례 요한과 예수와의 차이점은 예수 자신이 비유적으로 말씀하신 장터에 노는 아이들의 장례葬禮와 곡哭하는 것에 대한 놀이 이야기에 분명하게 나타나 있다. 예수는 지적해서 말씀하시길 자기의 세대가 세례 요한이나 자기 어느 쪽에도 만족하지 아니하고 도리어 비난만 퍼붓는다고 하셨다.

북부 갈릴리를 떠나실 때까지의 기간

(1) 안식일 논쟁과 병고침

이 점에서는 베데스다 못가에서 병고침 받은 어떤 허약한 병자에 관한 요한복음에만 기록된 기사를 포함하는 것이 편리하다. 요한복금 5:1절에 나오는 이러한 치유의 이적이 일어났던 때의 명절이 어떤 명절인지를 확인한다는 것은 불가능하며 또한 이 치유의 사건이 공관복음의 기록상 어디쯤에 위치하는지를 정확하게 알아낸다는 것도 불가능하다.

비록 그 병자가 침상을 들고 일어나 걸으라는 예수의 말씀을 기꺼이 따랐던 반응에 의해 그 믿음의 태도가 암시적으로 분명히 나타나 있기는 하지만 그 사건의 주요한 의미는 그 병자 자신의 믿음의 태도가 특별히 자세하게 기술되어 있지 않다는 사실에 있다. 이 때문에 예수의 행동은 유대인들의 적개심을 다시 불러 일으켰다.

[베데스다 못가에서 허약한 사람 고치신 예수]

예수의 제자들이 안식일에 밀밭에서 곡식 이삭을 잘라 먹었을 때 또 다른 안식일 논쟁이 일어났는데, 그와 같은 행동은 궤변적인 바리새인들이 하나의 일로 간주하여 금했던 것이다. 이로 인해 예수는 마태복음 12:8절에 나오는 "인자는 안식일의 주인이다"라는 특별한 말씀을 하시게 되었는데 이것은 율법 해석에 있어서 예수가 서기관들보다 우위에 있는 존재임을 나타냈다.

마태는 마태복음 12:15-21절에서 예수의 행하신 여러 가지 신유의 이적 기사를 기록할 때 그 모든 이적들이 구약의 예언의 성취인 것으로 언급하고 있다.

이러한 기록은 예수 사역에 대한 마태복음 기록의 중요한 면이다. 그러나 이러한 기록은 다른 모든 복음서들에서도 이보다는 범위가 작지만 역시 기록되어 나타나고 있다. 누가복음에는 이 기간 동안에 일어난 두 개의 놀랄 만한 이적들에 대한 기록이 나와 있는데, 곧 가버나움에서의 백부장의 종을 치유하신 이적과 나인 성 과부의 아들을 죽은 자 가운데서 다시 살려 주신 이적의 기록이다.

[나인 성의 과부의 아들을 살리시는 예수]

첫 번째의 경우는 이방인으로서 예수의 권위있는 말씀을 액면 그대로 받아들일 준비가 되어 있는 상태의 믿음의 뛰어남에 대해 놀라워하는 예수의 태도에 대한 것이 나와 있고, 두 번째 경우는 무리들이 예수가 죽은 자를 살리는 이적을 보고 그 때문에 하나님께 영광을 돌린 사실의 기사가 특이하게 강조되어 있다.

누가복음 7:36-50절에는 인간에 대한 예수의 깊은 이해를 보여 주는 사건이 하나 기록되어 있는데, 그것은 예수가 바리새인의 집에 초대받아 갔을 때 동네에서 죄로 널리 알려진 한 여자가 와서 예수의 발에 기름을 붓는 사건이다. 누가복음 본문에는 예수에 대한 여인의 헌신과 집 주인인 바리새인의 흠을 잡는 비난의 기사가 생생하게 묘사되어 있다.

예수는 바리새인인 시몬에게 한 비유를 사용하여 여인이 비록 죄를 지어 멸시의 대상이 되어 있기는 하지만 그럼에도 불구하고 이 여인이 헌신에 있어서 시몬보다 낫다는 것을 보여 주셨다. 그러한 사건은 종교적 및 비종교적인 두 대표적인 그룹에 끼친 예수의 영향의 행동적인 비유이다.

마땅히 종교적인 헌신의 본을 보였어야 하는 자들은 참담하게 실패했었던 데 반하여 아무런 특권도 없는 자들이 도리어 그 책임 있는 반응을 보였다는 것을 나타낸다.

(2) 의견의 불일치와 공격

바리새인들의 논쟁들은 보통 예수의 사역과 전혀 무관한 적은 한 번도 없었으나 이것들 중 가장 신랄한 지적을 받은 것 중 하나는 예수가 마귀를 쫓는 데 바알세불을 사용했다는 논쟁이었다. 바리새인들은 예수가 귀신의 왕 바알세불을 힘입어 귀신을 쫓아낸다고 하였다. 예수는 이것이 얼마나 우스꽝스러운 있을 수 없는 일인가를 지적해서 말씀하셨다.

귀신을 쫓아내는 능력은 하나님의 영에 의한 것이다. 그 충돌의 영적 특성이 이보다 더 생생하게 앞에 드러나는 것은 없었다. 바리새인들의 그렇게도 종교적으로 모든 면에서 신중함에도 불구하고 용서받을 수 없는 죄를 범하게 되었다는 것은 비극이 아닐 수 없었다.

서기관들과 바리새인들 중 얼마는 그 때 예수를 반대할 목적으로 다른 어떤 표적 보여 줄 것을 요구했으나 예수는 단호하게 이를 거절해 버렸다. 예수는 유대인들의 바라던 메시아적 개념과는 본질적으로 완전히 달랐기 때문에 유대인들이 저들의 난점難點들을 해결하기 위한 표적을 보여주기를 요구한 사실은 아무런 놀라운 일이 아니었다.

그러나 유대인들은 영적인 눈이 너무도 어두워 요나와 솔로몬 등의 경우와 같은 고대의 성경에 나타난 표적들을 보질 못했던 것이다.

마태복음 12:46-50절에는 예수가 자기 가족과의 참 관계를 분명히 해야 할 필요에 대한 것이 나와 있는데, 그는 여기서 가족의 유대를 훨씬 초월하는 어떤 관계를 발전적으로 나타내었다. 성경 내용을 보면 "누가 나의 어머니이며, 누가 나의 형제들이냐? 그리고 손을 내밀어 제자들을 가리키고서 말씀하셨다. "보아라, 나의 어머니와 형제들이여. 하늘에 계신 내 아버지의 뜻을 따라 사는 사람이 곧 내 형제요 자매요 어머니이다"로 되어 있다.

(3) 예수의 대표적인 여러 가르침

이 기간 예수의 가르침은 초기 사역 시대 때의 것과 동일한 것이 많이 남아 있었다. 누가복음의 기록에는 비록 다른 상황이기는 하지만 산상보훈에 있는 것들과 유사한 예수의 말씀들이 많이 있다. 예수가 동일한 말씀들을 자주 반복하셨다는 사실은 의심할 나위가 없는 분명한 것이며, 그 때문에 누가복음의 이 기간의 예수의 설교를 마태복음의 그것과 동일시해야 할 필요는 전혀 없는 것이다.

예수의 말씀을 즐거이 경청했던 일반 평민들은 지속적으로 그 가르침의 반복을 필요로 했다. 누가복음에는 마태복음과 어떤 면에서 공통되는 자료가 기록되어 있으나 누가복음의 설교는 간결하며 또한 공통자료의 경우에서조차 그 표현 용어에서 상당수의 차이가 뚜렷이 나타난다.

설교자료의 많은 부분이 경우에 따라 주어졌다는 사실의 인정은 몇몇 면에서 랍비들의 교수법이 예수의 그것에 영향을 주었으리라는 주장을 뒷받침한다. 그렇지만 예수의 가르침 자료와 방법의 독특성은 완전히 인정해야 만 한다. 예수는 랍비들보다 가르침과 심리를 더 잘 이해하셨다.

누가복음에는 이 기간 때의 예수 생애에 관한 한 가지 재미있는 측면의 정보가 나와 있다. 곧 예수는 이 기간 동안에 열 두 제자뿐만 아니라 몇 몇 여인들의 무리를 거느렸었는데, 여인들 중의 얼마는 부유하여 예수의 제자들을 부양하여 필요한 것들을 공급했었다.

예수는 이 기간 동안의 전도 여행 도중에서 하나님 나라에 대해 몇 가지 비유들로 가르치셨다. 마태복음에 이것들에 특별한 관심을 보여 제13장에 그것들을 무리지어 언급해 놓았다. 예수의 비유와 가르침에 대한 논의는 다른 곳에도 포함되어 나타날 것이므로 여기서는 우선 예수의 공생애 사역 중 특별한 이 기간 동안에 있었던 비유적인 가르침의 방법의 중요한 의미를 지적해 보는 것으로 족할 것이다.

예수의 말씀을 들으려고 떼를 지어 몰려드는 무리들은 여전했으나 말씀을 받는 기본적인 수용성은 다양하였다. 씨뿌리는 자의 비유에서는 자신의 사역에 있어서 이러한 무리들의 반응에 대한 예수의 날카로운 인식이 의도적으로 나타나 있는데, 이 비유는 또한 제자들이 기대하였을 것에 대해서도 잘 나타내 주고 있다.

비유적 방법을 택한 것은 그 자체가 예수가 자기의 가르침을 나타내기 위해서 의도적으로 보여 주기 위함이었다. 생생한 비유적 표현의 이야기들은 일단 사람들의 머리 속에 쉽게 기억될 수가 있었을 것이나 그 참된 의미를 발견하고자 진지한 주의를 기울이는 자들에게만 중요한 의미가 명확해질 것이었다. 씨 뿌리는 자 비유와 가라지의 비유의 의미를 예수로부터 설명을 들은 그의 제자들은 틀림없이 예수의 가르침이 그것을 듣는 무리들에게 어필하거나 설득적으로 먹혀들지 아니하리라는 것을 생각하고는 당황하였을 것이다.

그것에 대항하는 많은 불리한 세력이 있었다. 마태는 특별한 비유 부분의 기사 끝 부분에 청중들에 대한 예수의 태도를 잘 나타내 보여 주는 예수의 말씀 하나를 기록했는데, 곧 마태복음 13:52절에서 천국의 제자된 서기관마다 마치 새 것과 옛 것을 그 곳간에서 내어 오는 집주인과 같다고 하셨다. 비록 예수의 가르침에 새로운 것이 아닌 것이 많이 있기는 하지만 독특한 것도 많아서 이것이 옛 것보다 우선권을 차지한다.

(4) 나사렛 사람들의 불신앙

이때에는 또 다른 사건이 예수의 자라난 고향 나사렛에서 일어났다. 나사렛 회당 사람들은 예수의 가르치시는 그 지혜에 놀랐으나 도리어 그 때문에 기분이 상하여 그를 불신했다. 마태복음에는 이 때문에 예수가 나사렛에서 많은 이적을 행하실 수 없었던 것으로 기록하고 있는 반면 마가복음에서는 예수가 다만 소수의 병인에게 안수하여 고치셨을 뿐인 것으로 기록하고 있다.

이러한 지극히 슬픈 상태에 대하여 예수 자신의 논평은 선지자가 자기 고향에서는 존경을 받지 못한다는 잠언을 예증해 주는 말씀이었다. 예수는 분명 사람의 불신앙으로 인해 자기의 사역활동에 뚜렷한 제한이 가해진 사실을 보고도 놀라지 아니하셨다.

[헤로디아가 요구한 세례 요한의 목]

(5) 세례 요한의 죽음

예수에 대한 당국의 태도에 관한 언급은 거의 나와 있지 아니하나 모든 공관복음서들에는 예수의 명성이 헤롯왕의 귀에까지 들어갔다는 사실이 언급되어 있다. 그러한 예수의 명성名聲은 헤롯을 심히 괴롭혔는데 이는 자기가 목을 베어 죽였던 세례 요한이 죽은 자 가운데서 다시 살았다는 소문으로 널리 퍼져가고 있었기 때문이다.

헤롯이 예수를 간절히 만나 보고자 했던 것도 바로 이러한 이유 때문이었다. 마태복음과 마가복음에는 헤롯이 세례 요한의 목을 베어, 죽인 상황이 언급되어 있다. 세례 요한을 목 베는 악한 참수斬首 행위는 헤롯의 생일잔치 중 그의 제수인 헤로디아의 딸이 관능적인 춤을 추어 헤롯을 즐겁게 함으로 그 대가로 헤롯이 무엇이든지 다 들어 주겠다고 했을 때 헤로디아가 세례 요한의 머리를 요구해서 이루어졌던 것이다.

마태복음과 마가복음 두 곳에는 세례 요한의 머리를 쟁반에 담아 달라는 헤로디아의 요구를 듣고 헤롯이 놀라고 당황한 사실이 기록되어 있는데, 헤롯은 이미 자기가 행한 맹세가 있고 또 참석한 손님들에 대한 자신의 체면 때문에 결국에는 그 요구를 들어주고 말았었다.

전체적으로 비열한 이 사건은 예수의 고상한 선구자인 세례 요한의 슬픈 마지막을 뚜렷이 보여 주고 있다.

(6) 무리들을 먹이심

예수는 사도들이 전도 여행에서 돌아 왔을 때 그들을 한 때나마 무리들과 떨어져 있게 하사 함께 계셨다. 그 제자들에게는 예수에게 보고할 것들이 많았을 것이며, 그 때문에 왁작지껄한 무리들의 가운데보다는 어딘가 조용한 장소가 더욱 필요하였을 것이다.

이때에 그들은 배를 타고 갈릴리 바다를 건너 따로 빈들에 가셨는데 많은 무리들이 이를 보고 예수에게 나아옴으로써 조용한 곳을 가질 수가 없었다. 그 결과로 예수는 또 다른 광범위한 가르침을 무리들에게 행할 기회를 갖게 되었으며 그들 무리들을 이적으로 먹이실 기회를 갖게 되었다.

후자의 사건은 아주 놀라울 만한 것이어서 4복음서들에 모두 기록되어 나온다. 마태복음과 마가복음에는 무리들에 대한 예수의 동정심에 대한 언급이 나와 있는데, 사실 그가 그들을 먹이신 이적을 행하신 제일 첫 번째의 주요 동기動機도 바로 이 불쌍히 여기심 때문이었을 것이다. 이 이적 사건의 또 다른 특징은 자신들의 힘으로는 도저히 어떻게 해 볼 도리가 없는 그 모든 사람들을 먹일 만한 음식을 어떻게 마련해야 하는가에 대해 제자들이 취한 태도에 대한 것이다.

4복음서의 기자들은 모두 다 수천 명의 무리를 먹이신 최초의 기본적인 식량이 오병이어의 지극히 작은 소량에 불과했으나 나중에는 모든 사람들이 다 배불리 먹고도 남은 것이 열 두 광주리에 가득 찼다는 사실에 주의를 쏟고 있다.

[오병이어의 기적을 보이신 예수]

복음서들 중에서 마가복음의 기록이 가장 생생한데 이것은 마가가 본 이적 사건을 기록할 때 푸른 풀밭에 대한 언급뿐만 아니라 무리들의 수數와 그들이 무리지어 나누어 앉은 배열상태를 그대로 기록했기 때문이다.

그러나 본 이적 사건의 중요한 의미를 밝힌 곳은 바로 요한복음이다. 오병이어의 커다란 이적을 본 사람들은 예수를 왕으로 삼고자 했으나 그들의 동기는 완전히 물질주의적이자 정치적인 것이었다. 그들의 이와 같은 소원은 예수의 원래 목적과는 완전히 배치되는 것이었고 그 때문에 예수는 그들 무리들을 부득이 떠나지 않으면 안 되었었다.

요한복음에만 나타나 있는 본 사건의 더욱 중요한 면은 예수가 말씀하신 하늘에서 내려온 참 떡에 대한 예수의 설교였다. 본 구절 이후에 나오는 그 설교의 처음 부분은 아마도 예수가 바다 위를 걸으신 이적 사건 이후에 바로 주어졌던 것일 것이며, 두 번째 부분은 회당에서 주어진 것임이 분명하다.

요한복음에 나오는 토론의 유형은 지금까지 많은 대화의 전형典型이 되어 왔다. 이 요한복음상의 토론에서 예수가 항상 영적 문제들로 사람들의 주의를 환기시키는 주도권을 가지신 것을 나타내 보여 준다. 유대인들은 예수가 갈릴리 바다 저편에 도착했을 때 자기들의 호기심을 채워 보기를 원했으며 그들은 또한 하나님의 일을 성취하려면 어떤 일을 해야만 되는지를 알고자 했다.

그래서 그들은 과거에 하나님께서 광야에서 저들의 조상들에게 만나를 주신 사실을 인용하면서 예수님께 믿을 수 있는 신앙의 근거로서 표적을 보여 달라고 구했다. 각 질문들에 대하여 예수는 영적인 대답을 주셨다.

처음 질문에 대해서는 영속하는 양식을 찾도록 권면하시는 말씀을 주시고, 두 번째 질문에 대해서는 하나님이 보내신 자이신 예수를 믿으라고 권면하시고, 세 번째 질문에 대하여는 하나님의 떡 만나가 하늘에서 내려왔으나 그것은 모세가 준 것이 아니요 하나님께서 직접 내려 주신 것임을 생각나도록 말씀하셨다.

그러므로 이 떡은 바로 예수 자신이었다. 이 후자의 주제는 요한복음 6:16절 이후에 나오는 예수의 설교 이야기 부분의 두 번째 부분에서 더욱 발전적으로 나와 있는데, 여기에는 예수가 이 세상에 오셔서 행하실 일의 영적 중요성이다. 예수를 따르던 많은 제자들이 이러한 유형의 가르침을 접하고 몹시 당혹해 하거나 싫어하여 예수의 제자들 무리에서 떠나 버렸다.

이 때문에 예수는 열 두 제자에게도 그들과 같은 배반의 행동을 취하려는가 묻게 되었으며, 베드로는 이에 열정적인 신앙표현의 고백을 하게 되었고 가룟 유다는 배반의 마음을 키우게 되었는데 예수는 이를 아시고 계셨다.

[물에 빠지는 베드로를 잡으시는 예수]

(7) 바다 위를 걸으심

예수께서 갈릴리 바닷물 위를 걸으신 이적 사건에 대한 언급은 누가복음을 빼놓고는 모든 복음서에 다 기록되어 있는데, 본 사건은 무리들을 오병이어로 먹이신 이적이 있은 이후에 기록되어 나온다.

바다의 상태는 큰 바람이 불고 파도가 일어 험난했으나 예수는 그 위를 걸으셨으며 또한 나중에는 바람을 그치게 하셨다. 이러한 두 가지 이적들은 우연히 일어난 것이 아니며 예수의 자연과 피조물에 대한 통제의 권세 능력을 입증해 주는 것이라 할 수 있다.

바다의 폭풍 가운데서 예수는 평화의 메시지를 가지고 오셨다. 베드로 자신이 예수에 대하여 자기를 물 위로 가게 해 달라고 한 부탁은 마태복음에만 기록되어 있다. 그것은 베드로가 관계했던 것인 만큼 완전히 특징적인 것이다.

베드로의 충동적인 행동과 불충분한 믿음에 대한 언급은 그에 대한 예수의 온화하신 책망을 배경으로 하여 잘 나타나 있다. 이것은 기독교 교회의 초기 역사에서 크게 사용되었던 사람을 훈련하는 한 부분이었던 것이다.

(8) 장로들의 유전

마태복음 15:1절 이하에 나오는 예수 및 몇몇 예루살렘의 서기관들과 바리새인들과의 충돌에는 장로들의 유전문제에 대한 날카로운 논쟁이 나타나 있다. 유대인들에게 있어서 장로들의 유전은 지극히 중요한 것이었다. 장로들의 유전은 구약의 성문율법成文律法 모세오경과 대등하거나 심지어는 더 중요시되었었는데, 이 때문에 그것은 커다란 권위가 있었다.

오랜 시대에 걸쳐서 그 유전은 양量이나 무거운 부담이 가중되었었는데, 열렬한 유대교의 신봉자들에게는 그들을 압박하는 요소가 되었었다. 장로들의 유전의 체계는 완전히 오용誤用되고 개방되어 있었는데, 마태복음에는 나중에 이에 대한 예수의 입장에서의 신랄한 비난이 몇 가지 기록되어 나와 있다.

그러나 한 가지 꼭 알아야 할 것은 이들 유전들의 원래 의도가 일반 대중들의 유익을 위해 율법을 보호하자는 데 있었다는 것이다. 마태복음 15:1절 이하의 경우에서 바리새인들이 식사 전에 손을 씻는 의식을 행하지 아니하는 예수의 제자들을 염려하여 말한 것인데 이에 대해 예수는 보다 더 근본적인 율법적 요구를 따르지 아니하는 바리새인들의 잘못을 지적하셨다.

곧 바리새주의적인 궤변에 의해 모세 율법이 요구하고 있는 부모 섬기는 공경의 도리를 다하고 있지 않다고 책망하셨다. 또한 예수는 바리새인들 앞에서 말씀하시기를 사람을 더럽히는 것은 그와 같은 외적인 의식의 문제가 아니라 바로 사람들의 생각인 것이라고 하셨다. 주께서는 "입으로 들어가는 것이 사람을 더럽게 하는 것이 아니라 입에서 나오는 그것이 사람을 더럽게 하는 것이다"라고 하셨다.

마지막 여행이었던 예루살렘 입성 때까지의 기간

(1) 이방인 지방으로의 여행

예수는 두로와 시돈 지방으로 여행하셨는데 이들 지방은 주로 이방인들이 거주 지역이었다. 예수가 이곳을 방문한 것은 이곳에서 있었던 수로보니게 여인과의 중요한 대화 때문에 주목할 만한데 그 여인은 자기의 귀신들린 딸을 고쳐 주십사고 간청하러 왔었다.

제자들은 유대인이 아닌 다른 이방인들은 그 누구라도 예수에게 어떠한 요구를 할 권리가 없다고 믿었으며 또한 "나는 이스라엘 집의 잃어버린 양 외에는 다른 데로 보내심을 받지 아니하였다"는 예수의 말씀은 바로 이러한 견해를 뒷받침해 주는 것 같다.

이 예수의 말씀은 예수 사역의 주요 전도 범위의 제한과 또한 예수가 그렇게 다른 먼 지방까지 전도하러 가지 않았던 이유를 나타내 준다는 점에서 대단히 중요하다. 이러한 예수에게 수로보니게 여인이 취했던 믿음의 태도에 대한 예수의 반응은 그러한 예수의 전도 분야의 제한이 필요에 따라 자유롭게 해석될 수가 있었음을 보여 준다. 곧 그 여인은 자기가 자녀들 중에 들어 갈만한 합당한 자가 아닐지라도 주인의 상에서 떨어지는 부스러기를 먹는 개의 처지는 될 것이라는 놀라운 신앙을 보여 주었던 것이다.

[수로보니게 여인의 귀신들린 딸을 고치신 예수]

두로와 시돈 지방에서 돌아 온 이후에 행하신 예수의 다른 여러 신유의 이적들을 마태복음에서는 개요적 형태로 언급하면서 그러한 이적으로 인해 무리들이 하나님께 영광을 돌렸던 사실을 기록하고 있다.

마가복음에는 자세한 다른 이적 기사가 나와 있는데, 곧 예수가 귀먹은 어눌한 자를 고치신 것과 그로 인해 사람들이 심히 놀란 사실이 나와 있다. 예수는 이때에 다시 본 이적을 목격한 사람들에게 아무에게도 이를 알리지 말라고 경계하셨으나 그럴수록

저희는 도리어 널리 전파했다.

여기서 발생하는 의문으로는 왜 예수가 그러한 요구를 사람들에게 하셨는가 하는 것이다. 어떤 이들은 이미 논의한 바 있는 메시아적 비밀 이론을 들어 그 증거로 삼으려 했으나 이것은 예수의 그와 같은 요구의 설명이 되지 않는다. 예수 자신은 일반에게 자기가 이적 행하는 자로서 널리 알려지길 바라지 않았던 것이며, 따라서 예수는 그와 같은 역할을 받아들이지 않았다는 사실을 아는 것이 필요하다.

⑵ 두 번째로 군중들을 먹이심

이에 대한 기사는 마태복음과 마가복음에 나타나 있는데, 먼저 번의 것과는 달리 사천 명의 군중을 먹이신 이적을 다루고 있다. 본 사건은 이미 언급한 바와 같이 먼저 번의 이적 사건과 많은 유사점들이 있는데 이 때문에 몇몇 학자들은 본 사건을 동일 사건의 중복형태의 기사로 보고 있다.

그러나 마태와 마가 두 전도자의 기록에는 동일 사건이 아닌 두 개의 별도의 사건임을 입증하기에 충분한 중요한 차이점들이 분명하게 나타난다. 곧 참석한 사람의 수효도 다르고 처음에 필요로 했던 떡 공급도 서로 달랐다. 또한 군중들이 먹고 남은 떡 조각의 광주리 수도 먼저 때 것보다 더 작았다.

만일 상세한 기사가 전달과정에서 과장된 것이라 가정한다면 4,000명을 먹이신 본 이적 사건 기사가 5,000명을 먹이신 사건 기사보다 더 원본적인 것으로 간주해야 할 것이다. 만일 이렇게 볼 때 기자가 5,000명의 인원수를 추가했던 이유와 두 개의 보리떡과 두 마리의 물고기를 빼 버리고 기록했던 이유와 또한 떡 부스러기를 담은 광주리 수를 다섯 개나 더 널린 이유를 알아 보기란 도저히 불가능하다.

더욱이 두 복음서의 기자들은 전자의 기사와 대비되는 본 사건 기사를 기록할 때 '광주리'에 대한 원어를 각기 달리 쓰고 있다. 만일 이들 두 사건이 실제로 일어났다면 마태복음과 마가복음에 이것들이 포함된 데 대해서는 반드시 어떤 이유가 있을 것이다. 이들 두 사건들은 분명히 어떤 중요성을 띤 유사한 사건들의 반복인 것으로 생각해야 할 것이다.

두 경우 모두 예수의 특별한 말씀 언급을 나중에 기록하고 있다. 유사한 사건들의 반복에도 불구하고 제자들은 본래적인 가르침을 전혀 배우질 못했다. 바리새인들은 그러한 두 사건을 보고서도 여전히 하늘로서 오는 표적을 구했다. 그러므로 기록된 두 가지의 사건들은 시종일관하여 예수의 놀라운 능력을 강조하고 있을 뿐만 아니라 또한 그 사건들의 내포하고 있는 메시지를 올바로 이해하지 못하는 관찰자들의 완고함을 강조해 주는 것이다.

이 때문에 바리새인들이 하늘로서 오는 표적 보여주기를 구하자 예수가 탄식을 하시고 또한 요나의 표적 외에는 다른 어떤 표적도 단호히 거절하신 것은 조금도 놀라운 일이 아니다. 예수가 제자들에게 바리새인과 서기관들의 누룩[교훈]을 조심하라고 경고하시게 된 원인을 이룬 이적 사건은 분명 4,000명을 먹이신 이적 사건일 것이다.

(3) 가이사랴 빌립보

이 후의 이적 사건은 벳새다에서 소경을 고치신 사건인데, 본 이적은 주로 그것이 두 가지 단계로 이루어졌고 가이사랴 빌립보

[가이사랴 빌립보에서 신앙을 고백하는 베드로]

에서의 지극히 중요한 신앙 토론으로 이끄는 부분의 기사이기 때문에 주목할 만한 것이다.

소경의 눈을 뜨게 하시고 가이사랴 빌립보 여러 마을로 나아가실 때에 예수는 제자들에게 "사람들이 나를 누구라고 하느냐?"고 물으셨다. 이에 대해 제자들은 대답하기를 어떤 이는 세례 요한이라 하고 더러는 엘리야, 더러는 예레미야, 더러는 선지자 중의 하나라는 네 가지의 일반적인 반응을 말했으나 베드로는 좀 더 명확한 개념의 신앙사상을 고백했다.

마태복음 16:16절에는 베드로의 신앙고백이 완전한 형태로 기술되어 나와 있는데 "선생님은 살아계신 하나님의 아들 그리스도십니다"와 같다. 예수가 열 두 제사들의 훈련에 집중하기 시작했던 것이 바로 이 시점 이후부터였으므로 베드로의 이러한 신앙고백은 분명 예수에게 있어서 특별한 의미를 띠고 있었을 것이다.

모든 공관복음서들에는 예수가 자기 제자들에게 이 사실을 아무에게도 말하지 말라고 경계하신 것이 나와 있는데, 이것은 예수가 어려움을 갖게 되리라는 것을 알고 있었다는 것을 보여 준다.

베드로와 또한 다른 제자들이 예수를 그와 같이 오랫동안 기다리던 이스라엘의 메시아로 확실히 인정하게 된 이유에 대해서는 복음서들에 전혀 나와 있지 않다. 그들은 예수의 능력에서 메시아적인 많은 증거들을 보았을 것이다. 그러나 다른 많은 사람들은 동일한 능력을 보고서도 예수를 메시아로는 믿지 아니하였다. 예수 자신이 스스로 베드로에게 이르시기를 그와 같은 베드로의 신앙고백은 어떤 인간적인 능력을 통해서가 아닌 순전한 하나님 아버지의 계시로 비롯된 것이라고 하셨다

"살아 계신 하나님의 아들"이란 명칭에 의해 어떤 내용이 전달되었는지는 확인하기 불가능하나 베드로는 이 고백을 할 때 분명히 어떤 신적인 성격을 인식하고 있었던 것이 분명하다. 그와 같은 고백이 예수에게 어떤 의미를 지녔는지는 그가 즉시 베드로의 고백을 듣고 그를 축복한 사실과 또한 그에 대해 축복의 예언을 한 사실에서 암시적으로 나타난다 할 수 있을 것이다.

예수가 베드로에게 "나는 이 반석 위에다가 내 교회를 세우겠다"라고 했을 때 그것은 예수가 '교회'를 헬라어로 에클레시아 ἐκκλεσία라는 용어를 사용한 성경에 기록된 두 경우 중의 하나에 해당했다.

여기서 본 문제의 가장 중요한 것은 '반석盤石'이란 용어의 해석이다. 이 용어는 베드로 자신을 뜻하는가? 아니면 베드로의 신앙고백을 뜻하는가? 전자의 경우라면 이 '반석'이란 용어는 베드로의 이름을 나타내는 역할을 하나 후자의 경우라면 그것은 기독교 교회의 기초로서의 그리스도에 관해 말하는 다른 성경의 가르침

을 뜻한다.

만일 전자의 경우가 옳다면 그것은 다가 올 교회에서 베드로가 유대인들과 이방인들에게 최초로 기독교 복음 전파의 문을 오순절 이후에 열었다는 것을 상기할 수가 있다. 그렇지만 예수가 예언한 바대로 음부陰府의 권세를 이길 교회라면 불안정한 베드로보다는 더 확고한 기초를 필요로 할 것이다.

베드로는 이 외에도 매고 푸는 능력이 있는 천국 열쇠에 관한 약속도 받았는데, 이 약속은 모든 제자들에게 하신 것으로 나와 있는 마태복음 18:18절의 비슷한 명령에 연관하여 해석해야만 한다. 예수가 열 두 제자를 훈련하실 때 제일 먼저 베드로에게 중점적으로 하신 것으로 보는 것이 적당할 것이다. 이것은 베드로가 예수의 죽으실 것이라는 예언을 듣고 그렇게 마실 것을 만류한 자로서 결국 예수의 직접적인 책망을 곧 바로 받은 자였기 때문이다.

가이사랴 빌립보가 예수의 공생애 사역에서 하나의 전환점을 이룬 것은 그가 당장 자기 앞에 놓여 있는 장차 당할 두려운 사건들의 일부를 제자들에게 말씀하시며 그것들을 함께 나눴던 사실에서 분명히 나타난다. 고난苦難에 대한 이 최초의 예고가 그 이후의 연속적인 예고들에서와 같이 부활과 불가분의 관계가 있다는 것은 중요하다.

제자들에게 예수의 고난의 필요성을 온전히 이해한다는 것은 매우 어려운 일이었다. 또한 저들 자신의 생활 가운데서 고난의 위치를 이해하기란 더욱 어려웠다. 자기부정自己否定의 교훈은 배우기가 그리 쉽지 않다. 이 사역 단계에 이르러 예수는 많은 가르침의 기회를 주기 위해 새로운 시도를 할 필요가 있었다.

(4) 변화산상에서의 예수

이 기간에 여러 사건들이 일어났다는 것은 의심할 나위가 없는데, 이는 세 공관복음서의 이 기간 때의 여러 사건들의 순서가 모두 일치하고 있기 때문이다. 가이사랴 빌립보에서의 신앙고백 이후에 곧 바로 예수의 변화산상變化山上에서의 변모變貌 기사가 나오는데, 이 기사 다음에는 간질병 소년을 고쳐 주신 기사와 고난에 대한 두 번째의 예고 기사 및 누가 천국에서 더 큰가 하는 논의에 대한 기사가 나온다.

[변화산상에서의 예수와 세 제자들]

예수의 생애 기사 가운데 그의 변화산상에서의 변모는 그것이 독특한 방식으로 예수의 영광을 계시해 주기 때문에 하나의 중요한 자리를 차지한다. 이 계시 자체를 제자들 중 세 사람에게만 보여 주었다는 사실도 대단히 중요하다. 이는 그들이 열 두 제자들 가운데서 가장 핵심적인 제자였다는 것을 보여 주기 때문이다.

왜 예수가 다른 제자들을 변화산상에 데리고 가지 않았는가는 분명하지 않으나 그러한 변화산상에서의 사건을 세 제자가 이해하지 못한 사실에서 어떤 중요한 암시가 나타나는데, 곧 나머지 다른 제자들의 반응도 이들 세 제자들과 같지 않았을까 하는 것이다. 어쨌든 예수는 뭇 사람들의 현란한 구경거리로서 사람들 앞에서 변형하시지는 않았다. 세 사람 앞에서 변형하신 그 체험은 오직 그것을 목격한 이들 세 제자만이 증인으로서 나타날 것이었다.

변화산상에서의 예수의 변모는 세 단계로 이루어졌다. 처음에는 예수의 용모뿐만 아니라 그의 의복까지 찬란한 빛이 발하여 변형되었고 그와 함께 모세와 엘리야가 하늘에서 나타났다. 두 번째는 이 모든 광경을 목격한 베드로가 어느 정도는 이해했지만 완전히 이 사태를 이해하지 못하고, 변형되신 그리스도와 다른 두 하늘의 사람들을 위한 어떤 유형의 초막 셋을 짓자고 제의했다.

세 번째는 구름 가운데서 음성이 나서 세 제자들을 권면하되 예수는 하나님의 기뻐하시는 사랑하는 아들이시므로 너희는 저의 말을 들으라고 하신 것으로 이루어져 있다. 이때에 심한 두려움이 제자들을 사로잡은 광경이 환상의 절정을 이루는데 예수는 곧 다시 본래의 모습으로 되돌아 오셨다.

이 사건이 예수의 사역에서 차지하는 비중을 평가하는 데에는 다양한 요소들이 고려되어야 한다. 이 변화산상에서 변형사건은 예수의 참된 본성을 나타내 보여 주었는데, 역설적으로는 성육신成肉身을 통한 예수의 굴욕과 그 이후의 그의 고난의 의미를 보다 완전하게 이해할 수 있도록 해 주는 것이다.

이 예수는 보통의 일반 사람은 아니었다. 예수는 베드로가 고백한 바와 같이 참으로 살아 계신 하나님의 아들이었던 것이다. 베드로는 자신이 고백한 신앙고백을 완전히 이해는 못했지만 이제 변형되신 그리스도를 직접 목격함으로써 그 고백의 영광스러운 실현을 체험하게 되었다.

그러나 베드로나 다른 두 제자의 경우에 있어서 예수의 풍요한 영광을 잠깐 바라다 본 것으로 여러 가지 의심들이 완화된 것은 아니었다. 베드로의 경우에 있어서 그러한 것이 예수의 고난에 대한 자기들의 부정적인 반응을 강조하여 나타내는 데 도리어 도움을 주었던 것이다. 예수의 영광에 대한 그들의 영속적인 이해는 이러한 면에서 온 것이 아니라 부활에로 이르는 예수의 극심한 고난의 체험들로 인하여 왔던 것이다.

변화산상에서의 사건에 대해 고려해야만 할 또 다른 요소는 모세와 엘리야가 행한 역할이다. 이에 대해서는 일반적으로 그들 두 사람이 율법과 예언자들을 대표한다고 알려지고 있으며 예수는 이들보다 더욱 뛰어난 자로 나타난다. 누가복음에는 모세와 엘리야 두 사람이 예수가 장차 예루살렘에서 죽으실 것을 이야기한 것으로 나와 있는데, 이것은 분명히 변화산상에서의 사건 바로 이전에 죽음에 대한 예고에 초자연적인 재가裁可를 덧붙이기 위한 의도라 하겠다.

이러한 변화사건은 부활하신 이후까지는 일반적으로 알려지지 않도록 했었는데, 이는 예수가 그 사건을 보았던 제자들에게 자기가 부활할 때까지는 아무도 말하지 말라고 명하셨기 때문이었다.

베드로와 요한 및 야고보 세 제자는 변화산상에서의 환상 가운데서 엘리야가 나타난 사실을 보고 한 가지 궁금한 문제를 품었다. 그들은 어찌하여 서기관들이 엘리야를 메시아의 선구자로서 가르치는가 생각했던 것이다. 아마도 그들은 예수가 메시아라는 것을 자신들 마음속에 믿었기 때문에 왜 자기들이 이전에 엘리야를 보지 못했을까하고 의아해 하였던 듯하다.

이러한 제자들의 궁금증 때문에 예수는 보다 더 확실하게 세례 요한이 엘리야의 역할을 성취했다는 사실을 그들에게 설명하실 수가 있었다.

(5) 더 많은 이적들

예수가 변화산상에 계실 때에는 그 산 아래에서 또 다른 문제가 다른 제자들에게 부딪쳐 왔다. 주인이 없는 상태에서 제자들은 간질병에 걸려 귀신에 사로잡힌 것과 같은 예외적인 일을 처리하는 데에는 그저 속수무책束手無策으로 무기력無氣力했다. 예수는 그들의 믿음 없음을 보시고 마음에 깊은 측은함을 가지셨다.

이 사건에서는 예수가 장래의 기독교 교회의 일군으로 훈련시키고 있는 제자들의 자질資質의 어떤 면이 여실히 드러난다. 그들은 아직도 불가능한 것을 처리하는 방법에 대하여 배워야만 하였다. 이것은 다른 여러 경우에서도 거듭 반복되어야만 했던 하나의 과제였다.

간질병과 귀신에 사로잡힌 소년에 관한 이 사건에서 예수의 능력과 귀신의 능력 사이의 직접적인 충돌의 대표적인 예가 나타나는 데 이것은 이전에 광야의 시험試驗에서 나타난 그리스도의 지속적인 마귀와의 투쟁의 예증이라 할 수 있다.

예수가 자기의 고난과 부활에 관하여 두 번째로 예고한 것은 그의 변화산상에서의 변형에 대한 하나의 자연적인 귀결이라 하겠다. 이 예수의 두 번째 예고의 말씀에 대한 제자들의 반응은 모든 공관복음서에 다 언급되어 있다.

마태복음에는 제자들이 심히 근심한 것으로 나와 있는 반면에,

마가복음과 누가복음에는 그들이 그 말씀을 깨닫지 못하고 예수에게 묻기도 두려워한 것으로 나와 있다. 예수는 자기에게 다가올 고난에 대해 제자들의 지지를 전혀 받지 못했는데 심지어는 자기의 가장 가까운 제자들에게서조차 아무런 이해와 지지를 받지 못했다. 이 점은 결국 예수가 고난당하실 때 그를 배반하게 되는 제자들 생각의 특징이었던 것이다.

이 기간 동안의 예수를 좀 더 가까이 접근해 볼 수 있게 해 주는 다른 두 가지 사건들이 복음서에 나타난다. 곧 마태복음에는 베드로가 자기 주인이 성전세聖殿稅를 내야 되는지의 여부를 질문받은 것과 베드로가 그것을 낸다고 확신적으로 대답한 것으로 나와 있는데 여기서 예수는 한 가지 교훈적인 사실을 지적해서 베드로에게 가르쳤다.

곧 세상 임금들의 신하들만 세금을 낼 의무가 있고 아들들은 그런 의무가 없다는 어떤 영적인 상징적 의미의 가르침이었다. 그러나 성전세 문제에 있어서 예수는 사람들이 오해치 않게 하기 위하여 베드로에게 이르기를 물고기 입에서 한 세겔을 얻을 것이니 그것을 너와 나를 위해 지불하라고 하셨다.

[베드로가 물고기 입에서 한 세겔을 얻어 성전세를 내다

많은 사람들이 이 이야기에 대해서 곤란을 느끼는데 이는 이야기 속에 나오는 이적의 특성과 또한 그 이적이 예수의 필요에서 이루어졌다는 사실 때문이다. 어떤 이들은 이 기사가 신빙성이 적은 구전口傳에서 비롯된 때문인 것으로 곤란을 해결하려 하는데 그들은 그 때문에 본 이야기 기사를 구전에 나타나는 신비적인 것의 장식적인 표본이라고 주장한다.

그러나 증거상 그러한 이론은 불필요하다. 이 이적은 어디까지나 본질적으로 자연 법칙의 정지停止보다는 초자연적인 지식에 속한 것이다. 이 이적은 확실히 이상하고 또한 참으로 예기치 않은 뜻밖의 것이기는 하나 그렇다고 그것이 신빙성을 부인할 어떤 충분한 요소들이 있는 것은 절대로 아니다.

(6) 예수의 더 많은 말씀들

이 기간 동안의 말씀들 중에서 가장 주목할 만한 것으로는 제자들이 천국에서 누가 가장 큰 자인지를 물은 것에 대답하신 말씀이다. 예수는 이 때 어린 아이를 저희 가운데 세우시고 그를 하나의 객관적 가르침의 과제로 삼아 그들을 가르치기를 천국에서는 겸손이 가장 크고 중요한 것이라고 하셨다.

겸손의 덕은 헬라인들이 경멸했던 것이었으나 유대인들의 경우에서는 확실치가 않다. 예수는 열 두 제자를 훈련시키는 과정에서 완전히 새로운 덕목의 규례規例를 그들에게 주입시키셨다. 제자들은 위대함이 봉사의 길에 있음을 배울 필요가 있었다.

본 사건은 다른 사람들에게 죄를 범하는 것에 대한 예수의 경고와 또한 범죄의 근원을 처리하는 것에 대한 비극적인 충고에 대한 예수의 말씀이 제자들에게 주어지게 하는 기회를 제공해 주고 있다.

마태복음 18:23-35절에는 용서의 필요성을 보여 주는 놀랄 만한 비유가 나와 있는데 그것은 왕의 두 종들에 관한 것이다. 왕에게 어떤 종이 막대한 빚을 지고 있었는데 갚을 때가 되었건만 도저히 갚을 능력이 없었다. 그 사람은 왕의 자비로 인하여 그 빚을 완전히 탕감받을 수가 있었다.

그런데 이 탕감蕩減받은 종에게는 자기의 탕감을 받은 액수에는 도저히 비교거리가 되지 않는 소액을 빚진 자가 있었다. 그 종은 이 빚진 자를 자비로 대하지 않고 무조건 갚을 것을 종용했다. 갚지 못하자 감옥에 잡아넣어 버렸다. 이 소식을 들은 왕은 탕감을 받은 종을 불러 다시 진로를 내려 버렸다는 이야기다.

이 비유적인 이야기에서 예수는 모든 사람이 서로를 용서해야 된다고 가르치신 것이다. 용서의 필요성에 대한 기사는 베드로가 형제의 잘못을 몇 번이나 용서해야 되겠는지를 물은 데서도 나타난다. 이에 예수는 하나님 나라에서는 용서의 수적 제한이나 잘못한 일의 크기와 제한이 도무지 있을 수 없음을 나타내시는 말씀으로 대답하셨다. 그러한 완전한 용서의 마음은 큰 마음의 관용寬容을 필요로 한다.

Chapter 6
예수의 생애와 사역(2)

부활하신 예수의 권세는 하늘과 땅에 있는 모든 권세이기 때문에
제자들은 당연히 온 세상으로 나가서 모든 민족을 제자 삼아야 한다.
모든 민족을 제자로 삼는 제자들의 선교는 부활하신 예수의 우주적
권세의 구체적인 실현이다.
부활하신 예수께서는 그의 이러한 권세에 순종하는 자들과
세상 끝 날까지 항상 함께 할 것이라고 약속했다.

1
공생애 사역의 마지막 기간

이 부분은 연대기적으로나 지리적으로 어떤 확실한 순서에 따라 사건에 관한 기사를 정리하기가 가장 어려운 기간에 속한다. 이 기간의 기사에 대해 마태복음과 마가복음에는 간단히 나와 있는 반면에 누가복음에는 여행 기사 가운데 산만하게 연결된 것 같이 보이는 많은 자료들이 나타나 있다.

예루살렘으로 향한 여정

두 번에 걸친 고난에 관한 특별한 예고의 말씀은 바로 다음의 누가복음 9:51절 이하는 예수가 예루살렘을 향하여 올라가지 않으면 안 될 필연적인 이유에 나타나 있다. 그렇지만 아직은 예수의 진행 자취가 미미함을 부인할 수는 없다.

누가복음 9:51-18:31절 안에 나타나는 예수의 예루살렘에로의 진행에 관한 언급은 복잡하다. 누가복음 9:51절에는 굳게 결심하신 사실이 나타나 있고, 누가복음 10:38절에는 예수가 마리아와 마르다의 촌 베다니에 머물러 계신 것으로 나와 있으며, 17:11절에는 예수가 예루살렘으로 가시는 도중에 사마리아와 갈릴리 사이로 지나가신 것으로 나와 있다.

다시 누가복음 18:31절에는 예수께서 예루살렘으로 올라 갈 사실을 제자들에게 의도적으로 말씀하신 것으로 나와 있으며, 18:35절 이하에는 예수께서 여리고 지방에 계신 것으로 나와 있고, 19:20절에는 예수께서 예루살렘을 향하여 앞서서 가신 것을 마지막으로 언급한 기록이 나와 있다. 이렇게 예수의 예루살렘 입성의 기록이 연이어 나와 있다.

예루살렘에 대한 이들 여러 가지 언급들을 똑같은 방문의 목적 아래 맞춰 보려는 것은 곤란하다. 적어도 예루살렘까지 가는 동안 두 곳의 분명한 방문지가 있었다고 한다면 요한복음 7장-10장의 자료에서 적당한 근거를 찾아보는 것이 더 간단할 것이다.

그렇게 할지라도 연대기의 배열에 있어서 아무런 만족할 만한 근거가 나타나지 않는다. 차라리 여기서 그러한 연대기적 배열에서 어떠한 유익이 생길 수 있겠는가 하고 자문해 보아야 할 것이다. 그러므로 누가복음에 나타난 예수의 자취를 가능한 한 멀리까지 존속시키고 또한 요한복음에 나타난 예루살렘에서의 사역에 속한 추가적인 자료를 별도로 취급해서 다루는 것이 더 낫다.

이에 따라 편의상 누가복음의 여행 기사는 요한복음 7장-10장의 여러 사건들과 설교들의 기록상 누가복음 13장의 끝 부분으로 나누어 볼 수 있다. 여기서 한 가지 꼭 알아 두어야 할 것은 이 부분에 나타난 자료의 보다 많은 부분이 누가복음에만 나타나는 고유한 것이기는 하나 마태복음의 다른 본문들과 유사한 부분도 많이 있다는 것과 또한 몇몇 단락의 기사 부분은 세 공관복음 모두에 나오는 부분이라는 것이다.

다음의 간략한 개관에서는 주로 누가복음만의 특별한 공헌 부분에 그 강조를 두어 기술하려 한다.

(1) 갈릴리에서 베다니까지

누가복음 9:51절에는 "예수께서 하늘에 올라가실 날이 다 되었다. 그래서 예수께서는 예루살렘에 가시기로 마음을 굳히시고"와 같이 나와 있는데, 이것은 예수가 자신의 공생애 사역 중 그 절정적인 마지막에 가까이 이르신 것을 깊이 인식하신 것으로 볼 수 있다. 그 때문에 예수는 마지막 여행을 결심하신 것으로 생각할 수 있다. 이와 같은 간략한 언급은 다른 복음서들에는 찾아 볼 수가 없는 생생한 표현이라 하겠다.

본 구절에는 예루살렘으로 올라가시겠다는 예수의 비장悲壯한 태도가 특별히 부각되고 있다. 마지막 여행에 속하는 이 예루살렘으로 향하여 가던 때 일어난 최초의 사건은 누가복음 9:51-56절에 나와 있는 바와 같이 예수가 사마리아인의 한 촌을 지나가실 때에 일어났다.

사마리아의 시골 사람들은 예수의 무리가 예루살렘으로 향하여 가기에 그들을 받아들이지 아니했다. 이 때 야고보와 요한은 하늘로서 불이 내려 이들 시골 사람들을 멸하기 원하였는데 이것은 두 사람의 잘못된 생각 때문에 크게 부각되어 나타난다. 곧 시골 사람들을 멸하길 원하는 그들의 요구 사항은 그들의 능력에 속한 것이 아니었을 뿐더러 또한 그것은 예수의 생각도 완전히 배치되었던 것이었다.

예루살렘으로 가는 예수의 길은 이와 같이 분노의 표상으로서 마을을 불질러버리는 도도한 것이 아니었고 도리어 많은 경우에 자신의 사명을 거의 이해하지 못하는 자들을 향하여 인내로 참아야만 하였던 것이다. 야고보와 요한 두 제자의 그와 같은 무모한 제의를 예수가 거절한 것도 이 외의 다른 어떤 뜻이 거의 없었을 것이다.

그러나 아직도 어떤 전도 활동은 유기적인 형태의 조직을 필요로 하였을 것이다. 먼저 제자들은 그리스도를 따르는 자들로는 어떤 유형의 사람들이 적당한가를 배워야 할 필요가 있었다. 누가복음 9:57-62절에는 세 가지 대표적인 표본을 다룬 예수의 말씀이 기록되어 있는데, 그 주요 특징들은 모두 다 기꺼운 마음으로 어려움을 견딜 것과 또한 뒤를 돌아다보지 않는 지속성을 가져야 할 것에 관한 것들이다.

사도들조차도 예수가 고난당하실 때는 그를 버렸던 것이다. 그러므로 그들은 하나님이 다시 회복하시는 은혜가 없었다면 하나님 나라에 적당치 못한 자가 되었을 것은 뻔하였다. 예수의 이와 같은 엄격한 인내의 요구 말씀 다음에는 곧바로 칠십 명의 전도자를 파송한 기사가 계속되어 나온다.

[70명의 전도자들을 파송하신 예수]

칠십 명의 전도자들이 예수에게 받은 전도 사명과 열 두 제자가 받았었던 그것과의 사이에는 강한 유사성이 있는데, 누가복음에서는 칠십 명의 전도자들의 주요 목적이 예수의 방문하고자 하시는 지역에 그 길을 예비하게 하려는 것임을 분명하게 나타내고 있다.

이 때 파견된 칠십 명의 제자들은 출중한 인물들이 아니라 지극히 평범한 사람들이란 것을 우리는 그들이 돌아와서 보고하는 성공담을 들으며 격하게 기뻐하시며 칭찬하신 예수의 다음과 같은 기도를 통해 짐작할 수 있다.

> 그 때에 예수께서 성령으로 기쁨에 차서 이렇게 아뢰었다. "하늘과 땅의 주님이신 아버지, 이 일을 지혜 있는 사람들과 똑똑한 사람들에게는 감추시고, 철부지 어린 아이들에게는 드러내 주셨으니, 감사합니다" 누가복음 10:21

누가복음 10:9절에는 천국이 가까이 왔다고 전파하라는 예수의 말씀이 그들 전도자들의 사명인 것으로 나와 있다. 그들은 사실 예수 자신의 전권대사들이었다. 예수는 이들 전도자들에게 명령을 주시는 가운데 특별한 저주의 말씀을 고라신과 벳새다와 가버나움에 대해 선포하셨는데, 예수의 능력 있는 활동의 영적 의미가 이들 성읍에서는 완전히 상실되어 버렸었다.

이러한 예수의 체험적인 반응의 말씀들은 자기들의 사역에도 역시 유사하게 나타날 부정적인 반응에 그 제자들이 미리 준비하도록 주시시킨 의도의 것들일 것이다.

마태복음의 경우와는 달리 누가복음에 나오는 비유들은 집단적으로 나타나지는 않는다. 그러나 이와 같은 산재散在형태로 나타나는 이유는 각각의 직접적인 어떤 목적 때문에 그렇게 기록한 것이다.

누가복음 10:25-27절에 있는 선한 사마리아인의 비유 기사는 바로 이러한 목적에서 따로 기록한 뚜렷한 실례이다. 이 비유는 어떤 유대인 율법사가 예수에게 영생을 얻는 방법에 대해 물었을 때 그가 이미 알고 있는 하나님과 사람에 대한 사랑의 이론을 실천적으로 적용하는 사례를 직접 보여 주기 위해 말씀하신 비유이다.

영생을 얻기 위해서는 네 이웃을 사랑해야 된다는 하나님의 요구 사항의 일부로서 이웃에의 사랑을 말한다는 것과, 그 범위가 넓은 이 '이웃'이란 용어에 사마리아인들까지 포함된다는 사실을 인식한다는 것은 전혀 별개의 것이었다.

유대인들과 사마리아인들 사이에 지속되어 온 증오심에 비추어 보아 선한 이웃이 되라고 비유를 들어 가르치신 예수의 말씀을 듣고 이 유대인 율법사가 얼마나 크게 놀랐는지는 가히 상상이 갈 만하다. 더욱이 선한 사마리아인의 비유 자체는 단순한 하나의 표본 이상의 의미를 나타내 주는 데, 곧 예수의 생애 가운데에서 가장 특징적인 성격의 하나를 이루었던 자비심의 기본원칙을 생생하게 묘사해 주고 있다.

예수는 어느 덧 예루살렘에 가까운 베다니에 이르러 있었다. 이 부분이 예수의 마리아와 마르다 의 집에 대한 첫 번째의 방문 때인지의 여부는 알아 볼 방도가 없다. 누가복음에서 이 부분의 기사는 주로 마리아와 마르다 두 자매가 예수의 방문을 받고 취한 반응에 관심을 나타내고 있다. 곧 마리아는 예수의 가르치시는 가르침의 말씀에 귀를 기울이며 그의 발 앞에 앉아 있었는데 비해 마르다는 예수를 대접할 준비를 하느라고 여러 가지 사사로운 가사家事의 일들로 분주히 움직였던 것이다.

이때에 마리아의 태도를 예수가 칭찬한 사실은 이 당시의 예수의 생각 속에 주도적인 위치를 차지했던 그의 사역의 단면을 나타내 보여 주는 것이라 하겠다.

[예수에 대한 마리아와 마르다의 응대 차이는?]

⑵ 몇 가지 기도에 관한 가르침

제자들은 그들의 주이신 예수가 기도하시는 것을 분명히 여러 차례 지켜보았을 것이다. 그래서 그들은 어느 때에든지 자기들에게 기도하는 것을 가르쳐 달라고 구했다. 이에 예수는 그들에게 산상보훈의 그것과 유사한 하나의 모형적인 기도를 가르쳐 주셨는데 보다 더욱 간절한 형태이며 누가복음 11:2-4절에 다음과 같이 나와 있다.

"아버지 그 이름을 거룩하게 하여 주시고, 그 나라를 오게 하여 주십시오. 날마다 우리에게 필요한 양식을 내려 주십시오. 우리의 죄를 용서하여 주십시오. 우리에게 빚진 모든 사람을 우리가 용서합니다. 우리를 시험에 들지 않게 하여 주십시오."

[이렇게 기도하여라. "하늘에 계신 우리 아버지…"]

예수께서는 제자들에게 더 자세한 가르침을 주시려고 어떤 인내심 많은 사람에 관한 비유를 말씀하셨는데, 곧 어떤 벗이 여행 중에 찾아 왔으나 대접할 먹을 것이 없는 주인되는 사람이 또 다른 자기 벗에게 밤중에 찾아가서 떡 세 덩이를 빌려 달라 간청하는데 이 사람은 그 끈질긴 간청으로 인해 결국 떡을 얻게 된다는 비유의 말씀이다.

이 비유 기사 다음에 예수의 기도에 관한 포괄적인 확신의 말씀들이 나와 있는데, 누가복음 11:9절 이하에 "내가 너희에게 말한다. 구하라 그리하면 너희에게 주실 것이다. 찾아라, 그리하면 찾을 것이다. 문을 두드리라, 그리하면 너희에게 열어 주실 것이요, 찾는 사람마다 찾을 것이요, 문을 두드리는 사람에게 열어 주실 것이다"고 나와 있다.

또한 예수는 말씀하시기를 "너희 가운데 아버지가 된 사람으로서 아들이 생선을 달라고 하는데, 생선 대신에 뱀을 줄 사람이 어디 있으며, 달걀을 달라고 하는데 전갈을 줄 사람이 어디에 있겠느냐"고 하시면서 천부께서는 땅의 아버지보다 더욱 더 무한하시고, 사려 깊고 사랑이 많으셔서 자기에게 구하는 자를 물리치지 아니하신다고 가르쳤다.

예수는 그 자신이 벌써 자기가 가르친 기도의 가르침의 가장 훌륭한 본보기였으니 이것은 그가 천부를 시종일관始終一貫의지하며 살았던 때문이다.

(3) 비유로 더욱 많은 가르침을 주심

누가복음 나머지 단락 부분에서 자료의 많은 부분은 누가복음에만 한정되어 있는데, 그 때문에 그 속편은 제자들과 바리새인들에 대한 기사를 취급한 또 다른 구절들이 주도적으로 취급되어 있다. 누가는 누가복음을 기록할 때 이러한 방법으로 그들 두 무리에 대한 예수의 각기 다른 태도를 명백하게 밝히려 했음이 확실하다.

여기서 누가복음의 이에 관한 자료를 누가복음 13:35절에서 분리시키는 것이 편리할 것이다.

누가복음 12:13-21절에는 예수를 둘러 싼 무리 중의 한 사람이 자기의 재산권 분배에 관한 집안 일로 예수에게 문의하는 데 대해 예수가 탐심을 물리치라고 하는 가르침을 주기 위한, 한 어리석은 부자의 비유를 말씀하신 기사가 나와 있다.

곧 예수는 밭의 풍성한 소출을 수확한 한 부자가 이를 위해 저장할 큰 곡간을 지어 거기에 곡식을 쌓아 두고 자기의 영혼에게 "내 영혼아 여러 해 쓸 물건을 많아 쌓아 두었으니 네 영혼을 도로 찾으리니 그러면 네 예비한 것이 누구의 것이 되겠느냐"라고 하시면서 잘못된 재물관財物觀을 가진 자들에게 하나의 경고의 비유로 적용하셨다.

[어리석은 부자에 대한 예수의 비유]

예수는 이에 덧붙여 "자기를 위하여 재물을 쌓아 두고 하나님께 대하여 부요치 못한 자가 이와 같다"고 하셨다. 이러한 비유의 기사 다음에는 산상보훈의 가르침을 생각나게 하는 예수의 말씀집이 기록되어 있다.

그 다음에는 총독 빌라도가 어떤 갈릴리 사람들을 죽여 그 피를 저희의 재물에 섞은 일에 관한 기사가 나와 있고 다시 계속하여 실로암에서 망대望臺가 무너져 치어 죽은 열여덟 사람에 관한 기사가 나와 있다. 이러한 재앙들은 분명 여러 가지 문제들을 야기惹起하나 중요한 것은 예수가 이 문제들을 신학적이거나 또는 철학적으로 논의하지 아니했다는 사실이다.

단지 예수는 이들 재앙의 사건들을 자기의 말을 들으러 모인 군중들에게 회개의 경고의 매개로 사용했을 뿐이다. 이러한 회개를 촉구하는 예수의 경고는 무화과나무의 비유의 말씀에 의해 더욱 강경해졌다.

곧 누가복음 13:6-9절에 나와 있는 바와 같이 한 사람이 포도원에 무화과나무를 심어 그 열매를 얻고자 하였더니 삼년 동안 아무 것도 얻지 못하여 땅에 버린다 하여 과원지기더러 뽑아 버리라 하였으나 과원지기가 금년 한 해 동안만 그대로 두시면 자기가 거름을 주겠다고 하며 그래도 아무 열매가 없으면 찍어서 없애 버리라 했다는 비유이다.

이 비유가 예수에 의해 어느 것에 적용된 것으로는 나와 있지 아니하나 회개를 촉구하기 위한 것임을 너무도 분명하다. 생활의 실제적인 변화는 거기에 나타나는 선한 열매에 의해 분명해지며 따라서 그러한 열매가 없는 나무 자체는 무용無用한 것이다.

(4) 바리새인들과의 충돌

그 다음 부분에는 비록 독점적인 것은 아니지만 주로 바리새인들에 대한 언급이 기록되어 있다. 18년 동안 귀신들려 앓으며 등이 굽은 한 여자를 안식일 회당에서 예수가 고쳐 주셨을 때에 그를 비난한 자는 오직 회당장 뿐이었다.

회당장은 예수를 비난하며 말하기를 "일을 해야 할 날이 엿새가 있으니, 엿새 가운데서 어느 날에든지 와서 고침을 받으시오. 그러나 안식일에는 그렇게 하지 마시오"라고 하였다. 이에 예수는 자기를 반대하는 자들을 향하여 강경한 어조로 대답하시었다.

그는 그들에게 외식外飾을 정죄하며 꾸짖으시고 "너희 위선자들아, 너희는 저마다 안식일에도 소나 나귀를 외양간에서 풀어내어, 끌고 나가서 물을 먹이지 않느냐? 그렇다면, 아브라함의 딸인 이 여자가 열여덟 해 동안이나 사탄에게 매여 있었으니, 안식일에라도 이 매임을 풀어 주어야 하지 않겠느냐?"라고 하셨다.

누가는 이때에 예수의 모든 반대하는 자들은 부끄러워하고 온 무리는 그 하시는 모든 영광스러운 일을 기뻐하였다고 관심있게 기록하고 있다.

예수가 다시 예루살렘으로 향하여 가실 때에 몇몇 바리새인들이 주께 대하여 말을 걸어 왔다. 그들은 예수에게 말하기를 헤롯이 당신을 죽이려 함으로 그에게서 도망가시기를 바랐다. 이들 바리새인들은 예수의 확고한 구속적 목적을 전혀 생각지 못한 채 그러한 말을 했었던 것이다.

예수의 목적은 그가 "저 여우"라고 표현한 헤롯과 같은 일개 사람에 의해 훼방을 받을 성질의 것이 아니었다. 예수의 운명은 오직 하나님의 장중掌中에 있었던 것이며 헤롯에게 있었던 것은 아니었다. 헤롯에 관한 기사 바로 다음의 누가복음 기사에는 예루살렘에 대한 예수의 애가哀歌가 나와 있고 마태복음에는 좀 더 나와 있다.

예수는 이 애가에서 암탉이 그 새끼를 날개 아래 모으는 생생한 구상적 표현을 사용하여 자기의 예루살렘에 대한 연민과 책망을 나타내셨는데 "내가 몇 번이나 네 자녀들을 모아 품으려 하였더냐!"고 한탄조로 말씀하셨다. 이 말씀은 공관복음서들의 기록에 나와 있는 것보다 더 많이 예수가 예루살렘을 방문하셨다는 사실을 지적해 주는 것 같기도 하다.

(5) 두 유대 명절 때의 예수

예루살렘에서 거행된 유대인의 두 명절 초막절과 수전절修殿節[93] 절기 때 일어난 여러 사건들에 관한 요한복음의 기사를 고찰

---

93) 수전절: 더럽혀진 성전을 청결히 하고 수리한 것을 기념하는 명절이다. 셀류시드 왕조 안티오쿠스 4세의 헬라화정책에 의해 예루살렘 성전이 헬라화되고 제단에 돼지를 죽여 바쳐 성전이 더럽혀진 것에 대해 BC165년 무렵 유다의 하스모니안가의 마카비가 해방전쟁을 일으켜 성전을 재탈환하고 성전 예배를 회복하였는데 이것을 기념하여 수전절을 지키게 되었다.

하기 위해 누가복음의 지금까지의 기사 기록은 일단 여기에서 중지한다.

요한복음 7:2절에 보면 예수는 초막절 절기 바로 전에 갈릴리에 계셨던 것으로 되어 있다. 예수의 가족들은 예수에게 강권하여 이르기를 세상에 그 이름을 내기 위해서는 이번 절기 때 올라가라고 종용했다. 그들은 예수를 믿지 않았었으며 또한 그의 사명에 대해 분명 잘못 생각하고 있었다.

이에 예수는 분명히 말씀하시기를 자기의 때는 아직 오지 않았으나 세상에 널려 있는 많은 때는 하나님의 때와 배치되는 것이라 하셨다. 예수는 하나님의 계획에 관한 사역적 활동을 마음 깊이 인식하셨다. 예수는 특별히 공개적으로 몸을 드러내시지 않았으나 동생들이 먼저 떠나 간 뒤 은밀히 명절 절기에 올라 가셨다.

명절 때에 많은 사람들이 예수를 찾고 있었다. 그들은 사적으로 예수에 대해 갖가지 의견을 주고 받았다. 예수는 결국 명절의 중간 때에 성전에 올라가시어 그들 앞에 모습을 드러내시고 가르치셨는데, 거기에는 아무런 허세도 없었다.

예수의 완숙한 가르침의 태도를 접한 유대인들은 아무 것도 배우지 아니한 이 사람이 어떻게 글을 아는가하고 심히 놀라워했다. 이로 인해 예수는 권위의 주제에 대한 몇 가지 말씀을 그들에게 가르쳐 주셨는데 요한복음 7:14절 이하에 자세히 나와 있다.

예수는 여기서 말씀하시기를 자기의 권위는 자기를 보내신 자, 곧 하나님께로 부터 온 것이며, 이 권위하의 자기의 가르침은 저희들이 지키지 아니하는 율법을 준 모세의 그것과는 다른 것이라 하였다. 이에 유대인들은 예수의 출생 기원基源 문제를 제기하여 그의 혈통과 출생 신분이 널리 알려져 있었던 때문에 그가 이스라엘의 기다리는 메시아가 될지도 모른다는 어떤 가능성을 일체 배격했다.

예수는 자기가 자기를 보내신 하나님께로부터 온 것임을 반복해서 말씀하셨다.

이러한 유형의 가르침이 예수로부터 사람들 가운데서 나오자 바리새인들은 격동하여 예수를 잡으려고 시도하였다. 대제사장들과 바리새인들은 예수를 잡으라고 하속들을 보냈다. 하속들은 예수가 유대인들과 자신의 장래에 대하여 말하는 것을 우연히 엿듣게 되었는데 예수의 "나는 잠시 동안 너희와 함께 있다가 나를 보내신 분께로 간다. 그러면 너희가 나를 찾아도 만나지 못할 것이요, 내가 있는 곳에 너희가 올 수도 없을 것이다"라는 말씀은 이를 듣는 모든 유대인들을 당황하게 만들었다.

유대인들은 예수가 헬라인 중에 흩어져 사는 유대인들에게 가서 가르치리라는 것을 말씀하신 줄로만 생각했다. 명절 절기 마지막 때가 되도록 바리새인들이 보낸 하속들은 예수를 체포하는 아무런 행동도 취하질 않았다.

이때에 예수는 자기가 제자들에게 주게 될 성령의 선물에 대해 무리에게 선포하셨는데 명절에 사용되었던 의식적인 제사용의 물을 소재로 사용하여 하나님의 영적 진리를 간단명료하게 나타내셨으며 본문에는 "목마른 사람은 다 나에게로 와서 마셔라. 나를 믿는 사람은, 성경이 말한 바와 같이, 그의 배에서 생수가 강물처럼 흘러나올 것이다"와 같이 나와 있다.

요한복음 8:12절 이하에는 예수가 자신에 대해 증거한 증거를 놓고 바리새인들이 갑론을박한 사실이 더욱 자세하게 나타나 있다. 예수는 자신이 세상의 빛이라고 증거했는데, 이에 대해 바리새인들은 이런 따위의 자기 증거는 참되지 아니하니, 곧 자기를 위하여 증거한 것은 참일 수 없다고 주장하였다.

[종교지도자들과 토론하는 예수]

본문 기사의 논의 초점은 주로 예수가 자기의 증거를 표현하는 데 있어서 당시의 종교 지도자들의 사고방식에 전혀 이질적인 것으로 보였던 그 개념들을 어떻게 쉽게 나타내고 있느냐에 쏠려 있다. 예수가 자기 아버지 하나님이 자기를 증거 해 주신다고 말씀했을 때 그들은 이를 전혀 이해하지 못했다.

그들 유대인들은 하나님 아버지를 예수를 통해서가 아닌 오직 율법을 통해서만 알아 왔었다. 이에 예수는 그들에게 말씀하셨다. "너희는 인자가 높이 들려 올려 질 때에야 '내가 곧 나'라는 것과, 또 내가 아무것도 내 마음대로 하지 아니하고 아버지께서 나에게 가르쳐 주신 대로 말한다는 것을 알게 될 것이다."

이 후의 기사는 아브라함에 대한 것과 또한 아브라함과 바리새인들과의 관계에 대한 예수와 그 사이의 대화 기사인데 요한복음 8:39절 이하에 나와 있다. 예수가 참 자유에 대하여 말씀하셨을 때 그를 믿었던 자들까지도 그의 말씀에 반대의 태도를 보였다.

"너희가 나의 말에 머물러 있으면, 너희는 참으로 나의 제자들이다. 그리고 너희는 진리를 알게 될 것이며, 진리가 너희를 자유롭게 할 것이다"는 예수의 조건적인 자유의 약속은 그들 유대인들에게 실지로는 그런 자유가 없음을 암시해 주는데 아브라함의 자손이라면 자기를 종으로 생각지 않을 것이나 인종적인 관계는 아브라함의 행사를 그대로 해야 될 필요가 유대인들의 경우에 절실하다는 것을 예수는 지적해서 말씀한 것이다.

요한복음 9장에는 소경에서 뜨임을 받은 사람이 바리새인들과의 여러 번의 논쟁을 통해서 그 믿음이 어떻게 성장하는가가 단계적으로 기록되어 있다. 바리새인들은 이 사람의 받은 이적의 실제성實際性을 불신하기 위한 여러 가지 그럴 듯한 이유를 단계적으로 제시했으나 자기가 직접 개인적으로 체험한 이 사람은 이적의 실제성을 부인할 수가 없었다.

[소경을 눈 뜨게 하신 예수]

이 사람은 결국 자기의 체험한 이적에 담대히 증거를 했기 때문에 유대인의 회당에서 쫓겨나고 말았다. 이 소식을 들은 예수는 그 사람의 믿음에 대해 알아보고자 그를 찾으셨다. 예수를 대면한 그가 예수 앞에 절하며 신앙을 고백한 것으로 이 기사는 절정에 이른다.

이후의 요한복음 10장에는 예수가 목자의 비유를 들어 자기 자신에 대해 말씀한 가르침이 자세히 기록되어 있다. 양 우리의 비유는 이를 듣는 유대인들에게 잘 알려진 친숙한 것이었을 것이다.

양을 보호하려 하는 목자의 돌봄이나, 참 목자의 양의 보호에는 아무런 관심도 없는 직업적인 일군 사이의 예리한 차이나, 목자와 각 양과의 친숙한 관계나, 목자가 양 때를 초장으로 인도해 낸다고 하는 표현 등은 모두가 다 당시의 목초 지대의 목장에서 널리 찾아 볼 수 있었던 광경이다. 그러나 유대인들은 예수가 하신 말씀이 무엇인지 도무지 알지 못했다.

[선한 목자되신 예수]

이 때문에 몇 가지 논평의 말씀을 덧붙여 나타내셨는데, 그 중에 가장 중요한 것은 10:11, 15절에 나오는 선한 목자는 양들을 위하여 자기 생명을 버린다는 말씀이다. 요한복음 10:18절에는 이러한 행위의 자발적인 특성이 특히 강조되어 있는데, 곧 "아무도 내게서 내 목숨을 빼앗아 가지 못한다. 나는 스스로 원해서 내 목숨을 버린다. 나는 목숨을 버릴 권세도 있고, 다시 얻을 권세도 있다"와 같다.

여기서 또 다른 중요한 요소는 예수가 우리에 든 양과 이 우리에 들지 아니한 다른 양을 뚜렷이 구별해서 말씀하고 있다는 점이다. 모두 같은 우리의 양이 아니라 할지라도 다 한 우리의 양과 함께 속하여 있게 할 것이라 말씀하신 것이다.

이것은 선한 목자되신 예수 그리스도의 보호의 손길은 비단 유대 민족의 무리에게만 특권적으로 미치지 않는다는 것을 지적해 주시는 것이다.

(6) 예수께서 바리새인들과 식사하심

예수께서 바리새인들의 집에 자주 초청받아 가시지는 않았으나 가끔 가정에 초대되어 환대를 받으신 일은 있었다. 누가가 어떤 바리새인의 두령 집에 예수가 초청받아 식사하시던 때에 있었던 사건들의 추이와 대화의 내용들을 있는 그대로 기록한 것에 대하여 감사해야 할 것이다.

이때에 율법사들과 바리새인들은 예수의 일거일동一擧一動을 엿보고 있었는데, 그것은 그 때가 마침 안식일이었기 때문이다. 그들은 예수가 유대인의 지키는 율법을 위반할지도 모른다고 미리 생각하고 있었다. 그러나 그들 생각의 어떠함을 예수는 아셨다.

그 때문에 예수는 고창병鼓脹病[94]든 사람을 치료해 주시기 전에 이를 엿보고 있는 그 모든 자들에게 한 가지 질문을 던지셨는데, 곧 안식일 날 병을 고쳐 주는 것이 합당한지 아닌지의 여부 문제

94) 복부에 물이 차서 심장, 신장, 간장 등을 압박하고 몸이 붓는 병

였다. 그들은 예수의 이 질문에 아무 대답도 못했는데 이러한 침묵은 그들이 몹시 당황하여 어찌할 줄 모르고 있었다는 증거이다.

이때에 바리새인 중의 한 사람이 예수의 이와 같은 여러 말씀을 듣고 무릇 하나님 나라에서 떡을 먹는 자는 복있다는 말을 했으나, 예수는 이 사람이 잘못 알고 있는 점을 간파하시고 또 다른 비유의 말씀을 하나 들려 주셨는데, 그것은 큰 잔치에 초대받은 사람들이 여러 가지 핑계를 대고 참석치 아니한 것에 관한 비유였다.

그 사람들의 변명을 각기 모두 그 나름의 충분히 합당한 것이었지만 거기에도 잔치 주인에 대한 커다란 실례의 태도를 드러냈던 것이다. 본 비유 기사의 요점은 이후에 계속 나타나는데, 곧 잔치 주인은 먼저 초청함을 받은 자들이 변명하며 불참하자 그 대신에 사회적으로 소외된 무리들을 데려와 잔치 자리를 채우도록 종들에게 명령한다.

이러한 사실에는 예수의 사회적 관심이 나타나 있는데, 이 점에서 예수는 대부분의 바리새인들 입장과 뚜렷이 달랐다.

(7) 군중들을 가르치심

예루살렘을 향하여 가는 예수를 허다한 군중의 무리가 다시 따라 오자 예수는 자기 "제자가 되려면 어떠해야 하는가?"란 주제로 그들에게 돌이키시어 설교하셨는데, 누가복음 14:25-35절의 말씀 중 일부를 들면 "누구든지 내게로 오는 사람은 자기 아버지나 어머니나, 아내나 자식이나, 형제나 자매뿐만 아니라, 심지어 자기 목숨까지도 미워하지 않으면 내 제자가 될 수 없다"와 같다.

이 설교말씀 자체는 전혀 새로운 주제는 아니다. 이는 가이사랴 빌립보 지방에서의 신앙고백 바로 뒤에 이미 한 번 언급된 주제였기 때문이다.

그러나 이 본문의 설교말씀 가운데서는 그것이 정교하게 다듬어져 있다. 그 주제란 예수의 제자가 되려면 반드시 어떤 시련이 우선적으로 다가 온다는 것으로서 예수는 자기를 따르려 하는 자들은 그들의 가족까지도 미워하며 버릴 각오가 되어 있어야 된다고 말씀하셨다.

[군중들을 가르치신 예수]

여기서의 가족을 미워한다는 용어의 개념은 그 해석상 반드시 본문에서 상대적으로 해석해야 한다. 곧 이 '미움'이란 개념은 가족보다 예수를 더 사랑해야 된다는 뜻으로서 예수께 전심으로 자신을 위탁해야 된다는 것을 뜻한다.

이러한 의미를 예수는 두 가지의 비유말씀으로 설명해 주고 있는데, 곧 사람이 집을 지을 때는 반드시 거기에 드는 온전한 비용을 계산하고 그 기초를 세워야 된다는 비유와 잘 조직이 되고 힘 있는 적군을 맞아 싸우러 나갈 때는 반드시 그 전쟁에 자기가 승산 할 가망이 있을 때만 해야 된다는 비유이다. 이것은 단순히 사람의 사려분별思慮分別을 비유적으로 나타내신 것이다.

이와 동일한 장래 예견의 원칙은 예수를 구주로 믿고 따르는 자들에게 적용되어야만 하는데 여기에는 완전한 자기부인이 요구되며 그러한 지대한 희생을 기꺼이 하지 않는 자들은 아예 출발도 말라는 권고를 받게 되었을 것이다.

(8) 바리새인들에게 비유적 가르침을 많이 줌

바리새주의자들은 죄인들에 대한 아무런 도움을 줄 만한 메시지도 갖지 않았었고 또한 죄인들에게 관심을 가졌던 자들에 대해서도 거의 동정을 갖지 아니했다. 그들의 눈에 비친 죄인들과 세리들은 사회적으로 버림받은 사회의 폐물이었다.

그러므로 이들 바리새인들이 그들 죄인 및 세리들과 함께 앉아 먹는 자들을 경멸했다는 것은 조금도 이상한 일이 아니다. 바리새인의 세계에서는 당시 예수가 이들 죄인들의 무리에게 가까이 호의적으로 함께 지내셨다는 것이 널리 알려져 있었다.

이에 예수는 공적으로 잃어버린 자들을 하나님이 어떠한 태도로 대하시는지를 설명해 주시려고 세 가지 연속적인 비유를 그들에게 들려 주셨는데 바리새주의는 실상 저들의 잃어버린 자들에게 아무런 소망도 주지 못했던 것이다.

이들 세 가지 비유들은 본질적으로 회복回復의 비유이다. 곧 목자가 자기의 잃어버린 양을 다시 찾아 우리 안에 있게 하는 것이며, 한 여인이 자기의 잃어버린 동전을 다시 찾아 자기의 보고 안에 있게 하는 것이며, 또한 한 아버지가 방탕한 아들을 다시 가족 사회에 받아 들여 있게 한다는 회복의 비유들이다.

[돌아온 아들을 맞이하는 아버지]

[잃은 은전을 찾는 사람]

이들 모든 비유들 가운데는 '기쁨'의 요소가 강조되어 나타나는데 처음의 두 비유에는 죄인들의 회개함을 인하여 하늘에 기쁨이 있다 하였고 세 번째의 비유에서는 탕자인 자기 아들이 다시 뉘우치고 돌아 온 것을 그 아버지가 기뻐하는 것으로 나와 있다.

인간 감정에 대한 생생한 표현의 이 비유들에서는 예수의 인간 통찰과 동정이 더욱 밝게 비춰 나타나 있다. 예수는 자신들의 우월감 때문에 궁핍한 자들을 도와주려는 데에는 그 손가락 하나 움직이지를 아니하는 자들보다는 인간생활을 고양시키는 데에 더 관심을 가지셨다.

(9) 제자들에게 주신 가르침

이 후의 간단한 언급부분에는 가장 광의적 의미에서 일반적으로 예수에 관심을 가진 자들로서의 제자들에게 주신 가르침의 말씀이 나와 있는데, 청지기 비유형태와 함께 그것에 대한 예수의 결론적인 논평의 말씀이 나와 있다.

청지기 비유는 주인의 소유를 마음대로 허비한 한 불의한 청지기가 결국 자기의 그러한 일 때문에 주인으로부터 일자리를 내놓으라는 통고를 받는다는 것에 관한 것이다. 이에 그 청지기는 장래의 자기 처신을 위해 주인에게 빚진 자들을 낱낱이 불러다가 상당량에 달하는 액수를 일부러 감해 주는 방법으로 자기에게 닥친 위기 해결의 행동을 취하는데 청지기의 행동 자체는 부정직했으나 주인은 그 빈틈없는 사려분별성思慮分別性을 높이 칭찬했다는 것이다.

아마도 이 청지기에는 실제로 해고될 때까지는 빚의 얼마를 탕감해 주는 권한이 있었던 것으로 보이는데 주인이 그를 꾸짖지 아니한 것은 바로 이 때문이었을 것이다. 도덕적 여러 원칙들과는 무관한 상태의 이 비유는 결국 자신의 종말에 대해 빈틈없이 사려 깊게 행동해야 된다는 가르침을 나타내 준다.

(10) 바리새인들과 또 다른 충돌

이러한 모든 비유적인 말씀의 가르침을 듣고 돈을 좋아하는 몇몇 바리새인들은 돈에 대한 예수의 태도를 비웃었다. 예수는 하나님의 심판이 사람의 외모에 있지 않고 그 마음의 지식에 기초되어 있음을 주장하셨을 뿐만 아니라 물질적인 부富가 사람의 영혼에 얼마나 불안전한 장래를 가져 올 수 있는가를 보여 주고자 거지 나사로와 부자의 비유를 들려 주셨다.

병을 앓으며 부자의 집 대문에서 구걸하는 거지 나사로와 매일 호화롭게 연락하며 최고급 옷을 입고 사는 부자와의 사이는 극히 대조적이다.

부자는 죽어 음부에 들어 가 고통 중에 신음했으나 거지는 아브라함의 품에 들어 안겨 있는 거지 나사로 사이에는 피차 건널 수 없는 큰 구렁이 끼어 있었다. 목말라 신음한 부자는 아브라함에게 몇 가지 도움을 청했으나 모두 헛된 외침으로 끝나 버렸다.

두 사람 중에 대화가 있었는데 아브라함은 부자의 말에 대답하기를 너의 형제들이 모세와 선지자들의 말을 듣지 아니하면 나사로가 죽은 자 가운데서 다시 살아나 그들에게 경고할지라도 권함을 받지 아니할 것이라고 했다.

(11) 사도들에게 주신 가르침

예수는 제자들에게 종들이 그 주인을 위해 순서적으로 봉사하는 모든 일의 당위성을 비유적으로 가르치셨다. 본문에 나와 있는 바와 같이 그 종의 일이 농사와 가사의 두 일인 경우에는 종이 밭에서 돌아 왔을 때 주인이 그 종더러 식사준비를 하라고 명령하면 그대로 다 행해야 하며 다 행한 후에도 주인의 사례를 받을 생각을 말아야 한다는 비유이다.

왜냐하면 종은 자기가 할 일을 당연히 했을 뿐이기 때문이다. 이와 마찬가지로 누구도 자기가 하나님을 위해 마땅히 해야 할 일 이상을 했다고 말할 수 없으니 이것은 자기의 명령받은 것을 다 행한 후일지라도 그는 자기의 의무인 것을 했을 뿐이기 때문이라 했다.

바리새인들이 이러한 예수의 가르침을 엿들었다면 그들은 분명히 그와 같은 말에 경악했을 것이다. 바리새인들의 체제 안에서는 선행이나 공적 따위에 대한 보답으로서 상의 개념이 극히 추상적이었으며 그들이 상이란 천국에 저축되는 것으로 믿었던 것이다. 예수의 가르침은 자기들의 그것과 완전히 배치되었던 것이다.

(12) 나병환자들을 치유하심

누가복음 7:11절 이하에는 다시 예루살렘으로 점점 가까이 가시는 예수에 대한 강조적인 언급과 가시는 도중 사마리아 가까운 곳에서 있었던 나병환자들에 관한 사건이 기록되어 있다. 예수가 사마리아 가까운 한 촌에 들어가시자 나병환자 열 명이 예수를 만나 멀리 서서 소리를 높여 자기들을 긍휼히 여기시라고 간구했다.

[예수께 감사하러 온 치유된 나병환자]

이들을 보신 예수는 그들에게 가서 제사장들에게 네 몸을 보이라고 하셨는데 그들은 가는 도중에 깨끗함을 받았다. 그들이 모두 치유하심을 입어 깨끗하게 된 것은 그들이 믿음으로 했었다는 것을 뜻한다. 그러나 본 사건의 주요 특징은 이 점에 있지 않다.

그들은 자기들이 깨끗이 치유된 사실을 알았으나 사마리아인인 단 한 사람만이 예수에게 돌아 와 감사하였을 뿐이기 때문이다. 여기서 예수가 감사하러 온 이 사람이 유대인이 아닌 이방인인 사실을 특히 지적해서 말씀하셨는데 17:18절에 "하나님께 영광을 돌리어 되돌아 온 사람은 이 이방 사람 한 명밖에 없느냐?"와 같이 나와 있다.

이 사건에서는 예수의 동정심뿐만 아니라 그의 사역의 우주적인 범위가 여실하게 나타나 있다. 본 기사는 아마도 하나님의 자비로우신 행위에 대하여 감사치 아니한 유대 민족의 배은망덕한 특성을 들어내 보여 주기 위한 의도에서 기록했을 것이다.

(13) 천국과 장래에 대한 말씀

바리새인들이 하나님의 나라가 어느 때에 임하느냐고 묻자 예수는 그들에게 대답하여 말씀하시기를 하나님의 나라는 눈으로 볼 수 있게 임하는 것이 아니요 또 여기 있다 저기 있다고도 못하리니 너희 안에 있는 것이라고 하셨다.

예수의 천국에 관한 이러한 말씀은 당시 유대인 가운데 널리 퍼져 있던 어떤 물질주의적 개념의 천국과 완전히 배치되는 것이었을 것이다.

이에 대한 기사 다음에는 인자人子의 날들에 대한 주제로 제자들에게 주신 예수의 가르침이 몇 가지 기록되어 있는데, 누가복음 17:22절 이하에 나와 있다. 사람들이 인자의 날이 가까웠다라고 거짓으로 말한 경우가 많이 있을 것이며 따라서 제자들은 이를 조심해야 된다고 하셨다.

인자의 재림의 날을 알아보려는 것은 하늘 이편에서 저편까지 번쩍하는 번개를 추적하려는 것 같아서 완전히 불가능한 것이다.

그러나 그 날이 오기 전에 인자는 먼저 많은 고난을 받으며 이 세대에게 버림을 받을 것이라 하셨다. 그 사건이 가까이 왔다는 인식이 예수의 생각 속에 강렬해지고 있었음이 분명하다.

이외에 장래에 대한 예언의 말씀 가운데에는 메시아의 도래 이전에 그 시대의 모형으로서의 역할을 하는 노아와 롯 시대 때에는 대부분의 사람들이 자기들에게 임했던 하나님의 진노의 심판에 대해 완전히 준비하지를 못했었다. 이러한 구약 시대 때의 사건에 비추어 예수는 인자의 재림으로 인해 빚어질 사람들의 날카로운 분열을 사전에 경고하셨다.

(14) 기도에 대한 두 가지 비유

누가복음 18:1-18절에 나오는 기도에 대한 두 가지 비유는 제자들에게 주신 말씀 가운데 기도의 다른 측면을 다룬 어떤 특성들이 나타나 있다.

첫 번째의 비유인 불의한 재판관의 비유는 기도에 있어서 간절함의 지속성이 요구되는 것을 나타내고 있고 두 번째의 바리새인과 세리의 기도에 관한 비유는 기도에 있어서 겸손이 요구되는 것을 보여 준다. 첫 번째 비유의 재판관은 하나님에 대해 전혀 생각지도 아니하고 사람을 완전히 무시하는 최악의 악질 인간으로 묘사되어 있는데 이러한 인상은 자기 원수에게서 자기를 보호해 줄 후원자가 아무도 없는 원고인인 한 가난한 과부에 대한 묘사에 의해 더욱 생생히 드러난다.

두 번째 다른 비유에는 자기를 의롭다고 여기는 바리새인의 태

[바리새인과 세리, 두 사람의 기도하는 태도]

도와 바리새인이 경멸하는 세리의 태도가 아주 대조적으로 부각되어 있다. 두 사람 모두 성전에 기도하러 올라갔는데, 바리새인은 자신에 대해 더욱 도도히 여기고 하나님께 대하여는 다른 사람들보다 자기 의가 더 낫다고 여겨 기도했는데, 그 때문에 그의 기도는 하나님께 상달되지 못하고 말았다.

이와 반대로 세리稅吏는 자신의 부족을 깊이 느끼고는 다만 하나님의 자비하심만을 간구했다. 바리새인의 이러한 자기중심적인 태도의 자만自慢과 세리의 겸손謙遜과의 차이를 강조하기 위한 의도에서 크게 부각되어 나타나는데 그러한 자기 의義의 태도는 당시 바리새파 가운데서 널리 용인되었던 하나의 특성으로서 이를 입증해 주는 증거가 된다.

이 비유 이후의 누가복음 기사는 다른 공관복음서들에도 나오는 자료의 기사로 바뀌는데 이들 두 가지 비유 기사는 예수의 특별한 전도 여행 기사를 끝내기 위해 기록한 것일 것이다. 예루살렘으로의 예수의 마지막 여행 기사를 시작하기 전에 먼저 베다니의 나사로의 부활 기사를 다룬 후 그 후편을 계속 고찰해 보는 것이 필요할 것이다.

(15) 나사로를 살리심

예수께서 여러 가지 이적을 많이 행하셨으나 나사로를 다시 살리신 이적은 가장 놀라운 이적 중 하나이다. 놀라운 이 이적은 예수의 여러 가지 이적 기사를 다룬 요한복음의 절정 부분으로서 예수의 인성人性과 신성神聖을 있는 그대로 보여 준 것이다.

[죽은 나사로를 살리신 예수]

본문에는 상세하게 길게 기록되어 있으나 여기서 다음과 같이 간략하게 간추려 보고자 한다. 나사로라 하는 자가 베다니에서 병들어 죽었는데 그때 예수는 요단 동편에 계셨다. 그러나 예수는 이미 나사로가 병들어 있는 것을 알고 계셨으며 일부러 그가 죽을 때까지 베다니 방문을 지체하셨다.

나사로에게는 이미 누가복음의 기사에서 언급한 바 있는 마리아와 마르다 두 누이가 있었는데, 그들 두 사람은 예수가 때맞추어 오시면 병든 오라비를 죽지 않게 해 주실 것으로 믿고 있었다. 그러나 마리아와 마르다는 예수가 죽은 자 가운데서 다시 살려 주실 수 있을 것이라는 믿을 만한 충분한 믿음을 예수에게 보여 주질 못했다.

예수는 마리아의 우는 것과 또 함께 온 유대인의 우는 것을 보시고 심령에 통분히 여기시고 민망해 하시며 나사로의 누인 것을 보시고 눈물을 흘리셨다. 예수는 인성을 가지신 자로서 이와 같은 인간의 감정을 드러내셨으나 한편으로는 그의 신적 권위의 무궁한 능력으로 죽어 있던 나사로를 살리시어 무덤에서 걸어 나오게 하셨다.

사도 요한은 이 엄청난 이적을 기록할 때 하나의 영적 목적 아래에서 기록했다. 그것은 예수가 그리스도이시며 하나님의 아들이신 것을 사람들로 하여금 믿게 하려는 자기 증거의 일부였던 것이다. 이 사건이 사실 그대로라면 그 때문에 예수는 전무후무前無後無한 능력을 가진 자인 것으로 나타난다.

다른 몇몇 이적에 대해서는 독선적으로 교묘하게 설명하여 회피해 버릴 수가 있었을런지 모르나 이 나사로의 이적 사건의 경우에 있어서 그것이 절대 불가능하다. 이 사건은 가장 위대한 그리스도의 부활 사건의 예시적인 징표인 것이다.

이 사건 이후의 바리새인들의 반응에 대해 사도 요한은 특별한 주의를 기울여 요한복음에 기록하고 있다. 바리새인들은 이 이적이 민중들에게 미치는 영향을 우려했으며 특별히 점령군 로마 사람들에 의한 어떤 압박이 자기 민족에 내리지 않을까 하고 염려하였다.

이때에 그 공회에 모인 사람들의 공식 의사를 표명한 자는 바로 사두개파 사람이 가야바였다. 사도 요한은 그 운명의 해에 가야바가 대제사장인 것을 기록하면서 그가 행한 말을 자기의 논평과 함께 기록했는데, 곧 가야바는 한 사람이 백성을 위하여 죽어서 온 민족이 망하지 않게 되는 것이 더 유익하다는 말을 했다.

이 말은 가야바 자신이 실제로 알고 있던 것보다 더 예언적인 말이었으며 그 말의 뜻은 또한 가야바 자신이 알고 있던 것보다 더욱 우주적인 것이었으니 이것은 예수가 그 민족만 위할 뿐 아니라 흩어진 하나님의 자녀를 모아 하나가 되게 하기 위하여 죽으실 것이기 때문이었다.

이와 같이 산헤드린에서 예수를 죽이기로 결정했기 때문에 예수는 유대인 가운데 드러나게 다니지 아니하시고 한동안 에브라임으로 물러나셨다가 유대인의 유월절 절기가 다가 올 때까지 거기 머물러 계셨다. 이 부분의 기사에서 요한복음과 공관복음은 서로 하나로 일치 한다.

예루살렘 입성

예수는 유월절 절기가 가까워오자 그 계시던 곳 베리아 지방에서 여리고와 베다니를 경유하여 예루살렘으로 진행하여 가셨다. 예수가 여리고에 도착하기 전에 여러 가지 사건들이 발생하였고 또한 많은 대화가 있었다.

(1) 베리아에서 사역을 끝내심

바리새인들은 여전히 예수를 뒤쫓아 다니면서 여러 가지 어려운 질문으로 그를 함정에 빠뜨리려고 했다. 이 베리아 사역기간 동안에는 이러한 일이 자주 일어났을 것이다. 그러나 마태복음과 마가복음에는 예수가 이혼에 관해 질문 받은 독특한 문제 하나밖에 나와 있지가 않다.

이혼의 주제에 관한 문제는 이미 산상보훈에서 언급한 바 있었다. 여기서의 이혼에 대한 질문은 율법의 가르침에 기인한 것이었다. 예수는 바리새인들에게 대답하시기를 모세가 이혼을 허락한 것은 너의 마음의 완악함을 인하여 한 것일 뿐이며 본래는 그렇지 아니하니, 곧 하나님이 남자와 여자로 만드실 때는 남편과 아내로서 영원히 하나되게 하신 것이라고 하셨다.

예수는 그들에 대한 이와 같은 율법의 기본 원칙들을 말씀하심으로써 자기의 비난자들을 침묵시켰다. 이혼에 대한 전체적인 문제는 당시에 바리새파 안에서조차 하나의 논란의 문제가 되었었다. 몇몇 제자들이 이러한 예수의 엄중한 이혼에 대한 가르침에 이의를 말하자 예수는 그들에게 아무나 다 그러한 자기의 가르침을 받는 것은 아니라고 하시면서 "누구나 다 이 말을 받아들이지는 못한다. 다만, 타고난 사람들만이 받아들인다"고 하셨다.

마태복음 20:1절 이하에만 나와 있는 포도원 일군들의 비유는 하나님의 공의를 나타내 보여 주기 위한 것이다. 몇 시간밖에 일하지 않은 자들은 하루 종일 일한 자들과 똑같은 삯을 주인에게서 받았는데, 이를 본 후자의 사람들이 불평을 말하자 주인은 원래의 계약대로 자기가 이행한 것을 그들에게 생각나게 하고는 자기에게 아무런 불평 들을 만한 잘못이 없다고 잘라 말했다. 후자의 사람들은 계약에 어긋나게 삯을 덜 받은 것은 아니었으나 비례적으로 볼 때 전자의 사람들은 그들보다 더 많이 받았던 것이다.

비유는 산업관계의 한 유형을 제시한 것이 아니다. 그것은 포도원 주인이 자기의 택한 바를 하고자 하는 권리를 보여 주는 것으로서 예수는 이 비유를 통하여 하나님의 침해할 수 없으신 절대적 주권을 가르치신 것이다.

이때쯤 예수와 그의 제자들의 무리들은 예루살렘에 더욱 가까이 와 있었는데 예수는 열 두 제자들에게 자신에 대한 예루살렘에서의 일을 말씀하셨다. 예수는 자기가 예루살렘에서 대제사장들과 서기관들에게 넘기어서 그들로부터 고난을 받고 이방인들의 손에 의하여 능욕당하면 채찍질당하고 결국에는 십자가에 못 박히게 될 것을 세 번째로 말씀하시어 전에 두 번이나 말씀하신 것을 기억나게 하셨다.

이와 같은 자기 죽음에 대한 예수의 짧은 말씀에는 그의 사역에 있어서 가장 지극한 고독상태가 두드러지게 나타나는데 이것은 누가복음 18:34절에 있는 바와 같이 제자들 중 아무도 예수의 하신 말씀을 깨닫는 자가 없었기 때문이다.

이때의 예수의 마음은 착잡하여 어지러웠을 것이다. 그 이유는 예수의 의도를 전혀 눈치를 채지 못한 상태에서 제자들은 다가 올 나라에서 누가 가장 큰지를 서로 경쟁하였기 때문이며 또한 야고보와 요한이 다가 올 나라에서 자기들을 우선적으로 좋은 자리에 앉도록 해 달라고 구했기 때문이었다.

예수는 이들 두 사람이 잘못 오해하고 있기는 하지만 나의 잔을 마실 수 있는가고 물으셨는데 그 진의眞意를 아는 자는 예수밖에 없었다. 다른 열 제자는 야고보와 요한의 대담한 제의를 듣고는 분을 참지 못해 하며 기분이 몹시 상했다. 겸손에 대해 누누이 가르쳤건만 제자들은 하나님 나라에서 가장 큰 자는 남을 가장 많이 섬기는 자라고 하는 봉사적인 겸손의 가르침을 알지를 못했다.

야고보와 요한의 야망에 찬 그러한 부탁을 직접 예수에게 한 자가 마태복음에는 그들의 모친인 것으로 나와 있으나 마가복음에는 두 형제가 직접 한 것으로 나와 있다.

(2) 여리고에서

이 단계의 사역에서 예수가 소경을 낫게 해 준 이적을 다룬 공관복음 기사가 전혀 어떤 문제점이 없는 것은 아니다. 예수의 이러한 치유 이적의 결과로 소경이 빛을 보게 되었을 뿐 아니라 많은 군중들이 하나님을 찬양하며 기뻐하였다.

이것은 제자들이 애초에 소경의 부르짖으며 간구하는 소리를 시끄럽다고 꾸짖은 것과 극히 좋은 대조를 이룬다. 본 사건을 다룬 공관복음서의 기사에는 각기 완전한 합의적 논의에 달할 수 없는 몇 가지 차이점들이 있다.

곧 마태복음에는 두 사람의 소경인 것으로 언급되고 있으나 마가복음과 누가복음에는 각기 한 사람의 소경인 것으로 나와 있다. 또한 마태복음과 누가복음은 본 사건의 기록 위치가 각기 다르다. 한 가지 분명해 보이는 것은 고침을 받은 소경이 원래는 두 사람이었는데 마가복음과 누가복음에는 단지 한 사람만을 선정하여 기록했으리라는 것이며 또한 본 사건은 여리고 변두리, 곧 구舊 여리고 와 신新여리고 사이 어디에서인가 일어났으리라는 것도 똑같이 분명해 보인다.

예루살렘으로 올라가시는 도중 예수가 여리고 성읍에서 세리장稅吏長 삭개오를 만나신 사실의 기사는 누가복음에만 나와 있다. 본 기사에는 예수의 목적—잃어버린 자를 찾아 구원하려 하시는—이 다시 선명하게 부각되어 나타난다.

(3) 베다니에서의 예수

때는 유월절 엿새 전이었다. 예수는 자기의 임박해 오는 고난에 대한 것 이상을 생각하시고 잠시 베다니로 가시어 마리아와 마르다 및 나사로와 함께 지내셨다. 예수를 위한 잔치자리에서 마리아는 지극히 비싼 향유, 곧 순전한 나드 한 근을 가져다가 상석에 앉으신 예수의 발에 부었다.

[예수님의 발에 향유를 붓는 마리아]

이러한 마리아의 행위는 각 사람들 눈에 각기 다르게 비쳤다. 가룟 유다는 마리아의 행위를 쓸데없는 낭비라고 하여 비난했으나 예수는 유다와는 완전히 반대되는 태도를 취하셨다. 예수에게 있어서 그러한 마리아의 행위는 자신의 영적 사역과 그 부수적 개인의 일부를 지혜적으로 나타내 주는 것이었던 것이다.

마리아는 자기가 메시아로 확증하는 예수에 대한 증거를 그와 같은 행위로서 마지막 기회에 붙잡았던 것이다. 예수는 마리아가 자기의 장사葬事를 미리 준비했다고 보시고 이를 위해서 어떠한 비용도 너무 지나치진 않다고 보셨던 것이다.

본 사건의 내포하는 다가 올 사건의 필연성의 의미는 복음서 기록에서 그대로 나타나는데 마태복음과 마가복음에서는 복음이 전파되는 곳에는 어디든지 이 여인의 아름다운 행위도 전파되어져야 하리라는 예수의 약속의 말씀이 기록되어 있다.

예루살렘에서의 사역

이전까지의 모든 사건들은 예루살렘에서의 결론적인 사건들을 위한 준비였던 것으로 이제야 비로소 메시아의 때는 왔다. 메시아가 왔으나 그 백성의 지도자들은 그를 배척했다. 예루살렘 입성의 때는 그의 종말의 시작이다.

(1) 예루살렘 입성과 성전의 청결

4복음서들이 예수의 예루살렘 승리의 입성 사건을 모두 다루고 있는 사실은 그 사건의 필연적인 중요성이 있음을 보여준다.

예수가 때때로 나타내셨던 여러 가지 불길한 예언에 비추어 보아 그의 입성시의 태도는 예기치 못한 것이다. 군중들의 열광하는 갈채를 통하여서는 예수가 나귀를 타고 예루살렘에 들어 간 후 며칠 만에 십자가에 못 박혀 버리는 사건이 나타나지 않을 것 같이 보였다.

4복음서 기자들은 독자들로 하여금 군중들의 태도보다는 예수의 태도에 대해 더 생각해 보도록 유의를 하고 있다. 마태복음과 요한복음에서는 마치 이상한 역설을 설명하기 위한 것인 것처럼 하나의 예언 성취 기사를 기록하고 있는데 이러한 방식으로 이들 두 복음서에서는 이때의 예수의 자의식에 있었던 중요한 요소를 성경의 증거에 따라 의도적으로 중시하여 나타냈다.

예루살렘 입성의 왕적王的 성격은 4복음서의 모든 기사에 두드러지게 강조되어 있으며 또한 이러한 성격은 분명히 그 뒤에 일어난 예수의 참담한 고난 기사 기록의 하나의 배경을 제공하기 위한 의미를 띠고 있기도 하다.

[성전을 깨끗하게 하시는 예수]

누가복음에 나와 있는 비유에서와 같이 예수는 자기의 왕위를 취하려고 왔었으나 땅 위의 왕들과 같은 방법은 취하지 아니했다. 예루살렘 입성시의 승리의 인상은 얼마 있지 않고 곧 바로 무산되어 버린다.

예수는 예루살렘에 가까이 오셨을 때 그 성을 보시고 우시며 그 장래 당할 운명을 예언하셨다.

마태복음의 기사에 의하면 예수의 예루살렘에서의 최초의 행동은 성전 청결에 대한 것이었으나 이보다 더욱 상세한 마가복음 기사에 의하면 성전 청결에 앞서서 무화과나무에 대한 예수의 저주하시는 말씀의 기록이 있다.

이들 두 사건들이 그 의미상 전혀 무관한 것은 아니며 유대 민족에 대한 하나의 상징적인 의미를 가진다. 그 무화과나무는 연중年中 평상시보다 더 일찍 피어난 그 잎사귀 때문에 인상을 끌었다. 이 나무는 예수의 눈길을 끌었는데, 그는 이 나무에 잎사귀에 앞서서 먼저 나는 최초의 무화과 열매가 열렸을 것으로 생각했다.

그러나 가까이 가서 보니 아무 열매도 없었다. 예수는 이에 그 나무를 저주하셨다. 마가복음에 따르면 제자들이 이 무화과나무가 갑자기 시들어 버린 사실을 안 것은 다음날 아침때였던 것으로 나온다. 제자들은 이 사실을 보고 예수에게 말하여 그의 주의를 끌었는데 비록 예수가 그 무화과나무를 이스라엘의 상징으로 사용한 것이기는 하지만 제자들에게 있어서는 그것이 하나의 이적 이상의 것이었다.

유대 민족은 외적으로는 종교적인 번영을 구가謳歌했으나 하나님 보시기에 인정할 만한 아무런 의의 열매도 맺지를 못했다. 그러므로 무화과나무의 멸망은 하나님의 이스라엘 위에 내리시는 심판의 예증이었던 것이다. 제자들은 전혀 몰랐으나 예수는 그 심판이 예루살렘에 관한 한 그리 멀지 않은 사실을 알고 계셨다.

예루살렘 성전에서 돈 바꾸는 자들을 쫓아내는 예수의 극적인 행동 역시 상징적이다. 당시 예루살렘 성전에서는 다른 나라 화폐를 성전용의 것으로 바꿔 주는 관습이 행해지고 있었는데 성전세는 이러한 환전換錢된 성전용의 것으로라야만 지불이 가능했었다. 이 때문에 적정 금액 이상을 매기는 등의 일이 파렴치한 자들에 의해 자행恣行되었고 이와 동일한 현상은 비둘기를 파는 자들에게도 마찬가지였다.

예수가 그들을 비난하며 책망하던 사실은 조금도 이상한 일이 아니었다. 의분에 찬 예수의 그러한 행위는 모든 불의를 보고서 발하는 완전한 양선養善의 표식으로서 특별히 하나님의 이름으로, 하나님의 예배 중심지에서의 불의에 대한 예수의 단호한 태도였다.

4복음서에서는 모두 예수 자신의 그러한 행동의 정당성에 대한 그의 말로 성경의 인용을 들어 기록했다. 기도하는 집으로서의 하나님 성전이 그 본래 의도와는 다르게 도적의 소굴이 되었다는 인용이었다. 이것은 전체로서의 이스라엘에 일어났던 것처럼 이스라엘 위에 심판이 오리라는 것은 분명했다.

예수의 성전 청결 행동에 대한 유대인들의 여러 가지 반응들이 복음서들에 그대로 기록되어 있는데 아이들은 성전에서 "호산나 다윗의 자손이여"하며 찬양하였고 백성들이 지극히 놀라워하였으며 대제사장들과 서기관들은 예수 죽일 결심을 강하게 했다. 십자가에 대한 항복에서 다루어진 이들 여러 반응들은 전체 유대 백성의 반응이기도 하였다.

⑵ 논쟁하신 여러 날들

예루살렘에서의 마지막 며칠 동안 가장 두드러지게 나타나는 특징 중 하나는 예수가 종교 지도자들과 다른 사람들과 가지셨던 충돌의 횟수였다. 제사장들과 서기관들 및 장로들은 그 권위의 문제로 예수와 논박을 벌였으나 예수는 도리어 세례 요한의 권위 문제를 가지고 그들에게 역습을 가했다.

예수는 이 충돌 끝에 포도원의 악한 농부의 비유를 그들에게 들려 주셨는데, 이 비유의 초점 역시 이스라엘의 포도원에서 자신의 직분을 악용한 자들에게 내리는 하나님의 심판에 쏠려 있는데 특히 상속자를 죽인 자들에 대한 심판이 강조되어 있다. 그러나 건축자들이 버린 돌이 결국에는 하나님 성전의 모퉁이 돌이 되리라고 예수는 확신하여 말씀하셨다.

그 다음에 있었던 예수와 대제사장과의 논쟁은 황제 가이사에게 세금을 바치는 것이 가한지의 여부 문제였다, 바리새인들은 헤롯 당원들을 그들의 정책을 싫어하여 보통은 기피했으나 이때만은 예수를 책잡아 함정에 빠뜨리기 위해 헤롯 당원들과 합세했다.

예수는 그들의 질문에 답하실 때 가이사의 화상畵像과 글이 새겨진 동전 하나를 사용하여 유대인들이 가이사 제국하의 속국민인 것을 보여 주셨는데 이것은 바리새인들이 지극히 혐오하던 것이었으나 사실이었다. 이 때 대답하신 예수의 말씀에 그 모든 반대자들이 기이히 여기며 놀라워 한 것으로 모든 복음서에 나와 있다.

[가이사의 화상과 글]

이 후에는 사두개인들이 와서 예수에게 부활 문제로 질문을 하였으나 더 나은 결과를 얻지는 못했다. 예수는 천국에서의 결혼 여부를 그들이 질문했는데 이것은 그들이 부활에 대한 영적 본성의 오해에서 비롯된 것임을 뚜렷이 보여 주셨다.

바리세인들이 모여 왔을 때 예수는 그들에게 메시아의 혈통에 대한 질문 및 시편 110:1절의 해석에 대해 직접 질문하셨다. 예수는 그들 스스로 자고하던 성경 해석의 문제로 그들을 혼란케 하셨다. 예수는 그들에게 질문하시기를 메시아가 만일 다윗의 자손이었다면 어떻게 다윗이 그를 주主라고 칭할 수가 있었을까? 하셨다.

바리새인들에게 물으신 예수의 질문 기록이 모든 복음서들에 다 나와 있기는 하지만 예수에게 그들이 아무런 대답도 못했다는 언급의 기록은 마태복음밖에 없다. 이것은 전혀 놀라운 일이 아니다. 왜냐하면 당시의 사람들은 메시아에 대한 두 가지 성격, 곧 인성과 신성을 가지신 메시아의 성격 개념을 전혀 가지고 있지 않았기 때문이다.

마태복음 23장에 기록되어 나오는 비난의 어조語調는 강렬한 표현의 어조이다. 예수는 제일 먼저 바리새인들의 사랑하는 허세겉치레를 지적하며 비난했다. 그들은 선행을 사람들에게 보이게 하기 위해 공중 가운데서 행한다는 것이며 또한 그들은 상석의 자리를 탐한다는 것이다. 그들은 사람들에게서 존경을 받기 좋아한다고도 했다.

예수가 신랄하게 비난했던 또 다른 특징적 요소는 바리새인들과 서기관들이 무거운 짐을 지우는 의식적 요소들을 강요한 것과 하나님의 참 사자들을 배척한 것에 대한 것이다.

첫 번째 비난의 경우에서 한 가지 예가 그들의 의식적 정결의 해석에서 인용되고 있는데 그것은 그들이 잔 겉은 모든 비용을 아끼지를 아니하고 깨끗이 닦으나 그 안은 소홀히 한다는 것이다. 예수는 이러한 인용을 통하여 영적인 새로움이 수반되지 아니한 상태에서 아무리 정성들여 청결 법규를 외적으로만 지키려는 것은 아무런 소용이 없다는 것을 밝혔다.

예루살렘에 머물러 계실 때에는 이와 같이 바리새인들과 서기관들의 가식적인 내방객들만 있었던 것이 아니고 몇몇 신실한 내방객들이 예수를 찾아오시고 했었는데 사도 요한은 요한복음 12:20절 이하에 헬라인들 몇몇이 예수를 뵙고자 찾아 온 사실을 그대로 기록하고 있다.

이들의 내방 요청을 들으신 예수는 자기의 영광을 얻을 때가 온 것을 말씀하시게 되었는데 여기서 예수가 자기의 다가 올 고난 직전에 맨 먼저 생각하신 것들에로 주의가 쏠려 있다. 예수는 자기 자신이 부활하기 위해서는 반드시 죽어야만 하는 한 알의 밀알로서 나타내신 뒤 하나님의 이름이 자기를 통하여 영광스럽게 되시도록 위하여 기도하셨다.

(3) 장래에 대한 말씀들

예수는 자신의 때가 가까이 온 것을 아시고 제자들에게 장래에 일어날 일들에 대해 가르치셨다. 이러한 종말론적인 가르침은 공관복음의 기자들이 빼지 아니하고 모두 기록하고 있다. 장래사事에 대한 예수와 제자들과의 대화는 제자들이 먼저 예루살렘 성전의 아름다움을 칭찬하고 이에 예수가 그 멸망을 예언하심으로써 시작되었다.

예수의 예언적인 말씀으로 호기심이 일어난 제자들은 종용히 다가 와서 어느 때에 이런 일이 있겠으며 또 주의 강림하심과 세상 끝에는 무슨 징조가 있습니까? 라고 물었다. 예수는 필연적으로 일어날 장래의 사건들 중의 일부를 그대로 나타내 보여 주셨다.

곧 거짓 그리스도들이 일어날 것과 민족과 민족 사이에, 나라와 나라 사이에 전쟁과 재난이 일어날 것과 제자들이 극난한 환란을 당할 것과 유대의 황폐화가 있을 것과 거짓 선생들과 하늘의 이적들이 일어날 것과 마지막으로 인자가 재림할 것을 말씀해 주셨다. 재림의 날은 어느 누구도 알 수 없으나 여러 가지 주변의 상황을 보아 그 재림의 날이 임박한 것을 알 수 있다.

예수는 하나님 나라에 대한 장래적인 여러 측면들을 묵시적 언어사용을 조금도 주저하시지 않았다. 예수의 종말론 가르침의 기사에는 마태복음의 경우 세 가지 비유들-열 처녀의 비유와 달란트 비유 및 양과 염소의 비유-이 포함되어 나오는데 이들 비유들 역시 그 내용상 실천적인 함축의 의미를 내포하고 있다.

2

예수의 고난과 부활 그리고 승천

원수들의 음모에서 체포될 때까지

예수의 고난 기사에 관해 4복음서 기자들이 각 복음서에 할애를 하고 있는 지면의 양을 볼 때 그들이 예수의 고난을 얼마나 중요시했는가가 여실하게 드러나 있다. 이미 언급한 여러 가지 사건들 및 예수의 가르침은 그의 공생애 사역의 클라이맥스라 할 수 있는 고난과 부활에 비추어 볼 때만이 그 중요한 의미를 얻는다.

예수가 당시의 종교 지도자들과 일반 백성들에게 수수께끼 같은 종잡을 수 없는 인물로 보였다고 한다면 그것은 예수 그가 십자가 처형을 당함으로써 비로소 성취되는 자기의 독특한 사역 성취를 위해 오셨기 때문이다. 그러므로 다가오는 운명의 의미는 본 기사의 점진적 단계에서 명확한 것이다.

마지막 만찬

유대교의 종교 지도자들이 여러 번 예수를 죽이려 했던 것에 대해서는 아미 언급한 바 있으나 그들이 하나의 명확한 계획을 결정한 것은 열 두 사도 가운데 하나인 가룟 유다의 배신 때문이었다. 열 두 제자 가운데서의 이러한 배신행위는 예수와 그들과 마지막으로 모임을 갖기 전 이미 결정되어 있었다.

복음서들에 기록되어 나오는 마지막 사건들에 대한 상세한 기술 기사에는 그들에 대한 운명의 분위기가 짙게 풍겨 나온다. 마지막 모임에 관한 성경상의 기사를 보면 다락방을 가진 어떤 사람이 예수에게 유월절 잔치 목적으로 그 방을 사용하도록 제공해 준다. 제자들은 식사준비를 할 이 곳으로 예수와 함께 갔다.

예수는 식탁 앞에 앉으시어 식사하기 전에 제자들의 발을 일일이 씻기셨는데 이것은 겸손의 표본을 보이신 것이었다. 베드로는 주되시는 예수가 그러한 비천한 일을 자기를 위해 행하셔서는 안 된다고 말렸으나 예수의 말씀하시는 바를 듣고서는 그대로 순종했다. 이러한 봉사의 일을 수행하실 때 예수의 생각은 자기를 팔 사람의 비극에 못박혀 있었는데 이것은 예수가 자리에 앉으시자마자 곧바로 배신자에 대한 성경상의 말씀을 인용하여 제자들에게 나타냈기 때문이다.

[예수의 마지막 만찬]

주의 만찬의 설립에 대한 예수의 말씀이 공관복음서들에는 다 기록되어 나와 있으나 요한복음에는 나와 있지 않다. 그 목적은 예수의 주요 사역, 곧 죄 사함을 위해 자기의 피를 흘리는 사역에 제자들이 주의를 기울여 잊지 말도록 하기 위한 기념비적인 목적이었다.

예수는 이런 식으로 해서 자기의 행한 구속 사역이 계속 기억되도록 확증하셨으니 이보다는 예수 자신이 기독교 교회의 중심적인 해석의 말씀을 나타내 보이셨다. 곧 유월절 잔치 식탁에서 먹은 떡은 죄인을 위해 내주는 자기의 몸을 상징하는 것이며 포도주는 자기의 흘리는 피를 상징하는 것이라고 해석하였다.

제자들 중 그날 밤의 유월절 잔치의 중요한 의미를 알고 있던 자는 한 사람도 없었으며 단지 예수 홀로 알고 있었을 뿐이었다. 비록 수제자 베드로가 주를 위해 자기의 목숨을 버리겠다고 말하긴 했으나 예수의 갈보리에로의 가야 할 길은 외로운 길이었다.

무저항 속에 체포되는 예수

사도 요한은 요한복음 17장에서 예수의 기도를 기록해 놓았는데 예수께서 자기 자신과 제자들과 모든 믿는 자들을 위해 드리는 기도로 되어 있다. 그 기도는 예수의 마음을 깊이 반영하여 주고 있다. 그 기도에는 십자가상에서 비통한 절규를 외치기 이전 불과 두서너 시간 동안 예수가 아버지와 가졌던 밀접한 교통이 잘 나타나 있다.

예수는 자기 자신에 관한 기도에서는 오직 아버지의 영광이 나타나도록 기도하셨으며, 그 외의 기도는 대부분이 다른 사람들을 위한 간구의 기도로서 그 무엇보다도 제자들이 자기와 아버지 사이에 있는 공유적인 유형의 하나가 되는 마음을 갖도록 간구하였다.

마태복음 26:36절 이하 및 이와 병행구절에 나오는 바와 같이 예수는 겟세마네 동산에 이르러 고민하시고 슬퍼하셨다. 이외의 다른 길은 없었던가? 설사 있었을지라도 아버지는 최상의 길을 알고 계셨을 것이다. 그래서 예수는 아버지의 뜻을 행하는데 있어서 고민하시기는 했지만 아무런 불평없이 아버지의 뜻을 받아 들였다.

예수가 체포되던 때의 그의 태도는 당당하여 그를 잡으러 온 자들의 그것과는 극히 대조적이었다. 요한복음에는 예수를 잡으러 온 자들 중 몇몇이 예수의 말씀에 놀라 땅에 엎드러진 것으로 나와 있다. 베드로는 이 때 검을 빼어 대제사장의 종을 쳐 귀를 베어 버렸다. 예수는 베드로를 책망하며 검을 가지는 자는 다 검으로 망한다고 말씀하시며 또한 검과 몽치를 가지고 잡으러 온 무리들을 꾸짖어 "너희가 강도를 잡는 것같이 나를 잡으러 왔다"라고 말씀하셨다.

[체포 당하시는 예수]

심문 받으신 예수

예수가 십자가에 달리실 때까지의 과정에는 몇 가지 단계가 있었다. 체포당하신 예수는 먼저 대제사장 안나스의 집에서 심문을 받으셨는데 이러한 광경을 지켜보던 베드로는 예수의 예언하신 대로 새벽에 닭 울기 전 예수를 세 번이나 모른다고 부인했다.

이때는 새벽이었다. 이 단계에서 예수에게 어떤 특별한 죄책이 가해지진 않았으나 그에 대한 조롱과 멸시가 따랐었다. 이 후에는 산헤드린 공회 앞으로 예수가 끌려왔는데 그 이전에 유대교의 관리들은 예수를 쳐서 고소하는 거짓 증인들을 찾으려 온갖 노력을 다 했었다.

예수는 결국 하나님 훼방죄와 함께 성전을 멸하겠다고 한 공갈죄로 고소를 당하기에 이르렀다. 이러한 고난을 통과하실 때 예수의 거룩한 존엄성은 비열한 조롱, 멸시 앞에서도 조금도 손상되지 아니하고 그대로 유지되었었다.

[총독 빌라도 앞에 선 예수]

다음 차례로 예수는 총독 빌라도 앞으로 이송되었다. 이것은 총독의 재가 없이는 예수를 사형에 처할 권한이 산헤드린 공회에는 없었기 때문이었다. 예수를 직접 심문한 빌라도는 예수에게 고소당할 만한 아무런 잘못이 없음을 알았다. 이 때문에 빌라도는 헤롯에게 보냄으로써 예수에게 자신이 직접 죄책을 지우려 하지 않았다.

예수를 인계받은 헤롯은 아무 결정도 하지 않은 채 다만 예수를 조롱의 대상으로 취급하였으며 다시 그를 빌라도에게 보냈다. 빌라도는 조만간 어떤 행동을 취해야만 했다. 그래서 빌라도는 명절이 되면 죄수를 풀어 주는 관례에 따라 바라바와 예수를 무리들에게 내어 주어 그 중에 한 사람을 석방해 주도록 결정하게 했다.

그러나 총독 빌라도의 예상과는 반대로 무리들은 유명한 죄수의 바라바를 놓아 주도록 소리를 질렀다. 빌라도는 자기 아내의 경고와 예수가 아무런 죄도 없다는 자기 자신의 확신에도 불구하고 마침내 무리들의 요구대로 예수를 사형하도록 허락하고 말았다.

이 로마 총독이 공의公義의 이름에 먹칠을 한 것보다 더한 비극은 없는 것이다. 그러나 예수는 자기가 예루살렘에 올라가서 거기서 채찍질을 당하시고 결국에는 십자가에 달리시리란 사실을 이미 알고 계셨다.

빌라도에 의해 예수를 십자가에 못을 박은 형벌의 결정이 나게 되자 예수에 대한 무리들의 조롱, 멸시는 더더욱 가열되었는데, 총독의 군병들은 예수의 옷을 벗기고 홍보를 입히며 가시 면류관을 엮어 그 머리에 씌우고 갈대를 그 오른 손에 들리고 그 앞에서 무릎을 꿇고 희롱하며 침을 뱉고 그의 머리를 쳤었다.

예수가 그 못 박히신 곳 갈보리까지 가는 도중에 주목할 만한 두 가지 사건이 일어났다. 곧 누가복음 23:26절과 27절 이하에 나오는 예수의 십자가를 구레네 사람 시몬이 대신 지고서 예수의 뒤를 좇은 것과 또한 일단의 여인들이 큰 무리를 이루어 슬피 울며 자기 가슴을 치면서 예수의 뒤를 따른 사건이다.

십자가에 달리신 예수

가장 잔인한 사형 형태인 예수의 십자가상의 처형과 관련하여 4복음서의 기자들은 비교적 상세하게 기록해 놓고 있으나 그 모든 자료를 전부 기록하지는 않고 있다. 4복음서의 기사의 요점 부분은 예수에 관한 십자가상의 명패 이름을 두고 빌라도와 유대인들이 논란을 벌인 사실을 기록하고 있다.

[십자가에 달리신 예수]

아울러 예수와 함께 십자가에 못 박혔던 두 사람의 정치적 폭도의 반응과 군병들의 태도와 구경꾼들과 대제사장들 및 서기관들의 예수에 대한 조롱과 십자가상에서 숨을 거두신 뒤에 일어난 물리적인 이적들과 갑자기 일어난 어두움과 성소의 휘장이 돌연히 찢어진 일 등이 기록되어 있다. 그런데 가장 핵심적인 요점 부분은 십자가상에서 예수가 행하신 마지막 일곱 마디의 말이다.

예수는 극심한 고통 가운데서 자기

육신의 생명을 포기하는 순간적인 울부짖음을 끝으로 자기의구속 사업의 완수로 인한 승리 가운데서 운명하셨다.

복음의 기자들이 예수의 십자가상의 처형에 대하여 상세하게 많이 기록한 사실은 본 사건이 초기 기독교인들의 마음속에서 얼마나 지대한 중요성을 가지고 있었던가를 잘 반영해 준다. 복음서 기사들에는 본 사건의 치욕을 보기 좋게 그럴싸하게 꾸며 보려는 시도가 전혀 없었다.

십자가의 영광은 메시아가 감당했던 소름끼치는 물리적 고통을 초월한 실제적인 것이었다. 그 고통의 실재성을 영광과 뗄 수 없는 불가분의 관계가 있었다. 예수가 십자가상에서 "다 이루었다"라고 말씀했을 때 그는 자신의 썩을 육신의 생명에 대해 생각지 아니하였고 다만 인류구속을 위한 자신의 사역에 대해 생각하고 그렇게 승리勝利의 선포宣布를 말씀하신 것이다.

예수의 시체는 십자가상에서 내리워져 구약의 예언한 대로 어떤 부자의 무덤에 안치되었다. 아리마대 사람 요셉은 예수의 제자였으나 오랫동안 숨어있더니 이때를 당하여 총독 빌라도더러 예수의 시체를 달라고 담대히 요구하였다. 결국 자기를 위해 파 둔 바위 속의 새 무덤에 예수의 시체를 장사지냈다.

마태복음의 기사에는 대제사장들과 바리새인들이 빌라도에게 와서 무덤을 봉하고 파수를 두어 예수의 시체를 도적당하지 않도록 구한 사실이 나타나 있다. 예수의 시체를 무덤에 장사지낸 사실 자체가 초기 기독교인들에게 어떤 중요성을 갖고 있었다는 것은 이에 대한 특별한 언급이 있는 고린도전서 15:4절에서 잘 나타나 있다.

나도 전해 받은 중요한 것을 여러분에게 전해 드렸습니다. 그것은 곧, 그리스도께서 성경대로 우리 죄를 위하여 죽으셨다는 것과, 무덤에 묻히셨다는 것과, 성경대로 사흗날에 살아나셨다는 것과 게바에게 나타나시고 다음에 열 두 제자에게 나타나셨다고 하는 것입니다.

부활하신 예수

무덤에서 장사지낸 때로부터 제 3일에 예수가 부활하신 사실에 대해서 복음서들에 모두 나타나 있다. 예수의 시체가 매장되었던 무덤이 텅 비어 있었던 것은 모든 증인들에 의해 입증되었다. 예수 그리스도는 부활과 승천 사이의 짧은 기간 40일 동안에 제자들에게 여러 번 나타나셔서 자신이 실제로 살아나신 것임을 보여 주셨다.

[부활하신 예수께서 막달라 마리아에게 나타나시다]

부활하신 이후에 제자들에게 나타나신 것은 다음과 같다.

① 제일 먼저는 막달라 마리아에게 나타나셨고, ② 다른 여러 여인들에게, ③ 베드로, ④ 엠마오 도상의 두 제자에게, ⑤ 열 사도들 및 다른 여러 사람들에게 각각 나타나셨다. 이 모든 이들에게 나타나신 일들은 모두 한 날, 곧 부활 주일에 일어났었다.

다음의 다섯 번의 경우는 모두 다른 날에 일어났었다.

⑥ 열 한 제자에게, ⑦ 갈릴리에서의 일곱 제자에게, ⑧ 갈릴리에서의 사도들에게와 오백여 명의 형제들에게, ⑨ 주의 형제 야고보에게, ⑩ 사도들에게 마지막으로 나타나신 경우 등이다.

전도자 누가는 사도행전 1장의 서론부분에서 기록하기를 "예수께서 고난을 받으신 뒤에, 자기가 살아 계심을 여러 가지 증거로 드러내셨습니다. 그는 사십일 동안 그들에게 여러 차례 나타나시고, 하나님 나라에 관한 일들을 말씀하셨습니다"라고 하였다.

이 때문에 기독교인들은 이러한 여러 번의 예수의 나타남을 통하여 그가 실제로 부활한 것으로 충분히 믿을 만한 증거를 얻었던 것이다.

부활에 대한 그 밖의 나머지 부분의 증거는 비록 마가복음의 그것이 원본의 말미末尾 부분에 대한 의구심 때문에 어딘가 불확실한 것이기는 하지만 4복음서를 통하여 널리 분포된 형태로 나타난다.

["네 손가락을 내 옆구리에 넣어보라"요한복음 20:27]

마가복음 16:9-20절은 확실히 고대에 속한 자료로서 따라서 마가복음 나머지 부분과는 뚜렷이 구별되는데 신빙성이 있는 구전 자료를 보존하고 있는 것이라 할 수 있다. 이것은 누가복음이나 요한복음에서도 나타나는 상기한 ①, ④, ⑧, ⑩번의 예수의 나타나심에 대한 증거를 뒷받침해 주는 것으로 보인다.

예수의 부활하신 뒤의 제자들에게 나타난 사실들을 순서적으로 해명하는 데 있어서 부딪치는 어려움은 그것에 관한 다양한 경향을 띤 구전의 정확한 신빙성을 증거하는 어려움이라 할 것이다. 복음서를 기록한 기자이자 전도자인 사람들이 아무런 어려움도 야기하지 아니하려고 부활에 관한 기사를 서로가 공모하여 안전을 도모한 흔적이 전혀 없었고 또한 흔해 빠진 어떤 자료를 사용하지도 아니했던 것이 드러난다.

주요 문제 중 하나는 부활하신 예수의 다양한 여러 번의 출현의 위치가 다르다는 점이다. 예컨대, 마태복음과 마가복음의 출현 위치는 갈릴리인 데 반해 누가복음의 경우는 예루살렘이며 요한복음의 경우는 예루살렘과 갈릴리이다.

사도 바울은 그 출현하신 위치에 대해서 아무런 암시도 주지 않고 있는데 이것은 초기의 구전에서 그 위치가 별로 중시되지 않았다는 점을 제시해 준다. 한 가지 꼭 기억해 두어야 할 것은 누가복음의 경우 예루살렘에서 특별한 관심을 쏟아 나타내고 있다는 것으로서 이것은 누가가 부활하신 예수의 출현을 기록할 때 취사선택하여 예루살렘에 나타나신 경우만을 기준으로 해서 기록한 것임을 설명해 준다.

두 개의 상충되는 구전들을 보는 자들은 어느 한 쪽을 선택하거나 버리지 않으면 안 된다. 요한복음의 기사에 나타나 있는 바와 같이 정확한 두 부분의 자료를 모두 없애 불가능한 장애가 있는 것은 아니다.

갈릴리로 가셨다가 되돌아오신 것에는 자연적으로 시간이 걸렸을 것이나 불가능한 것은 아니다. 예수가 부활하신 사실이 역사상 가장 확실한 신빙성이 있는 사실들 중 하나라는 것은 부인할 수 없다.

기독교 신앙상 예수의 부활의 주요 의미는 성령의 인도하심을 따라 초기 기독교인들의 생각할 과제였다. 이에 대해서는 대충 두 가지 요소를 언급할 수가 있을 것이다. 곧 예수는 부활하심으로 인하여 모든 그를 믿는 자들도 부활하게 될 것이다. 이 때문에 부활은 무덤을 이기는 신앙의 궁극적 승리의 확고한 보증인 것이다.

두 번째로 십자가상의 예수 그리스도의 구속사역救贖使役에 대한 하나님의 신적 재가裁可는 바로 이러한 예수 자신의 부활이다. 부활은 예수의 전술 구속사역의 정점頂點이었다.

승천하신 예수

예수 그리스도의 승천 사건을 다룬 복음서의 기자는 누가뿐이다. 누가복음 24:50, 51절에 보면 부활하신 예수는 베다니에서 손을 들어 제자들에게 축복하시는 도중 저희를 떠나 하늘로 올라가시어 저희 앞에서 사라지신 것으로 나타나 있다.

사도행전 1:1절에는 좀 더 상세하게 묘사되어 있는데, 그 중에서 가장 주목할 만한 것으로는 승천하시기 직전의 예수와 제자들

[예수의 승천]

사이에 있었던 이스라엘 나라의 회복에 관한 논의와 승천하신 뒤에 제자들이 그 올라가신 하늘을 자세히 쳐다보고 있을 때 흰 옷 입은 두 사람이 저희 곁에 나타나 승천하신 예수가 장래에 다시 재림再臨[95]하시리라고 선포하신 사실이다.

제자들은 추억 속에만 잠겨 있지 않았다. 그들은 역사적 의미에서 자기들과 함께 동행했던 그러한 주 예수가 자기의 이전 영광으로 되돌아갔으며 하나님에 의해 지극히 높임을 받고 자기들을 위해 대제사장의 기능을 수행하려고 이제부터 영원히 살아 계실 것을 깊이 믿었다.

95) '재림'이란 표현은 헬라어 παρουσία'임재', '옴', '돌아옴'를 편의상 의역한 것이다.

Chapter 7
예수의 가르침

예수는 여러 가지 방식으로 가르치셨다. 예수께서는 산상보훈과 생명의 떡에 대한 설교처럼 강론도 하셨고, 비유와 이야기를 활용하셨으며 대화를 나누시며 질문하기도 하셨다. 주어진 상황을 적절히 활용하신 모습에서 효율적인 교사상敎師像을 볼 수 있다.

1
예수의 다양한 교육 방법

예수의 능력

예수는 랍비, 선생, 선지자, 주, 하나님의 아들에서 교사로서 권위를 갖고 계셨다. 예수의 가르침이 권세 있는 자와 같았으므로 청중들은 놀랐다. 이러한 권위의 출처와 본성은 교사로서 그에게 붙은 별칭과 그의 참 모습을 드러내 주는 사건 속에서 찾아 볼 수 있다.

히브리어 랍비를 헬라어에서는 디다스칼로스διδασκαλος라 한다. 신약에서 이 말은 하나님에 관해서나 인간의 의무에 대해 가르치는 자를 지칭하였다. 히브리어 랍비를 헬라어에서는 종종 이와 같이 번역하였다. 예수는 자신의 특이성을 뜻하는 말로서 이 술어를 사용하였다.

많은 사람들은 '랍비'로 불리어지기를 좋아했으나 제자들에게는 오직 한 분 '선생'뿐이었다. 이러한 최고의 범주는 곧 하나님을 말하는 것이다. 복음서에서 이 술어는 여하튼 최고의 존경을 표하는 맥락에서 반복, 사용하였다.

예컨대, 표적을 구할 때, 성전 논쟁에서 예수를 함정에 넣으려고 할 때, 배가 침몰지경에 빠졌을 때, 부자 청년이 영생永生의 비결을 물을 때, 기타 여러 가지로 도움을 구하여 외칠 때와 예수의 제자들 사이의 관계에서 찾아 볼 수 있다.

계시의 선포자宣布者 및 해석자로서의 예수의 역할은 선지자, 헬라어로 프로페테스προφητης란 술어에서 찾아 볼 수 있다. 모세는 훗날 자기와 같은 선지자 한 분이 올 것이라고 예언하였다. 베드로는 성전에서 예수는 선지자라고 선포했다. 스데반도 법정에서 그렇게 말했다. 예수는 그의 사역 중에서 종종 선지자라고 불렀다.

비록 예수는 이 칭호를 한 번도 사용한 적이 없었으나 어느 정도 이 범주를 묵인하였다.

일본성경학자 야마우찌는 랍비 예수의 사역활동에서 그의 교육사상을 탐색하여 예수의 교육적 이론을 도출하려고 하였다.[96] 예수는 랍비, 선생, 선지자로서 가르침이 지닌 권위는 한층 더 높은 차원에 근거하고 있다. 그는 주主님 즉 헬라어로 큐리오스κυριος 이기도 했다.

복음서의 어떤 경우에는 이 술어가 단순히 존경을 뜻하기 위한 것인지 또는 인간성을 초월하는 그 무엇을 뜻하기 위한 것인지 바로 말하기는 불가능하다.

그 외의 경우에는 분명히 신성을 뜻하는 데 사용된 종교적 술어였다. 구약 인용문에서의 '주主'는 예수를 가리킨다.

참여관계

예수는 사람이 참으로 변화되려면 말 이상의 그 무엇이 필요하

---

96) 山内一郎(2014). **新約聖書の教育思想**. 東京: 日本キリスト教団出版局. pp.86-94.

다는 사실을 잘 알고 있었다. 저들 자신들의 관심을 참여의 수준으로 끌어 올려야 했다. 그들은 구하고 찾고 두드리며 스스로 솔선해야 했다. 이 원칙이 그의 방법론을 뒷받침하고 있다. 그는 토론, 질문, 과제 제시, 비유, 실례, 그리고 연구 과제를 즐겨 사용하였다.

예수는 사람들의 마음속에 자리 잡고 있는 내적 동기를 이용했다. 그의 호소는 건전하였고 그의 사명은 가치있는 것이었다. 그럼에도 불구하고 그 호소는 권세가 있었고 사람을 압도하는 힘이 있었다. 예수는 사람들로 하여금 자신들에 대한 관심과 동시에 타인들에 대한 관심을 가지라고 했으며, 자연적이며 내적인 동기와 상벌과 같은 외적 동기에도 호소했다.

그는 삶을 마땅히 인간이 걸어가야 할 현재의 것과 장차 맞이할 미래의 것으로 보았다. 그는 인간에게 최선을 다하라고 호소했다. 또한 악과 그에 대한 보응을 경고했다. 그는 동기부여가 어떻게 되는지 완전하게 알고 있었음에도 불구하고 그의 가르침은 솔직하고 실제적인 것이었다.

이 호소는 개인의 욕구와 능력과 연결되었다. 그러나 그에게 있어서 도덕과 신앙의 궁극적인 가치를 지닌 것은 하나님과 이웃에 대한 온전한 사랑이었다.

상상력

예수는 가능한 한 추상적인 표현방식을 피했다. 그는 보고 듣고 행하게 함으로 그 당시 사람들의 마음 속 깊이 말하였다. 그는 사람들의 그릇된 비판을 경고하기 위해 들보의 티를 이야기했다. 사람들의 부정에 대해 하루살이는 걸러내고 약대는 삼킨다고 했다. 그에게 있어서 소금, 빛, 씨, 나무, 백합, 도시, 강, 그리고 하늘은 시공간을 초월해서 의미를 지닌 것이었다.

예수는 많은 사람들의 주목을 끌어 때로는 사람들이 서로 밟힐 만큼 모이기도 했다. 수세기가 지나자 그를 모르는 사람은 거의 없게 되었다. 그의 존재, 그가 말한 것 그가 행동한 것 모두가 관심의 초점이 되어 있다. 사람들은 불가피하게 개입되지 않을 수 없게 되었다.

사람들은 관심을 끄는 내적 동기로 인해 무의식적으로 그를 따르고 끌려가게 되었다. 예수는 사람들의 주목과 관심을 유발시키는 기술을 의도적으로 개발하였다.

숙달된 기교와 권세

예수의 가르침에 있어서 기술과 방법론의 매력은 철저하게 숙달되어 있다는 점이다. 그의 교육학적 원리들은 실제와 연결성이 없는 계교가 아니라 만사를 잘 되게 하는 완전한 명공이 발휘하는 기술의 한 부분이었다. 거기에는 효과를 노린 싸구려 잔재주는 없었다. 그것은 어떠한 사람도 결코 하지 못했던 말을 했던 자로서의 매력과 아름다움을 지닌 것이었다.

궁극적으로 말하자면 예수의 권세는 기술 이상의 것이었다. 그것은 그의 신성과 구속의 은혜였다. 이런 것들도 듣는 사람들의 주의를 끌고 그들로 하여금 주어진 은혜를 받아 움직이도록 하기 위해 제시되었던 것임에 틀림없다. 의사 전달에 있어서 예수의 기술은 그가 주었던 은혜의 완전함과 필적된다.

말씀의 적용

복음서들에서 일반 청중들에게 강한 인상을 주는 첫 번째의 특징은 예수가 일반 청중聽衆들에게 가르치실 때에 그 청중들의 유형에 맞게 적응시켜 가르침을 주신다는 방법이다. 복음서들에는 많은 유형의 청중들이 언급되어 있다.

일반 백성들은 떼를 지어 예수의 가르침을 들으려고 몰려 왔었고 예수는 일상적인 예例를 들어 여러 가지 비유比喩를 말씀하심으로 그들을 교훈하셨다. 산상설교를 하나의 지속적인 설교로 간주한다면 이 경우를 예외적인 것으로 칠 때 예수는 일반적으로 무리들에게 설교적인 연설을 하지 않았다.

갈릴리의 무리들에게 교훈한 경우와 예루살렘의 유식자有識者들에게 교훈한 경우를 살펴보면 그 양식樣式에 있어서 뚜렷한 차이가 있다. 또한 공관복음서들에는 예수의 일반 무리들에 대한 교훈과 그의 제자들에 대한 교훈 사이에 하나의 뚜렷한 차이가 있음이 드러나는데 이것은 후자의 경우, 그 교훈이 예수의 공생애 사역共生涯 使役 부문 중 제자들에게 특별히 할당割當되어 행하여졌기 때문이다.

예수에게 있어서 교훈적인 사역이 그의 구속적 목적救贖的 目的을 이루기 위한 하나의 수단이었던 것은 의심할 나위가 없다. 비록 예수가 아무런 질문도 하지 아니하고 교회의 장래 사역將來 使役

과 자기의 교훈이 가지게 될 비할 수 없이 큰 가치를 생각하기는 하였지만 열 두 제자에 대한 한 예수의 교훈은 하나의 훈련과정의 부분이었다.

예수 교훈의 이러한 적용성適用性의 요소는 특히 예수가 어떤 영적 진리를 주입注入시키기 위해서 모든 가능한 기회를 사용할 준비를 갖추고 있던 데서도 나타난다. 예수를 체포하라는 명령을 받고 예수에게 왔던 대제사장들의 하속下屬들이 도리어 예수의 말씀에 깊은 감동을 받고 그냥 돌아와 버렸던 것은 조금도 놀라운 일이 아니다.

수사학修辭學의 사용

예수가 비록 어떤 수사학적 명구名句를 사용하긴 했지만, 그렇다고 예수를 하나의 변사辯士의 역할자로서 표현해서는 안 된다. 이 점은 몇 가지 예를 들어 설명할 수가 있다. 예수는 말씀하실 때 대화체적 방법對話體的 方法을 사용하셨는데, 때로는 스스로 답하시는 등의 반응으로 교훈하셨다.

고난당하시기 이전에 성전 지역에서 있었던 여러 가지 논쟁집論爭集들이 하나의 뚜렷한 예이다. 바리새인들과 서기관書記官들이 교묘하고도 어려운 질문들로 예수를 함정에 빠지게 하려 했던 일들은 도리어 예수가 그들에게 여러 근본적인 원칙들을 설명해 주는 기회를 제공해 주는 결과를 빚었고 결국에는 모든 질문자들은 묵묵부답默默不答하여 아무 말도 할 수가 없었던 것이다.

바리새인 등의 무리가 자신의 권세權勢에 대해 이의적異議的인 질문을 해 왔을 때에 예수는 반대로 세례 요한의 권세에 대한 질문으로 그들을 공격함으로써 그들을 딜레마의 궁지窮地에 빠지게 되었고 결국 자기들의 질문을 취소해 버렸다.

요한복음에는 예수가 다양한 유대인 무리들과 대화체적인 방법으로 교훈하시고 말씀하신 경우들이 많이 기록되어 있다. 예수는 때때로 랍비적인 논쟁방법을 사용하기도 했다. 이 방법은 비록 그 위력이 근대에 와서는 언제나 분명하게 나타나는 것은 아니지만 예수 당시의 사람들이 높게 평가하여 사용했었다.

공관복음서에 나타나는 실례로는 마태복음 22:32절 등의 것과 같이 부활復活에 관한 진술陳述을 들 수가 있다. 여기서 반드시 인식해야 될 사실은 예수가 비록 그와 같은 랍비적인 교훈방법을 사용하였을 때일지라도 그는 단순한 피상적으로 나타나는 것보다 더 심오한 영적 진리를 표현하기 위하여 그런 방법을 사용했다는 사실이다.

논리적 문장의 사용

예수는 여러 경우에 주목할 만한 다양한 논리적 문장의 방법을 사용하여 교훈하셨다. 이것의 유력한 논법의 유형 예例가 예수의 산상수훈山上垂訓에 나타나는데 예수는 여기서 천부天父께서 하찮은 새를 보호해 주시는 사실을 들어 하물며 그 천부께서 자기의 형상形象을 따라 지은 사람들을 보호해 주지 아니하시겠느냐고 논법을 펴나가시는데 예수는 청중의 무리에게 "너희는 이것들보다 더 귀하지 아니하냐"라고 반문反問하신 것으로 되어 있다.

또 다른 방법은 간접 증명이라고도 하는 귀납법歸納法인데 바리새인들이 바알세불에 관련하여 예수를 공박攻駁했을 때 예수가 사용하신 고전적인 논증법論證法이다.

바리새인들이 귀신의 왕 바알세불을 힘입어 귀신을 쫓아낸다고 예수를 공격하자 예수는 도리어 그들이 말에 모순이 있음을 지적했는데, 그들의 논법대로라면 귀신들이 서로 싸우게 되는 셈이 되니 이것은 도저히 있을 수 없는 것이라 하였다.

반대자의 말을 전제로 해서 논법을 펼쳐가는 개체법ad hominem[97] 이란 유형의 논법은 예수가 율법의 교훈에 호소하여 사람들에게 가르칠 때 종종 사용하였다. 그 전형적인 예가 요한복음 10:34절에서 나타나는데, 곧 예수는 자신이 하나님의 아들이신 것을 사람들에게 나타내기 위한 뒷받침으로써 "너희는 신神이라"라는 율법의 말씀을 인용하셨던 것이다.

예수는 청중들에게 자기의 가르치는 교훈의 실례들을 적용하는 데 있어서 물리적 세계와 영적 세계 사이의 유추적인 것들의 힘을 사용하셨다. 이것의 좋은 예가 마태복음 7:9절 이하에 나타나는데, 여기서 예수는 기꺼이 주시는 천부의 사랑을 설명하기 위하여 땅 위의 혈육의 아버지들의 그 자식들에 대한 사랑을 예로 들었다.

"너희 가운데서 아들이 빵을 달라고 하는데 돌을 줄 사람이 어디에 있으며, 생선을 달라고 하는데 뱀을 줄 사람이 어디에 있겠

---

97) argumentum ad hominem을 줄인 말로 라틴어로 "그 사람에게 인신공격人身攻擊하는 것"을 뜻한다. 상대에게 지성, 이성에 의하지 않고, 편견, 감정 또는 이해에 호소하여 상대의 성격, 동기 또는 성향에 대한 공격하는 방법을 말한다.

느냐? 너희가 악해도 너의 자녀에게 좋은 것을 줄 줄 알거든 하물며 하늘에 계신 너의 아버지께서 구하는 사람에게 좋은 것을 주시지 아니하시겠느냐?”

반복적 사용

예수의 가르침의 방법에서 한 가지 중요한 측면이 있다면 그것은 그가 자신의 말씀을 반복해서 사용하신 점이다. 많은 자료 이론들은 이러한 일이 일어나지 않았으리란 가정假定 위에 기초하여 있으며, 이 때문에 유사한 많은 예수의 말씀이 구전상의 다양한 복사품인 것으로 간주되어 왔다.

예수의 교훈을 다루는 이러한 방법은 비평의 대상으로 완전히 노출되어 있는데 이것은 이 방법이 유대 선생들 가운데서 상용되던 반복을 충분히 참작參酌하지 않고 있기 때문이다.

반복적 방법은 하나의 기본적인 방법이다. 심오한 진리가 단번에 청중들에게 완전히 이해될 수 있다고 기대할 수는 없

[다양한 방법을 활용하여 말씀하시는 예수]

으며 따라서 이러한 원칙을 예수가 깊이 인식하시고 계셨다는 사실을 받아 들여야만 한다. 이러한 사실은 예수의 말씀이 공관복음서들에서 상당 부분에 걸쳐 각기 다양한 형태를 띠고 나타나는 이유를 설명해 줄 것이다.

반복의 예들은 내용이나 말의 형태에 걸쳐 모두 나타난다. 어떤 주제들의 경우는 자주 반복되어 나타나는데, 하나님 나라나 또는 율법에 대한 교훈의 경우가 그 좋은 예이다. 반복의 사용은 언제나 목적이 분명해서 중대한 영향을 끼친다. 산상설교에는 "…하였다는 것을 너희가 들었으나 … 나는 너희에게 말한다"라는 문구로 시작되는 여러 가지 교훈의 예들이 나타나 있는데, 이것은 청중들에게 특징적인 교훈의 영향을 크게 부각시켜 주는 것이다.

예수가 그의 청중들의 기억을 돕기 위하여 사용하신 다른 기술技術들도 있었는데, 특별한 관심을 끄는 것으로는 형태形態의 유사점類似點이 있다. 그 예로 팔복八福의 교훈을 들 수 있는데, 이 교훈은 다른 형태의 교훈집들 보다 더 쉽게 기억해낼 수가 있었을 것이다.

예증

복음서들을 읽으면 그 누구이든 예수 교훈의 다채로운 특징에 감명을 받는다. 예수는 교훈을 말씀하실 때 은유법隱喩法을 자주 사용하셨는데, 이 은유 가운데 극히 인상적인 종류가 가끔 나타난다. 예수가 자신에 대해 나타내실 때 '빛'과 '문'과 '포도나무' 및

‘목자’ 등으로 나타내신 것은 일상의 주변에서 볼 수 있는 실례들에서 따 온 것으로서 그 단순성 때문에 그 무엇보다 더욱 뚜렷한 효과를 얻고 있다.

예수는 또한 자기의 제자들이 장차 ‘사람을 낚는 어부’가 되리라 하셨고, 그 외에 ‘땅의 소금’이라고도 은유적으로 표현하셨다. 예수는 당시의 유대 선생들을 향하여 ‘독사의 새끼’라고 은유적으로 표현하셨다.

이 외에도 복음서들에는 이러한 표현의 예들이 많이 있다. 그러나 예수의 교훈이 결코 침울하거나 답답하지 않았다는 것을 알아보는데 있어서 이것으로 충분하다. 그것은 사람들로 하여금 회상하게 하기 위한 의도意圖의 것이었다.

[들보와 티끌에 대한 비유를 말씀하시는 예수]

이와 비슷하게 예수는 직유법直喩法을 일정하게 사용하셨는데 그 대표적인 예들이 비유 가운데에 나타나 있다. 그러나 그렇게 배타적으로 한 경우에만 사용하신 것은 아니다. 그 예로는 마태복음 10:16절에서 제자들은 “이리 가운데의 양”으로 표현하셨으나 한편으로 열 두 제자들을 “뱀같이 지혜롭고 비둘기처럼 순결하라”고 하신 것이다.

예수가 때때로 언급하신 기발奇拔한 과정적 표현에서도 나타나듯이 선생랍비으로서 예수가 뛰어난 유머

감각의 소유자라는 것은 의심할 나위가 없다. 마태복음 7:3절 이하의 네 눈에 든 들보를 빼라는 말씀은 그 의도가 눈에 든 티와는 대조적인 차이를 강조하기 위한 것일 뿐이며 실제적으로는 눈의 장애물로서는 부적당한 것으로서 과장된 표현인 것이다.

마가복음 10:25절 이하가 낙타가 바늘귀에 들어간다는 표현도 어디까지나 수사법修辭法의 과장된 표현일 뿐 문자적으로는 불가능한 말이다. 주의를 끌기 위한 동일한 목적으로 예수는 역설적 표현도 사용하셨는데 그 예로는 마태복음 20:27절 이하의 큰 자가 되고자 하는 자는 마땅히 남의 종이 되어야 한다는 말씀이 있다.

또한 상충적인 표현을 사용하기도 하셨는데, 누가복음 12:51절 이하에 나타나는 예수가 자신의 지상초림地上初臨의 목적을 언급할 때 비록 화평을 가져오기 위해 왔으나 자기로 인해 집안이 나누어질 것이라고 표현한 것으로서 "너희는 내가 세상에 평화를 주러 온 줄로 생각하느냐? 내가 너희에게 말한다. 그렇지 않다. 도리어 분열을 일으키러 왔다. 이제부터 한 집안에서 다섯 식구가 서로 갈라져서 맞설 것이다. 아버지가 아들에게 맞서고, 아들이 아버지에게 맞서고, 어머니가 딸에게 맞서고, 딸이 어머니에게 맞서고, 며느리가 시어머니에게 맞서서, 서로 갈라질 것이다"로 나와 있다.

시적 형태들

예수의 몇 몇 교훈의 말씀들은 시적 형태로 표현되고 있는데 이것은 분명히 청중들로 하여금 그 교훈의 말씀을 쉽게 기억하게 하기 위함이었을 것이다.

영국의 구약학자이자 셈어語 학자인 버니Burney는 그의 저서 『*The Poetry of our Lord*』에서 예수의 말씀에 나타나는 히브리시詩 형태적 여러 요소에 대한 연구를 기술記述해 놓았다. 버니는 히브리 시의 특징인 대구법對句法과 리듬rhythm 및 운韻에 특별한 관심을 기울여 기술하면서 예수의 교훈에는 이러한 특징들의 경우가 많이 나타났을 것으로 믿었다.[98)]

예수의 시적 표현술을 설명하기 위해 몇 가지 중요한 형태形態가 있었는데, 곧 동의어적同義語的 형태와 대조적對照的 형태 및 종합적綜合的 형태가 있었다.

동의어적 형태는 두 개의 연속적인 시행詩行으로 표현하는 형태인데, 처음의 단어와 동의어인 다른 형태의 단어를 두 번째 행에 반복해서 나타낸다.

마가복음 4:30절에 그 예가 나타나는데, 곧 예수가 말씀하신 "우리가 하나님의 나라를 어떻게 비길까? 또는 무슨 비유로 그것을 나타낼까?"란 형태이다. 이러한 동의어적 형태의 방법은 말하는 사람의 사상을 효과적으로 강조해 준다.

대구법의 두 번째 형태인 대조적 형태 두 번 째 행行의 말을 첫 번째의 것과 단순히 대조적 방법으로 반대되게 나타내거나 아니면 첫 번째 것을 완전히 부인하는 반대 입장이 되도록 표현하는 형태이다.

이러한 대조적 형태의 표현의 예가 마태복음 20:16절 등에 "이

---

98) Charles F. Burney(1925). *The Poetry of Our Lord*. Oxford: Clarendon Press. pp.286-297.

와 같이 꼴찌들이 첫째가 되고, 첫째들이 꼴찌가 될 것이다."와 같이 나와 있다.

예수의 교훈에는 전반적으로 이러한 형태의 대조법이 강력하게 사용되어 나타나는데 특별히 요한복음의 경우에 그러하다. 요한복음에는 어둠과 빛, 진리와 거짓, 나의 제자들과 세상 등과 같은 주제뿐만 아니라 행동적인 형태의 말씀들에서도 이러한 대조법이 강하게 사용되어 있다.

예를 들어, 요한복음 5:29절의 '선한 일을 한 사람과 악한 일을 한 사람' 및 요한복음 11:9-10절의 '낮에 걸어 다니는 사람과 밤에 걸어 다니는 사람'과 요한복음 15:2절의 '열매를 맺음과 열매를 맺지 않음' 등등이 이러한 행동적인 대조법 형태의 말씀들이다.

종합적 형태의 대구법對句法은 두 번째 행에서 첫 번째 행의 사상思想을 좀 더 확대시켜 설명하는 경우의 것인데, 마태복음 23:5-10절에서 이러한 형태의 말씀이 연속적으로 나타나 있다. 이 중에서 23:5절만을 인용해 보면 "그들이 하는 모든 일은 사람들에게 보이려고 하는 것이다."(첫 번째 행行에 해당)와 "그들은 경문 곽을 크게 만들어서 차고 다니고 …"(두 번째 행에 해당)와 같다.

이상으로 예수가 자기의 교훈을 사람들에게 좀 더 쉽게 이해시키기 위해 히브리 시詩의 상용적인 문장 형태를 사용했다는 사실이 충분히 언급된 셈이다.

이제 시적 형태의 리듬과 운의 주제에 대하여 어떤 설명을 해야겠는데 이것은 이들 시적 요소가 예수의 말씀들에 나타났다면 그 요소들이 예수가 즐겨 사용하신 예술적 방법들에 좀 더 큰 주의의 초점을 가졌을 것이기 때문이다.

마태복음 7:6절의 "거룩한 것을 개에게 주지 말고, 너희의 진주를 돼지 앞에 던지지 말라"는 형태의 말씀에는 분명히 리드미컬한 성격이 나타나 있는데 이러한 성격은 예수의 다른 많은 말씀 가운데서 그대로 입증되고 있다. 이것으로 미루어 보아 예수가 자신의 교훈을 어떤 형태로 나타낼까 하고 깊이 관심을 가지셨다는 것을 알 수 있다.

["너희 진주를 돼지 앞에 던지지 말라" 마태복음 7:6]

예수가 그 교훈을 말씀하실 때 운韻을 사용하셨다고 하는 버니의 주장을 설명하기란 실상 어려운 일이다. 자신의 주장을 증명하기 위해서 버니는 먼저 예수의 어록 부분을 갈릴리의 아람어로 번역하지 않으면 안 된다. 모든 성경학자들이 모두 버니의 아람어 번역형태를 따랐던 것은 아니다.

그러나 아람어가 예수에 의해 하나의 매개체媒介體로 사용되었다는 것을 인식하는 것은 중요하며 또한 예수가 자신의 교훈을 좀 더 효과적으로 나타내기 위해 모든 문어적인 문장을 사용했을지도 모른다는 가능성을 고찰해 본다는 것은 중요하다.

구약의 영향

예수의 가르침이 구약의 영향을 받았다는 것은 의심할 나위가 없이 분명한 사실이다. 예수는 청중들에게 가르침을 주실 때에는 언제나 청중들의 지식에 호소하기 위한 방법으로 구약의 사건들을 인용하셨다.

예수의 가르침에는 구약 인용문이 중심을 이루고 있다. 그는 구약성경을 완전히 신뢰하여, 반대자들을 물리칠 때 사용하였고 거기에 근거하여 자신의 사명을 설명하였으며, 이를 발판으로 하여 자신의 가르침을 보다 진전시키는 데 사용하였다.

예를 들어 누가복음 17:29절의 롯의 아내에 대한 언급은 설명하고 있지는 않으나 이 기사가 청중들에게 널리 상세하게 알려져 있었다는 것은 분명하다. 마태복음 6:29절의 솔로몬의 영광에 대한 표현의 말씀과 또는 마태복음 12:42절의 남방 여왕의 줄기찬 끈기에 대한 표현의 말씀은 놀라울 정도로 간결하고 삽화적挿話的이다.

그는 구약성경을 완전히 신뢰하여, 반대자들을 물리칠 때 사용하였고 거기에 근거하여 자신의 사명을 설명하였으며, 이를 발판으로 하여 자신의 가르침을 보다 진전시키는 데 사용하였다.

이러한 말씀은 모두가 다 구약사상에 정통한 자들과 또한 그 말씀들을 이해할 수 있는 자들에게 주어진 것이었다. 그러므로 구약의 배경과 떨어져서 예수의 교훈을 해석하려는 시도는 그 교훈을 도리어 본래의 전후관계前後關係에서 왜곡시켜 버릴 것이다.

이러한 요소는 복음서들에서 뚜렷하게 확인되는데 복음서들에는 예수의 가르치시는 교훈적 일이 구약적 유형의 마지막 선지자로 묘사된 세례 요한의 전도傳導를 곧 바로 지속하는 것으로 나타나 있다. 예수가 하나님 나라의 도래到來로 인한 회개의 메시지를 세례 요한의 경우와 같이 선포하기 시작했다는 것에는 중요한 의미가 전혀 없는 것이 아니다. 이와 동시에 예수의 교훈은 곧 바로 그 일의 본질상 자기의 예비자적豫備者的인 세례 요한의 그것을 훨씬 능가했었다.

비유적 형태

예수의 가르침과 선교에 독특한 내용이 있고 또한 독특하게 완전한 모습을 띤 전달방식이 있는 반면 그 어느 쪽에도 중복된 곳은 없으며, 연구하며 사용할 수 있는 분명한 방법들이 있다.

예수의 가장 인상적인 방법은 비유였다. 예수의 교훈 가운데서 가장 특징적인 형태는 비유의 형태인데, 이 비유 형태는 특히 예수의 공생애 사역 중 후반기에 사용되었다. 지금까지 이 비유적 형태의 목적이 많은 논란이 되어 왔는데 특별히 마태복음 13:13절 등에 나타난 예수의 말씀인 "내가 그들에게 비유로 말하는 이유는 그들이 보아도 보지 못하고, 들어도 듣지도 못하고 깨닫지도 못하기 때문이다."에 비추어서 더욱 그러하다.

예수의 가르침 가운데는 비유가 28개, 예화가 25개 정도라고 한다. 마가복음에 실려 있는 예수의 이야기 가운데 약4분의 1정도가 비유에 속한다. 이것으로 예수는 사람들의 주목과 관심을 끌었다. 그의 말은 사람들의 심장을 울렸고 따라서 그들이 그 의미를 되새기면서 그 재미있는 이야기 혹은 예화를 음미하였을 것이다.

공개토론이 허용되지 않은 일에 대해서는 비유를 사용해 그 의미들을 되새겼다. 어떤 때는 기적을 베푼 뒤에 바로 그것을 소재로 하여 가르치기도 하였다.

예수가 자기가 전하는 복음의 메시지를 모호하게 하시려고 이러한 비유적 형태를 사용하셨던 것은 분명히 아니다. 그리고 그의 말씀들도 분명 그러한 의미를 배제하고 있다. 비유는 사람들에게 비교적 기억하기가 용이하였을 것이며 그러한 이유 때문에 비유는 사람들로 생각하도록 작용하였을 것이다.

나태한 호기심을 자극시켜 주기도 했겠으나 실상은 아무 것도 얻지 못하였을 것이다. 이러한 면에서 사람들은 예수의 천국 메시지를 비유형태로 들으나 도무지 보아도 보지 못하고 깨닫지 못할 것이다.

비유의 해석에 대하여는 이제까지 많은 문제들이 제기되어져 왔었다. 한 가지 주목해 두어야 할 것은 그것이 바로 많은 오해에 이른 예수 교훈의 이 형태라는 것이다.

우의학파寓意學派allegorical school와 같은 학파의 몇 몇 학자들은 비유를 해석할 때 이를 문자 그대로 해석하지 않고 하나의 우화寓話로 생각하여 거기에 내포되어 있는 영적 중요성과 상징적 철학적 의미 등을 알아내려고 하였으나 도덕학파moralizing school와 같은 학파 사람들은 이와 극히 반대되는 입장을 취하여 비유의 요점을 도덕적 유형의 일반적으로 적용가능한 원칙 하나에 제한하여 해석하였다.

종말론학파eschatological school 사람들은 비유의 의미를 종말론적인 것으로 관련시켜 이를 최상의 것으로 해석하여 받아 들였다. 비유의 해석에 있어서 비유를 예수의 역사적 상황과 관련시키지 아니한 것은 올바른 해석이라 볼 수 없다.

성경에 기록된 한두 가지의 비유들은 우화allegory의 성격이 더 많은데 그 예로는 씨뿌리는 자와 가라지의 비유이다. 이들 비유들은 요한복음에 나타나는 우화적 형태의 비유들에 가장 가깝다. 또한 요한복음에는 비유적 형태는 아니지만 비유의 양식樣式에 속하는 많은 말씀들이 있다.

그러나 공관복음서와 요한복음의 이 분야에서의 구전 전승 자료 사이를 지나치게 엄격히 구별시켜 나타낸다는 것은 불가능하다.

질문법

예수가 자주 사용한 또 하나의 방법은 질문법이었다. 이것은 당면문제에 대하여 사람들의 관심을 끌고 참여도를 높이는 것이었다. 그것은 양심을 일깨우며 질문을 받아 넘기고 감정을 고조시키며 관심을 자아내어 문제의 핵심을 들추어 낼 수 있었다. 때로 그것은 예수의 선교에 종지부를 찍으려는 자들의 입을 잠잠케 하기도 했다.

강론

때로는 논리정연한 강론이나 설교를 통해서 진리가 보다 신속하고도 효과적으로 전달되는 경우도 더러 있었다. 가장 좋은 예가 산상설교다. 그 진리는 때때로 참고가 될 수 있는 체제로 배열되고 보존될 필요가 있었다. 다른 좋은 예는 감람산 설교와 다락방 설교다.

모범

예수는 자신의 가르침에 관하여 최고의 본보기였다. 그는 가르친 대로 살았다. 그는 자기를 따르는 자들을 위하여 자신을 거룩하게 하였다. 제자들의 발을 씻길 때 "내가 너희에게 행한 것 같이 너희도 행하게 하려 하여 본을 보였다"라고 말했다13:15. 그는 말만이 아니라 행위로도 가르쳤다. 그 자신의 생애가 인류의 성결을 위한 최대의 영감靈感으로 비추고 있다.

[제자들의 발을 씻으시는 예수]

예수의 제자양육의 꿈

예수는 지극히 평범한 사람들을 제자로 삼아 이들을 3년 꿈을 갖고 양육했다는 사실을 간과할 수 없다. 그들을 보내시려고 열두 제자를 부르신 첫날부터 예수는 언젠가 갈보리에서 있을 일을 염두에 두고 계셨음이 틀림없다. 그분은 자신이 지구상에서 보낼 시간이 짧다는 것을 아셨다.

사역의 성공 여부는 자신이 이 몇 년 동안 성취할 일들에만 달려 있는 게 아니라 자신이 떠난 뒤에 이 열두 명이—결국 열한 명이 되었다가 나중에는 수천, 수만, 수백만 명이 되었지만—어떻게 하느냐에 달려 있다는 걸 아셨다.

현재의 시점에서 예수 당시를 돌아볼 때, 묘하게 희망을 주는 점이 있다. 그것은 이 제자들이 지극히 평범했다는 점이다. 예수는 천부적인 재능이나 완벽성, 또는 훌륭한 잠재력에 근거해서 제자를 선택하신 것이 아니었다. 이 땅에 사는 동안 예수는 자원해서 평범한 사람들과 어울리셨다. 그들은 예수를 오해하기도 하고, 영적 능력도 제대로 발휘하지 못하고, 때로는 철없는 학동처럼 행동하는 평범한 사람들이었다.

[예수의 열두 명의 제자들은 지극히 평범한 남성들이었다]

그중에서도 예수가 특별히 뽑아낸 세 명의 추종자들(야고보와 요한 그리고 베드로)은 가장 호되게 꾸짖으셨다. 결국 이들 중 두 명은 초대 기독교인들 사이에서 출중한 지도자가 된다.

예수는 별로 가망이 없어 보이는 사람들과 함께 일하는 것을 더 선호했다는 인상을 받는다. 그런 초라한 무리를 통해 예수는 교회를 세우셨고, 그 교회는 이후 2천 년 동안 멈추지 않고 성장했다.

2

예수의 가르침의 내용

하나님에 관한 내용

이에 대한 예수의 가르침에는 '창조주', '아버지', '왕'이라는 세 가지 주요한 측면이 나타나 있다. 이러한 측면들은 속성屬性으로서 보다는 활동으로서의 용어들로서 표현되어 있는데 이 점 주목해야 할 것이다. 하나님의 창조주되심에 대한 가르침은 특별히 하나님의 피조물에 대한 섭리적 보호하심과 돌보심에 관한 교훈에 나타난다.

예수의 가르침에서는 하나님께서 세계의 창조주創造主라는 사실이 명백하게 기술되어 나타나기보다는 배후에 은밀하게 나타나 있다. 가장 분명하게 나타나는 이에 대한 말씀은 마가복음 13:19절의 "그 날에 환난患難이 일어나지 않도록 기도하여라. 그 날에 환난이 닥칠 것인데, 그런 환난은 하나님께서 세상을 창조하신 이래로 지금까지 없었고, 앞으로도 없을 것이다."이다.

예수의 가르침 중에서 천부의 섭리攝理와 돌보심의 사실은 특별히 천부께서 참새 같은 조류에까지 그 필요한 것을 아시고 기억하시며, 또한 돌보아 주신다고 가르치신 데에 잘 나타나 있다. 하나님께서 그 모든 피조물被造物에게 가르치시는 가르침의 기초였다.

예수의 가르치는 가르침의 독특성이 가장 분명하게 나타나는 곳은 바로 하나님의 아버지되심에 대한 것이다. 이스라엘 민족은 하나님을 아버지 개념으로 배워 왔는데 이것은 하나의 공동체적 전체共同體的 全體로서의 이스라엘이 하나님의 아들로 생각되어져 왔기 때문이다.

그러나 이런 의미에서의 아들 자격은 어디까지나 국가적인 것일 뿐 개인적인 것은 아니었다. 그러다가 예수가 이에 대해 가르치심으로써 비로소 사람들은 하나님과의 개인적인 아들관계의 가능성을 생각했었다.

하나님에 대해 초월적인 견해를 가졌던 당시의 유대인들은 예수의 그와 같은 친밀한 하나님과의 교제적인 생각을 전혀 할 수가 없었던 것이 분명하다. 유대교의 기도문 양식祈禱文 樣式으로서 '우리 아버지'라는 말이 전혀 알려져 있지 않은 것은 아니다.

그러나 예수가 "너희 천부께서 아시나니"와 같은 표현을 사용하신 것이나 또는 주기도문主祈禱文에 나타나는 하나님에 대한 전반적인 접근 태도는 주목할 만한 새로운 사항事項을 나타낸 것이라 아니할 수가 없다.

하나님에 대해 평소 경외심敬畏心으로 살아 온 자者들은 예수의 가르치시는 아버지와 아들관계의 가르침을 쉽사리 믿으려 하지 않았을 것이다. 이것은 예수의 하나님께 대한 태도에 나타나는 독특한 특징이었다. 한 가지 잊어서는 안 될 사실은 사람들이 하나님의 아들들이란 개념에는 그 근거로서는 하나님이 예수의 아버지라는 사실을 포함하고 있다는 것이다.

이와 함께 예수는 하나님의 아버지되심을 가르치실 때 일반 사람들의 '아들 됨sonship'과 자기 자신의 그것과를 분명하게 구별했었다. 이에 대한 가장 놀랄 만한 예例가 요한복음 20:17절에 나와 있는데 본 구절에서 예수는 마리아더러 제자들에게 자기의 부활한 사실과 관련하여 전할 말을 말씀해 주실 때 "내게 손을 대지 말아라. 내가 아직 아버지께로 올라가지 않았다."라고 하셨다.

일반 성도聖徒의 아들됨에 대한 생각은 물론 하나님의 아들 예수 그리스도와 떨어져서는 도저히 있을 수 없는 것이나 이 양자 간의 뚜렷한 구별만은 분명히 유지되어야 한다.

예수가 세례를 받으실 때 하늘로서 들려 온 음성音聲은 그의 하나님의 아들의 위치를 입증해 주는 것이며 이것은 그의 전全 사역의 표준적인 기준으로 간주될 수 있을 것이다.

예수는 특별한 임무를 띤 선지자先知者로서 부르심을 받은 것이 아니라 하나님의 신적神的 아들로서의 특별한 신분身分을 가진 자者이신 것으로 입증되었던 것이다. 예수가 자기의 사역을 행하실 때에 하나님의 뜻을 따라 하신 것은 바로 이러한 하나님의 아들로서의 자의식自意識에 의한 것이었다.

예수의 이런 면이 요한복음보다 더 강력하게 기술되어 나오는 곳은 아무데도 없다. 요한복음에는 아버지와 아들이 그와 같은 밀접한 관계로 나타난다. 예수가 사람들에게 하나님이 그들 자신의 아버지로 보게 하는 관념을 가르쳤던 것은 그 자신의 하나님과의 특별한 관계에 대한 강한 자의식自意識의 발로發露였던 것이다.

사람들은 예수의 그러한 가르침이 있기 이전에도 하나님의 아버지되심의 말을 입술에 담기는 하였지만 그 본래적인 정신에는 들어가지 못했던 것이다. 그들에게 있어서 하나님은 천부天父로서의 산 실제實際가 아닌 것이었다. 이것은 단순히 문자적으로만 받아들이고 시인하는 것 이상以上으로 하나의 새로운 가족관계 속으로 들어간다는 것을 의미했던 것이다.

성서학자 맨손Manson은 그의 저서 *The Teaching of Jesus*(1967)에서 주장하기를 주기도문에는 하나님의 아버지되심에 관한 예수의 가르침의 주요한 측면들이 간결한 개요형태概要形態로 나타나 있다고 하였다.[99] 맨손은 주기도문을 두 가지 부분으로 분리하여 설명하기를 하나님은 세계사世界史를 전면적으로 결재하시는 지존하신 아버지이시며 또한 그 모든 자녀를 돌보아 주시고 기르시는 아버지이시라고 하였다.

첫 번째 경우의 초점은 영광을 받으실 자로서의 하나님께 대한 것이다. 하나님 나라가 임하도록 비는 기도는 누가복음 12:32절에 나오는 바와 같이 적은 무리에게 그 나라를 주시길 기뻐하시는 하나님의 마음과 일치적인 조화調和를 이룬다.

사람들이 하나님 나라를 소유케 되는 것은 하나님께서 그렇게 주신 때문이다. 하나님의 뜻을 위해 행해야 될 필요성은 겟세마네 동산에서의 기도에 나타나듯이 예수의 아버지와의 관계에 있어서의 전체적인 한 구성요소였던 것이다.

두 번째 부분의 주기도문 중에는 그 자녀들을 돌보아 주시는 아버지 하나님의 손길에 대한 세 가지 각기 다른 측면의 요구적

---

99) T. W. Manson(1967). *The Teaching of Jesus*. London: Cambridge University Press, p.114.

인 사실들이 있다. 곧 제일 먼저 매일의 일용할 양식이 필요부가결한 것임을 나타냈는데, 이 때문에 예수는 마태복음 6:32절과 누가복음 12:30절의 산상설교의 말씀 중에서 제자들에게 확신하여 이르기를 "너희 아버지께서는 이런 것이 너희에게 필요하다는 것을 아신다"고 하셨으니 여기서 '이런 것'이란 양식糧食과 의복 등을 뜻한다.

두 번째로 요구하는 기도는 죄를 사赦하여 주시리라는 것인데, 이러한 내용의 가르침은 그 밖의 다른 예수의 가르침 가운데서 반복적으로 나타난다.

세 번째 부분의 요구는 보호하여 주심과 건져 주심을 구하는 것인데, 이 요구는 하나님의 창조주되심의 부분에서 논의한 하나님 아버지로서의 공급해 주시고 돌보아 주시는 섭리적 일에 대한 더 강조적인 주의를 나타내 보여 준다.

하나님에 대한 이러한 여러 측면의 예수의 가르침을 생각할 때 예수와 아버지, 아버지와 그 땅의 자녀들 사이의 밀접한 관계에 의해 마음의 깊은 감동感動을 받지 않을 수 없을 것이다. 랍비문헌들에 이와 유사한 술어적 용어들이 어떤 형태로든지 나타나는데, 그것들은 예수가 가르치신 하나님께 대한 자녀로서의 순종順從과 애정愛情의 의미와는 도저히 비교거리가 될 수 없으며 예수 자신이야말로 하나님과의 부자관계를 훌륭하게 보여 주신 대표적인 본보기라 할 수 있다.

천국에 관한 가르침

현세적 천국

천국의 현세적 실재성實在性을 나타내 주는 더욱 중요한 말씀들을 제일 먼저 살펴본다.

이에 관해서는 누가복음 17:21절의 "하나님 나라는 너희헬라어 엔토스εντος 가운데에 있다"는 말씀을 들 수가 있는데 여기서의 "너희 가운데in the midst of you"라는 말은 "너희 안에within you"라는 말로 달리 번역할 수도 있을 것이다.

이 말씀은 그 해석이 어떠하든 천국의 어떤 현세적인 현실화現實化를 나타내는 것 같다. 또 다른 말씀으로 마태복음 12:28절과 누가복음 11:20절에서 찾아 볼 수 있는데, 두 구절에는 귀신을 쫓아낸 사실에 언급하여 하신 예수의 말씀으로서 "그러나 내가 하나님의 능력을 힘입어 귀신들을 내쫓으면, 하나님 나라가 너희에게 이미 온 것이다"로 나와 있다.

여기서도 천국의 현세적 실현의 성격이 선명하게 나타난다. 천국의 현세적 실현의 성격은 악의 매체를 정복하는 승리로서 나타난다.

침노하는 자가 천국을 뺏는다는 불가사의不可思議한 말씀도 천국의 현세적 활동성을 주의깊게 보여준다. 이 구절의 의미가 무엇이냐에 대하여는 지금까지 많은 논란論難이 있어 왔다. 어떤 이들은 그 동사를 '침노를 당하다to suffer violence'란 의미의 수동태로 해석하기도 하였는데 비하여 또 다른 이들은 그것을 중간태中間態로 해석하여 '맹렬히 행동한다to act violently'로 보았다.

후자의 번역이 보다 정확한 것으로 보이며, 또한 예수의 말씀에 더 다이나믹한 힘을 부여해 준다. 본 구절들에 나타나는 천국을 침노하는 자는 빼앗는다는 말씀의 침노侵擄는 예수가 이스라엘의 기대하는 엘리야라고 확인적인 말씀을 하신 사실은 주목할 만하다고 할 수 있다.

천국의 현세적 실재성을 입증해 주는 네 번째의 중요한 구절은 마태복음 21:31절인데 "내가 진정으로 너희에게 말한다. 세리와 창녀들이 오히려 너희보다 먼저 하나님의 나라에 들어간다"는 예수의 말씀이 나와 있다.

천국의 여러 측면들

지금까지 예수 자신이 천국의 현세적 체험을 가르치셨던 사실에 대한 충분한 언급을 했다. 그러나 이 체험의 구성요소를 간단히 개요화概要化해 볼 필요가 있다. 라드Ladd는 그의 저서 *Jesus and the Kingdom*(1966)에서 이것의 세 가지 측면에 초점을 맞추어 기술했는데 예수의 천국에 관한 가르침을 간결하게 잘 나타내 준다.[100)]

첫 번째의 것은 역학력力學力dynamic power으로서의 천국이다. 이 개념은 영적 세력들을 정복하는 영적 정복征服의 개념이다. 복음서들에 자주 나타나는 귀신을 쫓은 사건들의 경우는 예수의 그 영적 적대자들에 대한 정복자적인 역학력을 증거해 준다.

누가복음 11:21, 22절에 나오는 무장을 한 자가 그보다 더 강한 자에 의해 결박당한다는 비유는 바로 예수의 사역의 상징이며 또

---

100) G. E. Ladd(1966). *Jesus and the Kingdom*. Erdmans Publishing Co. pp.137-153.

한 천국의 현세적 실현의 상징이라는 것이다. 관련하여 천국의 도래로 선포하러 나갔던 70명의 전도자들이 돌아 왔을 때 예수가 명하신 말씀은 아주 중요한 의미를 갖는데, 누가복음 10:18절에 "사탄이 하늘에서 번갯불처럼 떨어지는 것을 내가 보았다"와 같이 나와 있다.

예수 사역의 전체적인 개념은 말만으로 이루어져 있지 않고 치유하시는 행함이 따랐던 때문에 한마디로 다이나믹하다. 예수의 가르치시는 가르침에 나타나는 그의 권세權勢에 의해 그의 천국의 현세적 실재성의 증거가 서게 되며 그것을 서기관들의 천국에 대한 소망과 구별되게 한다.

두 번째로 예수가 자기의 천국에 관한 모든 가르침에서 천국은 하나님의 것이지 사람의 것이 아니라는 것을 분명히 했다는 사실을 주목해 두는 것이 중요하다. 예수의 사명은 구속적 활동에서의 하나님의 사명이었다. 라드는 여기서 하나님이 찾으시고 초청하시는 아버지이시자 또한 심판하시는 사실을 주장하였다.

세 번째로 구원의 전체적인 개념이 분명 천국의 현세적 특성과 관계가 있으리라는 것이다. 여기서 라드는 현세적인 구원의 측면 및 천국의 백성이 된 자들에게 하나님께서 주시는 이 은혜, 곧 구원과 의義의 은혜와 연결되는 구원의 측면에 대해서 말한다.

이것은 천국개념을 예수의 구원 교훈과 통합시켜 보려는 시도이다. 만일 천국이 예수의 구원의 중심이라면 그의 가르치신 가르침의 다른 모든 측면들은 분명히 천국과 관계되어 있을 것이다.

그러므로 천국의 성원成員인 자는 하나님께서 은혜로 주시는 선물인 구원을 받은 자들을 말한다. 이 때문에 여기서의 천국은 물질주의적 내지 민족적인 나라의 다른 개념들과의 뚜렷이 구별된다. 특히 여기서 천국이 세상의 기독교 신앙에로의 개종改宗에 의해서 설립되는 것이 아님이 분명해진다.

예수는 씨뿌리는 자의 비유와 가라지의 비유에 나오는 바와 같이 결코 복음의 우주적인 수용受容을 내다보시진 않았다. 그럼에도 불구하고 주기도문의 "하나님 나라가 임하옵시며"란 간구와 같이 그 설립의 기도 주제가 된 것은 하나님 나라, 곧 천국이었다.

이러한 표현의 기도는 이미 일어나고 있는 천국에 대한 보다 더 성취적인 실현을 바라는 갈망渴望의 표시였다. 하나님께 가까이 나아가기 위한 필수적인 전제조건으로서 회개와 믿음을 계속적으로 강조하고 있는 사실은 천국의 본질적인 영적 특성을 설명해 준다. 천국의 여러 윤리에 대한 언급은 나중에 좀 더 하기로 한다.

종말론적 사건

천국의 이 측면 역시 똑같이 중요하며 완전한 비중을 두어 고찰해야 한다. 예수가 천국에 대해 가르치실 때 그 현세적 측면의 천국 외에 그 미래적인 하나의 사건으로서 바라보고 가르쳤다는 것은 부인할 수 없는 사실이다. 이들 두 측면들은 상호 보충적이다.

마태복음 24장과 마가복음 13장 및 누가복음 21장의 종말론적인 긴 강론講論의 말씀에서 예수는 마지막 때 미래에 일어날 어떤 형태의 재앙의 사건이 이해되도록 하기 위한 방법으로 묵시적인 표현을 사용하였다.

천국의 두 가지 측면들, 곧 현세적 측면과 미래적 측면을 함께 결합시키는 최상의 방법은 사람들 가운데서 활동하시는 하나님의 다이나믹한 현세적인 존재 형태인 그 천국이 역사의 종말에 이러한 사건으로 완전한 성취를 이룰 것이라고 봄으로써 가능하다. 천국에 대한 이들 두 가지 측면들은 다음 항목에서 고찰할 천국의 비유들에서도 아주 가깝게 제기되고 있다.

천국에 대한 비유들

이들 비유들에는 제일 먼저 천국이 성장한다는 사실이 실증적으로 뚜렷하게 나타나 있다. 천국은 어떤 불가항력적不可抗力的인 힘에 의해 세워지는 것이 아니라 씨의 성장과 유사하게 행동에 의해 세워진다는 것이다. 여기서 가장 분명하게 드러나는 특징은 씨뿌리는 자의 비유에 언급한 네 가지 유형의 토양 중 단 하나만이 생산적인 것으로 인정되고 있다는 사실이다.

천국에 대한 비유 중에는 신비적 요소가 상당한데 이것은 이해하는 자들에만 주어진 것이다. 가라지 비유에는 천국의 돌발적인 특성이 설명되어 있는데 진짜와 가짜의 차이가 당장은 분에 띄지 아니하나 마지막 종말에 이르면 뚜렷하게 분리된다는 것이다. 그러므로 현세적 상태에서의 천국은 그 동일성을 증명할 수 있는 하나의 실재물entitiy로서 고려될 수가 없다.

천국의 돌발성突發性에 대한 동일한 특징은 겨자씨의 비유에서도 나타난다. 겨자씨의 작은 형체는 하나님 나라와 조화를 이루기가 어려우나 그 처음과 나중 상태는 극히 대조적이다. 이 대조적인 상태가 바로 이 비유의 요점이다. 천국의 현세성과 미래는 겨자씨와 겨자나무의 관계와 같다.

예수 당시의 사람들은 천국에 대해 겨자씨만을 보듯 보았을 뿐이었으나 예수는 그것을 뛰어 넘어 훨씬 앞을 바라보았었다.

이와 유사한 진리가 누룩의 비유에 나타나는데 이 비유에서는 천국의 효력이 지극히 미세하나마 사람의 마음에 있어서 작동한다고 했다. 반죽덩어리 전체가 누룩으로 퍼진 사실에 문제가 생기는데 어떤 이들은 이 사실이 교회 내부에 악이 침투한 것을 나타낸다고 보기도 하였고 어떤 때는 교회를 통하여 세상에 선이 퍼진 것을 나타낸다고 보기도 하였다.

그러나 그 어느 쪽의 해석도 실존적인 세계질서가 종말을 고하는 때에 올 궁극적인 천국의 승리를 나타내는 것이라는 해석만큼 적당한 것은 아니다.

보화寶貨와 진주珍珠의 두 가지 비유는 천국의 가치를 나타낸 것이다. 천국의 가치는 모든 사람들에게 다 그대로 나타나는 것은 아니며 오직 분별력이 있는 자들만이 다른 어떤 가치보다도 큰 가치로 인정할 것이라는 것이다.

한편 그물의 비유는 천국의 유익을 받을 자격이 없는 자들이 한 때나마 그 마지막 성취의 때까지는 유자격자와 함께 거기에 참여하게 되리라는 사실을 무리들에게 생각나게 하였다.

포도원의 비유에서 하나님의 나라가 유대인들에게만 제한적으로 열려 있는 것은 아니라는 사실이 나타나는데, 예수는 이 비유를 유대인 지도자들에게 말씀하시고 마태복음 21:43절에 나타나는 "그러므로 나는 너희에게 말한다. 하나님께서는 너희에게서 하나님의 나라를 빼앗아서, 그 나라의 열매를 맺는 민족에게 주실 것이다"란 말씀으로 끝맺음하였다.

[천국은 밭에 숨겨 놓은 보물과 같다]

[천국은 좋은 진주를 구하는 상인과 같다]

[천국은 겨자씨 한 알과 같다]

[천국은 가루 부풀게 한 누룩과 같다]

[천국은 씨를 밭에 뿌리는 사람과 같다]

[천국은 각종 고기를 모는 그물과 같다]

[천국에 대한 여러 종류의 비유들]

천국의 보편성普遍性에 관한 이와 같은 측면은 마태복음 8:11, 12절에서도 나타난다. 유대인들은 다른 모든 이방인들보다 먼저 천국의 기회를 하나님께로부터 받았다. 그러나 천국은 모든 국가나 열방列邦의 모든 계층 사람들에게 적용된 것이라는 것이다. 후자의 사상은 회개와 믿음의 필요성을 강조한 두 아들의 비유에서도 그대로 적용되어 나타난다.

마태복음 22장의 혼인잔치의 비유에서 천국의 초청요구를 경멸하거나 무시한 자들의 운명이 나타나 있다. 이 비유는 유대 민족이 천국을 거절한 사실을 지적하는 것으로 보이는데 이 외에도 천국이 유대인의 민족적 개념들과 뚜렷이 구별되는 것을 보여 주고 있다.

이제 천국과 교회와의 관계를 주의깊게 고찰하는 문제가 남는다. 이 둘을 동일시해 온 성경주석가들이 많았으나 이러한 견해는 여러 가지 이유 때문에 곤란하다. 예수가 자기의 제자들을 배타적으로 천국의 구성원인 것으로 표현하신 곳은 성경 어느 곳에도 없다. 거기다가 교회는 천국으로부터 생겨난 것으로 나타난다.

천국에 대해 증거하는 것은 교회의 임무이며 또한 교회는 천국의 도구이자 관리자이다. 라드는 주장하기를 천국과 교회는 각기 독립적인 개념들로서 이 중 하나는 하나님으로부터, 다른 하나는 사람들로부터의 거리가 있다고 하였다.[101]

천국의 윤리

이 본문에서 예수가 가르치신 천국의 윤리倫理가 대단히 중요하다. 예수의 가르치신 가르침을 연구하는 데 있어서 실제로 윤리적 명령의 말씀이 예수의 전全 가르침의 말씀에서 차지하는 탁월한 비중의 위치를 무시할 수 없다.

예수의 가르침 중에서 유대교의 윤리적 말씀 및 교훈과 가장 공통적인 부분이 바로 이 윤리적 가르침이다. 그리고 이 때문에

---

101) G. E. Ladd(1966). *Jesus and the Kingdom*. Erdmans Publishing Co. pp.158-163.

제기되는 문제는 예수의 윤리가 그 내용상 어느 정도 독특성을 갖고 있는가이다. 예수의 개인적인 많은 말씀들이 유대교의 그것과 공통성이 있기는 하지만 유대교의 윤리적 가르침은 그 전체적인 인상이 지극히 율법주의적인 데 반하여 예수의 가르침에는 이와 전혀 다른 분위기가 감돌고 있다.

구전율법口傳이든 성문율법成文이든 율법에 대한 맹목적인 준거의 태도가 사라지고 없는 반면에 하나님의 뜻을 추구하여 그대로 실천하는 것이 하나님 나라의 규범規範으로 이해되었던 것이다.

천국의 가르침과 관련하여 예수가 가르치신 윤리들의 특히 눈에 띠는 특징들을 살펴보면 첫 번째 특징으로는 이들 여러 윤리의 권위가 율법에 대한 여러 랍비들의 해석을 파기하시고 또한 의식적 규례들에 대해 전반적으로 수정하셨던 예수의 권위에 안주하고 있다는 사실이다.

예수 자신의 여러 윤리의 권위 기초는 하나님의 뜻을 온전히 성취하고자 하는 그의 요구였다. 두 번째 특징으로 눈에 띠는 것으로는 예수의 윤리 가르침이 천국의 현세적이자 미래적인 특징인 두 가지 측면의 본질적 기초하는 사실이다. 하나님의 통치적인 규례가 활동적인 경우에는 그 규례의 표현은 필시 하나님의 성품에 유익된 태도로서 나타나야 한다.

이것이 본질적으로 기독교 윤리의 제재규약制裁規約sanction이다. 그러나 이것만이 유일한 규약일 수가 없으니 이는 종말론적인 측면 역시 똑같이 중요하기 때문이다. 어느 한 쪽이 배제되어야 할 만한 근거가 성경적으로 뒷받침되어 있지 아니하며 따라서 '중간윤리中間倫理'와 같은 일반적인 견해는 마땅히 배제되어야 한다. 중간윤리란 장차 올 하나님의 나라와 현 시점 사이의 중간 시대를 종말론적으로 사는 것을 중간윤리라고 말하는데 이것은 곧 예수의 윤리가 현세에서의 일시적인 목적의 것이라 본다.

예수가 가르쳤던 것은 지나가는 과거의미過去意味의 이상이었다. 그것은 영원한 확실성을 가졌었고 또한 미래에 대하여 현 시대와 밀접한 관련이 있는 것이다. 그렇다고 해서 이것은 윤리적 여러 요구를 성취하는 데 있어서 아무런 곤란도 없다는 것을 의미하지는 않는다.

이웃을 자신과 같이 사랑하라는 요구와 그 원수까지도 사랑하라는 요구는 모든 사람에게 하나님께서 부과賦課하시고 요구하신 절대적인 요구이다. 그리고 이러한 윤리적 요구들이 하나님의 신적 사랑의 표현이라는 것은 부인할 수 없다.

예수의 가르치신 여러 윤리의 특별한 한 가지 측면은 그 윤리의 내적 동기動機에 강조점을 두고 있다는 사실이다. 분노나 미움이나 속박이나 겸손과 같은 것들은 외적인 율법으로는 판단할 수가 없다. 이것들은 율법적 규례에 문자적으로 속하여 있는 것이 아니며 오히려 인간 성품의 발로적인 것이다.

예수의 윤리적 요구는 엄밀하고 정확하여 사소한 부주의한 말들까지도 장차 그 동기적 이유를 심문받게 될 것을 나타내셨는데 마태복음 12:36절에는 “내가 너희에게 말한다. 사람들은 심판 날에 자기가 말한 온갖 쓸데없는 말을 해명해야 할 것이다”와 같이 나와 있다.

거기에다가 천국의 윤리적 요구들은 언제나 가족적 유대紐帶보다 우선적으로 이행되어져야만 하는 성격의 것이라 하셨다. 예수의 윤리에는 참으로 자기 부정의 윤리가 필연적으로 내포되어 있는데 이 자기 부정의 윤리는 마태복음 16:24절에 "누구든지 나를 따라오려거든, 자기를 부인하고, 제 십자가를 지고, 나를 따라 오너라"고 나와 있듯이 천국 윤리의 여러 요구들을 자기의 요구하는 모든 것보다 우선적으로 항상 행하여야만 한다는 것을 의미한다.

["자기를 부인하고, 제 십자가를 지고, 나를 따라 오너라"]

자신의 생명을 미워하도록 요구하는 범위까지 현실의 실존 세계를 부인하게 하는 어떠한 다른 윤리적 체계는 세상에 없다. 누가복음 14:26절의 말씀과 같이 자아自我는 모든 문제의 원인이다. 성경에 보면 "누구든지 내게로 오는 사람은 자기 아버지나 어머니나, 아내나 자식이나, 형제나 자매뿐만 아니라, 심지어 자기 목숨까지도 미워하지 않으면 제자가 될 수 없다"고 되어 있다.

천국에 속한 윤리적인 일들은 그 어떤 것보다도 탁월한 중요성을 갖는다.

보상補償에 대한 언급이 예수의 가르침에 어느 정도로 나타나는가 하는 문제는 우리 관심의 초점이다. 유대인들의 신학에 자주 눈에 띄는 상벌의 보응개념報應槪念이 예수의 가르침에 확실히 없는 것은 아니나 예수의 가르침은 그것을 훨씬 뛰어 넘은 것이다. 마태복음 20:1-10절에 언급되어 있는 포도원 일군들의 비유에는 이 점이 탁월하게 잘 나타나 있다.

첫 번째로 일하게 된 자들의 무리는 하루 종일 수고하여 하루분의 일당을 받았고, 그 뒤에 마지막으로 온 자들은 한 시간밖에 수고하지 않았으나 첫 번째 무리들과 똑같은 하루분의 일당을 받았는데, 이것은 바로 그 주인의 은혜의 행위 결과였다.

예수의 여러 윤리에 나타나는 보상의 기초는 보통의 인간적인 계산과는 전적으로 다르다. 이 비유에 나타나는 바와 같이 천국의 사람들은 새로운 표준들로 자신을 준비해야만 한다.

예수의 자신에 대한 증거

예수 자신의 인격에 관해 그의 가르침에 나타나는 증거는 편의상 다음과 같이 두 가지로만 나누어 다루어 본다. 곧 예수가 자신에 대해 적용한 여러 이름들과 자기 인격에 대한 특별한 언급들이다. 첫 번째 분류 제목 하에서 예수가 자신에 대해 적용했던 이름들을 다른 사람들이 예수에 대하여 적용했던 이름들과 뚜렷하게 구별을 지어 보는 것이 중요하다.

예수 자신이 자기에게 대해 사용하신 이름들

가장 폭넓게 널리 쓰였던 이름은 '인자'였는데 복음서들에서는 이 '인자人子'란 이름이 예수의 입에서 직접적으로 나온 경우에만 기록되어 있으므로 먼저 이 이름으로 여기서 논의하려고 한다. 예수가 '인자'란 이름을 어떤 의미로 사용하셨는가에 대한 연구가 상당 부분에 걸쳐서 저서著書로 나타나긴 했으나 여기서 간단하게 그 주요한 연구들을 살펴보았다.

각기 다른 해석자들의 무리는 대충 두 가지 부류로 나눌 수가 있는데, 곧 예수 자신이 이 '인자'란 이름을 사용했다고 주장하는 자들과 이러한 견해를 배격하는 자들로 분류할 수가 있다. 후자의 분류가 옳다고 한다면 '인자'란 이름의 인용절은 예수의 가르침에 속하지 않은 것이 되며, 우리의 직접적인 목적상 더 이상 고려해 볼 필요가 있을 것이다. 그러므로 예수의 자기 증거를 개요화하기에 앞서서 이러한 관점에 대해 논의해 볼 필요가 있다.

'인자'란 이름에 관한 말씀들이 출처불명出處不明의 불확실한 것으로 간주되는 것이나 또는 이 이름이 예수 이외의 어떤 다른 사람의 해석인 것으로 간주되는 근거는 무엇인가?

인자에 관한 대부분의 말씀들이 불확실하여 권위가 없다고 보는 견해는 독일의 루터파 목사이면서 신약성경학자인 빌하우어Vielhauer에 의해 이루어졌는데 그는 인자의 지상 사역활동이나 그 고난에 대한 성경의 말씀들을 받아들이기 거부하며 또한 그의 영광에 대해 언급한 말들만을 다루었을 뿐이다.[102]

그러나 빌하우어는 이것들도 하나님의 나라와 인자의 말씀들

---

102) Wilhelm Schneemelcher(1992). *New Testament Apocrypha*(translated by R. McL. Wilson). Westminster John Knox Press. pp.542–568.

사이에 관계가 결핍되어 있다는 이유로 예수에 대한 것으로는 받아들이지 않았다. 빌하우어의 연역적 추론演繹的 推論은 이것들(천국)의 하나가 신빙성信憑性이 있으므로 그 외의 다른 것은 신빙성이 있을 리 만무하다는 것이었다.

그러나 이것이 하나의 불합리한 추론인 것으로 보인다는 사실을 떠나서도 복음서들에 두 가지 계통의 구전 전승 자료가 어떠한 확실한 불일치도 없이 그대로 보존되어 있다는 사실은 이상과 같은 빌하우어의 견해를 무산霧散시키기에 충분하다.

예수가 '인자'란 이름을 사용하였으나 예수를 이 이름과 동일시한 것은 바로 교회였다고 보는 견해를 지지하는 사람들도 많다. 다음에 논의될 연구는 예수가 자신을 '인자'로 호칭하였다는 가정假定하에 따른 것이다.

편의상 이미 언급한 분류에 따라 이에 대한 말씀들을 무리지어 열거해 보자. 첫 번째로 고려되어야 할 것은 그 말씀들이 모두 예수의 지상 사역활동과 관계되어 있는데 예수, 곧 인자는 죄를 사하는 권세가 있음과 인자가 안식일의 주인됨에 대한 말씀이다. 마태복음, 누가복음에는 인자와 관련된 말씀이 모두 네 곳에 걸쳐 나타나 있다.

누가복음에만 있는 것은 한 곳이며 마태복음에만 있는 것은 두 곳이다. 이들 여러 구절들에 대한 가장 간단한 이해로는 예수가 자신을 인자로 사람들에게 이해되게 의도한 것이라는 사실이다. 마가복음 2:10절과 2:27절의 인자에 관한 말씀은 예수께서 특별한 권세를 부여하고 있다. 일반적으로 죄를 사하시는 분은 하나님이시며 또한 안식을 규정하신 분도 하나님이신 것으로 밝혀져 있다.

이들 구절의 말씀이 예수 자신에게서 비롯된 것이 아니라고 간주하지 않는다면 예수가 자신에 대해 고도의 신적 주장을 사람들에게 나타내 보였다고 하는 결론에 필연적으로 도달하게 된다.

상기한 마태복음과 누가복음의 각 네 구절들의 말씀에는 예수가 '인자'라는 이름을 자기 자신에 대하여 언급하고 있다는 것이 분명히 나타난다. 사람들이 장차 제자들을 미워할 것은 예수 때문이라고 했다. '인자'는 이 이름이 예수 자신을 말하는 것으로 이해되어야만 한다는 면에서 세례 요한과 좋은 대조對照를 이룬다.

인자는 "자기 머리를 둘 곳도 없다"고 했는데, 이것은 예수 자신의 순회적巡廻的인 사역과 관계되는 실제적인 문제이다. 인자와 관계된 구절의 또 다른 언급은 성령을 모독하는 훼방죄罪는 용서받지 못할 것이지만, 인자를 거역하는 죄는 사함을 받을 수 있다는 말씀이다.

이러한 '인자'에 관한 모든 구절들의 말씀들은 비록 예수가 단순히 '나'라는 호칭보다는 '인자'라는 이름을 굳이 선택하여 사용하신 이유를 조사해 볼 필요가 있기는 하지만 '인자'란 이름을 자기 자신에 대해 사용하신 표현으로 본다면 아주 이해하기가 쉽다.

마태복음 16:13절과 마가복음 8:27절을 비교해 보면 동일한 질문의 두 가지 형태가 어떻게 보존되어 왔었는지 여실히 드러나는데, 곧 마태복음의 경우에는 "사람들이 인자를 누구라고 하느냐?"란 형태인데 비해 마가복음의 그것은 "사람들이 나를 누구라고 하느냐?"란 형태이다.

두 기사記事에서 모두 베드로가 예수에게 동일한 말로 "주는 그리스도이십니다"라고 고백하고 있기 때문에 제자들이 예수가 '인자'란 이름을 자기 자신에 대해 사용하신 것으로 이해했다는 결론이 분명해진다.

'인자'로서의 예수의 고난에 관계된 말씀들의 언급은 그 대부분이 마가복음에 있으며 다른 공관복음서들에는 모두 부분적으로 함께 나온다. 이들 구절들의 기록에 나타나는 현상은 예수가 자신의 다가 올 고난을 예기했을 때부터 '인자'라는 이름의 사용 빈도가 증가하고 있는 점이다. 예수에게 있어서 '인자'의 의미는 그의 구속사역救贖使役의 활동과 긴밀한 관계가 있었던 것이다.

세 번째의 경우의 '인자'에 관한 성경말씀들은 모두 다 종말론적인 성격을 강조한 것들인데, 이 경우는 마태복음과 마가복음에 더 많다. 이들 말씀들의 배후에는 강력한 구전자료가 있는 것이 분명한데 이 때문에 다른 '인자'에 관한 성경 기록의 말씀들에 대한 신빙성은 부인하는 자들도 이들 말씀들의 신빙성은 그대로 받아들이는 쪽으로 기울고 있다.

그러나 예수가 이 '인자'란 명칭의 이름을 자기 입장에서 종말론적인 사건들의 경우에만 유보留保시켜 남겨두고 그 외의 다른 목적에는 전혀 사용치 않았다고 주장하는 것은 받아들이기 어렵다. 이것은 '인자'라는 이름에 이론異論의 여지가 없는 종말론적 의미가 있을 때에만 통하는 것이다.

[인자의 고난과 영광]

그러나 '인자'에 대한 성경상의 여러 말씀들은 이 이름을 예수가 자기의 미래적인 천국적 기능들에 대해서뿐만 아니라 자기의 지상 사역활동에 관계시켜 사용했다 할 때에 그 자체가 의미를 갖는다.

그러므로 '인자'란 이름에 나타나는 두 가지 주요한 측면은 고난과 영광의 측면이며 또한 '인자'란 이름이 예언자 이사야가 예언한 고난당하시는 종의 말씀 및 다니엘서 7:13절 이하에 나타나는 '인자'에 관한 말씀의 종합적 산물이란 견해에 대해서 많은 언급이 있어 왔다. 이 때문에 맨손Manson은 '인자'란 명칭의 이름을 집합적인 것으로 간주하여 예수는 이 이름에 자기가 제자들을 포함시켰던 것이라고 보았다.[103)]

그러나 제자들이나 다른 사람들이 '인자'란 이름을 이러한 의미로 받아 들였으리라고 믿기란 심히 어렵다. '인자'란 이름의 집합적 전례들은 예수 당시의 사람들이 전혀 모르고 있었다면 그것들의 본래 형태는 거의 차이가 없었을 것이다. 그러나 예수가 '인자'란 이름을 사용한 의미와 제자들 및 다른 사람들이 그것을 이해한 것 사이에는 뚜렷한 구별이 있다.

이 '인자'란 이름은 일반적인 사람을 의미하거나 아니면 특별한 사람을 의미하는 아람어적 표현으로 간주되었을지도 모른다. 둘 중 후자의 견해가 유일하게 합리적인 것처럼 보인다. 적어도 제자들에게 있어서 예수는 탁월한 사람이었을 것이다. 그러나 예수 자신에게 있어서 이 '인자'란 이름은 틀림없이 보다 더 깊은 중요한

---

103) T. W. Manson(1967). *The Teaching of Jesus*. London: Cambridge University Press, p.115.

의미를 가졌을 것이다.

예수는 아마도 '인자'란 이름을 '메시아'란 명칭과 대체적 용어大體的 用語로서 선택하셨을 것이며 그가 '메시아'란 명칭을 직접적으로 사용하지 않은 것은 여러 가지 정치적인 이유 때문이었을 것이다.

다른 사람들이 예수에 대하여 '다윗의 자손', '하나님의 아들', '메시아'라는 명칭의 이름을 사용하기는 했으나 예수 자신이 자기를 가리켜 특별하게 사용하시지는 않았다. 그러므로 이들 이름들에 대해서 여기서 더 이상의 논의를 하지 않겠다.

그러나 명심해야 될 사실은 비록 예수가 이들 이름들을 자신이 직접 자기에 대해 사용하신 것은 아니지만 그 모두를 기꺼이 분명하게 그대로 시인하며 받아 들였다는 사실이다. 예수가 하나님의 아들이라는 명칭의 이름에 관해서 볼 때에 요한복음의 예수의 가르침에 그의 하나님과의 부자父子관계에 대한 완전한 언급이 나타나 있다. 이 때문에 '하나님의 아들'이란 이름은 예수의 하나님과의 관계를 보여주는 가장 적당한 표현인 것으로 나타난다.

"나는 …이다"는 말씀

예수가 자신을 어떻게 보았던가 하는 또 다른 증거가 복음서들에 나타나 있는가? 이에 관해서는 다른 공관복음서들보다 요한복음에 더 많이 나타나 있다. 예수는 자주 자신에 대해 말씀하실 때 '보냄을 받은 자'라고 하셨다. 예수는 자기의 사명이 아버지의 뜻을 행하는 것임을 깊이 자각하셨다.

예수는 자신이 그 누구도 성취 불가능한 어떤 특별한 목적을 이루기 위해 하나님의 보내심을 받은 자인 것을 잘 알고 계셨다.

예수의 자기 자신에 대한 증거의 말씀은 요한복음에서 "나는 …이다"는 대문자적인 진술 형태로 생생하게 표현되어 있다. 요한복음 14:6절의 "나는 길이요, 진리요, 생명이다"라는 말씀은 예수의 독특한 자신에 대한 주장이다.

이와 동일한 성격의 것으로는 요한복음 11:25절의 "나는 부활이요 생명이니"란 말씀이 있다. 이들 말씀들은 요한복음 8:12절의 "나는 세상의 빛이다"라는 예수의 자기 증거의 주장과 거의 동일선상의 말씀들이며 또한 본 구절의 말씀은 더 이상 포괄적包括的이자 보편적普遍的일 수 없는 말씀이다.

그러므로 여기서 필연적인 결론에 도달할 수밖에 없는 사실은 예수가 그 마음에 "나는 …이다"라고 했을 때 구약의 야웨 이름의 경우와 같은 관계를 생각했으리란 것인데 이것은 특히 요한복음 8:58절의 "내가 진정으로 진정으로 너희에게 말한다. 아브라함이 태어나기 전부터 내가 있다"는 말씀에 비추어 보아 더욱 그러하다.

예수의 자기 증거에 관한 요한복음에 나타난 증거에 가장 가까운 공관복음서에서의 말씀은 마태복음 11:27절에서 발견되는 데 본 구절의 말씀은 예수의 하나님 아버지와의 부자父子관계에 대한 주장에 가깝다. 그러나 예수가 인간의 한계限界를 깊이 자각하고 있었다는 사실도 모든 복음서들에 암시적으로 나타나 있는데, 특별히 요한복음에 많이 나타난다.

예수는 모든 일반 인간과 같이 굶주림과 목마름 및 수면과 휴식의 필요성을 잘 알고 계셨다. 예수는 비록 죄는 아니나 어떤 사실을 보시고 분노하시기도 하셨고 동정을 나타내 보이시기도 하셨다. 예수도 자신을 지탱해 줄 기도의 필요성이 있었다. 그러나 예수의 인간적인 면은 우리가 기대하듯이 그의 가르침에서보다는 그의 여러 행동에서 더욱 분명하게 나타난다.

그리스도의 사역에 대한 가르침

예수의 사역이 다면적인 것이기는 했으나 그의 특별한 일은 고난의 의미와 관련되어 있었다. 바로 이 부분이 모든 복음서 기사들의 초점을 이루고 있는데, 이 때문에 고난 이전에 일어난 모든 일들은 고난의 빛에 비추어서 해석되어져야만 할 것이다. 그 한 예로서 천국의 가르침은 예수의 십자가상의 고난에 비추어서 볼 때에만 그 참된 의미가 파악될 것이다.

예수 자신의 사역에 관한 여러 말씀들을 논의하기 전에 먼저 몇 가지 예비적인 관찰의 고찰을 해 두는 것이 필요하다. 우선 예수가 자신의 구속적 사역을 성경의 직접적인 성취인 것으로 간주했다는 것은 의심할 나위가 없이 분명한 사실이다.

예수는 마태복음 5:17절에서 말씀하기를 “내가 율법이나 예언자들의 말을 폐하러 온 줄로 생각하지 말아라. 폐하러 온 것이 아니라, 완성하러 왔다”고 그 목적을 밝히셨다. 예수는 또한 마태복음 26:24절에서 자기를 팔 자에 대한 말씀을 하신 후 다시 덧붙여 “인자는 자기에 관하여 성경에 기록되어 있는 대로 떠나가지만”이라고 하셨는데, 이 말씀은 그리스도의 다가 올 고난에 대한 분명한 암시적 언급이다.

변화산상에서의 신비한 체험이 있은 후 예수가 제자들에게 물으신 질문이 마가복음 9:12절에 “인자가 많은 고난을 받고 멸시를 당할 것이라고 기록한 것은 어찌 된 일이냐?”는 것이었는데 이외에도 복음서들에는 예수가 자신이 당한 고난의 체험이 성경에 예비된 모든 말씀의 주제인 사실을 깊이 인식하고 계셨다는 것을 뒷받침해 주는 다른 언급들이 많다.

다른 공관복음서와 비교해 볼 때 요한복음에는 예수 사역에 관한 별개의 다른 기사가 나타난다는 견해가 지금까지 여러 차례 제기되어 왔다. 그러한 견해 중의 하나는 예수의 구속 사역의 기초가 되는 그의 고난보다는 그의 성육신成肉身이 이에 해당된다는 것이다. 이 견해는 요한복음 6:53절의 "내가 진정으로 진정으로 너희에게 말한다. 너희가 인자의 살을 먹지 아니하고, 또 인자의 피를 마시지 아니하면 너희 속에 생명이 없다"는 예수의 말씀으로 그 뒷받침을 받는다.

그러나 이것이 예수의 성육신과 관계있는 것으로 나타내기 위한 의도의 것이라면 본 구절의 말씀은 하나의 준準 물리적 방법으로 이해되어져야 할 필요가 있었을 것이다. 본 구절의 말씀은 하나의 영적 방법으로 이해하는 것이 본 구절에 나타나는 전반적인 가르침의 취지와 보다 조화를 이룬다.

또 다른 견해는 예수의 구속이 계몽啓蒙에 의한 것이라는 설說인데 이에 대한 성경의 구절로는 요한복음 8:12절의 "나는 세상의 빛이다"와 17:17절의 "진리로 그들을 거룩하게 하여 주십시오. 아버지의 말씀은 진리입니다"와 14:9절의 "나를 본 사람은 아버지를 보았다"란 말씀을 그 증거로 뒷받침하고 있다.

예수의 임재의 결과로서 사람들의 마음에 계몽적인 영향이 미치게 되었다는 사실은 부인할 수 없는 사실이지만 그렇다고 그것을 하나의 교육적인 과정으로 제한해 버린다면 예수의 사역이 추구하는 가장 근본적이자 주요한 목적을 상실케 하는 것이 된다. 그리스도의 죽음은 다음의 증거에 대한 고찰에서도 나타나듯이 요한복음에서 분명히 성육신成肉身의 목적으로 나타나 있다.

희생제물로서의 죽으심

성경에는 이와 같은 측면의 그리스도의 고난에 대한 증거가 많이 나와 있다. 예수가 자기의 살과 피를 세상의 생명을 위해 드리는 제물로 생각하셨다는 분명한 사실은 위에서 이미 인용한 바 있지만 이 외에 가장 중요한 증거적인 말씀은 주의 성찬 때의 말씀에 나와 있다. 주의 성만찬 제정制定은 분명히 구약적 배경을 깔고 있다.

성만찬의 행하심은 주님에 의해 새 언약과 관계된 것으로 표현되어 있는데 특별히 죄사함을 얻게 하려고 많은 사람을 위하여 흘리는 자기의 피, 곧 언약의 피에 관계된 것으로 나와 있다. 여기서 예수는 제자들로 하여금 자기의 죽음이 죄사함을 위한 결과적 수단이 되리라는 것을 깨닫도록 의도하였을 것이 분명하다.

이것이 구약의 희생제도인 옛 언약과 관계되어 있음은 부인할 수 없는 것 같다. 어떤 이들은 새 언약에 관한 마태복음 26:26–28절의 예수의 증거적인 말씀을 별도로 뒤에 유보되어 취급된 것으로 보아 왔는데, 그 이유는 본 구절들에 나오는 '죄사함을 얻게 하려고"란 말들이 마태복음에만 나타나 있기 때문이다.

그러나 이 말들은 예수의 전반적인 가르침과 너무나도 완전히 조화적인 일치를 이루고 있기 때문에 이것들을 그와 같은 근거에서 논의하는 것은 합당하지 못하다. 요한복음에 나타나는 예수의 말씀들 중 두 곳에 예수의 구속적 사역의 결말성結末性이 강조되어 나타나는데, 곧 17:4절의 "나는 아버지께서 내게 하라고 맡기신 일을 완성하여, 땅에서 아버지께 영광을 돌렸습니다"란 말씀과 19:30절의 "예수께서 신 포도주를 받으시고서, '다 이루었다'고 말씀하신 뒤에, 머리를 떨어뜨리시고 숨을 거두셨다"고 한 말씀이다.

이 중에 후자의 말씀은 예수가 십자가상에서 직접 하신 말씀으로서 그의 죽음 자체가 구속사역에 대한 하나의 성취인 것을 밝히신 것을 보여 주고 있다.

자발적인 죽으심

선한 목자의 비유에서 예수는 "선한 목자는 자기 양을 위해 자기 목숨을 버리며"라고 말씀하셨을 뿐만 아니라 자신이 자기 목숨을 버림은 누가 강제해서가 아니라 자발적인 뜻에 따라 버리는 것이라고도 말씀하셨다.

예수는 또한 빌라도의 법정法庭에서 주장하시기를 위에서 주지 아니하셨더라면 빌라도가 자기를 해할 권세가 없었으리라 하셨다. 예수는 또한 분명히 말씀하시기를 "친구를 위하여 자기 목숨을 내놓은 것보다 더 큰 사랑은 없다"고 하셨다. 사도 요한은 요한복음을 기록할 때에 예수의 이와 같은 자기희생적이고 자발성적인 측면을 특히 관심 깊게 나타내 보여 주려 했던 것 같다.

하나님의 필요로서의 죽으심

요한복음에는 예수 그리스도의 당하시는 고난의 필연적 특징의 의미가 '그 때'와 같은 표현으로 발전적으로 나타나 있다. 요한복음에는 '예수의 때'가 아직 이르지 아니했다는 표현이 여러 번 나타나는데, 요한복음 17:1절에 이르러서 비로소 예수에 의한 "아버지, 때가 왔습니다"라는 말씀을 기술하고 있다.

이와 같은 예수의 죽음에 대한 하나님의 필요로서의 의미는 마태복음 16:21절 이하의 그의 고난에 대한 최초의 예언적인 말씀에도 나타나는데 곧 "그 때부터 예수께서는 자기가 반드시 예루살렘에 올라가야 하며 …에게 많은 고난을 받고 죽임을 당해야 하며, 사흘째 되는 날에 살아나야 한다는 것을 밝히기 시작하셨다"와 같이 나타난다.

또한 천사가 예수의 무덤가에 온 여인들에게 이전에 예수가 말씀하신 이 부분의 예언을 기억하라고 권고한 누가복음 24:7절의 기사를 보면 예수의 생각을 알 수 있다. 이와 똑같은 개념의 사상은 요한복음 3:14절의 "인자도 들려야 한다"는 말씀에도 나타나 있다.

예수 그리스도의 죽으심은 모두 예외 없이 전全 복음서들에서 그의 인류 구속사명의 절정인 것으로 나타나 있다. 예수의 죽으심이 우연히 일어난 것이라는 지적은 성경에 전혀 나와 있지 않다. 오히려 그의 죽으심은 하나님의 인류 구속을 위한 신적 섭리의 계획의 전全 부분이었던 것이다.

대속적인 죽으심

예수가 세례 요한에게 세례를 받으러 온 자들과 같이 자기도 세례를 받고자 했을 때와 세례 요한이 예수에게 세례를 주고자 하는 일에 주저했을 때 예수는 세례를 받는 것이 자기의 모든 의義를 이루는데 합당하다는 이유로 받고자 하셨다.

예수는 비록 회개하실 필요가 전혀 없었으나 이렇게 함으로써 죄가 있어 회개한 자들과 자기를 하나 되게 하신 것이다. 누가복음 22:37절에는 예수가 범죄자 중 하나로 헤아림을 입는다는 메시아에 대한 이사야서 53:12절의 예언의 말씀이 자기에게서 이루어지게 하려고 행동하신 것이 나와 있는데, 이것은 예수가 자기 자신을 고난당하는 종의 역할자로서 간주하셨다는 사실을 보여 주는 것이다.

복음서에는 "…대신에"란 뜻의 '안티αντι'란 헬라어에 의한 예수 그리스도의 대속代贖에 대한 사상적 개념을 제시해 주는 예수의 말씀 하나가 나타나 있다. 그것은 곧 마가복음 10:45절에 있는 것으로 여기에서 예수는 "인자가 온 것은 많은 사람을 구원하기 위하여 치를 몸값ransom으로 자기 목숨을 내주러 왔다"고 말씀하셨다. '몸값'이란 말은 동등한 교환가치를 나타내는 뜻이다.

본문에 사용된 구상적 표현이 역설적pressed인 것은 아니나 인자가 다른 사람을 대신하여 무엇인가를 하셨다는 개념이 강렬하게 묻어 있다. 다른 여러 구절들의 경우에는 각지 다른 전치사가 사용되고 있는데 본 마가복음 10:45절 본문의 경우에는 몸값을 나타내 보여

["인자가 온 것은 많은 사람을 구원하기 위하여"마가복음 10:45]

주는 것이라 하겠다. 이것의 예로는 주의 성만찬 제정에 관한 마태복음 26:28절의 "많은 사람을 위하여 흘리는 나의 피"에서 '위하여'에 '페리περι'란 헬라어 전치사가 사용된 것을 들 수 있다.

마귀에 대한 승리로서의 죽으심

가룟 유다가 입 맞추러 오자 예수께서는 이미 때가 이른 줄 아시고 자기를 체포하려고 왔던 자들에게 순순히 그 몸을 내어 주시며 말씀하시기를 "지금은 너희의 때요, 어둠의 권세가 판을 치는 때다"라고 하셨다. 또한 예수는 한 알의 밀알이 땅에 떨어져서 죽어야 한다는 비유의 말씀에서 자기의 당하실 죽으심에 대해 언급하실 때에도 "지금은 이 세상이 심판을 받을 때이다. 이제는 이 세상의 통치자가 쫓겨날 것이다"라고 선포하셨다.

마태복음 12:29절에 나오는 강한 자에 대한 비유, 곧 강한 자의 집에 들어 가 그 세간을 겁탈하려면 그 전에 먼저 그 강한 자를 결박할 필요가 있다는 비유를 말씀하실 때에 예수는 분명 그 마음에 이러한 격렬한 영적 충돌의 어떤 것을 생각하셨을 것이다.

헤롯이 자기를 죽이려 한다는 위협을 바리새인들에게서 들었을 때 예수는 그들더러 저 여우에게 가서 "보아라, 오늘과 내일은 내가 귀신을 내쫓고 병을 고칠 것이요, 사흘째 되는 날에는 내 일을 끝낸다"하더라고 전하라 하셨다.

회개의 믿음을 가진 자에게만 적용되는 그의 죽으심

예수는 그의 공생애 사역을 시작하시면서 하나님의 나라가 임박한 사실을 전파하실 때에 사람들더러 회개하고 복음을 믿으라고 권고하셨다. 이 복음은 자기의 죽음에 집중된 예수의 사명 전체使命 全體를 포함했다. 예수의 인류 구속의 사명은 결코 의인을 위한 것이 아니었고 다만 기꺼이 회개하는 죄인들을 위한 것이었다.

성경에는 예수의 가르치신 가르침과 믿음에 대한 언급이 상당히 많다. 한 가지 분명한 사실은 예수가 자기의 구속사역적 활동의 유익을 믿음 이외의 다른 어떤 수단에 의해선 베풀려 하지 않았다는 것이다. 예수의 부르심에 응하여 그에게 온 자들과 또한 그의 사역에 합류한 자들에 대한 직접적인 보응報應의 예는 마태복음 11:28절에 "수고하며 무거운 짐을 진 사람은 모두 내게로 오너라. 내가 너희를 쉬게 하겠다"고 나와 있는데 그들 모두가 다 영적인 쉼rest을 얻을 것이다.

예수가 자기 자신의 구속적 사역에 기초하여 자기를 따르는 자들의 생활에 하나의 근본적인 철저한 변화가 일어나기를 바랐던 것은 의심할 나위가 없이 명백하다.

성령에 대한 가르침

공관복음서에는 요한복음에 비하면 성령에 대한 가르침의 언급이 상당히 덜하다. 그래도 상당히 중요한 의미의 말씀이 몇몇 나와 있다. 예수는 자기의 사역에 있어서 성령의 역할이 어떠한 것인지 깊이 자각하신 사실을 사람들에서 말씀하시길 "그러나 내가 하나님의 영을 힘입어서 귀신을 쫓아내는 것이면 하나님의 나라는 너희에게 왔다"고 하셨다.

이와 병행구절인 누가복음 기사에서 '성령' 대신에 '하나님의 손'으로 나와 있는데, 이 형태의 표현을 해석할 때에는 마태복음 병행구절의 본문에 비추어서 해야만 된다. 이것은 특히 이 말이 바아세불 논쟁의 본문 안에 포함되어 나오기 때문에 더욱 필요하다. 그러므로 여기서는 예수의 영계靈界에서의 활동이 하나님의 성령에 의한 것이라는 주장이다.

예수가 공생애 사역을 시작하실 때 이사야 61:1, 2절의 "주님께서 나에게 기름을 부으시니, 주 하나님의 영이 나에게 임하셨다. 주님께서 나를 보내셔서, 가난한 사람들에게 기쁜 소식을 전하고, 상한 마음을 싸매어 주고, 포로에게 자유를 선포하고, 갇힌 사람에게 석방을 선언하고, 주님의 은혜의 해와 우리 하나님의 보복의 날을 선언하고, 모든 슬퍼하는 사람들을 위로하게 하셨다"는 말씀을 자기에게 적용하신 것은 분명히 예수 자신의 성령의 능력에 대한 특별한 권리적 주장을 나타내 보여 주는 것이다.

이것은 예수가 세례 받으실 때 그에게 강림하신 성령과 또한 성령에 의해 시험받으시려는 장소로 자기가 인도받는다고 깊이 의식한 그의 자의식과 아주 밀접하게 연결되어 있었을 것이 분명하다.

세 공관복음서에 다 언급되어 나오는 하나님의 모독에 관한 말씀에는 성령에 대한 예수의 가르침이 나타나 있어서 대단히 중요한 증거라 할 수 있다. 유대인들이 생각한 이때의 모독죄는 예수가 귀신을 쫓아내되 귀신의 왕 바알세불을 힘입어서 쫓아낸다는 비난이 있었다.

이에 대답하시는 예수는 사탄이 사탄을 쫓아 낼 수 없는 당위성을 말씀하시고 또한 진짜 모독죄가 되는 것은 성령을 거슬러 훼방하는 죄라고 말씀하셨다. 마태복음과 누가복음 기사에 따른다면 인자인 예수에 대한 훼방은 용서를 받을 수 있을지 모르나 성령에 대한 훼방은 영원히 용서를 받지 못한다고 하셨다.

예수는 성령의 하시는 주권적 활동의 성격을 더 이상 인상적일 수 없는 방법으로 간단히 표현하신 것이다. 예수는 성령의 활동으로 나타나는 유익한 결과를 악령의 활동에서 비롯된 것으로 몰아붙이는 유형의 완고함은 도저히 용서받을 수 없는 것으로 인식하셨다.

성령에 관한 예수의 가르침의 또 다른 측면은 제자들이 그 믿음으로 인하여 다른 사람들에게 대답해야 할 때에 성령이 그들과 함께 하시어 인도해 주시리라고 약속하신 말씀이다. 이 약속의 말씀이 마가복음 기사에서 종말론적인 이야기 가운데 나타나나 마태복음 기사에서 열 두 사도들에게 사명을 주시기에 앞서 주어진 가르침의 말씀에 나타난다.

그러나 성령에 대한 이 약속의 말씀은 몇 번이고 반복해서 들려주어도 좋은 유형의 확신의 말씀인 것이다. 이와 유사한 말씀은 아직 다른 본문인 누가복음 12:11, 12절에 나타난다. 누가복음 11:13절에는 천부께 구하는 자에게는 천부께서 성령을 주시겠다고 한 예수의 약속의 말씀이 나와 있다.

이와 병행 기사인 마태복음 기사에는 '성령聖靈' 대신에 '좋은 것'이란 말로 나타나 있다. 누가복음의 그것은 아마도 해석적인 것으로 보이지만 여하튼간에 예수의 말씀 본의本意에는 성령의 선물膳物에 관한 측면이 포함되어 있었을 것이다. 천부께서 기꺼이 주시고자 하는 모든 '좋은 것'이란 자료를 성령의 선물로 이해하려는 것은 상당히 좋은 해석같이 보인다.

그러나 성령의 활동에 대해 밝히 보여 주는 또 다른 예수의 말씀은 마가복음 12:36절에 나타나는데, 본 구절에서 예수는 시편 110:1절의 다윗의 말이 성령의 감동하심의 결과인 것으로 말씀하셨다. 이 점에서 예수는 자신이 당시의 유대인들의 영감靈感에 대한 견해에 동조同調한다는 것을 나타내 보이신 것이다.

요한복음에 나타나는 성령에 대한 예수의 가르침의 두 가지 부분으로 나뉘어 나타난다. 곧 예수의 고난 기사 이전의 말씀 부분과 이들 기사 가운데에 나타나는 말씀 부분이다. 요한복음 3장에 나오는 니고데모와의 대화 가운데서 성령이 예수에 의해 거듭남 즉, 중생重生의 요인으로 되어 있다.

성령의 활동이 없이는 중생이란 불가능하다. 본 장에서 기독교인의 세례에 대한 언급이 논란의 문제가 될 여부가 없을 수 없으나 그것은 영적 중생에 대한 성령의 본질적인 활동에는 아무런 결과적 영향도 주지 못한다. 요한복음 3:34절에서 예수는 하나님이 성령을 어느 일정한 제한을 두고서 주시는 것이 아님을 분명히 말씀하셨다.

[밤에 예수를 찾아 온 유대인 관원 니고데모]

그리고 이것은 무제한적인 성령의 선물을 주시겠다는 뜻이다. 사마리아 여인과의 대화에서 예수는 하나님의 영적 본성靈的 本性과 그를 예배하는 자들에게 신령神靈과 진정眞正의 마음이 필요함에 대해서 말씀하셨는데, 이 말씀 가운데는 분명한 성령의 활동에 대한 암시적 언급이 나타나 있다.

장막절 절기 때에 예수는 나를 믿는 자는 그 배에서 생수의 강이 흘러 나오리라는 약속을 주셨는데 이것은 예수를 믿는 자의 받을 성령을 가리켜 말씀하신 것이라고 사도 요한은 해석했다. 이 해석이 하나의 편집자적인 기록이기는 하지만 예수가 사용했던 구상적 표현을 그와 같이 해석했다는 점에서 가치가 있다.

다락방에서 예수와 제자들의 고별적告別的인 대화에는 성령에 대한 가르침이 더욱 명확하게 자세히 나타난다. 성령에 대한 예수의 여러 말씀 가운데서 성령이 '중재자Praclete'로서 쓰이는 이 용어는 보혜사Comfort란 번역어로 표현에는 '대변인Advocate'이란 기능과 '협력자'란 표현에 의해 제시되어지는 중생자적인 기능은 약화되어 있다.

이들 중에서 요한복음 14:16절과 15:26절 및 16:13절에는 성령이 '진리의 영'으로 표현되어 있고, 이것들 중 처음 두 구절은 '중재인Paraclete'이란 용어와 협력적인 관계를 보여 주고 있다. 성령의 기능을 간략하게 나타내 본다면 대충 다음과 같을 것이다.

① 교회와의 관계에서는 진리를 생각나게 하시고 또한 진리 가운데 인도하시며, 세상과의 관계에서는 그들의 죄를 정죄定罪하시고 또한 심판의 정의正義를 알게 하신다.

이러한 성령의 기능들에서 연역적으로 추론할 수 있는 것은 성령이 이 땅에서 중재인으로서 예수의 사역을 계속하시리란 것이다. 성령은 그리스도의 분신分身이 되실 분이셨다. 성령의 증거는 본질적으로 그리스도의 증거와 동일한 것이며 더 나아가 성령은 부활하신 그리스도에 대해 명백한 증거를 하실 분이셨다.

예수의 가르침에 나타나는 성령에 대한 또 다른 언급은 예수가 부활하신 뒤에 제자들에게 나타 나시어 그들에게 숨을 불어넣어 시고 하신 "너희는 성령을 받아라"는 말씀에 나타난다. 여기서 성령의 활동과 예수 자신의 활동과의 긴밀한 관계가 다시 언급되어 있다.

성령의 선물은 훗날 오순절五旬節에 주어질 것이었으나 본 구절에서 예수는 그때에 임할 성령 세례(선물)의 사건에 대한 환희적인 기대감 같은 것을 허락하신 것이다. 이와 함께 예수는 제자들에게 죄를 사하고 유보하는 권세를 주셨는데, 이 권세는 성령의 활동과 절대로 분리될 수 없는 성질의 것이다.

이 말씀은 하나님만이 죄를 사하실 수 있다는 사실과 불일치하는 것은 아니다. 그 이유는 예수 자신이 주저하지 아니하고 이러한 죄사함의 말씀을 선언했기 때문이다. 그리고 이와 동일한 주권적 권세가 성령에 귀속되어 있고 이 성령을 소유한 자들을 통해서 직접적으로 투사되어 나타나기 때문이다.

Chapter 8
예수의 비유와 우화

비유는 어원상 '알레고리'와 긴밀한 관련이 있지만 비유는 일상적인 것,
누구나 알고 있는 것을 통하여 전혀 알려지지 않은
다른 것을 이해하도록 돕는 표현 기법인 반면,
알레고리는 사람, 사선, 사물에 관한 이야기를 사용하여 본뜻은 뒤에 숨기고
그 숨은 도덕적, 영적인 뜻을 넌지시 나타내는 표현법으로
상징화된 메시지 형식을 통하여 많은 의미들을 담아낸다.

1

신약성경에서 나오는 비유

공관복음서에 나오는 비유들

비유의 의미

비유란 히브리어로 마샬משל, 헬라어로 파라볼레παραβολη로, 문자적으로는 '나란히 놓음'이란 뜻이다. 비유משל란 이야기를 하는 사람이 강조하려는 논점을 일상생활의 낯익은 상황으로부터 설명함으로써 이를 납득시키고자 하는 이야기이다.

비유의 주제를 논의할 때면 예수의 비유를 먼저 생각하게 된다. 왜냐하면 예수의 가르침 속에는 비유의 완전한 형태가 나오기 때문이다. 예수는 제자들을 가르치든지, 그의 말을 듣기 위해 몰려든 군중들에게 설교하든지, 서기관 및 바리새인들과 논쟁을 하든지 항상 비유를 사용하였다.

마태복음 13:34절에 의하면 "예수께서 이 모든 것을 비유로 무리에게 말씀하셨다. 비유가 아니고서는, 아무것도 그들에게 말씀하지 않으셨다"고 했다. 예를 들면, 예수는 그의 제자들에게 회개하지 않은 종의 비유를 말했으며, 군중들에게는 씨뿌리는 자의 비유와 함께 밀과 가라지의 비유를 말씀하였다.

그리고 바리새인 시몬에게는 빚진 자 두 사람의 비유를 말하였다. 그는 예루살렘을 향하여 열매 맺지 못하는 무화과나무의 비유를 말했으며, 그곳의 유대교 지도자들에게는 포도원의 비유를 말하였다. 이 때 유대교 지도자들은 "예수의 이 비유는 자기들을 가리켜 말씀하신인줄 알고" 있었다.

마가복음 12:1절 이하의 비유는 예수의 다른 비유들보다 알레고리적 요소를 더 많이 갖고 있다. 그러나 이 이야기의 각 단계는 적어도 실생활에 바탕을 둔 소재로 이루어져 있다. 이러한 요소는 마태복음 속에 조금 더 많이 들어 있다.

[좋은 씨를 뿌린 밭에 밤에 누군가가 가라지를 뿌리는 비유]

소작인이 토지소유자의 아들을 취급한 내용을 보면 마가복음은 "그들은 그를 잡아서 죽이고, 포도원 바깥에다가 내던졌다"로 되어 있는데 반해서 마태복음은 "그러면서 그들은 그를 잡아서,

포도원 밖으로 내쫓아 죽였다"로 되어 있다. 이러한 표현은 예수가 십자가에서 죽기 전에 예루살렘 밖으로 끌려 나갔다는 역사적 사실과 일치한다.

크리스챤 작가 알렉덴Ashton Axenden은 예수는 그의 비유를 인간들에게 어떻게 가르쳐야 할 것에 대한 하나님의 지혜를 활용하였다고 하면서 다음과 같이 말한 바 있다.

> 복된 주께서 특별한 즐거움을 가지시고 '가르치는 방법의 한 방식a mode of teaching'이었다. 그는 인간 안에 무엇이 있는지를 우리들보다도 더 깊게 간파하였다. 예수의 비유는 우리들의 욕구를 가장 적절하게 가르쳐 주시는 방법임을 아시고 계셨다.[104)]

19세기에 리스코와 페아방Lisco & Fairbairn은 예수의 비유는 눈에 보이는 세계로부터 빌려 온 이야기를 통해서 '보이지 않는 세계'를 보여 주었다고 하였다.[105)]

이와 유사하게 20세기 성경학자 윌리엄 바클레이erclay는 예수는 인간의 마음을 하늘나라의 개념으로 하늘나라로 인간을 유도하기 위해서 자연 세계와 영적 질서 사이의 간격을 채워 주셨다고 하였다.[106)]

---

104) J. Dwight Pentecost(1998). *The parables of Jesus: lessons in life from the Master Teacher*. pp.10–13.

105) Friedrich Gustave Lisco(1850). *The Parables of Jesus*. Daniels and Smith Publishers, Philadelphia. pp.9–11.

106) William Barclay(1999). *The Parables of Jesus*. The William Barclay Library, The William Barclay Library. Louisville: Westminster John Knox. p.12.

비유는 예수의 트레이드마크

예수의 트레드마크인 비유들을 들으면 놀라움을 금치 못했던 사람들이 한 둘이 아니다. 어떤 작가는 그렇게 심오한 진리를 일상적인 이야기로 풀어내는 예수의 화술에 경탄했다고 했다. 그는 다음과 같이 예수의 비유를 설명한다.

> "끈질긴 여인은 끝내 재판관의 결심을 돌이킨다. 왕이 허술한 계획으로 전쟁에 돌입한다. 한 떼의 아이들이 거리에서 싸운다. 어떤 사람이 강도에게 공격당해 죽은 듯이 쓰러져 있다. 동전 하나를 잃어버린 여인이 모든 걸 잃어버린 것처럼 동전을 찾는다. 예수님의 비유에는 환상의 동물도 비비 꼬인 플롯도 없다. 그저 소박한 주변의 일상 생활 이야기들만 있을 뿐."[107]

최근 신약학의 경향을 신학적 역사적 예수의 비유연구를 중심으로 살펴 본 김덕기(1993)는 신약의 역사적 예수 탐구의 주제가 되는 비유연구의 대표적인 예로서 크로싼J. Dominic Crossan의 비유연구의 방법론과 해석학解釋學을 평가하고 비판하여 그 한계를 논의함으로써 신약학의 최근 동향을 소개한 바 있다.

계시의 역설성逆說性을 예수의 비유의 은유적 특성에서 발견하고 그것이 독자에게 주는 해석학적 효과를 강조하고 있다고 결론을 내리고 있다. 비유를 통해서 다양한 의사전달방식에 의해 기독교의 메시지가 포착될 수 있다는 것을 보여주었다는 것이다.

모든 비유 해석자들은 성서학이 교리나 사상, 이념으로 환원되기 쉬운 종래의 해석 방식의 이성중심주의理性中心主義에서 벗어나

---

107) 김성녀 옮김(2012). **내가 알지 못했던 예수**(Philip Yancey 지음). 서울: 한국기독학생회출판부, p.123.

성경원전聖書原典의 문학적 예술적 양식이 상상력을 불러일으키어 형성시키는 심미적審美的 차원을 분석, 이해하는 방법론적 기틀을 마련하였다고 볼 수 있다고 본다.[108)]

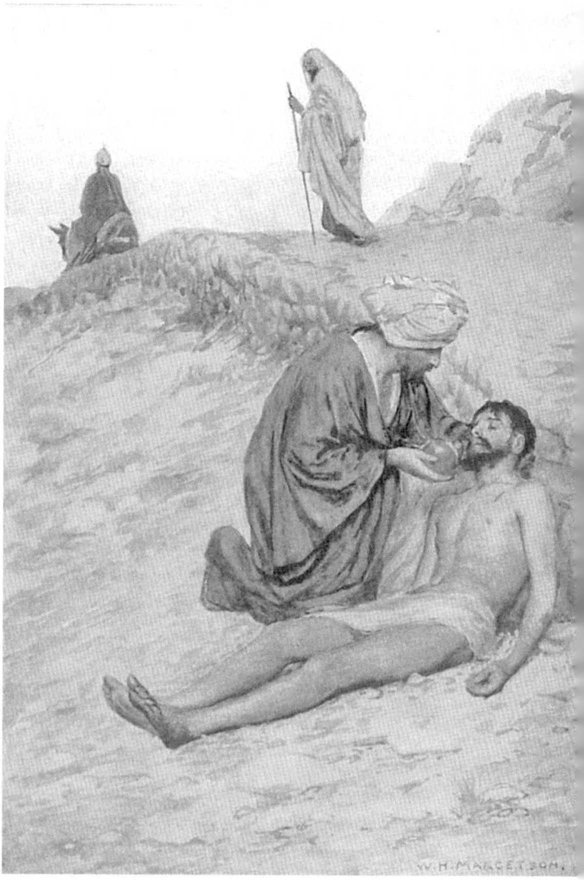

[선한 사마리아 사람의 비유]

예수의 비유는 대부분 알레고리가 아니다. 이야기의 세부적인 묘사들은 그 이야기를 보다 생동적이고 보다 효과적이게 한다. 그리고 개개의 비유들은 한 가지 논점을 분명히 납득시키려고 한다. 성경주석사 전체를 통하여 선한 사마리아 사람의 비유에 나오는 세부사항들, 이를테면 강도, 여관, 여관집 주인, 두 개의 동전 등등을 우의화偶意化하려는 끊임없는 시도만큼 쓸데없는 노력도 거의 없을 것이다.

그러나 사실상 이 모든 노력은 예수 자신이 이 이야기로부터 이끌어내었던 교훈을 모호하게 했을 뿐 이다. "가서 너도 이와 같이 하라"는 가르침이 바로 그것이다.

---

108) 김덕기(1993). 최근 신약학의 동향: 예수의 비유 연구의 방법론을 중심으로. **신학논단**. 제21집, 연세대학교 연합신학대학원, pp.323-356.

예수의 비유 중 가장 독특한 것은 하나님 나라에 관한 비유이다. 이 비유들은 예수의 설교가 갖고 있는 특색을 재현하고 있다고 할 수 있다. 이 비유들은 예수의 사역 전체에 걸쳐 빠뜨릴 수 없는 중요한 것이다.

비유 속에서 하나님의 나라 그 자체가 표현되고 있으며, 비록 숨겨진 형태이긴 하지만 예수는 자신의 사역과 인격에 관해 증언한다. 그러므로 이 비유에 대한 청중의 응답은 하나님 나라와 예수 자신에 대한 응답으로 된다.

하나님 나라에 대한 예수의 일반적인 비유에는 두 개의 서로 상반되는 특색이 있다. 그 중 하나는 하나님의 나라가 이미 왔다는 것이고실현된 종말론, 다른 하나는 하나님의 나라가 앞으로 올 것이라는 것이다미래적 종말론. 개개의 비유에 있어서 두 가지 중 어떤 특색이 우세하든지간에 비유에서 특히 강조되는 것은 영적 결단에 대한 왕국도래王國到來의 긴박성緊迫性이다.

예수 사역에 의해서 모습을 드러낸 짧은 기회는 너무나도 중요하기 때문에 어떤 일도 이 기회의 포착을 방해하지 못한다. 이 기회를 보증할 수 있다면 다른 것은 어떠하든 무방하다. 이 기회는 밭에 감추어진 보화寶貨이다. 이 보화를 얻기 위해서 어떤 사람은 그의 재산을 모두 팔아 이 밭을 샀다. 어떤 한 상인은 이 진주를 갖기 위해 그가 가진 모든 것을 팔아버렸다.

하나님의 나라와 이를 선교하는 자는 별로 인상적이지도 않고 중요한 것 같지도 않다. 왜냐하면 아직까지도 그 설교자는 제한을 받고 있으며, 하나님의 나라 역시 '권능'으로 임하지 않았기 때문이다. 그러나 그것이 이를 경멸해도 좋다는 이유가 되지는 않는다.

시작은 비록 미미하지만 그 완성은 위대하기 때문이다. 씨뿌리는 자의 비유와 겨자씨 및 누룩의 비유가 이것을 잘 말해 준다. 농부가 땅에 뿌린 씨앗은 움이 터 자라거니와, 그 농부가 다른 할 일에 바빠 거의 깨닫지 못하는 중에도 추수 때가 이르면 낫으로 익은 곡식을 거두는 것이다. 이와 마찬가지로 조그만 겨자씨도 거대한 관목灌木으로 자라며, 한 여인이 곡식가루 그릇에 넣어 둔 누룩 한줌이 내용물 전체를 부풀게 한다.

이 비유들 속에 나타나 있는 성장成長과 발전發展이라는 요소는 하나님 나라에 대한 진화론적 해석 방법으로 강조되어서는 안 될 것이다. 이 요소는 생명이나 자연의 가장 본질적인 특징이요, 위에서 말한 비유들도 이 특징에서 유래된 것이 사실이로되, 예수의 가르침에 있어서는 이것이 중시되지는 않는다.

루돌프 오토Otto는 그의 책 제2판 영역본 *The Kingdom of God and the Son of Man*(1943)에서 하나님 나라에 관한 비유들이 아래와 같은 두 가지 특징을 갖고 있다고 강조한 바 있다.[109]

① 이 비유들은 하나님 나라의 '갑작스러운 도래'에 관한 예수의 뚜렷한 가르침을 구체적으로 표현하고 있으며, ② "하나님의 나라가 어떻게 미래로부터 현재로 그 활동의 폭을 넓히고 있는가"를 보여 주고 있다는 것이다.

오토는 특별히 은밀하게 자라나는 씨의 비유와 네 가지 토양土

---

109) Otto Rudolf(1943). *The Kingdom of God and the Son of Man: A Study in the History of Religion*(translated from the revised German edition by Floyd V. Filson and Bertram Lee-Woolf). London: Lutterworth Press. pp.89-93.

壤에 대한 비유를 인용하였다. 다드Dodd는 비유에 대한 이러한 접근방법을 철저 종말론적으로 채용하여 발전시켰다. 그리고 배타적으로 '실현된 종말론'의 견지에서 볼 때, 은밀하게 자라나는 씨, 네 개의 서로 다른 토양, 가라지 등의 비유 속에 나오는 수확收穫이라는 요소는 예수의 현재적 사역이었다.

그리고 비유 속에 나오는 성장이라는 요소가 어떤 의미를 갖고 있는 한, 그것은 세례 요한의 설교에 나오는 바와 마찬가지로 예수의 사역을 위한 준비와 관련된다. 곡식은 이제 익었다. 그러므로 낫을 대기 전에 만물의 회생回生을 기다릴 필요가 없다. 그가 뿌린 씨앗 중 일부가 쓸데없이 소모되었고 곡식을 생산하지 못했기 때문에 수확을 연기할 농부는 한 사람도 없다.

비옥한 땅에 거두어 들일 곡식이 풍부한 곳에서는 그 곡식을 당장 거두어 들여야 하는 것이다. 또한 밀 가운데에서 가라지를 전부 솎을 때까지 기다릴 수는 없다. 예수의 사역 속에 드러난 하나님의 나라는 스스로 가라지를 솎아 왔다.

이러한 비유들 속에는 요한복음 4:35-38절의 메시지가 담겨 있다. 즉 예수는 밭이 "희어져 추수하게 되었다"고 묘사하였으며, 씨를 뿌리기 위해서가 아니라 수확하기 위해 제자들을 파견하였다. 그 까닭은 이미 다른 사람들이 씨를 뿌려놓았기 때문이다.

신실한 종과 신실치 못한 종, 그 날과 그 때를 기다리는 종들, 한밤중의 도둑 및 열 사람의 처녀 등 위기를 표현하는 비유들을 다루면서 다드Dodd는 논증하였다.[110]

---

110) C. H. Dodd(1964). *The apostolic preaching and its developments*. New York: Harper & Row. pp.37-48.

이 비유들은 복음서 전승傳承이 형성될 때는 점차로 재림再臨에 관한 것으로 해석되었지만, 본래 이 비유들은 예수의 사역 시기에 팽배해 있었던 위기와 관련되어 있었다는 것이다. 즉 파국破局의 날은 도적처럼 갑자기 임하거나, 올가미처럼 갑자기 튀어나와 방심放心하고 있는 자들을 아무도 모르는 사이에 붙잡을 것이다.

여기서 촉구되는 것은 주인이 집에 돌아 올 때를 예비하여 늦게까지 자지 않고 앉아 있는 종들처럼 깨어 기다리는 것이다. 다드는 이 직유적 표현直喩的 表現이 점차 알레고리에서 돌아 올 주인은 그리스도이며, 집에 돌아온다 함은 그리스도의 재림이다. 그런데 본래적 의미에서 살펴 볼 때, 당시 예수가 행한 사역은 세계사의 절대적 파국이었다.

그러므로 이들 비유가 의미하는 바는 비유의 청취자들이 앞으로 발전해 나아 갈 사건들에 대하여 이 결단의 시대에 예비하여야 한다는 것이었다. 그러나 예수의 제자들 중 핵심적인 무리들은 이 비유를 보다 특수한 어떤 맥락과 연결시키려고 하였던 것 같다.

그것은 겟세마네에서 체포되기 직전 예수가 제자들에게 표명表明한 시험試驗에 대한 분명한 경고였다. 즉 깨어서 준비하지 못한 자들은 노아 시대의 사람들이 홍수에 의해 압도당한 것과 똑같이 파국에 의해서 압도당할 것이다.

이와 같은 관찰들은 대부분 예수의 사역이 일어났던 당시의 상황에 근거를 두고 있으며, 그것은 또한 일리가 있다. 그러나 다드는 너무 지나치게 알레고리를 배제하고 있으며, 너무나도 엄격하게 '실현된 종말론'을 도출해 내고 있다고 말할 수도 있다.

이것은 선구적인 노작勞作들 속에 담겨 있는 새로운 의견으로서, 이들의 새로운 통찰에 의하면 다드의 종말론은 염두에 두어야 할 다른 요소들을 간과하고 있다는 것이다. 예컨대, 네 종류의 토양에 관한 비유에서는 씨앗이 떨어진 네 개의 서로 다른 종류의 토양이 강조되는데, 예수는 하나님 나라에 관한 메시지가 수용되는 서로 다른 수용방식을 염두에 두었는지도 모른다.

좋은 땅에 뿌려진 씨는 30배, 60배, 100배의 결실을 맺을 것이라는 말은 이 말을 들은 팔레스틴 농부를 경이로 가득 차게 만들었다. 왜냐하면 팔레스틴에 있어서 수확은 10배 또는 20배가 보통이었기 때문이다. 예수는 그가 설명하고자 했던 특징적인 영적 상황들을 이야기 속에 끄집어들였다.

이것이 알레고리의 본질이다. 그런데 씨뿌리는 일은 이미 지나갔고 단지 수확만이 남았다는 식으로 이 비유를 해석하는 것은 실현된 종말론의 주석원칙註釋原則을 이에 적용할 경우에는 타당하다.

그러나 그것은 이야기 그 자체에서 기인한 해석은 아니다. 은밀하게 자라나는 씨의 비유와 누룩의 비유는 언뜻 보기에 이런 식으로 해석할 수 없는 것처럼 보인다. 오히려 예수의 사역 과정에 있어서는 씨앗이 뿌려지고 있으며, 누룩이 가루 서말 속에 투입되고 있는 것이라 하겠다. 씨뿌린 다음에 수확이 있고, 누룩이 들어간 연후에 곡식가루 그릇이 부푸는 것과 똑같이 하나님 나라에 관한 메시지는 말과 행위를 통하여 하나님의 약속을 성취할 것이다.

만약 위기와 관련된 비유들이 그 비유들을 말했던 시대의 긴박성緊迫性을 그 초점으로 하고 있다면, 우리는 그 당시의 정치적 배경과는 다른 각도에서 이 비유들을 검토해야 할 것이다. 만일 다니엘의 환상 중에 나오는 다섯 번째의 영원한 나라가 가까이 임하였다면, 이 나라에 의해서 구축당할 운명에 처해 있었던 네 나라들 특히 네 번째 나라는 어떻게 되었을 것인가?

예수의 동시대인들은 대부분 로마에 대항해 투쟁함으로써 이 새 나라를 일으키려고 했었다. 그러나 그들이 예수의 만류挽留에 귀를 기울이려 하지 않았으므로 재앙은 불가피했다. 예수의 비유와 다른 가르침에 나타난 묵시문학적인 언어는 대부분 당시의 위기와 관련되어 있었다.

그리고 예수의 말씀을 들은 청중들은 오로지 절대적인 결단의 도움을 받음으로써만 독수리들이 모여드는 운명의 날을 회피할 수 있었다.

위기와 관련된 비유들을 재림과 미래 종말론의 견지에서 재해석하는 과정은 문자 이전의 초기 전승 형성기에서보다는 복음서 텍스트의 전달과정 안에서 더 분명히 찾아 볼 수 있다.

예컨대, 열 처녀의 비유는 "그러므로 깨어 있어라. 너희는 그 날과 그 시각을 알지 못하기 때문이다"는 경고警告로 끝나는데, 미래 종말론을 주장하는 학자들은 "…인자가 올 때"라는 구절을 첨가한 텍스트를 증거로 하여 이 비유에 대해 언급하였다. 이 미래적 요소는 하나님의 나라에 대한 예수의 일반적인 가르침에 나오는 것처럼 몇몇 비유들 속에도 나타나 있다고 학자들은 주장한다.

[열 처녀 가운데 신랑을 맞이하는 다섯 처녀들]

이것은 논리적으로 가능한 이야기다. 이에 대한 일례는 데살로니가전서 5:2절 이하에 나오는 비유이다. 밤중의 도둑과 잉태의 고통을 당하고 있는 여인의 비유는 어둠의 자녀들에게 덮칠 주의 날과 파국의 날이 얼마나 갑자기 닥치는가를 설명하기 위하여 사용된 것이다.

마태복음 25:31-46절에 나오는 양과 염소의 비유는 미래의 심판을 분명히 언급한다. 로빈슨Robinson처럼 이 비유는 놀라울 정도의 독창성獨創性을 갖고 있기 때문에 이 비유가 예수 자신 이외의 다른 사람에 의해 만들어졌다고 생각하기 어려울 정도이다.

더욱이 예수의 가르침 속에서 진술되고 있는 인자개념人子槪念의 역할을 고려해 볼 때 이 개념은 하나님의 임재 안에서 기소起訴에 대해 변호辯護 내지 조언助言하는 변호자辯護者란 뜻을 갖고 있다. 이 비유를 이와 유사한 의미로 해석하기는 어렵지 않은 일이다. 그러나 이 비유의 삶의 정황情況을 형성하는 것은 지금 사역을 행하면서 하나님의 나라를 선포하는 일이 아니라 그의 미래적 완성이다.

[양과 염소의 비유]

그런데 우리가 간과해서는 안 될 것은 공관복음서에서의 비유들이 AD20-30년대 팔레스틴 변방의 생활환경을 밝혀 준다는 사실이다. 그리고 비유가 효과를 발휘할 수 있었던 까닭 중 일부는 청중이 그 비유 속에 묘사되어 있는 상황에 이미 익숙해졌기 때문이다.

예를 들면, 이들은 모두 동전 하나를 잃는 일이 어떻게 집을 발칵 뒤집어 놓는가를 잘 알고 있었다. 또한 이들 중 대부분은 먼 나라로 자기의 행운을 찾아 떠난 방탕한 아들을 머리 속에 그릴 수 있었다. 그리고 여리고 도로의 위험은 그 악평이 자자自恣했었다.

그러므로 하나님이 이스라엘 가문의 잃어버린 한 마리의 양을 찾아 수고했다든가 돌아 온 탕자蕩子를 크게 즐거워하며 환영하였다든가 한 사마리아 사람이 이웃 사랑의 모범을 보여 주었다든가 하는 것은 진기한 일이 아닐 수 없다.

요한복음서에 나오는 비유들

요한복음에서 '비유'라는 뜻으로 사용된 헬라어 '파라볼레'가 아니라 '파로이미아παροιμια'였다. 이 낱말은 이미 앞에서 말한 바와 같이 70인역 성경이 히브리어 마샬Mashal(allegory)을 해석할 때 사용한 두 단어 중 하나이다. 이 낱말은 요한복음에 3번 나오거니와 이때 이 낱말은 수수께끼와 같은 언급과 관련되어 있다.

요한복음 16:25절에 보면, 예수는 제자들에게 행한 유월절 전야 설교를 결론지으면서 "이것을 내가 너희에게 비사比辭(헬라어)엔파로이미아이스εν παροιμιαις로 말하였으나 다시는 너희에게 비유로 말하지 아니하고 아버지에 대하여 분명하게 말해 줄 때가 올 것이다"고 말씀하셨다.

만일 이 '비사比辭'라는 말이 통상적 의미의 비유로 이해될 수 있다면 잉태기의 여인에 대한 짧은 비유, 또는 포도나무 가지에 대한 보다 긴 비유를 생각하여도 무방할 것이다.

그런데 문맥을 잘 살펴보면, 이 '비사比辭들'은 비사적으로 표현되지 않은 말 만큼 잘 이해된 것 같지는 않다. 왜냐하면, 제자들에게 예수의 떠나심을 함축성 있게 말한 연후에 비로소 제자들은 깨우침을 받았다는 듯이 "지금은 밝히 말씀하시고 아무 비사도 하지 아니하시니"라고 말하였기 때문이다.

요한복음 14:26절에 시사되고 있는 바와 같이 예수의 가르침은 비록 그것이 말로 표현되어 있다 할지라도 성령이 그 의미를 분명히 해 줄 때까지는 청중에게 수수께끼로 남아 있는 것이다. '파로이미아'란 말이 나오는 다른 곳은 요한복음 10:6절이다. 여기서는 양과 양 우리pen에 관한 비유가 언급되어 있다.

다드는 요한복음의 다른 구절에 나오는 비유형태에 주목하였다. 그리고 그는 밀 이삭에 관한 비유, 밤길을 가는 나그네의 비유, 종의 아들의 비유, 신랑과 신랑 친구의 비유 등을 인용하였다. 그는 이 비유들 속에서 요한복음 및 공관복음서 기록 모두의 뒤 배경이 되는 원原 전승傳承의 증거들을 찾았다.[111]

바울서신에 나오는 비유들

바울은 결코 비유적으로 가르치지 않았다. 한밤중의 도적과 잉태하는 여인의 이야기와 같이 잘 짜여진 '비사比辭' 바울서신에 부수적으로 나온다. 밀 이삭의 비사는 부활을 설명하기 위해 상술詳述되었다. 또한 교회의 설립과 유지를 설명하기 위해 농사일과 건축술에 관련되는 특징적인 표현들이 사용되었는데, 이는 고린도

111) 앞의 책. pp.58-65.

전서 3장 전반부에 나오는 첫 열매 및 수확과 관련된 구절의 영향인 것 같다.

몸과 그 지체肢體에 대한 직유법적直喩法的 표현은 교회 성원成員간의 상호관련을 설명해 주고 있다. 골로새서書와 에베소서書에서는 이 개념이 직유 이상의 뜻을 갖는다.

감람나무에 대한 묘사는 비유라기보다는 알레고리다. 왜냐하면 실제 상황의 여러 특징들이 묘사로 기록되었기 때문이다. 돌감람나무로부터 참감람나무로 접목하는 일에 대하여 사람들이 어떤 말을 한다 할지라도, 이미 꺾어 버린 어미 기둥가지에 접목한다는 생각은 원예학園藝學에서 생각할 수조차 없는 일이다.

그러나 바울은 하나님이 영적인 세계에서 실행하실 수 있는 기적에 대하여 이야기하며, 이를 감람나무라는 견지에서 생생하게 표현하였다.

비록 이것이 알레고리라 할지라도 바울은 알레고리라는 말을 여기서 사용하지는 않았다. 바울이 알레고리라는 말을 사용한 곳은 갈라디아서書 4:24절이다. 여기서 바울은 율법에 고착하는 자들과 당시 전개되고 있었던 대립을 설명하기 위하여 하갈과 사라 그리고 그 아들들에 대한 창세기記 설화說話를 언급하였다.

히브리서書에 나오는 비유

공관복음서 외에 '파라볼레'라는 말이 나오는 곳은 신약성경에서는 히브리서 밖에 없다. 히브리서에서 이 낱말이 2회 나오는데, 이는 신약적 진리를 구약적으로 묘사하기 위해 사용되었다.

히브리서 9:9절에 보면 모세의 장막帳幕 준비는 '현재까지의 비유'라고 하였다. 그리고 11:19절에 보면, "비유컨대" 아브라함은 이삭을 죽은 자 가운데서 도로 받았다고 한다. 이것은 곧 그리스도의 부활에 관한 비유인 것이다.

예수가 많은 것을 비유로 가르치셨을 때, 그는 청중들에게 낯선 형태를 사용하지 않았다. 그의 비유가 두드러진 까닭은 그 메시지와 의미에 있다.

공관복음서의 비유들과 요한복음의 알레고리들

4복음서에 나오는 비유들을 각 복음서들간의 내용을 참조하여 정리한 것이 다음의 표다. 앞서 언급한 것처럼 요한복음에서는 비유의 양식樣式에 속하는 많은 알레고리우의寓意, 풍유諷諭가 기록되어 있다.

예수의 비유와 알레고리	마태복음	마가복음	누가복음	요한복음
• 자라나는 씨앗		4:26−29	4:33−37	3:29 신랑과 신랑친구의 비유
• 두 빚진 자			7:41−43	
• 평상 아래의 등잔	5:14−15	4:21−25	8:16−18	
• 선한 사마리아 사람의 비유			10:25−37	8:35 종의 아들
• 어리석은 부자			12:16−21	
• 지혜로운 건축자와 어리석은 자	7:24−27		6:46−49	10:6 양의 우리
• 새 포도주와 헌 부대	9:17−17	2:21−22	5:37−39	
• 강한 사람의 비유	12:29−29	3:27−27	11:21−22	11:9 밤 길가는 나그네
• 씨뿌리는 비유	13:3−9	4:3−9	8:5−8	

• 가라지 비유	13:24-30			12:24 밀 이삭
• 열매 맺지 못한 무화과나무			13:6-9	
• 겨자씨 비유	13:31-32	4:30-32	13:18-19	15: 포도나무 가지
• 누룩 비유	13:33-33		13:20-21	
• 진주 비유	13:45-46			
• 물고기를 모는 그물 비유	13:47-50			16:21 해산하는 여인
• 숨겨진 보물	13:44-44			
• 동전 계산 하기			14:28-33	6:35 예수=떡
• 잃은 양 또는 선한 목자	18:10-14		15:4-6	
• 용서하지 않은 종	18:23-35			6:55 예수의 살 =참된 양식
• 잃어버린 동전			15:8-9	
• 탕자 비유			15:11-32	
• 부정직한 청지기			16:1-13	6:55 예수의 살 =참된 양식
• 부자와 나사로			16:19-31	
• 정의롭지 못한 재판관			18:1-8	
• 바리새인과 세리			18:9-14	
• 포도원에서 일하는 사람들	20:1-16			10:11 예수=선한 목자
• 두 아들	21:28-32			
• 나쁜 종들	20:1-16	12:1-9	20:9-16	
• 혼인 잔치	22:1-14		14:15-24	11:25 예수=부활, 생명
• 무화과나무	24:32-35	13:28-31	21:29-33	
• 신실한 종과 신실치 못한 종	24:42-51	13:34-37	12:35-48	
• 열 처녀의 비유	25:1-13			
• 달란트 비유	25:14-30		19:12-27	15: 예수 =참 포도나무
• 양과 염소	25:31-46			
• 혼인 잔치의 비유			14:17-14	

2
신약성경에 나오는 알레고리

구약성경에 나타난 알레고리

알레고리에 해당하는 헬라어는 '다른'의 의미를 가진 알로스αλλος와 '이야기하다'의 의미를 지닌 앙고류에인αγορευειν이 있다. 문자적으로 설명하자면 알레고리는 의미하는 바를 다른 방법으로 표현하는 것을 뜻한다. 알레고리란 감추어진 사실이나 설명할 수 없는 사실들을 다른 용어를 사용하여 그 배후背後를 설명하는 표현수단이다.

그러므로 알레고리는 작가들이 축의적인 의미를 지닌 용어들을 사용하여 그 배후에 있는 신비한 진리를 밝히는 하나의 도구라고 할 수 있다. 작가가 감추어진 의미를 지닌 글을 쓰지 않았다 할지라도 작품 중에 쓰인 내용을 해석함으로써 시, 소설, 혹은 성경의 의미를 해석할 수 있고 이런 방법을 통해서 해석자들은 작가의 쓰려고 하지 않았을지도 모르는 신비로운 의미를 해석한다.

작품에 쓰인 알레고리는 그 이야기가 깊은 의미를 알려 주기 위한 암시가 계속되는데 이 때문에 알레고리를 '계속된 은유'라고 부르기도 한다.

예컨대, 직유법으로 쓰인 시편 42:1절의 "하나님, 사슴이 시냇

물 바닥에서 물을 찾아 헐떡이듯이, 내 영혼이 주님을 찾아 헐떡입니다"라는 구절은 의미가 명백히 드러난다고 할 수 있다.

["사슴이 시냇물을 찾아 헐떡이듯이…"시편 42:1]

은유隱喩는 직유直喩보다 의미가 더 모호하다. 예를 들면, 예수가 헤롯에 대해 말씀하실 때 "가서 저 여우에게 말하라"고 하신 경우는 은유적인 표현으로써 나타내는 것이 모호하다고 할 수 있다. 은유는 직유보다 덜 명확하게 비교하여 표현되긴 하지만 가끔 직유보다 더 생생하고 직접적이며 확실한 의미를 전달하기도 한다.

알레고리는 유추類推하고는 다르다. 왜냐하면 알레고리는 상상력으로 해석하지만, 유추는 이성으로 해석하기 때문이다. 먼저 존재했던 사물, 장소, 심지어 사람이 후대에 존재하는 것에 커다란 의미를 부여해 준다고 예측豫測될 때 예형론적豫形論的 표현을 한다.

예형론적 표현이란 알레고리하고 비슷하기는 하지만 구약성경에 나타난 어떤 어구, 예를 들면 이집트, 요단강, 가나안 같은 어구들이 문자적으로 지니고 있는 의미보다 더 깊은 의미를 지니고 있다는 점에서 알레고리와는 다르다. 예형론적 표현이란 신약성경에 나타난 죄나 은혜와 같은 내용을 상징화시켜 가르치는 것을 말한다.

구약성경은 그 자체 내에 바로 약간의 알레고리가 사용되어 있다. 구약성경에서 에스겔서書보다 알레고리적인 표현이 더 많이 사용된 곳은 없다. 예언자 에스겔은 시인이었고 단순한 문자적인 의미를 산문체散文體의 글로 표현하기보다는 영적인 의미를 지닌 어떤 것을 말로 표현하거나 형식을 섞어 가며 이야기하기를 더 좋아했었다.

신약성경에서 사용된 알레고리

신약성경에는 구약성경보다 더 많은 알레고리가 표현된 것 같다. 예수께서 자신을 '생명의 떡'이라 표현했고, 또 '포도나무'라고 표현했다. 그 외에 여러 가지와 관련시켜 표현했는데 이러한 표현의 몇몇 종류가 은유적인 표현에 불과하지 않는다할지라도 이 표현은 신앙상의 알레고리를 사용하셨다고 보아야 할 것이다.

예를 들면 씨뿌리는 비유가 이에 속한다. 비유담比喩談에 대한 예수의 설명 중에 사용된 어떤 문자는 문자 자체가 품고 있는 뜻과는 다른 의미를 품기도 했고 또 더 심오한 의미를 지니기도 했다. 그러나 이런 이유만으로 예수의 설명을 알레고리 취급하는 것은 아니다. 예수의 설명은 비유담에 대한 명확한 해석이다.

알레고리적 표현에서 볼 수 있는 것처럼 진리를 명백하게 가르치기 위해서 예수는 이런 식의 설명을 하셨던 것이다. 초대교회 시절 철학자 필로Philo가 악한 농부에 대한 비유담 뒤에 언급된 '건축자들이 버린 돌'이란 구절을 그럴 듯한 이론을 붙여 해석했었는데 예수는 구약성경에서 인용된 그 말씀을 필로가 해석한 것처럼 알레고리적으로 설명하지는 않았다.

요한계시록에도 알레고리적인 표현이 많이 나타나 있다. 요한계시록에 쓰인 '여자',, '생물', 그리고 '흰말'과 같은 표현은 문자적인 의미 자체보다는 더 심오한 의미를 지닌 말로 해석해야 한다.

사실 요한계시록에는 아주 많은 알레고리가 기록되어 있는데 모호한 해석을 하는 것보다 명백한 해석을 하기를 더 좋아했던 마르틴 루터도 그런 식의 신비로운 상징이 요한계시록을 아주 잘 집필된 책의 부류에 포함시키지 않았다.

신약성경의 저자들 가운데 알레고리를 가장 많이 사용했고 가장 노골적으로 사용했던 사람은 사도 바울이다. 바울은 초기의 필로나 그보다 후기의 오리게네스Origenes처럼 그렇게 자주 알레고리적인 표현을 사용하지는 않았지만 그래도 그의 몇몇 작품 중에는 알레고리적인 표현이 상당히 나타나 있다.

심지어 사도 바울은 구약성경을 인용한 그의 설명 중에 하나를 비유라고 칭하기조차 했다. 익히 잘 알려진 아브라함의 '자유하는' 여자Sarah와 '계집종인' 여자 하갈Hagar에 대하여 언급하고 나서 다음과 같이 말한다.

"이것은 비유알레루메나αλληγορουμενα로 표현한 것입니다. 그 두 여자는 두 가지 언약을 가리킵니다. 한 사람은 시내 산에서 나서 종이 될 사람을 낳은 하갈입니다. '하갈'이라 하는 것은 아라비아Arabia에 있는 시내 산을 뜻하는데, 지금의 예루살렘에 해당합니다. 지금의 예루살렘은 그 주민과 함께 종노릇을 하고 있습니다. 그러나 하늘에 있는 예루살렘은 종이 아닌 여자이며, 우리의 어머니입니다."갈라디아서 4:24-26라고 하였다.

기독교인들은 그의 성직자를 재정적으로 부양하여야 한다는 가르침을 가르치기 위해서 사도 바울은 곡식을 밟아 떠는 소에게 망을 씌우지 말라는 율법의 말씀을 인용하였는데 그 인용한 율법의 말씀을 해석하는 도중 또 다른 알레고리를 사용하였다.

그리스도의 말씀을 전하는 사도들은 그들의 직책으로 말미암아 살아 갈 권한이 있다고 말한 후에 "곡식을 밟아 떠는 소에게 망을 씌우지 말라"는 모세 율법을 인용함으로써 자신의 주장에 권위를 더하였다. 그는 이 문제와 관련되어 인용한 모세의 율법을 문자적인 의미 그대로 해석하지 않았다. 그는 "하나님께서 소를 걱정하신 것입니까?"라고 물었다.

그리고 덧붙이기를 "그렇지 않으면, 우리 모두를 위하여 말씀하신 것입니까? 그것은 우리를 위하여 하신 말씀입니다. 밭을 가는 사람은 마땅히 희망을 가지고서 밭을 갈고, 타작을 하는 사람은 한 몫을 얻으리라는 희망을 가지고 그 일을 합니다"라고 하였다.

사도 바울의 반석盤石에대한 설명 중에서도 알레고리의 예를 찾을 수 있다. 이스라엘 백성이 광야에 있을 때 모두 다 그 신령한 '반석'으로부터 마셨는데 "그 반석은 곧 그리스도다"라고 진술하고 있다.

그 당시에 이스라엘 백성을 지켜 주신 분이 바로 그리스도라는 의미로 반석에 대한 설명을 했기 때문에 몇몇 학자들은 이 내용이 알레고리인지 아닌지의 여부를 문제시하고 있다. 그러나 그가 그리스도를 '반석'이라고 칭하였기 때문에 이런 상징은 바로 알레고리적인 표현이라고 할 수 있다.

Chapter 9
예수의 행하신 이적들

성경에서 예수의 생애를 접해 본 사람이라면
예수가 행하신 여러 이적에 대해 궁금증을 가지지 않을 수 없을 것이다.
그러한 이적들이 도저히 있을 수 없다고 결론짓는 결과로서
제기되는 문제는 철학적 과학적 문제들이다.

여기서 이들 문제들을 논의하려는 것은 아니나
예수의 생애를 진지하게 연구하려는 한 이것을 그냥 지나쳐 버릴 수만 없다.
이 장에서 예수가 행하신 이적들을 별도로 분리해서 살펴보는 이유는
이것이 예수의 인류 구속적 사역을 올바로 이해하는 데 있어서
매우 중요하기 때문이다.

1

이적異蹟의 근거

이적이란 무엇인가?

앞 쪽에서 언급한 바와 같이 예수의 생애를 접하면 반드시 맞이하게 되는 문제가 예수의 이적에 대한 문제이다. 예수의 행하신 이적들이 도저히 있을 수 없는 현상들이라 생각하여 모든 이적적인 행위의 요소들을 적당하게 설명하여 폐기처리해 버리려는 태도를 취하는 경우가 흔히 있다.[112]

AD19세기의 성경비평 시대 때에는 이것이 예수 생애에 관한 성경사의 자료를 다룬 여러 연구방법의 논의에서 지적되어 나타났듯이 두 가지 다른 방법으로 이루어졌다. 곧 이적들을 합리화시켜 복음서 기사를 그대로 존속하게 하거나 또는 이적들의 가치를 떨어뜨려 결과적으로 완전히 무시해 버리는 방법의 연구였다.

하여간 복음서 기사 가운데에 이러한 여러 가지 예수의 이적들의 요소가 나타나 있다는 사실은 성경비평가들을 몹시 당황하게 만든다.

그러나 20세기에 이르러서 비록 역사적 예수의 구축構築 자료로

112) Mark Allan Powell(1998). *Jesus as a Figure in History: How Modern Historians View the Man from Galilee*.(Westminster John Knox Press, 1998), p.22.

서의 이적들에 대한 평가절하平價切下가 여전히 강세를 보이고 있지만 역사적 예수에 도전하는 불트만Bultmann 학파 사상에서 복음서의 이적 기사들에 대해 아무런 어려움을 갖지 않는데 이것은 그 모든 이적 기사들이 초기 기독교 공동체의 창작적 산물創作的 産物인 것으로 보기 때문이다.[113)]

그러나 여기서 잊어서는 안 될 것은 이 경우의 이적적 요소에 대한 폐기처분은 본질적으로 이 학파의 연역적 입장의 일부이지 그 증거에 대한 상세한 고찰에서 비롯된 결과는 아니기 때문이다. 이처럼 많은 사람들은 이적적 요소가 없는 상태의 예수의 생애를 산출해 보려 시도해 왔다.

그러나 이 경우에는 역사적 사실들에 조화되는 것보다는 그 저자들이 역사적 예수로서 보고자 했던 것의 모습이 더 많이 나타난다. 예수의 행하신 모든 이적들은 모든 것을 자신들의 경험 수준으로 끌어내리려 원하는 자들에게 너무도 불가해不可解한 것들이다.

이적들이 복음서의 모든 기록들에 깊이 인상지어져 있다는 것이 현실이므로 그 이적 기사들을 예수에 대한 전체적인 묘사의 본질적 부분으로 고찰하는 것이 합리적이라 생각된다.

이들 복음서의 이적 기사들을 실제로 일어난 그대로의 것으로 보아야 할지 아니면 구전口傳 전승의 과정에서 일부 수정修正되었거나 또는 창작創作되었던 것으로 보아야 할지의 문제는 하나의 관련성있는 적절한 문제이며 따라서 예수의 이적들에 대한 전반적인 논평의 과정에서 살펴보도록 할 것이다.

---

113) Rudolf Bultmann(1951). *Theology of the New Testament*(Grobel, Kendrick. trd.). New York: Charles Scribner's Sons. pp.29–31.

이적들의 분류

예수가 행하신 다양한 유형의 이적들은 신유神癒의 이적이나 자연의 기적들과 같은 두 범주 중의 하나에 속할 수 있을 것이다. 양자의 구별은 신유神癒의 이적이 보다 더 의학적인 설명이 용이하고 또한 자연의 기적들에 비해서 고찰하는 데에 어려움이 덜하기 때문에 아주 중요하다.

[야이로의 딸을 살리시는 예수]

신유의 이적 가운데서도 신경계통의 혼란으로 인한 경우와 다른 경우 사이에 더 구체적으로 분류할 수가 있는 것으로 제시되어 왔는데, 전자의 경우에는 현대 과학이 예수 시대 때에 알려져 있지 않던 많은 치료 방법을 갖고 있기 때문이다.

복음서에 나오는 몇몇 상태들은 확실히 마음이 문제들이 지배하는 경우들이며 예수의 보다 위대한 마음이 물리적 치료를 가져온 경우들일 것이다. 이러한 설명이 몇몇 경우에는 그대로 들어맞을 런지 모르나 예수는 그의 이적을 행하시는데 있어서 초월적인 심리학자나 또는 정신의학자 이상의 무한하신 분이셨다.

예수가 신유의 이적으로 고쳐 주신 자들의 죄에 깊은 관심을 보인 몇몇 기사의 경우는 예수의 주요 관심사가 영적이었던 것을 보여 준다. 동시에 현대의 심리학자가 가지고 있는 치료적인 능력은 그 어떤 것이라도 예수가 신경계통의 환자들을 고치셨던 그 능력에 도저히 비교가 되지 아니하는 것이다.

복음서는 메시아가 자신의 유익을 위해 기적을 행하지 않았음을 보여 준다. 광야의 시험에서부터 시작해, 예수는 이 땅의 규칙을 자기 편리대로 마구 주물러 쓰기를 주저하였다.

한편, 복음서의 신유 이적 기사 가운데에는 현대의학現代醫學으로는 도저히 치료할 수 없는 경우의 것들이 많이 있다. 현대의학으로는 예수가 행했던 것처럼 마른 손을 다시 원상태로 복귀할 수가 없으며 또한 죽은 사람들을 오랜 시간 후에 다시 살아나게 할 수가 없다.

예수가 일으키신 이적들에는 도저히 설명할 수 없는 요소가 상당부분 있는데 이것은 그대로 받아들이거나 아니면 배격해야만 될 것이다. 문제는 실제적으로 "예수는 불가능한 일을 실제로 행할 수 있는 분이었던가?"라는 질문에 쏠려 있다.

이 질문에 대한 명확한 대답의 충분한 이유를 다음에 논하기 전에 먼저 자연의 이적들에 대해서 논의를 할 필요가 있다.

자연의 이적들 중 가장 유명한 것들로는 누가복음 5:1–11절의 물고기를 잡은 이적과 마태복음 8:26절의 바다의 폭풍을 잔잔케 하신 이적과 보리떡 5개와 물고기 2마리로 5,000명의 군중들을 먹이신 이적이 있다. 오병이어에 관한 이 마지막 이적은 4복음서에 모두 언급되는 유일한 이적이다.

[예수의 물고기 잡는 이적]

이 사실은 본 이적 사건에 특별한 중요성을 부여한다. 이 오병이어에 관한 이적 사건은 자연의 변천과정과 아주 다른 힘의 효력을 포함하고 있는 것 같은데, 이 외의 다른 두 이적들은 모두 자연의 변천과정에 대한 적절한 통제의 경우들이다.

예수는 잠시 한쪽에 떨어져서 이들 이적들의 목적에 대해 마음속으로 반문해 보았을 것이나 직접 참여한 자들이 큰 영향을 받았다는 사실은 의심할 나위가 없었을 것이다. 밤새도록 수고했으나 한 마리의 물고기도 잡지 못했던 베드로는 예수의 말씀에 순종하여 그물을 내려 많은 물고기를 잡게 되자 이내 큰 죄의식에 사로잡혔었고, 그 외의 풍랑이 사납게 이는 바다를 예수가 명령 한마디로 잔잔케 하였을 때에 모든 제자들이 일제히 두려움을 갖게 되었던 것이다.

증거의 여러 원칙들

구전 전승자료에 대한 다양한 이론들이 제출되어 왔기 때문에 어떤 개인적인 사건을 증거한 증인들의 수數에 기초한 이적들 사이를 구별하려는 경향이 있어 왔다. 이 때문에 4복음서에 나오는 이야기들은 한 두 복음서에만 나오는 이야기보다 우수한 것으로 간주되고 있다.

이러한 방식에 의해서 마태복음 17:24절 이하와 27:52절 이하에만 나오는 동전 이야기나 무덤에서 일어난 무리들의 이야기는 신빙성이 덜한 것으로 취급되었다.

그러나 이러한 비평 기준은 좋은 것이 아니다. 이는 단 하나의 증거일지라도 둘이나 셋의 증거만큼 신빙성이 있을 수 있기 때문이다. 만일 단 한 증거의 증거가 다른 증인의 그것과 비교해 볼 때 미심쩍은 것이라면 이것은 별도의 문제이겠으나 지금까지 인용한 경우들에서는 이것이 입증되고 있지 않다.

마태는 다른 사람들에 의해 기록되기도 했던 사건들을 언급할 때 결코 과장하지를 않았다. 이에 비추어 보아 마태가 독특한 이적에 관한 유일한 자료를 기록할 때 그와 같이 했으리라고 예상할 어떠한 근거도 없다.

그러므로 복음서의 구전 자료에 보존되어 있던 모든 이적 이야기들이 모두 신빙성이 있는 것으로 간주할 수 있을 것이다. 현대의 성경학자가 할 수 있는 것이라고는 다만 이적들의 가능성을 확인해 보기 위해 그것들을 개별적으로 조사해 보는 것이 있을 뿐이다.

그러나 이러한 조사도 어디까지나 그 가능성 자체가 예수의 능력에 대한 하나의 연역적 추론의 개념에 의존해 있을 것이기 때문에 불가능한 것이다. 가능성에 대한 이 전체적인 질문은 당연히 더 알아볼 필요가 있을 것이다.

이적들의 가능성

위에서 언급한 바와 같이 이적들의 가능성은 철학적 내지는 과학적 연구분야에서나 결정될 수 있을 것이다. 이것이 만일 부정적인 결론에 도달한다면 예수의 이적들에 대한 어떠한 특별한 논의도 의미가 없을 것이다.

그러나 본질적으로 철학적 과학적인 고찰을 배제하지 아니한 또 다른 보다 만족할 만한 방법은 전반적인 문제를 역사적 신학적으로 보려는 것이다.

첫 단계는 복음서의 기사들인데 이는 이들 기사들이 그러한 모든 이적들을 예수가 행하셨다고 믿는 전도자들의 신앙이나 또는 초대 교회의 신앙에 대해 증거해 주고 있다. 이 사실에서 그러나 확고한 신앙의 기원에 대한 문제가 야기된다.

만일 예수가 이러한 이적적 특성의 활동을 전혀 행하지 아니했다고 한다면 그렇게 비교적 짧은 기간에 그렇게 많은 활동이 그에게서 비롯되었던 것으로 믿기란 사실상 불가능하다. 그러므로 제시 가능한 견해는 초기 기독교인들이 이적 기사들은 그들이 새로 발견한 예수 그리스도에 대한 신앙의 운동력運動力에서 만들어 냈으리라고는 사실상 믿기가 어렵다.

성경에 이적에 관한 복음서의 이야기와 예수에 대한 언급들 사이에 불일치적인 것이 하나도 나타나지 않는다는 사실은 초대 기독교 교회의 예수에 대한 지고한 존경에는 역사적 사실에 그 바탕을 둔 어떤 면이 있었음을 보여 준다.

기독교 교회의 부활 신앙은 역사적 예수가 이적들을 능히 행하실 수 있었다는 것을 믿는 데서 출발했었다.[114)]

이로 인해 이적에 관한 조사연구에서 가장 중요한 고찰부분으로 보이는 그리스도의 부활의 관련성 문제에 이르게 된다. 기독교 자체는 하나의 거대한 이적에 쏠려 있는데 그것은 곧 그리스도가 죽은 자 가운데서 다시 살아나신 것이다.

이 때문에 만일 하나님께서 그리스도를 다시 살리셨다면 예수의 다른 많은 이적들에 대한 어려운 문제들도 자연히 해소되어 버릴 것이라고 주장하는 것이 합리적일지도 모른다. 그러나 이와 같은 주장도 불트만과 같이 부활을 역사적인 사건으로 간주하지 않고 다만 모든 신자들의 마음에 체험으로 나타난다고 보는 자들에게는 별로 힘을 발휘하지 못한다.

만약에 기독교 신앙의 놀랄 만한 출발이 부활하신 그리스도를 믿는 개인적인 신앙의 형태로 이루어졌다는 것을 조금이라도 설명하려 한다면 그리스도의 제자들이 완전히 예기치 못했던 초기의 변화에 대해서 충분히 납득이 갈 만한 어떤 설명을 해야 할 것이다.

무수한 증인들에 의해 증거되었고 또한 객관적이자 확증가능한 실제로서의 예수 그리스도의 현실적 부활은 너무도 분명한 사실이다. 더욱이 부활하신 예수 그리스도의 40일 동안의 출현에 대한 증인들의 증거 역시 잘 증명되고 있으므로 함부로 불공평하게

114) L. Ramm Bernard(1993). *An Evangelical Christology*. Regent College Publishing, p.45.

설명하여 폐기처분할 수는 없는 것이다.

그러므로 예수의 부활이 기독교 신앙의 완전체를 이루는 데 절대 필요한 부분으로 간주된다면 이에 대해 기록한 복음서들에 동일한 보존형태로 나와 있는 예수의 다른 이적들을 전혀 부조화한 것으로 취급해 버린다는 것은 불가능할 뿐만 아니라 옳지도 못한 것이다.

그러므로 복음서들에 기록되어 나오는 예수와 관계된 이적들은 모두가 다 예수의 직접적인 활동의 소산이라고 생각하는 것이 가장 안전할 것이다. 후대의 교회에 이르러 너무도 생생히 나타나는 경향, 곧 이적 기사들을 환상적인 섬세함으로 아름답게 장식하려는 것과 같은 경향을 성경에 전혀 나타나 있지 않다.

더 자세하게 고찰해 본 증거는 예수의 이적에 대한 전반적인 태도를 보여주는 예수의 광야에서의 시험에 나타나 있다.

이 시험에서는 방종한 사리사욕私利私慾이 이적을 행하는 데 있어서 무가치한 동기動機로서 배격되고 있다는 사실이 밝히 나타난다. 이러한 사실은 비록 예수가 그러한 능력을 가지고 있었던 것이 절대적인 가정이긴 하지만 돌들로 떡덩이가 되게 하는 사탄의 유혹을 단호히 거절해 버린 데서도 밝히 드러난다.

[40일 동안 광야에서 시험 받으시는 예수]

그렇지 않았다면 이 시험은 완전히 허구적인 것이었을 것이다. 또한 성전 꼭대기에서 뛰어내리라는 시험도 예수는 모두 거절했는데 이는 그가 이적의 능력을 자기과시自己誇示를 위해 사용하고자 하는 원칙을 받아 들이지 않았기 때문이었다.

성경에 나오는 예수의 행하신 여러 이적에 관한 기사들은 그의 이러한 시험에 관한 기사를 통하여 연구하여 본다면 이적의 배후에 있는 동기들을 잘못 해석하는 일은 일어나지 않을 것이다.

예수의 시험받으심에 관해 언급을 했으니 이제 복음서들에 나와 있는 악령 추방惡靈追放 exorcisms의 다양한 경우들에 대해 살펴보자.

이것은 악령 추방의 사건들이 많은 신유의 이적들과 영계靈界 사이의 밀접한 관계를 보여 주고 있기 때문이다. 복음서들에 표현되어 있는 악령 추방 사건의 몇몇 상태는 정신의학적인 용어로 기술할 수가 있을 것이나 그렇다고 해서 거기에 내포된 영적 충돌을 완전히 배제하지는 못한다.

[악령들린 사람을 고치시는 예수]

악령 추방, 곧 귀신을 쫓아내는 일은 기독교 교회 사역의 중요한 한 측면을 이룬다. 예수가 자신의 악령 추방을 그 원수에 대한 자기의 제어적 권세의 증거 이외의 다른 어떤 것으로 간주했으리라는 것은 믿기 어렵다. 그러나 한 가지 꼭 주목해야만 할 것은 성경에 기록되어 있는 악령들린 자들의 경우가 개인으로 과도한 사악성邪惡性을 띠고 있는 것은 아니라는 것이다.

악령들린 자들의 독특한 여러 특징들의 상태는 분명히 예수에게 하나의 지속적인 도전을 주었을 것이다. 초기 기독교 교회의 무리들은 죽으셨다가 다시 살아나신 예수는 악의 권세를 멸절해 버리셨다고 굳게 믿었기 때문에 복음서들에 나오는 악령 추방 사건들에 아무런 곤란을 느끼지 아니하였을 것이다. 실제 이러한 경우들이 전혀 없었다면 더욱 놀라운 일이었을 것이다.

2
이적異蹟의 목적

그러면 이적은 왜 만들었는가? 그 목적은 무엇인가? 이적의 목적에 대해 알아보려면 요한복음을 고찰하지 않을 수 없다. 요한복음을 기록한 사도 요한은 말하기를 그 목적은 사람들로 하여금 예수가 그리스도시며 하나님의 아들이신 것을 믿게 하기 위함이라고 했다.

이와 관련하여 예수 자신이 이와 유사한 견해를 말씀하셨는지의 여부를 알아보는 것이 필요할 것이다. 예수가 자기의 이적의 행위를 모두 '표적表蹟'으로 말씀하지 않았다는 사실은 이미 언급한 바 있으나 요한복음 10:38절에 따르면 예수는 사람들에게 권고하여 말씀하시기를 자기의 말을 믿을 수 없거든 자기의 행한 일들만은 믿으라고 하였다.

여기서 예수는 어떤 영적인 진리를 주입할 의사로 자기의 이적들을 가르침으로 간주하셨던가? 어떤 학자들은 이것을 주장하기를 복음서들에 나와 있는 몇몇 이적에 관한 기사들은 처음에는 비유들이었으나 나중에 전달과정에서 이적들의 형태로 변형되었다라고 주장하기에 이르렀다. 그들은 그 예로 무화과나무가 저주咀呪를 받아 완전히 시들어버린 기사를 들었다.

[무화과나무를 저주하신 예수]

그러나 그들은 여기에서 왜 어떤 기적이 그 비유적인 기능을 행사하지 못했는가 하는 이유를 대지 못하였다. 다른 많은 사건들의 경우에는 어떤 영적인 가르침이 뚜렷하게 나와 있다. 그러므로 이러한 어떤 영적인 가르침이 예수의 이적행사의 목적의 일부였다고 보는 것이 합리적일 것이다.[115)]

예를 들어 바다의 폭풍을 잔잔케 하신 이적에는 제자들의 불신앙을 책망하신 가르침이 강조되어 나타나 있다.

예수께서 행하신 이적들은 그의 메시아적 주장에 어떠한 관계가 있으며 어떤 뜻을 가지는가? 장차 오실 메시아가 표적表蹟을 행사하리라는 일반적인 예상이 무엇이든 복음서들에는 예수가 그 관찰자들로 하여금 자기의 이적들을 통해서 자기의 메시아적 직분의 증거를 추론하게 했다는 인상이 전혀 나타나 있지 않다.

---

115) Graham H. Twelftree(1999). *Jesus the Miracle Worker: A Historical and Theological Study*. InterVarsity Press, p.283.

실제로 예수의 광야에서의 시험에 관한 복음서들의 기사는 그의 메시아적 주장의 과시를 도리어 반反하는 것으로 보이기까지 한다. 부활하신 예수 그리스도를 오랫동안 기다리고 사모하던 유대의 메시아로 믿는 자들에게는 예수의 여러 가지 이적들이 하나님의 메시아적인 확증確證의 구실을 한다.

그러나 이것이 여러 이적들의 주요 동기인 것 같지는 않다. 공관복음서에서 많이 강조하고 있는 한 가지 이적의 동기動機는 예수의 인간에 대한 동정同情이다. 신유의 이적은 그것을 필요로 하는 사람의 호소를 예수가 직접 듣고 동정심을 일으키심으로 자주 이루어졌었던 것이며 이러한 요소는 많은 이적들에 나타나는 강한 인간적 측면을 부각시켜 주고 있다.

예수가 이러한 측면에 가장 많이 관심을 보였다고 하는 것은 그가 때때로 침묵을 지켰던 사실에서도 드러난다. 그렇지 않았다고 한다면 몇몇 동정의 행위를 쉽게 대량의 신유의 사역으로 발전할 수밖에 없었을 것이며 예수는 이것이 자신을 그 주요한 구속력救贖力 목적에서 빗나가게 할 것이기 때문에 분명하게 피하셨을 것이다.

이적에 대한 가장 중요한 것은 우리가 이적을 통해서 예수 자신을 배우게 된다는 점이다. 이적의 억제抑制의 요소는 자명하다. 이적들은 예수의 본성에 속한 어떤 능력의 표본들이며 예수가 이 능력의 사용을 자제한 것은 경우에 따라서 그것을 사용했을 때보다 더 더욱 감명感銘을 준다. 스톡커 부자父子Ken & Jim Stocker는 예수의 "모든 기적은 하나의 사랑의 행위every single miracle was an act of love"[116]로 설

116) Ken & Jim Stocker(2006). *Facts, Faith, and the FAQs*. Xulon Press, p.139.

명된다고 하였다.

예를 들어 마태복음 26:53절에 있는 예수는 원수들이 자기를 잡으러 왔을 때 열 두 영靈도 더 되는 하늘의 천사들로 자기를 도와주라고 명할 수 있었던 것 같으면 그것이 도리어 그의 구속적 사역 목적에 위배되는 것이었던 것이다. 여기서 비로소 예수가 행하신 그 많은 이적들의 열쇠가 되는 목적이 나타나는데 그것은 곧 아버지 하나님의 뜻을 성취하시고자 하는 한 가지 지배적인 목적이었던 것이다.

이러한 사실은 그 어느 곳보다도 더 요한복음에 분명하게 나타나 있는데 극히 중요하게 나타나 있다. 곧 예수는 자기의 모든 하시는 일들을 자신의 것으로서 간주하지 않았다. 그 모든 자기의 일들은 아버지의 일들이라 하셨다. 예수의 행하신 그 모든 일들은 이 때문에 아버지가 그 아들을 기뻐하신다는 뚜렷한 증거이며 또한 이로 인해 결국 예수의 신적 주장에 대한 명확한 증거가 되는 것이다.

예수가 아무리 완전한 사람이라고 하더라도 그 모든 이적들을 일개 사람이 내키지 않을지도 모른다. 그러나 예수 자신이 하나님의 아들이심을 주장한 사실과 또한 초대 기독교 교회의 무리가 이 주장을 그대로 인정한 사실에 비추어서 볼 때는 그 가능성을 온전히 믿게 되는 것이다.

박두환[117]은 예수의 기적을 생태운동의 한 모델로 제시될 수 있

---

117) 박두환(2006). 예수와 초기 공동체 이적 신앙의 생태신학적 이해: 공관복음서의 이적사화를 중심으로. **神學思想**. 제134집, 한국신학연구소, pp.135-160.

다고 한다. 그에 의하면 생태학적으로 보면 예수 그리스도는 인간과 코스모스를 위해 오셨을 뿐만 아니라 인간의 불행과 시련을 해결해주시는 분이시다. 그렇기 때문에 예수는 결코 인간과 코스모스를 방관하지 않으신다. 오히려 그분은 인간과 코스모스를 불행과 고통으로 몰아넣는 하나님의 적대자를 간파하고 그들과 싸우시는 분이시다. 따라서 예수와 초기 그리스도교 공동체의 이적 신앙은 오늘날에도 여전히 가치 있는 생태운동의 한 모델로 제시될 수 있다는 것이다.

3

복음서에 나타난 이적들

복음서에 나타난 이적들의 특징

복음서에 나타나는 대부분의 신유의 기사들이 환자의 치료받고자 하는 마음과 또한 거기에 필요한 믿음의 상태 등이 순서적으로 나타나 있는 경우가 많다. 그런데 신유 기사를 다룬 부분에서 믿음의 역할이 자주 강조되어 나타난다는 사실이 공관복음서에서의 주요한 점이다.

누가복음 17:11절 이하에 나오는 예수를 향하여 자비를 부르짖는 열 명의 나병환자의 간구는 분명히 이러한 믿음 관계의 한 증거로서 충분한 것인데, 이것은 예수가 곧바로 고쳐 주시기 시작했었기 때문이다. 이렇게 예수가 믿음을 강조시한 점은 자신을 단순히 세상에 보이길 원하는 이적 행하는 자들과 뚜렷한 구분을 짓게 한다.

신유의 이적들이 하나의 신뢰관계에 의존해 있다는 것은 4복음서에 나타나며 또한 이러한 점에서 이적들 자체가 예수는 자기에 대한 사람들의 신뢰를 끌어내는 유형類型의 사람이란 사실을 보여주는 가치가 있는 증거이다.

믿음의 요소가 요한복음에서는 동일한 범위인데도 공관복음서와 같이 눈에 띠게 전면에 나타나지 않는다. 그러나 전혀 눈에 띠게 나타나지 않는 것은 아니다. 요한복음에서의 독특한 특징은 '표적表蹟sign'이란 용어를 사용하고 있다는 점인데 이것은 사건 배후에 있는 영적 의미에 중요성을 부여하는 것이다.

이적의 목적에 대한 논의를 할 때 이에 대해 더 언급할 것이나 이들 이적들 중 자체적인 유익을 위해 이루어졌던 것은 하나도 없었다는 것은 사실이다. 전반적인 기사를 통해서 볼 때는 뚜렷하게 신중한 억제가 있으며 실제로 많은 경우에 신유에 관한 침묵이 특별히 즐겨 나타난다.

나사렛 예수는 많은 이적을 행하시면서 그의 자연과 영의 능력을 보이셨다. 그것은 하나님의 나라가 가까이 왔음을 알리는 것이었다. 이적들을 통하여 그의 사도들을 모집하셨던 것이다. 그는 눈을 뜨게 한다든지 물 위를 걸으시는 이적을 통하여 자연에 대한 하나님의 개입을 보여주셨고, 영혼을 맑게 했으며 죄의 용서를 하셨다.

[혈루증 있는 여인을 고치심]

이적에 대한 이야기는 복음서의 전개에 중요한 구성요소로 마가복음의 경우, 거의 절반이상이 즉, 1장에서 10장까지가 예수의 이적으로 구성되어 있다.

예수의 선교의 중심은

하나님의 나라의 임재로 시작하고 이 세상에 대한 사탄의 지배의 종말을 고하고 있다. 사탄과의 싸움에서 예수의 주된 무기인 이 적들은 귀신을 쫓아내고 인간에게 침투한 악의 세력을 패배시켰다. 이적은 공관복음서에 나타난 예수의 능력있는 행위act of power를 말한다. 그것을 헬라어로 두나미스δύναμις라 하는데, 오늘날 영어의 dynamic과 dynamite를 뜻한다.

사도 요한은 이적을 헬라어로 스메이온σημεῖον(sign) 즉 표적이라 불렀다. 그런데 사도행전에서는 이적을 헬라어로 테라스τέρας(wonder)라 하였다. 복음서에서는 가버나움에서만 12번의 이적이 기록되어 있다.

이적들의 상징적인 요소는 복음의 기본으로 되어 있다. 예컨대, 요한복음 9장에 있는 나면서부터 소경인 사람에게 단순한 빛의 선물일 뿐만 아니라 영적인 믿음의 통찰력을 예수는 가능하게 한 것이었다. 요한복음에 나타난 일곱 가지 기적을 기록하고 있다.

즉 가나 혼인잔치에서 물로 포도주를 만드신 것, 가버나움에서 신하의 아들을 고치신 것, 벳새다에서 안식일에 중풍병자를 고치신 것, 5,000명을 먹이신 것, 나면서부터 소경된 사람 고치신 것, 물위로 걸으신 것, 죽은 지 사흘이 되는 나사로를 살리신 것, 그리고 부활하신 후 그의 제자들에게 3번 나타나신 것을 말하고 있다.

가나 잔치에서 물로 포도주를 만드신 것과 5,000명에게 떡을 먹이신 것은 주의 최후의 만찬의 기적의 전주곡이었던 것이다.

예수가 그의 부활 전에 공생애 사역에서 행한 구체적인 이적을 다음 표에서 제시하였다.

예수의 기적	마태복음	마가복음	누가복음	요한복음
• 신하의 아들을 고치심		1:23-28	4:33-37	
• 베드로 장모 고치심	8:14-15	1:29-31	4:38-39	
• 나병환자를 고치심	8:1-4	1:40-45	5:12-16	
• 가나에서 물로 포도주를 만드심				2:1-12
• 물고기를 기적적으로 잡으심			5:1-11	
• 중풍병환자를 고치심	9:1-8	2:1-12	5:18-26	
• 손 마른 자를 고치심	12:9-14	3:1-6	6:6-10	
• 가버나움에서 신하의 아들을 고치심				4:43-54
• 백부장 하인을 고치심	8:5-13		7:2-10	
• 나인성 과부의 아들을 살리심			7:11-17	
• 바다를 잔잔하게 하심	8:23-27	4:35-41	8:22-25	
• 가다라지방의 귀신들린 사람을 고치심	8:28-34	5:1-20	8:26-39	
• 38년된 중풍병환자를 고치심				5:1-17
• 혈루증 앓는 여인을 고치심	9:20-22	5:25-34	8:43-48	
• 야이로의 딸을 고치심	9:23-26	5:35-43	8:49-56	
• 나사렛에서 두 명의 소경을 고치심	9:27-31			
• 귀신들려 벙어리된 사람 고치심	9:32-34			
• 5,000명을 먹이심	14:13-21	6:34-44	9:10-17	6:1-14
• 물 위로 걸으심	14:22-33	6:44-52		6:16-21
• 게네사렛 땅에서 병든 자를 고치심	14:34-36	6:53-56		
• 수로보니게 여인의 딸을 고치심	15:21-28	7:24-30		
• 귀먹고 어눌한 자를 고치심		7:31-37		
• 4,000명을 먹이심	15:32-39	8:1-9		
• 베데스다에서 소경을 고치심		8:22-26		
• 예루살렘에서 나면서 소경을 고치심				9:1-41
• 간질병환자 아들에게서 귀신을 쫓아냄	17:14-21	9:14-29	9:37-43	
• 18년 귀신 들려 있던 여인을 고치심			13:11-17	
• 고창병이 든 남자를 고치심			14:1-6	
• 10명의 나병환자들을 고치심			17:11-19	
• 여리고에 있는 소경을 고치심	20:29-34	10:46-52	18:35-43	
• 감람산, 칼에 잘린 종의 귀를 고치심			22:50-51	
• 죽은 지 나흘이 되는 나사로를 살리심				11:1-44
• 최후의 만찬	26:26-30	14:22-26	22:19-20	

Chapter 10
예수교육학의 세계화

갈릴리 시골 지방에서 일어난 예수의 사역은
그의 제자[사도]들에게로 이어져
그가 하늘나라로 승천하신 지 불과 30여 년 만에
세계적인 도시 로마에 까지 이르렀다.
예수교육학의 세계화의 막이 올라가기 시작한 것이었다.
전 세계로 뻗어 나가기 시작한 그 흐름은
오늘 이 시대에도 계속 진행 중이다.

1
사도들의 세계

사도들 세계의 역사적 배경

예수가 처형된 것은 AD30년, 로마 황제 네로에 의한 박해가 AD64년, 이것은 정말 신기한 현상이라고 밖에 말할 수 없는 사실이다. 그것은 예수가 돌아가신 것이 34년인데 그를 교주로 하는 기독교는 로마에서 탄압을 받지 않으면 안 될 만큼 대형 종교단체가 되어 있었다는 사실이다.

'탄압을 받지 않으면 안 된다'는 표현은 조금은 이상하지만 이것은 로마의 종교박해는 사실은 황제 네로가 "로마의 대화재Great Fire of Rome는 네로의 방화放火"[118]라고 격분한 민중을 진정시키기 위해서 기독교도를 방화범인으로 몰아서 처형한 사건이기 때문이다.

당시 로마에는 이미 기독교는 황제에게도 일반 사회에게도 알려진 종교단체로 사회로부터 백안시白眼視되고 그러면서도 어떤 위화감違和感을 가져다주고 있었음을 시사하기 때문이다. 그렇지 않으면 범죄의 책임을 전가轉嫁할 대상이 될 수가 없을 것이다.

로마의 역사가 타키투스Publius Cornelius Tacitus는 이 화재가 목조 경기장의 스탠드 아래의 매점에서 화재가 발생하여 일어난 것으로 기

---

118) Dando-Collins Stephen(September 2010). *The Great Fire of Rome*. Da Capo Press.

록하고 있다.[119] 이러한 경우에 패닉상태가 되어 온 관중들이 혼란에 빠져 대참상大慘狀이 일어나기 때문에 수많은 희생자가 발생하는 것은 조금도 이상한 일이 아니다.

[로마제국의 기독교 박해]

이것은 후대의 전술 로마에 퍼졌던 '대박해大迫害'와는 달리 오히려 국지적인 사건이고 기독교도에 있어서는 불행한 사건이었다. 그러나 이것으로 64년에 기독교도가 상당한 세력을 가지고 있었다는 것을 증명해 준다.

불과 34년, 갈릴리에서 발생한 구약의 종교, 오히려 유대교의 한 분파分派라고도 할 수 있을 기독교가 제국의 수도 로마에까지 진출하는 것은 너무 짧은 기간이라고 말하지 않을 수 없다. 특히, 통신에도 여행에도 제한이 있었고 매스컴도 없는 사회였다. 거기에 이것을 "수수께끼 34년"이라고 말하는 사람이 있을 정도로 이것은 알 수 없는 수수께끼임에 틀림이 없다.

---

119) Ronald Mellor(2010). *Tacitus' Annals*. Oxford: Oxford University press. p. 23.

여기에는 다양한 역사적 배경이 제시되고 있는데, 그 일부는 앞서 제1장에서 언급한 바 있다. 요약하면 이스라엘을 헬레니즘화하려고 한 것이 거꾸로 로마의 기독교화化를 낳은 것으로 역사의 아이러니라고도 말할 수 있을 것이다.

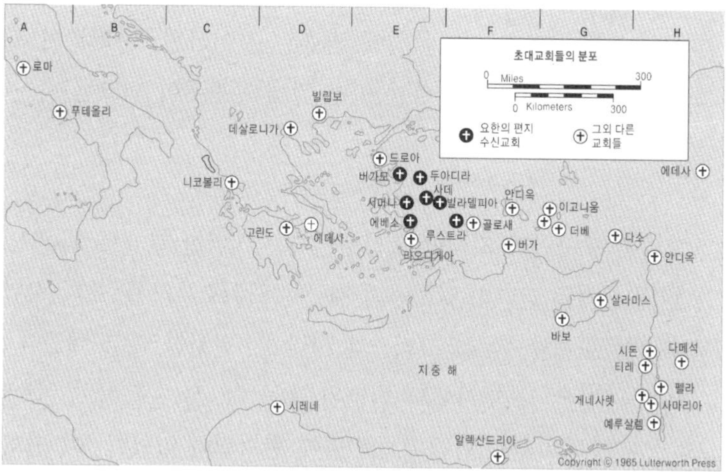

[사도시대의 유대인 디아스포라 인구가 집중된 도시들]

로마권圈의 공용어인 코이네 헬라어로 신약성경이 기록되어 이것이 일부 유대인의 일상어가 된 것과 동시에 "모든 길은 로마로 통한다"는 광대廣大한 로마권으로 자유롭게 진출하고 이민移民이 가능했다는 것, 등이 작용하고 있다.[120] 말하자면 로마 가운데 기독교의 전진거점前進據點이 있었기 때문이다.

더욱이 크게 작용한 것은 로마의 종교정책이었다. 당시의 세계는 '종교법의 세계'였는데, 로마는 점点과 선線 즉 주요도시, 항만,

120) V. Tcherikover(1970). *Hellenistic Civilization and the Jews*. New York: Atheneum, pp.292–295.

도로는 지배하더라도 면面인 그 내부에는 발을 들여 놓으려고 하지 않았다. 이것은 빌라도의 태도에서도 나와 있는데 빌라도만이 아니라 모든 로마권에 통하는 공통의 기본정책이었다.

사도행전에서는 갈리오라는 총독이 바울을 체포하여 법정에 연행한 유대인들에게 다음과 같이 말하고 있다. "그러나 문제가 언어와 명칭과 여러분의 율법에 관련된 것이라면, 여러분이 스스로 알아서 처리하시오. 나는 이런 일에 재판관이 되고 싶지 않소"18:15.

그러면 로마인과 지배받은 현지인과는 어떠한 관계로 되어 있었던가? 그것은 간단히 말하자면 계급제로 위로부터 ① 로마 시민(로마시민권을 가진 자), ② 그리스계 시민, ③ 현지인, ④ 노예였다.

로마 시민은 각 도시에서 원로원세나투스Senatus을 만들어 그 밑에 그리스계는 민회[121]를 만들고, 그 밑에 현지인이 있었다. 이 민회의 기능 방식은 예루살렘의 최고법원산헤드린과 같은 것이었다. 이 '에클레시아'를 신약성경, 특히 사도 바울은 '교회'의 의미로 사용하고 있다.[122] 이것은 당시의 상태를 생각하면 조금도 이상한 일이 아니다. '회당'은 유대인의 '민회'였던 것이다.

이상과 같이 종교는 자유이고, 종교법적 자치가 있을 정도의 인정받고 있었다. 다만 종교종파를 불문하고 복종을 나타내기 위해 로마황제의 상像앞에서 향을 피울 의무가 있었다. 유대인은 그

121) 로마 민회에 대해서는 '코미티아', 스파르타 민회에 대해서는 '아펠라', 아테네 민회에 대해서는 '에클레시아'로 했는데 로마에서도 '에클레시아'로 부르기도 했다.

122) 박영호(2016). 바울은 왜 교회를 에클레시아로 불렀는가? **신학논단**. 제23권 제2호. 한국신약학회, pp.401-440.

것을 거부하고 때로는 문제가 되었던 신전神殿에서의 로마 황제를 위하여 제물을 바치는 것이 대체로 면제되어 있었다. 이러한 점에서 로마인들은 진정 '정치적 민족'이었던 것이다.

이와 같은 전제가 있었다고 말하더라도 앞에서 언급한 34년이란 너무 빠르다. 그러면 그 이유는 무엇인가?

사도 바울의 등장

종교宗教가 전도傳道없이는 넓게 퍼져 갈 수가 없다. 그리하여 여기에 등장하는 것이 아마도 인류역사상 최대의 전도자라고 생각되는 사도 바울이다. "바울 없이는 기독교 없다"는 말은 분명히 할 수 있다. 그는 이후의 서구문명西歐文明의 방향을 정하였다기보다 세계 문명의 방향을 정한 사람이라고 말할 수 있다.

그는 분명히 '전도자'라고 말할 수 있다. 그러나 단순한 전도자가 아니다. 그는 그 나름의 독자적인 그리고 매우 독특한 사상의 소유자였다. 그의 사상에는 지금까지 언급한 바와 같은 시대적 배경이 있으며 그는 정말 그 배경에 적절한 인물이었다. 그것은 '다소Tarsus 태생의 로마시민으로 유대인'이라는 그의 출생이 말해주고 있다.

다소는 지금까지 별로 알려져 있지 않은 터키의 시골마을인데 당시는 동東지중해 최대의 항구의 하나로 철학의 중심에 있었다. 아테네, 알렉산드리아와 같은 수준의 다소였다. 다소는 로마 황제 아우구스토스의 은사 아데노토로스의 출신지로서 지적인 존경을 함께 가지고 있었다. 말하자면 헬레니즘의 문화와 사상의 한 중심지였다는 것이다.

바울은 여기에서 유년시절을 보내면서 교육을 받았다. 그렇기

[다메석 도상에서 예수를 만난 사울]

때문에 그리스어語의 구술로 편지를 쓰고 스토아학파學派의 표현을 사용하였으며 그리스 철학의 강당講堂에서 그리스어 강의講義를 할 수 있었고 아테네에서 정식으로 체제를 갖춘 연설이 가능했다.

동시에 그는 "나면서부터 로마 시민"이었다. 말하자면 그것은 그의 아버지나 할아버지가 상당한 성공자로 어떤 방법으로든 로마 시민권을 입수했을 것이며, 로마 시민으로서의 특권을 누리고 있었음을 보여준다. 이것은 커다란 권리로 특히 '가이사 상소권上訴權'은 무슨 일이 생겼을 때 로마 지방의 총독은 독단으로 그를 처리할 수 없다는 것을 말한다.

예컨대, 예수와 같은 상태가 되었을 때 만일 "가이사에게 상소한다"고 하면 빌라도는 그를 로마에까지 호송해야 하는 의무가 있었던 것으로 된다. 바울은 로마까지 왔는데 이것은 그를 로마까지 '가이사 상소권'을 행사하여 호송되어 왔다는 것이다.

바울은 유대인이었다. 그렇지만 그는 단순한 '평범한 유대인의 한 사람'이 아니라 젊지만 예루살렘에 유학하여 당시의 유대교 최고의 랍비, 최고법원의 한 사람인 가말리엘의 문하門下에서 공부하고 율법에 정통한 바리새파의 지식인知識人었던 것이다.

가말리엘은 루난이 '예수의 정통적 아버지'라 부른 힐렐Hilel BC60–AD20의 제자로 아들(일설에는 손자라고 함)인데 AD25년에서 50년 무렵까지의 유대교의 지도자였다. 힐렐은 당시의 평민사상을 대표하는 매우 관용스러운 사람으로 이것을 '신 바리새파'로 종래의 바리새파와는 구별되는 사람이었다.

또 가말리엘은 겸손한 사람으로 미슈나[123]에는 "라반 가말리엘과 죽음과 함께 율법의 영광이 쇠하였다. 순결과 절제가 사라졌다"고 기록되어 있다.

또 사도행전에는 대제사장들이 사도를 박해하려고 했을 때 이에 반대했다고 기술되어 있다. 그 때문에 후에 그가 비밀히 기독교로 개종했다고 하는 전설이 있는데 이것은 아마도 사실이 아닐 것이리라.

바울의 특징

'다소 출생의 로마 시민으로 유대인'이란 이상의 3가지 특징을 구비한 인물, 지금의 말로 한다면 전형적인 양호한 의미의 국제인이라고 말할 수 있을 것이다. 바울에게는 '안에 있는 사람속 사람'과 '밖에 있는 사람겉 사람'이라고 하는 말이 있는데, 이 생각도 여기에 해당하는 말도 구약성경에는 없다. 말하자면 이 사상은 신약성경, 특히 국제인 바울에게 있어서 독특한 것이라 할 수 있다.

이 말의 사용하는 방법은 다양한 '속 사람들'과 같은 경우는 교회의 안과 밖의 의미, "안에 있는 사람으로서 하나님의 율법을 섬기고 있으며" "겉 사람은 낡아가나, 우리의 속 사람은 날로 새로워집니다" 등은 내적 인간, 외적 인간의 의미이다. 그러나 용법의 다름은 기본적인 의미가 다르지 않고 이상의 두 가지 용법은 물론 관련이 있다.

---

123) '미슈나'는 랍비들이 모세 율법에 관한 고유의 해석과 및 그 율법면에서 유대인들에게 필수적인 행동과정을 각각 논의했을 때 그들의 대화를 구전화口傳化하여 전해 내려 온 것을 말한다.

이것은 확실히 구약성경에는 없는 생각이다. 구약성경에는 '속 사람'도 '겉 사람'도 일체이고 '속 사람'이 하나님을 믿는다면 '겉 사람'은 하나님의 율법을 완전하게 지키고 있을 터이고, '속 사람'이 하나님을 믿으면서 '겉 사람'은 율법을 무시하고 있는 것 등의 발상은 있을 수 없다. 바울에게 이 독특한 사상이 나오는 것은 역시 그의 생애와의 관련에서 이해해야 할 것이다. 이른바 그의 일생은 '겉 사람'으로서는 로마법에 따르고, 그 보호를 받으며 또 스스로도 그것을 이용하는 인간이지만, '속 사람'은 어디까지나 유대인이었다.

그러나 이것은 유대인에게는 도저히 인정받을 수 없는 것이었다. 그들에게 있어서는 하나님과의 계약이 절대적이고 그 계약인 율법을 준수한다는 것이 곧 신앙이며 구원이기 때문에 바울과 같은 생각을 받아들일 여지가 있을 수 없다. 이것은 현대에서도 이슬람교도에게 있어서 알라를 신봉하는 것과 종교법을 준수하는 것이 같은 것으로 종교법의 부정否定은 그대로 알라의 부정이 되기 때문이다.

이렇게 생각하면 바울의 사상이 당시의 세계에 있어서 얼마나 독특한 것인지가 이해가 갈 것이다. 그리하여 이 생각은 '속 규범規範'과 '겉 규범'이라는 모양으로 그 후의 서구문명의 방향을 결정하였던 것이다. 말하자면 '법法'은 어디까지나 외적 규범이어서 그 사람의 속 마음에 들어가는 것을 허용하지 않는다고 하는 원칙이 확립되어 있지 않으면 '신앙의 자유'도 또 '언론의 자유'도 있을 수 없는 것이기 때문이다.

신약성경 27개의 책들 가운데는 바울이 쓴 것으로 생각되는 편지가 13편 있다. 그러나 그 속에는 바울의 이름으로 되어 있지만 그의 제자 등이 쓴 것이 아닌가 하고 생각되는 것도 있는데 그것이 명확한 디모데 전 · 후서와 디도서는 목회서신牧會書信으로 별도로 다룬다.

이 외에 데살로니가전 · 후서, 에베소서, 골로새서 등에 대해서도 의문이 있지만 대체로 '바울적'이라고 보면 된다. 또 사도행전의 거의 반은 바울에 대해서 기록되어 있는데, 그 일부는 그와 동행한 누가의 직접적인 기술記述이다. 즉 누가가 '우리들'이란 말로 쓰여 있는 부분으로 이것은 귀중한 자료이다.

[교회 앞으로 편지를 쓰는 사도 바울]

이상과 같은 점에서 예수와는 달리 바울에 관한 직접적인 자료는 많지만, 그러나 바울은 자신의 것은 거의 진술하고 있지 않기 때문에 그 생애의 세부에 대한 것은 알기 어렵다. 또 사도행전과 바울의 편지 사이에는 다른 점도 있다.

그러나 그가 다소 태생의 로마 시민인 유대인이고 벤냐민 지파의 출신이며, 랍비 가말리엘에게 배우고 많은 유대인처럼 직업을 갖고 전도 중에서도 천막을 만드는 것으로 생계를 유지한 것은 분명한 사실이다.

출생은 AD5–6 무렵으로 그는 64년 네로의 박해 때 순교를 한 것으로 생각된다. 그는 젊고 열심있는 바리새인으로서 최초는 기독교 박해자의 측에 서서,

다마스코스의 교외에서 극적인 회심回心을 한 그는 교회의 박해자였지만 그가 회심하게된 것은 사도행전에 3회 기록되어 있는데, 그 자신은 편지 속에서 이에 대해서 아무런 언급도 하지 않았다. 다만 교회의 박해자였던 그가 회심하게 된 것을 스스로 말한 것이 남아 있다.

그는 생전에 예수를 만난 적이 없다. 그러나 어떤 특수한 체험에서 예수를 만나 부활의 주主를 만났다고 하는 확신은 생애, 움직일 수 없는 확신이었다. 이러한 점에서 부활의 주를 만난 베드로를 위시한 사도들과 자기는 동일하다고 믿고 있었다. 이것도 또 나중에 기독교를 크게 특징지우는 결과를 가져왔다.

다만 전에 언급한 바와 같은 유대인이 갖는 메시아상像을 생각한다면 이 생각이든 '속 사람', '겉 사람'이란 생각이든 그것이 전통적인 팔레스틴의 유대인들에 받아들이지 않게 된 것은 신기한 일이 아니다. 이와 동시에 "메시아가 왔는데도 유대인들은 완악하여 이것을 거부했다"고 하는 생각이 바울의 전통을 강하게 갖는 초대 기독교인에 있어서도 역시 신기한 일이 아니다.

기독교와 유대교의 분열은 실로 바울에게서 비롯된다고 말해도 좋을 것이다. 지금도 유대교는 예수까지를 히브리 사상사思想史에 넣고 있는데, 바울을 넣지 않는다. 또 이슬람교에서도 예수를 마호메트에 다음가는 최대의 예언자로 보지만 바울은 전혀 평가하지 않는다.[124)]

---

124) 강설률(2006). 예수의 정체성에 대한 고찰. **기독교철학** 제7호, pp.15-17.

바울과 구약성경

그런데 당시의 디아스포라Διασποραι의 유대인의 총인구는 팔레스틴의 그것보다도 많았다. 이 사람들은 바울과 같은 생각을 받아들이기가 쉬웠다. 거기에서 바울의 전도가 오로지 '이방인으로의 전도'와 같이 되어 그가 '이방인에의 사도'로 칭하게 된 것이 이상한 일이 아니다.

실제로 사울(=바울)이 그가 다마스쿠스의 도상에서 환상 중에 예수를 만났을 때 그 예수는 다마스쿠스에 살고 있는 아나니아라는 제자에게 나타나 아나니아에게 사울을 만나보기를 요청하였다. 이 때 사울이 어떤 사람인 것을 아는 아나니아는 놀라서 주저하고 있을 때 주께서는 아나니아에게 앞으로 사울이 어떠한 역할을 할 것인지를 명백하게 알려 주셨다.

> 아니니아야, 가거라, 그는 내 이름을 이방 사람들과 임금들과 이스라엘 자손들 앞에 가지고 갈, 내가 택한 그릇이다. 그가 내 이름을 위하여 얼마나 많은 고난을 받아야 할지를, 내가 그에게 보여주려고 한다사도행전9:15-16.

바울의 활동 근거지는 우선 시리아의 안디옥이었다.[125] 바울이 안디옥을 근거지로 선정하는데 다음과 같은 이유가 작용하였을 것으로 짐작된다. 왜냐하면 안디옥에는 상당히 큰 유대인 공동체가 있었으며, 스데반 순교 이후 사울의 기독교 박해로 많은 유대

125) 오론테스 강(터키 이름은 아시 강) 하구에 위치하며 BC300년 그리스인이 건설했으며 셀레우코스 왕국의 중심지로서 번영을 누리다가 BC 64년 로마에 넘어가 시리아 속주의 수도가 되었다. 가장 유서깊은 그리스도교 신앙전통을 지닌 곳으로 47~55년에는 사도 바울로의 전도근거지였다.

기독교인들이 이곳으로 피신하여 큰 규모의 신앙공동체를 형성한 것으로 보이기 때문이다.

그리고 안디옥에는 사도행전 11장과 13장에 언급된 것처럼 이방인들 중심의 안디옥 교회가 있었을 뿐만 아니라, 그곳으로 흩어진 유대인 기독교인 중심의 교회들도 있었던 것으로 보인다. 마태복음이 최초에 이그나티우스Ignatius와 일명 12제자들의 교훈서『디다케Διδαξηε』의 기록을 통해서 알려진 사실도 이러한 이해를 더욱 지지해주고 있다.

그 당시 유대인의 디아스포라가 가장 중요한 영향을 받는 것으로 말하는 학자들도 있다. 예컨대, 산토스Santos와 같은 사람은 유대인의 박해 운동으로 촉발된 유대인들의 디아스포라가 기독교 전파에 크게 영향을 주었다고 한다.[126] 바울시대의 디아스포라의 인구가 5, 6백만으로 팔레스틴 본국의 인구수보다 많았다고 한다.

당시에 가정교회의 규모는 대체로 50명 정도였던 것으로 알려져 있다. 다른 헬라 도시들과 같이 안디옥에는 이러한 가정교회들이 여러 곳에 있었던 것으로 보인다.

바울은 그 생애에 3회에 걸쳐서 큰 전도여행을 하였다.

바울은 외견外見은 별로 뛰어난 사람은 아니었던 것 같다. 고린도 교회에 보낸 편지를 보면 사람들은 바울에 대한 평이 나온다. "바울의 편지는 무게가 있고, 힘이 있지만, 직접 대할 때에는, 그는 약하고, 말 주변도 변변치 못하다"라고 말하는 사람들이 있다

126) Narry F. Santos(2010). Diaspora in the New Testament and Its Impact on Christian Mission. *Torch Trinity Journal*. 13. pp.3-18.

고 했다.

그의 사상思想은 주로 각 교회를 상대로 편지에 제시하고 있는데 체계적으로 제시한 것이 아니기 때문에 얼핏 보기에 모순되는 것처럼 보이는 경우도 있다. 따라서 그는 유대교의 율법주의를 부정하고 있는 것처럼 말하고 있지만 그것과 모순되는 말, 즉 자기를 "율법의 의로는 흠 잡힐 데가 없는 사람"으로 규정하고 있는 말도 있다.

그러면 그의 사상은 구약성경에서 아주 벗어난 것일까? 결코 그렇지 않다. '의義'란 인간이 율법을 '행하는 것'에 의해 스스로를 '의'로 하는 것이 아니라 하나님의 일방적인 자기주장自己主張이라는 생각은 구약의 욥기記에 있다. 이 하나님의 의에 대한 자기주장이 예수를 믿는 자를 의義로 한다는 것은 불의한 인간을 멸망시키지 않고 '하나님의 아들', '메시아=그리스도'가 십자가에 달림으로 인간을 구원하는 것이라는 사상은 '고난의 종'에 나타나 있다.

이에 대응하는 인간의 태도라고 말하면 욥과 같은 절대적 신앙과 '고난의 종'의 수난受難을 본 사람들의 회심回心에 지나지 않는다는 것으로 이것이 그의 예수 그리스도에 대한 절대적인 신앙이 되어 그것에 의한 하나님과의 화해가 죄의 용서로 연결되게 된다는 발상으로 되어 있다.

이러한 생각은 사실 구약적이어서 결코 헬레니즘으로부터 나온 것은 아니다.

또 그는 다니엘서書에 제시되어 있는 것 같은 '때의 종말終末'을 굳게 믿고 있었다. 따라서 외적인 체제나 외적인 규범은 거꾸로 조금도 문제가 되지 않고 회심에 의해 속이 되는 규범을 바꾸어 이 '종말'을 준비하는 것에 모든 것이 집중되어 있었다. 그리하여 그 때에는 하나님의 계획이 성취하여 모든 것이 그리스도메시아에 있어서 하나로 돌아가는 것에 이른다고 했다.

이것도 구약성경의 사상이다.

그러나 그것보다도 더욱이 큰 특징, 구약성경의 계통에 있는 특징은 바울에게는 명확하게 '구약', '신약'이라고 하는 생각이었다는 것이다. 물론 이전에 모세를 통하여 주어진 낡은 계약에 대해서 예수 그리스도를 통하여 새로운 계약이 주어졌다고 하는 생각은 마가복음에도 있고, 신약성경 전반에 걸쳐서 있다고 말하는데 구약을 명확하게 하고, '낡은 계약'이라 정의하고 있는 것은 바울일 것이다.

그리하여 그의 생각은 앞에서 언급한 예레미야의 '미래의 계약'이라는 생각에 대응하는 것이다.

이 절대자와의 계약이 갱신될 수 있다고 하는 생각도 큰 영향을 서구사회에 미치어 이것은 그리스도교 문화의 특질이 되었다. 같은 구약으로부터 나온 것이라고 해도 이슬람교에는 이러한 발상을 찾을 수 없다.

이처럼 바울은 구약의 전통을 유지하면서 이것을 새롭게 미래를 향하여 발전시키고 전한 사람이었던 것이다.

2

성령의 사역

오순절 성령 강림의 사역使役

갈릴리 시골 마을 한 구석에서 시작된 예수의 사역이 전 세계로 급속히 뻗쳐 나간 가장 중요한 원인 가운데 하나로 결코 빼 놓을 수 없는 것은 오순절 제자들이 성령 체험을 한 사건을 통해 제자들로 하여금 전도傳道의 불을 붙였다는 사실이다.

오순절은 아무리 강조되어도 지나치지 않은 사건이다. 성육신의 사건과 같이 오순절의 사건은 역사 속에서 중요한 질서의 사건이었다. 성령을 강하고 급한 바람으로 상징한 것은 영靈이란 말, 히브리어 '루아흐רוח'의 기본적인 의미에서도 알 수 있다. "바람은 불고 싶은 대로 분다. 성령도 이와 같다"라는 요한복음 3:8절의 구절 속에서 니고데모에게 하신 예수의 말에서도 물론 명백하다.

동시에 불의 혀처럼 나타나서 모든 사람들의 머리 위에 머물렀다. 바로 이 사실은 예수는 성령과 불로서 세례를 베풀 것이라는 세례 요한의 예언대로 이루어 진 것이다. 불같은 혀들이라는 말은 어느 누구도 그를 통하지 않고는 성령의 새 시대에 들어 갈 수 없다는 것이다.

왜냐하면 바로 그 영은 "그는 원하시는 대로 각 사람에게 은사를 나누어주시는 영"이기 때문이다. 성령의 선물은 교회의 전체나 개인의 입장에서 살펴보면 집합적이면서도 개인적이다.

성령에 의하여 권능을 부여받고 사도들은 하나님의 능력 있는 일을 선포하기 시작했다. 팔디아Parthia나 혹은 로마에서 온 경건한 유대인들은 이 사람들이 각각 자기 나라의 말로 하나님의 능하신 일에 대해 말하는 것을 듣고 놀랐다.

각기 자기 나라의 말로 하나님의 말씀을 듣게 입과 귀를 열어주신 것은 앞으로의 선교의 세계화를 암시한다. 이제는 세계에로의 선교의 확장을 예시하는 것으로 볼 수 있다. 예수의 교육활동의 국제화國際化, 세계화世界化의 길로 접어 든 것을 말한다.

["이들은 술에 취한 것이 아니요 요엘의 말씀대로 된 것입니다"사도행전 2:15]

베드로의 성령에 감동된 설교에 대한 반응으로 많은 사람들이 그리스도를 영접하고 세례를 받았다. 그 결과 초대 교회가 탄생한 것이다. 성령을 부어 주신 이 오순절 사건과 더불어 이른바 '성령의 나누어 주심'이 시작되었다.

하나님께서 그의 성령을 모든 육체에 부어 주실 것이라는 선지자 요엘의 예언이 성취되었다. 또는 성령이 오시면 친히 제자들에게 마땅히 해야 할 말을 가르쳐 주실 것이라는 예수의 말씀도 성취成就되었다. 성령의 오심에 대한 예수의 가르침의 가장 정교한 내용은 요한복음 14장에서 17장에 있다.

이 내용이 명백히 보여 주는 바에 의하면 성령의 일차적인 사역은 주의 말씀을 전하는 제자들의 마음을 조명하여 그리스도께서 영광을 받으시게 하는 것이다. 바로 이러한 역사가 오순절 사건과 사도행전 전체에 걸쳐서 전개되고 있는 것이다. 성령의 능력에 의한 사도들의 전파로써 사람들이 어디에서나 죄에 대하여, 의에 대하여, 심판에 대하여 책망을 받았다.

[첫 순교자 스데반 집사]

사도행전에 의하면 오순절로 시작하여 결국 보편적 교회를 세우게 된 모든 역사적 운동은 성령의 세례에서 시작되었고, 성령의 지시와 통제아래에 있었다. 성령의 임재臨在는 기독교 사회의 독특한 표식標式이 되었다.

스데반 집사의 순교와 제자, 사도들의 선교활동

초대 교회 최초의 순교자 스데반 집사. 그는 성령과 지혜가 충만한 사

[고넬료에게 세례를 베푸는 베드로]

람으로 교회 안에서의 구제 사역을 맡은 일곱 집사 가운데 한 사람으로 기사와 표적을 많이 행하였으며 지혜와 성령의 충만함으로 여러 사람과 변론하여 이겼다.

이 때문에 그는 공회에 잡혀 갔으며 공회 앞에서 당당하게 복음을 변증한 결과 그의 설교를 들은 완악한 회중에 의해 돌에 맞아 순교하였다. 그의 순교는 이방에로의 선교의 기폭제가 되었다.

성령께서 빌립에게 구스 내시에게 가라고 지시하셨고, 그 후에 "빌립을 이끌어" 갔다. 욥바에서 성령께서는 베드로에게 말씀하셨고 그를 가이사랴의 로마 군대 백부장 고넬료에게 세례를 주었다. 이방인에게도 성령이 임하시는 것을 볼 수 있었다.

성령은 안디옥 교회에서 바울과 바나바를 선교사로 세우는 일에 함께 하셨고, 그 선교에서 야기된 중요한 문제를 협의하는 데 있어서 교회를 지도하셨다. 성령께서는 바울이 아시아에 들어가는 것을 허락지 않으셨고, 특별히 아가보의 예언을 통해서 예루살렘의 유대인들이 꾀하는 악한 의도에 대해 바울을 경고하셨다.

바울은 에베소의 장로들에게 말하기를 성령께서 그 교회를 돌보도록 그들로 감독자를 삼으셨다고 했는데, 아마 바울은 모든 교회에 대해 이 사실을 말하고자 했을 것이다. 따라서 교회의 나이는 성령의 나이라고 생각할 수 있으며,[127] 그 이전의 시기는 성령이 "아직 저희에게 계시지 아니"한 때라고 말할 수 있을 것이다.

비록 그 절대적 의미를 글자 그대로 주장할 수는 없지만 오순절 사건 이전과 이후의 차이는 매우 엄청나기 때문에 절대적인 의미에서 서술할 수 있는 것이다.

[바울이 아덴(아테네)의 아레오바고에서 말씀을 전하다]

바울서신 속에 나타난 성령

바울서신은 신약성경에서 성령론에 대해 충분히 다루었다. 성령에게 탁월한 지위를 부여해 준 사도행전의 가르침과 조화를 이루는 가운데 바울은 성령의 은사를 영적인 능력과 내적인 기쁨과 도덕적 정결함과 종교적인 거룩하게 하심과 더불어 관련시켰다.

---

127) James D. G. Dunn(2006). *Unity and Diversity in the New Testament: An Inquiry into the Character of Earliest Christianity*. SCM Press. PP.58-74.

예언의 은사恩賜에 대해서 바울은 그리스도인들에게 그 은사를 무시하지 말라고 했다. 왜냐하면 예언의 은사를 멸시하는 것은 성령을 소멸하는 일이 될 수 있기 때문이었다. 또한 성령의 영감靈感에 의한 것이라고 사칭詐稱하는 모든 가르침을 무분별하게 받아들이는 것도 삼가라고 권면했다.

이러한 중요 문제뿐만 아니라 바울은 다른 곳에서 명백하게 표현되지 않았으며 새로운 계시로 간주할 수 있는 성령에 대해 그들이 하나님의 자녀인 것을 증거하며, 그들이 하나님을 그들의 아버지로 부를 수 있도록 하는 분은 성령이시다.

[에베소에서 유대인들의 소동으로 로마군인이 바울을 병영 안으로 데려감]

성령은 진정한 교회의 표식 중에 하나로 여겨지는 보편적 연합聯合의 띠다. 여기서 바울의 사상을 몸으로서의 교회에 대한 그의 상징과 연결시키는 것이 도움이 된다. 성령은 그 몸에 생명을 불어 넣는 분이시다. 한 성령으로 모두 "세례를 받아 한 몸이 되었고 또 다 한 성령을 마시게 하셨다"고린도전서 12:13.

이 성령의 은사들은 교회의 덕을 세우기 위해 주어진 것이다. 그리스도인들은 성령 안에서 서로 사랑한다. 그들은 성령 안에서 교제交際한다. 그들은 성령 안에서 예배한다. 교회는 성령 안에서 하나님의 백성으로서 함께 지어져 가는 그리스도인으로 구성되어 있다.

따라서 교회는 먹으로 쓴 것이 아니라 살아계신 하나님의 성령으로 나타난 그리스도의 편지가 된다.

오늘도 진행되고 있는 사도행전

성령은 인간의 구속 사역에 밀접하게 관계되어 있다. 그는 도덕적 정결함으로 이끄는 장본인이며 또한 선지자들을 감동시켜 장차 오실 구주에 대해 예언하게 하신 성령이시다. 때가 이르니 구주에게 기름을 부으시고 모든 충만함으로 그에게 머물러 계셨던 분도 성령이시다.

마지막 날에 성령께서는 그의 은사들을 전 세계에 널리 확대시킴으로써 새 이스라엘, 택한 백성, 보편적 교회를 일으켜 세우신 후 그들에게 그리스도를 증거할 수 있는 능력을 주시고 그들을 모든 진리 가운데로 인도하시는 것이다.

이 모든 일은 개인의 성령을 새롭게 변화시킴으로써 성취되는데 성령께서 친히 그들의 심령 가운데 내주內住하시고 그들을 그의 성전으로 삼으시고 그들을 내적으로 정결케 하신다. 또한 세상과 육신과 마귀와의 싸움에서 그들의 편이 되어 주시고 하나님께 대한 열망熱望에 더욱 불붙여 주신다.

오순절에 임하신 성령의 사역은 오늘도 진행 중이시다. 마가의 다락방에서 오순절 사건은 하나님의 구원사역의 종결점이 아니라 일대 전환점이었고 삼위일체 하나님의 종말론적 구원사역의 또 다른 출발점이기도 하였다.[128)]

사도 바울을 통해서 로마, 유럽대륙에까지 전파된 기독교는 성령의 지속적인 사역使役으로 아프리카 대륙으로, 남북아메리카로 번져 갔고 그 물결이 남북아메리카 대륙에서 다시 아시아대륙으로 전파되어 동남아시아, 동북아시아를 거쳐 근동지방, 팔레스틴 쪽으로도 향하고 있다.

그것은 예수의 지상地上에서의 마지막 말씀에 충실하게 수행하고 있는 오늘의 수많은 제자들을 통해서…….

예수께서 그들에게 말씀하셨다. "나는 하늘과 땅의 모든 권세權勢를 받았다. 그러므로 너희는 가서, 모든 민족民族을 제자弟子로 삼아서, 아버지와 아들과 성령聖靈의 이름으로 세례洗禮를 주고, 내가 너희에게 명령한 모든 것을 그들에게 가르쳐 지키게 하여라. 보아라, 내가 세상 끝 날 까지 항상 너희와 함께 있을 것이다"마태복음28:18-20.

---

128) Paul Barnett(2002). *Jesus, the Rise of Early Christianity: A History of New Testament Times*. InterVarsity Press. p.21.

맺는말

오늘도 진행되고 있는 예수교육학 신약성경

구약성경이 히브리인이 쓴 자화상自畵像이라면 신약성경은 초대 교회의 신앙공동체를 이루고 있던 사람들의 이상상理想像이라 할 수 있다. 구약성경이 히브리인의 자기이해自己理解가 만들어 낸 작품이라면 신약성경은 초대 교회의 구성원들이 세계인으로서 원대한 인류 구원救援의 꿈을 품고 쓴 예술품이다.

갈릴리 변방지역에서 일어났던 시골내기 한 사나이, 예수에 의해 촉발된 비전은 그의 갈릴리 촌뜨기 제자들에 의해 그대로 지난 2천 여 년 동안 실현되어 왔다. 그 비전은 앞으로도 예수교육학의 제자들에 그대로 계승, 전승되어 그가 다시 오실 그 날까지 계속 변함없이 이루어져 갈 것이다.

예수의 공생애와 초대교회에서 역사役事하신 성령은 시공時空을 초월하여 오늘도 동일하게 역사하신다. 성령은 과거에도 역사하셨고, 오늘도 역사하시며, 미래에도 역사하실 것이다. 성령은 살아계신 하나님의 창조와 생명의 영이시요, 언제나 우리와 함께 거하시기를 원하시는 예수의 자유와 사랑의 영靈이시기 때문이다.

예수교육학의 주인공은 오늘도 말씀하신다. "세상 끝 날 까지 항상 너희와 함께 있을 것이다."라고.

이 시간에도 지구 방방곡곡 구석구석에까지 예수의 명령을 충실히 지키려는 수많은 제자들에 의해 그의 교육학이 수행되고 있다.

오늘 이 순간 예수를 따르는 이들은 예수교육학의 실천현장보고서를 어떻게 기록하고 있을까? 우리의 신약성경이 어떤 모양으로 형성되어 가고 있는지…

참고문헌

강성률(2006). 예수의 정체성에 대한 고찰. **기독교철학**. 7호.

강승일 외 옮김(2016). **고대근동 문학선집**(James B. Pritchard 엮음). 서울: 기독교문서선교회.

강영수(2003). **유태인 오천 년사**. 서울: 도서출판 청년정신.

권혁봉 옮김(1991). **성경해석학**(Ramm Bernart 지음). 서울: 생명의 말씀사.

김구원 옮김(2013). **이스라엘의 성경적 역사**(Provan Iain 외 2인). 서울: 대한기독교서회.

김근수 옮김(1991). **마태복음 13장에 나타난 예수의 비유**(Kingsbury, J. D. 지음). 서울: 도서출판 나단.

김근수, 최갑종 옮김(1986). **예수님의 비유**(Kistemaker, S. 지음). 서울: 기독교문서선교회.

김덕기(1993). 최근 신약학 동향: 예수의 비유 연구의 방법론을 중심으로. **신학논단**. 제21집, 연세대학교 연합신학대학원, pp.323-356.

김동주(2006). 신약 목록순서의 역사와 마르틴 루터의 개혁. **한국교회사학회지**. 제19집. 한국교회사학회, pp.37-61.

김동주(2010). 초기 교부들의 70인역 이해에 대한 역사신학적 연구. **한국교회사학회지**. 제26권, 한국교회사학회, pp.137-169.

김득중 · 김영봉 옮김(1984). **예수의 치유 이적 해석**(William Barclay 지음). 서울: 컨콜디아사.

김명수(2009). **역사적 예수와 Q 복음서**. 서울: 대한기독교서회.

김성녀 옮김(2012). **내가 알지 못했던 예수**(philip Yancey 지음). 서울: 한국기독학생회출판부.

김수홍(2006). **옥중서신 주해: 에베소서, 빌립보서, 골로새서, 빌레몬서**. 서울: 기독교연합신문사.

김정우 옮김(2000). **요세푸스: 성경을 비추는 역사서**(Rogers, Clean. L. 지음). 서울: 엠마오.

김지찬 옮김(2004). **요세푸스 1. 유대고대사**(Josephus Flavius 지음). 서울: 생명의말씀사.

김찬국 옮김(1996). **이스라엘역사와 종교**.(Anderson G. W. 지음). 서울: 대한기독교서회.

김창선(2000). 그리스어 신약성서 본문비평본의 역사. **성경원문연구**. 대한성서공회. 제7호. pp.100-116.

김창선(2005). **한국교회를 위한 21세기 신약성서 해설**. 서울: 시유시.

김창영 옮김(2001). **신약 성경 문헌 연구**(F. F. 부루스 지음). 서울: 생명의말씀사.

김한성 옮김(2005). **유대인의 역사**(폴 존슨 지음). 서울: 살림.

김형동(2012). 한국신약학 50주년 회고와 전망: 공관복음 연구. **신약논단**. 제19권 제3호, 한국신약학회, pp.747-781.

김희성(2006). **신약의 배경사**. 서울: 대한기독교서회.

나태운(1993). **요한복음 서론의 그리스도적 의미에 관한 연구: 성육신의 의미를 중심으로**. 계명대학교 대학원 박사학위논문.

노세영 · 박종수(2003). **고대근동의 역사와 종교**. 서울: 대한기독교서회.

문정희 옮김(1999). **유대교 입문**(브라이언 렝커스터 지음). 서울: 김영사.

루돌프 불트만(2005). 바울(소기천 옮김). **신학논단**. 제10권 제3호. 연세대학교 연합신학대학원, pp.723-771.

류근상 · 김광모 옮김(2011). **신약의 역사적 신학적 개론**(월터 엘웰 · 로버트 야브루 지음). 고양: 크니스챤출판사.

류호영 옮김(2012). **신약성경 석의방법: 성경석의와 해석에 관한 매우 실제적인 지침**서(크레이크 브룸버그 · 제니퍼 마클리 지음). 서울: 대서.

박두환(2006). 예수와 초기 공동체 이적 신앙의 생태신학적 이해: 공관복음서의 이적사회를 중심으로. **신학사상**. 제134집, 한국신학연구소. pp.135-160.

박만수 옮김(1989). **초대교회연구: 현대교회를 위한 신약성경의 원리**(William S. McBirnie 지음). 서울: 기독교 문서선교회.

박아청(2016). **교육학의 원조 구약성경**. 서울: 교육과학사.

박영호(2016). 바울은 왜 교회를 에클레시아로 불렀는가? **신학논단**. 제23권 제2호. 한국신약학회, pp.401-440.

박은수 옮김(1987). **발레리 시전집**(폴 바레리 지음). 서울: 믿음사.

박정수 · 박찬웅 옮김(2008). **유대전쟁사Ⅱ**(플라비우스 요세푸스 지음). 파주: 나남.

박창환(1990). **신약성경해설**. 대한예수교장로회출판국.

박창환(1999). **성경의 형성사**. 서울: 대한기독교서회.

박형용(2005). 신약성경신학의 본질과 방법론. **신학정론**. 제23권 제1호, 합동신학대학원대학교, pp.72-109.

박호용(2009). 요한의 신학과 인류사상사 비교. **한국문화신학회 논문집**. 13권. pp.81-110.

배종열(2016). 신약성경 목록순서. **성경과 과학**. 80권 한국복음주의신학회, pp.187-213.

성종현(1995). 신약성경에 나타 난 성령이해. **장신대 성서학연구원 심포지움 7**. pp.53-60.

소기천(2004). **예수말씀 복음서 Q 개론**. 서울: 대한기독교서회.

소기천 · 윤달원 · 이달 옮김(2004). **현대적인 방법을 적용한 새로운 신약성서 개론**(P. J. 악트마이어 · J. B. 그린 · M. M. 톰슨 지음). 서울: 대한기독교서회.

서명옥(2015). '사람의 아들-그리스도론'과 복음화의 상관성. **신학지남**. 190. pp.97-140.

서영준(2015). 개혁주의 관점에서 살펴 본 쉐마교육. **개혁논총**. 제35권, 개혁신학회, pp.327-364.

서인선(2008). **신약(성경)을 어떻게 읽을 것인가?** 성결대학교 출판부.

성종현(1992). **공간복음서 대조연구**. 장로회신학대학출판부.

서중석 옮김(1990). **신약성서 이해**(하워드 클락 키이 옮김). 한국신학연구소.

서중석(2007). **복음서의 예수와 공동체의 형태**. 서울: 이레서원.

서중석 · 김명수 옮김(1984). **그리스도교의 기원에 대한 사회학적 연구**(하워드 C. 키 지음). 서울: 대한기독교서회.

성서자료연구원 옮김(1991). **요세푸스 7. 자서전 · 아피온반박문 · 논문**(Josephus Flavius 지음). 서울: 달산.

심현석 옮김(2008). **(알려지지 않은)신약성경 교회이야기: 신약성경의 이해를 위한 특별 지침서**(프랭클 바이올라 지음). 서울: 순전한나드.

유상현 옮김(2003). **초기 기독교의 형성**(에티엔느 트로크메 지음). 서울: 대한기독교서회.

유선명 옮김(2009). **신구약 성서신학**(브레버드 S. 차일즈 지음). 서울: 은성.

윤철원 옮김(2000). **목회서신**(Margaret Davies 지음). 서울: 이레서원.

윤화석(2007). **기독교교육 역사 및 철학**. 서울: 혜본.

오관만 옮김(1988). **하나님 나라**(Riddrbos, H. N. 지음). 서울: 엠마오.

요세푸스 플레비우서(1991). **요세푸스 1. 유대전쟁사. 1-3권**(Josephus, Flavius 하바드대학출판부 발행). 서울: 달산.

이성혜(2016). 역사 속에 행하시는 하나님과 이스라엘의 반응. **성경과 신학**. 제79집, 한국복음주의신학회, pp.1-25.

이영호(2005). 신약성경 비평방법의 동향과 전망. **성령과 신학**. 21호, pp. 26-57.

이전(2006). 예수의 생애와 기독교의 출발: 마빈 해리스의 연구 성과를 중심으로. **지중해 지역연구**. 제8권 제2호. 부산외국어대학교, pp.201-241.

이종한 옮김(2014). **신약성경신학**(요아힘 그닐카 지음). 칠곡: 분도출판사.

이찬일 옮김(1990). **성경탈무드**(마빈 토케이어 지음). 서울: 선영사.

이한수(1992). 바울의 교회론. **신학지남**. 59권 1호. pp.35-70.

이형의(2002). **신약성서개론**. 한국장로교출판부.

장동수 옮김(2003). **신약성경 해석방법론**(고든 D. 피 지음). 고양: 크리스찬출판사.

장화선(2001). 복음주의 기독교 교육의 특성과 과제. **성경과 신학**. 제29집, 개혁신학회, pp.194-215.

장흥길(2002). **신약성경윤리**. 서울: 장로회신학대학교출판부.

전경연(1978). **역사적 예수의 진실**. 복음주의신학총서 19. 서울: 대한기독교서회.

전경연(1982). **원시 기독교와 바울**. 서울: 대한기독교서회.

정기문(2014). 예수의 출생에 대한 고찰. **동국사학**. 56집. 동국역사문화연구소. pp.207–236.

정득실 옮김(2000). **문화와 성경해석**(William J. Larkin, 지음) 서울: 생명의 말씀사.

조병수(2006). **신약성경총론**. 합동신학대학원 출판부.

조태연 옮김(1994). **초기 그리스도교의 사회적 이해**(A. J. 말허비 지음). 서울: 대한기독교서회.

조태연 · 차정식 · 유승원(1999). **뒤집어읽는 신약성서**. 서울: 대한기독교서회.

채은수(2010). 신약성경 저자들의 세계선교지평. **신학지남사**. 77, pp. 133–197.

칼빈(1509–1564). **신약성경주석**(존칼빈성경주석출판위원회 역편). 서울: 성서교재간행사.

천사무엘(2003). 요세푸스의 역사이해. **신학사상**. 통권121호. 한국신학연구소. pp.235–255.

홍익희(2013). **유대인 이야기**. 서울: (주)행성B.

홍찬혁 옮김(2016). **신약성경은 믿을 만한가?**(F. F. 브루스 지음). 서울: 좋은씨앗.

川島重成(2000). **イエスの譬え: 開かれた地平**. 東京: 三陸書房.

伊吹雄著(2013). **新約聖書の根本問題: 十字架·復活·高挙の神学**. 東京: 知泉書館.

井上洋治(1982). **新約聖書のイエス像**. 女子パウロ会.

松木治三郎(1992). **イエスと新約聖書の教会: イエスと新約聖書との関係**. 東京: 新教出版社.

真山光彌·廣瀬久允·笠井健一(1988). **新約聖書の思想**. 東京: 学術図書出版社.

山内一郎(2014). **新約聖書の教育思想**. 東京: 日本キリスト教団出版局.

Aland, Kurt & Aland, Barbara(1995). *The Text of the New Testament: An Introduction to the Critical Editions and to the Theory and Practice of Modern Textual*

Criticism. Erroll F. Rhodes(trans.). Grand Rapids: William B. Eerdmans Publishing Company.

Barclay, William(1999). *The Parables of Jesus*. The William Barclay Library. Louisville: Westminster John Knox.

Barnett, Paul(2002). *Jesus, the Rise of Early Christianity: A History of New Testament Times*. InterVarsity Press.

Beckwith, Rogers T.(1996). *Calendar and Chronology, Jewish And Christian: biblical, interestamental and Patristic Studies*. Boston: Brill Academic Publisher, Inc.

Bernard, Ramm, L.(1993). *An Evangelical Christology*. Regent College Publishing.

Blomberg, Craog L.(1990). *Interpreting the Parables*. Inter–Varsity Press, Leicester, England.

Borg, Marcus J.(1987). *Jesus, A New Vision*. San Fransisco, Harper & Row.

Broshi, Magen(1998). "What Jesus Learned from the Essenes", *Biblical Archaeology Review*, 30:1, pp. 32–37.

Bruce, F. F.(1988). *The Canon of Scripture*. IL: InterVarsity Press.

Bultmann, Rudolf(1951). *Theology of the New Testament*(Grobel, Kendrick. trl). New York:

Burkett, Delbert(2002). *An introduction to the New Testament and the origins of Christianity*. Cambridge University Press.

Burney, Charles F.(1925). *The Poetry of Our Lord*. Oxford: Clarendon Press.

Casey, Maurice(2010). *Jesus of Nazareth: An Independent Historian's Account of His Life and Teaching*. london; New York: T&T. Clark.

Chilton, Bruce(2003). *The Missing Jesus: Rabbinic Judaism and the New Testament*. New York: Brill Academic Publishers.

Cohen, Shaye J. D.(1988). *From the Maccabees to the Mishnah*. Library of Early-Christianity, Wayne Meeks, editor. Westminster John Knox Press.

Comfort, Philip W.(2001). *The Text of the Earliest New Testament Greek Manuscripts*. Tyndale House Publishers.

Davis, Stephen T.(1977). *The Debate about the Bible: Inerrancy versus Infallibility*.

Westminster Press.

Dodd, C. H.(1961). *The Parables of the Kingdom*. Fontana Books.

Dodd, C. H.(1964). *The apostolic preaching and its developments*. New York: Harper & Row.

Dungan, L. David(1999). *A history of the synoptic problem: the canon, the text, the composition and the interpretation of the Gospels*. Yale University Press.

Dunn, James D. G.(2006). *Unity and Diversity in the New Testament: An Inquiry into the Character of Earliest Christianity*. SCM Press.

Ehrman, Bart D.(2000). *The New Testament: A Historical Introduction to Early Christian Writings*. Oxford University Press.

Eisenman, Robert H.(1997). *James the Brother of Jesus: The Key to Unlocking the Secrets of Early Christianity and the Dead Sea Scrolls*. 1st American ed. New York: Viking.

Ella, George(1995). *John Gill and the Cause of God and Truth*. Eggleston, England: Go-Publications.

Finegan, Jack(1992). *The Archaeology of the New Testament, The Life of Jesus and the Beginning of the Early Church*. Revised Edition, New Jersey: Princeton University Press.

France, R. T. (2007). *The Gospel of Matthew*. Wm. B. Eerdmans Publishing Co.

Greef, Wulfert De(2004). "Calvin's writings", in McKim, Donald K., *The Cambridge Companion to John Calvin*. Cambridge: Cambridge University Press, pp.134–136.

Harris, Stephen L.(2006). *Understanding the Bible*(7th ed.). New York: McGraw-Hill.

Heaton, E. W.(1956). *The book of Daniel: introduction and Commentary*. Torch Bible Commentaries. London: SCM Press ltd.

Honoré, A. M. (1969). "A statistical study of the synoptic problem". *Novum Testamentum*. Volume 10, Issue 2, pp.95 – 140.

Humphreys, Colin(2011). *The Mystery of the Last Supper*. Cambridge University Press, pp.63–66.

Koester, Helmut(2000). *Introduction to the New Testament: History and Literature of Early Christianity*. Vol. 2. New York: Walter de Gruyter.

Kraybill, Donald B.(1990). *The Upside-Down Kingdom*. Scottsdale, Pa.: The Herald Press. Ladd G. E.(1966). *Jesus and the Kingdom*. Erdmans Publishing Co. Charles Scribner's Sons.

Ladd, George E.(1966). *Jesus and the Kingdom*. Erdmans Publishing Co. Charles Scribner's Son

Lamar Williamson(1983). *Mark*. Westminster John Knox Press.

Lisco Friedrich Gustave(1850). *The Parables of Jesus*. Daniels and Smith Publishers, Philadelphia.

McGrath, Alister E.(2006). *Christianity: an introduction*. Black Publishing Ltd.

Mack Burton L. (1993). *The Lost Gospel: The Book of Q & Christian Origins(*1st ed.). New York: Harper Collins.

Maier, Johann(1985). The Temple Scroll. Sheffield: JSOT Press.

Maier, Paul L.(1989). "The Date of the Nativity and Chronology of Jesus" in *Chronos, kairos, Christos: nativity and chronological studies by* Jerry Vardaman, Edwin M. Yamauchi. Winona Lake: Eisenbruans, pp. 113–129.

Manson, T. W.(1967). *The Teaching of Jesus*. London: Cambridge University Press.

Manson, T. W.(1979) *The Sayings of Jesus: As Recorded in the Gospels According to St. Matthew and St. Luke*. London: Cambridge University Press.

Mellor, Ronald(2010). *Tacitus' Annals*. Oxford: Oxford University press.

Metzger, Bruce M. & Ehrman, Bart D.(1985). *The Text of New Testament*. Oxford University Press, Inc.

Mournet, Terence C.(2005). *Oral Tradition and Literary Dependency: Variability and Stability in the Synoptic Tradition and Q*. Hemsback: Mohr Siebeck Tubingen.

Neusner Jacob(1984). *Toah From our Sages*. Rossell Books.

Orton, David E.(1999). *The Synoptic Problem and Q*.(A. M. Honoré. "A statistical study of the synoptic problem"). Boston: Brill, 70–122.

Otero, De Santos(1993). *Los Evangelios Apocrifos[The Apochryphal Gospels]. Biblioteca de Autores Cristianos*. 148(9th ed.). Madrid.

Otto Rudolf(1943). *The Kingdom of God and the Son of Man: A Study in the History of Religion*(translated from the revised German edition by Floyd V. Filson and Bertram Lee–Woolf). London: Lutterworth Press.

Pentecost J. Dwight(1999). *The parables of Jesus: lessons in life from the Master Teacher*.

Philip Comfort(2001). *The Text of the Earliest New Testament Greek Manuscripts*. Tyndale House Publishers.

Powell, Mark A.(2009). *Introducing the New Testament: A Historical, Literary, and Theological Survey*. Grand Rapids, MI, USA: Baker Academic.

Pratt, John P. (2000). "Mapping Time," *American Mathematical Monthly 106*(Jan 2000), pp.92–99.

Rajak Tessa(2002). *Josephus: the Historian and His Society*. 2nd ed. London.

Robinson John A. T.(1962). *Twelve New Testament Studies*. London: SCM Press Ltd.

Ronald Mellor(2010). *Tacitus' Annals*. Oxford: Oxford University press.

Samkutty, J.(2006). *The Samaritan Mission in Acts*. Library of New Testament Studies 328; A&C Black.

Santos, Narry F.(2010). Diaspora in the New Testament and Its Impact on Christian Mission. *Torch Trinity Journal*. 13. ISSN 1598–7140. pp.3–18.

Saulnier, Stéphane(2012). *Calendrical variations in Second Temple Judaism: new perspectives on the "Date of the Last Supper" debate*. Boston: Brill.

Schneemelcher, Wilhelm Ed.(1992). *New Testament Apocrypha*(translated by R. McL. Wilson). Westminster John Knox Press. pp.542–568.

Schürer, Emil(1987). The History of the Jewish People in the Age of Jesus Christ(2nd Revised edition). Bloomsbury pp.79–84.

Schürer, Emil(1994). A *History of the Jewish People in the Age of Jesus Christ*. Bloomsbury 2nd Revised edition edition. Peabody, Mass.: Hendrickson.

Stacey, David & Doudna, Gregory(2013). *Qumran Revisited: A Reassessment of the Archaeology of the Site and its Texts*. BAR International Series 2520. .

Stocker Ken & Jim(2006). *Facts, Faith, and the FAQs*. Xulon Press.

Taylor Joan E.(1997). *The Immerser: John the Baptist within Second Temple Judaism*. William B. Eerdmans Publishing Co.

Tcherikover V.(1970). *Hellenistic Civilization and the Jews*. New York: Atheneum.

Twelftree Graham H.(1999). *Jesus the Miracle Worker: A Historical and Theological Study*. InterVarsity Press.

VanderKam James, Peter Flint(2005). *The Meaning of the Dead Sea Scrolls: Their Significance For Understanding the Bible, Judaism, Jesus, and Christianity*. Continuum International Publishing Group.

Wacholder, B. Z. & Abegg M.(1991). *A Preliminary Edition of the Unpublished Dead Sea Scrolls, Fascicle One*. Washington, DC: Biblical Archaeology Society, Chapter 4-Calendrical Texts and Priestly Courses.

Wenham D.(1989). *The Parables of Jesus*. Hodder &Stoughton, London.

Wilkinson, Bruce & Kenneth, Boa(1983). *Talk Thru The Bible*. Thomas Nelson, Nashville.

Wilson Edmund(1969). *The Dead Sea Scrolls, 1947-1969*. New York: Oxford University Press.

Wink Walter(1992). *Engaging the Powers*. Minneapolis, Fortress Press.

Yadin, Yigael(1985). *The Temple Scroll: The Hidden Law of the Dead Sea Sect*. New York: Random House.

Yardley W.(2013). Geza Vermes, Scholar of 'Historical Jesus,' Dies at 88. *The New York Times*. May 16, 2013.

Zimmermann Ruben(2015). *Puzzling the Parables of Jesus: Methods and Interpretation*. Minneapolis: Fortress Press.

Ziolkowski, Jan, Putman, M. & Michael. C. J.(2008). *The Virgilian Tradition: The First Fifteen Hundred Years*. Yale University Press.

그 외 인터넷 글 참조

찾아보기

인명

ㅈ

ㅋ

ㅌ

ㅍ

ㅎ

주제

| 저자 소개 |

박아청

계명대학교 사범대 교육학과 BA
연세대학교 대학원 교육학과 MA
(일본)국립오사카대학교 대학원 Ph.D
계명대학교 사범대학 학장, 교육대학원장
계명대학교 학생생활연구소장, 평생교육원장

한국교육학회 대구경북학회장
한국교육학회 감사/한국인간발달학회 전문위원
한국아동교육학회장/한국교육심리학회장
(현재)계명대학교 명예교수

저서

〈자기의식세계의 탐색〉, 〈나, 자기 그리고 교육〉, 〈정체감연구의 과제와 전망〉, 〈성격심리학: 성격과 인간이해〉, 〈내가 나답게〉, 〈아이덴티티의 탐색〉, 〈청소년과 아이덴티티〉, 〈인간과 교육〉, 〈아이덴티티의 탐색 Ⅱ〉, 〈자기의 탐색〉, 〈정체감과 교육〉, 〈성격심리학의 이해〉, 〈사춘기의 이해〉, 〈에릭슨의 인간이해〉, 〈자아실현의 심리〉, 〈교육심리학의 이해〉, 〈교육심리학의 접근방법〉, 〈아이덴티티론〉, 〈학습의 진단과 치료〉, 〈성격심리의 세계〉, 〈청년과 아이덴티티〉, 〈아이덴티티의 세계〉, 〈교육학의 원조 구약성경〉

예수교육학教育學의 세계화世界化 신약성경

2017년 8월 25일 1판 1쇄 인쇄
2017년 8월 30일 1판 1쇄 발행

저　자 : 박 아 청
발행인 : 한 정 주
발행처 : 교육과학사

경기도 파주시 광인사길 71
전화: (031) 955-6956~8　팩스: (031) 955-6037
Home-page: www.kyoyookbook.co.kr / E-mail: kyoyook@chol.com
등록: 1970년 5월 18일 제2-73호

정가 18,000원

ISBN 978-89-254-1197-2

Printed in Korea.

저자와의 협의하에 인지를 생략합니다.